# ANNALES NON OFFICIELLES DU CONCOURS SÉSAME

Franck Attelan et Vincent Giuliani

# SOMMAIRE

# AVANT-PROPOS

*« L'inédit surgit, qu'on le veuille ou non,*
*dans la multiplicité des répétitions. »*
**Jacques Derrida**

Le concours Sésame est de plus en plus sélectif. Année après année, le nombre d'étudiants qui se portent candidats au concours augmente très sensiblement sans que le nombre de places offertes dans les meilleures écoles suive la même tendance, malheureusement. Il devient donc aujourd'hui de plus en plus difficile d'assurer sa place dans l'école de ses rêves tant la concurrence est vive. Aussi, plus que jamais, seule une préparation minutieuse, consciencieuse et surtout solide peut vous permettre de sortir du lot et de décrocher la palme.

C'est précisément pour vous aider à préparer les épreuves écrites du concours Sésame de façon solide et efficace que nous avons fait le choix de vous proposer un ouvrage exclusivement dédié à de l'entraînement. Que de l'entraînement. Si *La Bible du Concours Sésame*, ouvrage référent depuis de nombreuses années, fait la part belle au cours et à l'acquisition d'une somme de méthodes et de savoir-faire via un entraînement sur des sujets ciblés, les *Annales Non Officielles du Concours Sésame* fait le pari d'un entraînement systématique, riche et intensif sur de nombreux sujets types du concours Sésame. Nous pensons en effet que la répétition constitue la clé de votre réussite. **Plus vous vous entraînerez, meilleures seront vos chances de réussite. Plus vous vous entraînerez, plus vous serez capables d'aller chercher en vous, le jour J, des ressources absolument inédites,** celles-là mêmes qui vous permettront de vous distinguer des autres candidats et de prendre une longueur d'avance sur eux, cette longueur qui, au final, fait toute la différence.

Si, avec Vincent Guiliani, nous avons donné à cet ouvrage le titre d'***Annales Non Officielles***, c'est parce qu'il n'existe pas, au grand dam des candidats, d'annales officielles qui paraissent chaque année. Pas évident donc pour les candidats de savoir à quoi s'en tenir. Le besoin et le désir de préparation sont pourtant là et c'est pour cette raison qu'en notre qualité de concepteurs de sujets de concours et de professeurs au sein de la Prépa Aurlom - élue pour la huitième année consécutive meilleure prépa de France en 2021 pour la préparation des concours Sésame et Accès - nous avons créé pour vous **pas moins de 20 sujets d'entraînement.** Ces sujets d'entraînement qui totalisent **plus de 800 questions corrigées et commentées** présentent deux avantages : non seulement ils vous permettent d'acquérir les bases, les fondamentaux indispensables à la réussite des épreuves écrites mais il vous permettent surtout de vous confronter à des questions originales et difficiles, ces questions auxquelles on ne s'attend pas et que l'on retrouve pourtant chaque année dans les sujets qui tombent au concours.

Nous espérons que vous parviendrez, grâce à cet ouvrage, à prendre du plaisir à travailler sur les épreuves écrites du concours Sésame. Mais nous espérons aussi et surtout que vous réussirez, au terme de votre entraînement, à vous adapter à toutes les situations le jour J venu.

Nous accompagnons chaque année à la **Prépa Aurlom** avec succès plus de 1 200 candidats aux concours Sésame et Accès. Nombreux sont nos élèves qui réussissent à décrocher au moins une des 5 meilleures écoles de commerce et de management post-bac. Si chacun de leur profil est différent, tous partagent néanmoins une qualité commune : la persévérance. C'est en travaillant beaucoup et en développant les bons réflexes que vous parviendrez à faire la différence le jour J et à vous distinguer. Cela demande de faire quelques sacrifices et de se donner à 200 % mais le jeu en vaut la chandelle, non ?

Nous vous souhaitons à toutes et à tous la meilleure des réussites,

Franck Attelan
**Directeur de la Prépa Aurlom, meilleur institut de France pour la préparation des concours Sésame et Accès**

# ANALYSE DOCUMENTAIRE

# PRÉSENTATION DE L'ÉPREUVE

L'épreuve d'analyse documentaire dure 2 heures et comporte 20 questions. Ces 20 questions sont réparties en trois sous-parties :

— **A.** Questions de repérage : une seule réponse possible.

— **B.** Questions d'analyse : deux réponses possibles au minimum voire plus, mais jamais la totalité des réponses.

— **C.** Questions de synthèse : une seule réponse possible.

## Méthodologie de l'épreuve

### I. Survol : 15 minutes

1. Lire les questions au préalable et surligner les mots-clés. Il est également possible d'écrire les mots-clés des questions au brouillon afin de les avoir à portée de main au fur et à mesure de la lecture.

2. Lire le sommaire et les références bibliographiques.

3. Lire uniquement le premier et le dernier paragraphe de chaque document pour comprendre l'intérêt de chaque document.

4. Relier les N° de documents à des réponses quand cela est possible.

## II. Lecture approfondie : 1 heure

1. Lire de façon plus approfondie chaque document dans l'ordre (il ne s'agit pas exclusivement de trouver les réponses aux questions mais aussi et surtout de comprendre le thème global du corpus en vue de répondre à la question de synthèse notamment.)

2. Il est inutile de prendre des notes, en revanche surligner les informations clés est recommandé.

## III. Réponse aux questions : 45 minutes

1. Les questions de repérage sont relativement faciles et factuelles, elles nécessitent d'être malin et vigilant. En effet, en ayant lu les questions en amont, et ayant procédé au survol préalable des documents, il est très facile de répondre à ces questions.
   **Une seule réponse est possible.**

2. Les questions d'analyse requièrent plusieurs réponses à sélectionner. Il faut tout d'abord exclure les questions qui ne correspondent pas à l'esprit des documents. Attention, pour avoir la moitié des points, il faut avoir sélectionné au moins une moitié de bonnes réponses.
   **Deux réponses minimum à cette question, voire plus. Cependant il est impossible de cocher toutes les réponses.**

3. Les questions de synthèse portent sur les éléments structurants du devoir : titre, problématique, plan, introduction, conclusion. Il faudra alors toujours privilégier les réponses les plus précises, objectives et factuelles.
   **Une seule réponse est possible.**

# TEST D'ENTRAÎNEMENT ÉNONCÉS

## 20 QUESTIONS - 2 HEURES

### Questions de repérage

#### Question 1

Qui a théorisé la notion de « Peuplecratie » ?

- ☐ (A) Pierre Rosanvallon
- ☐ (B) Fareed Zakaria
- ☐ (C) Marc Lazar
- ☐ (D) Ivan Kastev

#### Question 2

Que veut dire le terme « illibéralisme » ?

- ☐ (A) C'est une nouvelle forme de dictature
- ☐ (B) Régime politique où les dirigeants sont élus mais privent les citoyens de leurs droits fondamentaux
- ☐ (C) C'est la fin du libéralisme moderne
- ☐ (D) Régime politique basé sur la négation du droit de vote

#### Question 3

Combien de démocraties peut-on recenser en 2015 ?

- ☐ (A) 74
- ☐ (B) 193
- ☐ (C) 103
- ☐ (D) On ne sait pas

### Question 4

Quelles sont les cinq façons de lutter contre les populismes selon Dominique Moïsi ?

- ☐ (A) Lucidité, justice, unité, clarté, courage
- ☐ (B) Démocratie, environnement, État de droit, respect des minorités, immigration
- ☐ (C) Justice, punition, éducation, dénonciation, bravoure
- ☐ (D) Investir dans la jeunesse, confiance, bien-être, tourisme, écologie

### Question 5

Qui est Alexandre Loukachenko ?

- ☐ (A) Le Premier ministre de Russie
- ☐ (B) Le chef du FSB
- ☐ (C) Le Président de l'Ukraine
- ☐ (D) Le Président de la Biélorussie

### Question 6

Que constate « l'index de la démocratie » du magazine *The Economist* ?

- ☐ (A) Une avancée démocratique globale
- ☐ (B) Un recul des démocraties dans le monde
- ☐ (C) Une stabilisation du niveau démocratique dans le monde
- ☐ (D) La fin généralisée de la démocratie libérale

### Question 7

Qui est Anna Politovskaïa ?

- ☐ (A) Une journaliste opposante russe assassinée
- ☐ (B) La ministre de l'économie en Russie
- ☐ (C) La femme d'un chef d'État illibéral
- ☐ (D) Une analyste politique sur les populismes

## Questions d'analyse

### Question 8

Donner les titres potentiels du document 7 parmi la liste suivante :

- ☐ (A) Les nouveaux autocrates
- ☐ (B) Retour aux années 1930
- ☐ (C) Élus sans opposition
- ☐ (D) Le retour des hommes forts au pouvoir
- ☐ (E) La torture en démocratie

### Question 9

Quels problèmes posent l'émergence des populismes pour les démocraties modernes ?

- ☐ (A) Ils menacent l'État de droit
- ☐ (B) Ils ne concernent que les dirigeants autocratiques
- ☐ (C) Ce sont de nouveaux totalitarismes
- ☐ (D) Ils ne sont pas élus
- ☐ (E) Ils sont le symptôme de problèmes plus profonds

### Question 10

Le populisme est un défi pour les démocraties modernes car :

- ☐ (A) Il s'impose par la force
- ☐ (B) C'est un discours basé sur une souveraineté du peuple sans limite
- ☐ (C) Il contamine tous les bords politiques
- ☐ (D) Il fait la guerre
- ☐ (E) Il prône un retour de la force

### Question 11

Trouver les associations cohérentes :

- ☐ (A) Lazar / Trump / Courrier International
- ☐ (B) Emmanuel Macron / Matteo Renzi
- ☐ (C) Orban / Loukachenko / Poutine
- ☐ (D) Zakaria / Rosanvallon / Rupnik
- ☐ (E) Erdogan / Poutine / Macron
- ☐ (F) Mélenchon / Le Pen

### Question 12

Les solutions pour sortir de la crise de la démocratie :

☐ (A) Existent mais nécessitent une volonté globale
☐ (B) N'existent pas
☐ (C) Sont des pièges pour les populistes
☐ (D) Il faut nuancer la crise supposée

### Question 13

Le retour de la force dans les relations internationales :

☐ (A) Ne fait peur à personne
☐ (B) Est un fait qui touche l'ensemble de la planète
☐ (C) Nécessite de répondre par la force
☐ (D) Nécessite de répondre en attaquant la démocratie
☐ (E) Nécessite une réponse démocratique

## Questions de synthèse

### Question 14

Donner un titre à ce dossier :

☐ (A) La démocratie en danger
☐ (B) La démocratie libérale confrontée à l'expansion des populismes et des régimes illibéraux
☐ (C) La démocratie est en crise et le risque d'un retour aux années 1930 est bien réel
☐ (D) Le fascisme est de retour
☐ (E) La démocratie libérale est un système à bout de souffle qui doit être remplacé par des régimes autoritaires

### Question 15

De nombreux auteurs pensent que **(a)** est en crise à cause de l'émergence **(b)** qui sont élus mais qui remettent en cause **(c)**. Néanmoins, des auteurs comme **(d)** rappellent que la démocratie libérale est un système qui a apporté de nombreux progrès.

**(a)**
☐ (A) le monde
☐ (B) le populisme
☐ (C) la démocratie
☐ (D) la liberté

**(b)**
- ☐ (A) des populistes
- ☐ (B) des dictateurs
- ☐ (C) d'autocrates
- ☐ (D) de pouvoirs illibéraux

**(c)**
- ☐ (A) l'État de droit et les libertés fondamentales
- ☐ (B) la démocratie représentative
- ☐ (C) le droit de vote
- ☐ (D) le pouvoir en place

**(d)**
- ☐ (A) Pierre Rosanvallon et Fareed Zakaria
- ☐ (B) Steven Pinkeret Robert Muggah
- ☐ (C) Marc Lazar et Ilvo Diamanti
- ☐ (D) Jacques Rupnik et Florent Guénard

## Question 16

Remplir les éléments de cette accroche : Avec l'essor des régimes ilibéraux, la démocratie libérale est **(a)** et semble même **(b)** comme le montre le magazine *The Economist*.

**(a)**
- ☐ (A) plébiscitée
- ☐ (B) remise en question
- ☐ (C) effondrée
- ☐ (D) un nouveau régime politique

**(b)**
- ☐ (A) gouverner le monde
- ☐ (B) ne pas s'en soucier
- ☐ (C) perdre en influence
- ☐ (D) gagner en influence

## Question 17

Trouver une problématique adéquate :

- ☐ (A) En quoi peut-on dire que la démocratie n'est plus un système adapté aux enjeux contemporains ?
- ☐ (B) Comment le populisme met-il fin à la démocratie ?
- ☐ (C) Dans quelle mesure la démocratie libérale est-elle menacée par l'émergence du populisme et des régimes illibéraux ?
- ☐ (D) Le populisme est-il un renouveau démocratique ?

### Question 18

Trouver le titre la première partie :

- ☐ (A) La démocratie est en crise, il faut donc la renouveler
- ☐ (B) Le populisme pose un problème que la démocratie ne peut pas résoudre
- ☐ (C) Le retour des régimes illibéraux est un phénomène minime qu'il ne faut pas exagérer
- ☐ (D) Phénomène ancien, l'illibéralisme se développent actuellement à travers l'émergence des populismes

### Question 19

Trouver le titre de la seconde partie :

- ☐ (A) La démocratie libérale connait des imperfections indépassables
- ☐ (B) Malgré ses imperfections et contestations, la démocratie libérale reste le système majoritaire et peut encore évoluer
- ☐ (C) La démocratie est un système à bout de souffle qu'il faut désormais remplacer
- ☐ (D) Les populismes se basent sur le recours à une souveraineté populaire totale

### Question 20

Remplir les éléments de cette conclusion : Malgré le renouveau des régimes illibéraux par le prisme des **(a)**, la démocratie reste le système **(b)** et possède en son sein **(c)**.

**(a)**
- ☐ (A) populismes
- ☐ (B) dictateurs
- ☐ (C) fascismes contemporains
- ☐ (D) totalitarismes

**(b)**
- ☐ (A) le moins soutenu
- ☐ (B) le plus critiqué
- ☐ (C) majoritaire
- ☐ (D) adoré

**(c)**
- ☐ (A) les conséquences de son échec
- ☐ (B) les solutions de son renouveau
- ☐ (C) les germes de sa chute
- ☐ (D) des critiques importantes

**Table des matières**



**DOCUMENT 1** - **Pologne, Hongrie... ces démocraties « illibérales » qui remettent en cause l'État de droit** - *Le Monde* - 07/06/2018

Ces régimes hybrides vident dangereusement les principes fondateurs de la démocratie de leur contenu. La Pologne et la Hongrie en sont les fers de lance.

Il fait si chaud, en ce jour de juillet 2014, que Viktor Orban a troqué son costume-cravate pour une chemisette bleu ciel à col Mao. L'allocution qu'il prononce alors dans la petite ville transylvanienne de Baile Tusnad n'a pourtant rien d'un aimable discours estival : devant ses partisans, le chantre de la « révolution nationale » hongroise revendique haut et fort un mot qui fleure bon la tentation autoritaire : « illibéralisme ». Le nouvel État que nous construisons en Hongrie, proclame le Premier ministre, n'est ni un État-nation, ni un État libéral, ni un État-providence : il est « illibéral ».

Démocratie illibérale ? À première vue, l'expression a un petit air de paradoxe, voire d'oxymore, tant la démocratie a toujours, en Occident, rimé avec le libéralisme constitutionnel. « Ce terme renvoie à la tradition, profondément enracinée dans l'histoire occidentale, qui cherche à protéger l'individu de la contrainte, quelle qu'en soit la source : l'État, l'Église ou la société, analyse, en 1997, l'essayiste américain Fareed Zakaria dans la revue *Foreign Affairs*. Il est libéral parce qu'il se nourrit du courant philosophique, né avec les Grecs, qui met l'accent sur la liberté individuelle. Il est constitutionnel parce qu'il repose sur la tradition, inaugurée par les Romains, de l'État de droit. »

Séparation des pouvoirs, indépendance de la justice, défense de la liberté d'expression : le libéralisme politique, résume Fareed Zakaria, prône le contrôle des pouvoirs et l'égalité devant la loi. « Dans presque toutes ses variantes, le libéralisme constitutionnel soutient que les êtres humains ont des droits naturels et que le gouvernement doit accepter une loi fondamentale qui limite ses propres pouvoirs et garantit ces droits. La Magna Carta [la Grande Charte des libertés anglaises de 1215], la Constitution américaine et l'Acte final d'Helsinki [en 1975, le texte, signé par 35 pays de l'Ouest et de l'Est, reconnaissait notamment le caractère universel des droits humains] sont autant d'expressions du libéralisme constitutionnel. »

En Europe, la démocratie électorale et le libéralisme politique sont souvent allés de pair mais cette époque semble révolue : si certains dirigeants d'Europe centrale acceptent la libre compétition dans les urnes, ils se passeraient volontiers des libertés publiques. « La Pologne et la Hongrie sont allées très loin dans cette logique, constate Jacques Rupnik, directeur de recherche à Sciences Po. Les dirigeants de ces deux pays sont certes démocratiquement élus, mais ils tentent de fragiliser les cours constitutionnelles, de remettre en cause l'indépendance de la magistrature, de limiter la liberté de l'audiovisuel public et de mettre au pas l'administration. »

Les dirigeants sont élus, ce qui leur permet de se dire démocrates, mais ils « privent leurs citoyens des droits fondamentaux », ce qui leur vaut le qualificatif d'« illibéraux ». Pour caractériser cette zone grise qui sépare les régimes autoritaires des démocraties libérales, l'essayiste Fareed Zakaria a forgé, à la fin des années 1990, un terme nouveau : la « démocratie illibérale ». Dans l'article publié par *Foreign Affairs*, puis dans un livre paru en 2003 (*L'Avenir de la liberté. La démocratie illibérale aux États-Unis et dans le monde*, Odile Jacob), il explore les arcanes de ce modèle politique qui conjugue deux principes contradictoires : les dirigeants sont élus, ce qui leur permet de se dire démocrates, mais ils « privent leurs citoyens des droits fondamentaux », ce qui leur vaut le qualificatif d'« illibéraux ».

Dans cet article traduit en 1998 dans la revue française *Le Débat*, Fareed Zakaria évoque les principales figures de cette contre-révolution « illibérale » : Boris Eltsine, en Russie, ou Carlos Menem, en Argentine, écrit-il, respectent ainsi la loi du suffrage universel mais ils s'empressent, une fois élus, de mettre leurs Parlements « sur la touche pour gouverner par décrets ». « Des offenseurs modestes, comme l'Argentine, aux quasi-tyrannies, comme le Kazakhstan et la Biélorussie, en passant par la Roumanie et le Bangladesh, qui se situent entre deux, il existe toute une gamme de démocraties illibérales », résume l'essayiste américain.

**« Réhabilitation de la souveraineté populaire »**

Vingt ans plus tard, la galaxie illibérale s'est étoffée. En Europe, la Pologne et la Hongrie sont devenues les fers de lance de ce mouvement, mais d'autres pays d'Europe centrale semblent prêts à leur emboîter le pas. Pour le politiste Jacques Rupnik, le « triomphalisme démocratique » des années 1990 n'est plus qu'un souvenir : « À l'époque, les dirigeants européens pensaient que les pays d'Europe centrale allaient adopter le principe des élections libres et construire des institutions garantissant l'État de droit. Le parachèvement de ce mouvement serait, croyait-on, leur adhésion à l'Union européenne, qui était considérée comme un point de non-retour. »

En rejoignant l'Union, les anciens pays communistes entraient en effet dans le temple du libéralisme politique. En 1993, les critères d'adhésion définis par le conseil européen de Copenhague imposaient aux nouveaux entrants la création d'« institutions stables garantissant la démocratie, l'État de droit, les droits de l'homme, le respect des minorités et leur protection ». Vingt ans plus tard, nombre de pays d'Europe centrale et orientale tournent délibérément le dos à ces valeurs. « La Hongrie ne respecte plus le premier critère politique d'appartenance à l'Union européenne : être un État de droit fondé sur le pluralisme », affirmait en mars l'historien Sylvain Kahn dans le média d'information *Explicite*.

Si les dérives de la Pologne et de la Hongrie inquiètent les défenseurs du libéralisme politique, elles les plongent dans le même temps dans une certaine perplexité. Car les démocraties illibérales se gardent bien de rejeter frontalement les principes fondateurs de la démocratie, comme le font les totalitarismes ou les dictatures : elles préfèrent les vider pernicieusement de leur contenu. « Ce qui est intéressant et bien sûr dérangeant, c'est que les dirigeants des démocraties illibérales affirment agir au nom même de la réhabilitation de la souveraineté populaire, et donc de la démocratie », souligne le politiste Jacques Rupnik.

Pour l'historien Pierre Rosanvallon, l'illibéralisme est en effet une pathologie « interne » à l'idée démocratique : si cette culture politique limite les libertés publiques, observe-t-il, c'est au nom même d'une certaine conception de l'exigence démocratique. « Il ne s'agit donc pas seulement de stigmatiser ce qui constituerait des entorses commises aux droits des personnes, marquant un écart plus ou moins dissimulé entre une pratique et une norme proclamée, résumait-il, en 2001, devant l'Académie des sciences morales et politiques. Le problème est plus profondément de comprendre une étrangeté constitutive. »

Comment définir la philosophie politique de cet « illibéralisme » qui fleurit aujourd'hui en Europe centrale ? Sans doute en insistant sur la sacralisation des élections. Dans ces régimes hybrides qui ne ressemblent ni à des autocraties ni à des démocraties libérales, la source première de toute légitimité politique est le vote - et lui seul. Le Hongrois Viktor Orban comme le Polonais Jaroslaw Kaczynski estiment que, une fois élus, les dirigeants détiennent le monopole de la représentation du peuple. Parce qu'ils incarnent la volonté générale, ils ne veulent rencontrer aucun obstacle sur leur chemin : rien ni personne ne doit entraver le pouvoir qu'ils ont tiré des urnes.

Le politiste bulgare Ivan Krastev résume cette philosophie politique en un adage : les démocraties illibérales promettent aux citoyens une chose que leurs sœurs libérales ne peuvent leur donner - une fois élue, la majorité pourrait « faire tout ce qu'elle voudra ». Au risque de sombrer dans un travers que dénonçait déjà, au XVIII$^e$ siècle, James Madison - (1751-1836) : dans les *Federalist Papers* (1788), - celui qui deviendra le quatrième président des États-Unis mettait en garde contre la tyrannie majoritaire. Dans une démocratie, écrivait l'un des Pères fondateurs de la démocratie américaine, l'oppression peut venir de « la communauté que forme la majorité ».

**« L'ennemi, c'est l'impossibilisme légal »**

Ce culte de la souveraineté populaire donne à ces nouveaux régimes une tonalité résolument populiste. « Ceux qui défendent une conception illibérale de la démocratie ont l'obsession de la spontanéité et de l'incarnation, analyse le philosophe Florent Guénard, directeur de la rédaction de *La Vie des idées* et auteur de *La Démocratie universelle* (Seuil, 2016). Ils s'autorisent d'une conception spécifique du peuple : il est censé tenir son unité du chef, une figure qui est en communion avec lui et qui connaît d'instinct la volonté populaire. » Une philosophie que le Président biélorusse, Alexandre Loukachenko, revendique sans ambiguïté : « Je suis du peuple et je vais être pour le peuple », proclame-t-il volontiers.

Au nom de cette philosophie politique, les dirigeants des démocraties illibérales congédient sans état d'âme la subtile horlogerie de l'État de droit. Ils contestent vigoureusement le bien-fondé du contrôle constitutionnel ou la légitimité du pouvoir des juges. « L'ennemi, c'est l'impossibilisme légal », tonne Jaroslaw Kaczynski, le président du mouvement polonais Droit et justice (PiS). Ces vaines finasseries du libéralisme politique ne sauraient, à leurs yeux, limiter l'expression de la volonté générale exprimée par le peuple souverain. « L'État de droit est considéré comme une faiblesse qui impose au pouvoir des compromis permanents », analyse le politiste Jacques Rupnik.

En célébrant avec exaltation la puissance sans limites de la souveraineté populaire, les démocraties illibérales ne se contentent pas de menacer l'État de droit : elles nient l'infinie complexité de la société civile. « Pour le PiS polonais ou le [parti nationaliste] Fidesz hongrois, la société n'est pas le lieu d'expression de la conflictualité démocratique, regrette Michaël Fœssel, professeur de philosophie à l'École polytechnique. Dans ces États forts, il ne doit rien y avoir entre le chef et son peuple : il faut imposer le silence aux associations, aux syndicats, aux partis d'opposition et à tous les citoyens qui contestent la vision religieuse, voire ethnique, de la nation que défendent les dirigeants. Plus qu'une entorse au libéralisme, c'est une véritable négation de la société civile. »

La démocratie ne saurait pourtant se passer d'une société civile ouverte et pluraliste, poursuit le philosophe. « Comme l'a montré [le philosophe] Claude Lefort, une société démocratique doit avoir intériorisé la culture de la confrontation, dit-il. Le peuple est traversé par des oppositions : il faut donc insister sur la valeur, non pas de la fusion entre le chef et le peuple, mais du conflit. Au pluralisme électoral des partis doit s'ajouter celui de la société, c'est-à-dire l'acceptation officielle du dissensus comme élément fondateur de la politique. Le fait que les démocraties dites "illibérales" soient d'anciens régimes communistes n'est pas un hasard : ces pays sont dépourvus de cette culture démocratique. »

**Désir d'émancipation**

En réduisant la démocratie à l'élection, les défenseurs de la démocratie illibérale adoptent une conception minimaliste qui, selon le philosophe Florent Guénard, aurait, en son temps, satisfait l'économiste autrichien exilé aux États-Unis, Joseph Schumpeter (1883-1950). « Dans *Capitalisme, socialisme et démocratie*, paru en 1942, Schumpeter estime que la démocratie ne doit pas être considérée comme la source du bien commun ou être associée à des valeurs : à ses yeux, elle représente simplement une procédure de désignation utile. Dans cette vision inspirée par la théorie économique, ce qui compte, c'est que l'individu ait la capacité de choisir parmi une offre politique, de même que l'*Homo economicus* choisit parmi une offre économique. »

Nul ne conteste que l'élection au suffrage universel des dirigeants politiques, au terme d'une compétition libre, est au cœur de la démocratie, mais elle ne saurait se passer de toute définition du bien commun. « L'idée que la démocratie ne se résume pas au principe électoral est ancienne, poursuit Florent Guénard. Au XVIIIe siècle, Jean-Jacques Rousseau a clairement exprimé l'idée que ce régime avait une véritable substance : en distinguant la volonté générale de la volonté de tous, il montrait que la majorité pouvait se tromper sur le bien commun. La démocratie ne peut donc pas être réduite au régime des opinions : elle a un contenu. »

Pour les défenseurs de la démocratie libérale, ce contenu a pour nom la dignité, l'égalité, la liberté ou la justice. La démocratie ne sait évidemment pas toujours les décliner avec bonheur, mais elle porte en elle un désir d'émancipation qui dépasse le simple droit de vote, insiste Florent Guénard. « Dans les démocraties, il existe un intouchable qui ne peut pas être affecté par les aléas des processus électoraux, précise-t-il. Parmi ces valeurs substantielles figurent l'égalité mais aussi la liberté. Il ne suffit pas d'avoir le soutien de la majorité pour s'affranchir de cette aspiration : on ne peut pas vouloir librement ne pas être libre. »

**« Autoritarisme concurrentiel »**

Les démocraties illibérales appartiennent-elles encore au club des démocraties ? Florent Guénard ne le pense pas. « Ces régimes, qui ne respectent pas les libertés politiques et les droits individuels, ne sont plus des démocraties », assure le philosophe. Le professeur de science politique à l'université de Princeton Jan-Werner Müller est, lui aussi, plus que perplexe. « À moins de considérer qu'une démocratie reste une démocratie tant que le gouvernement ne bourre pas les urnes le jour des élections, il faut reconnaître que [dans ces régimes] la démocratie elle-même est abîmée », explique, dans le *New York Times* du 5 avril, l'auteur de *Qu'est-ce que le populisme ? Définir enfin la menace* (Premier Parallèle, 2016).

Comment, dès lors, qualifier ces régimes étranges qui apparaissent au sein même de l'Union européenne ? Pour les distinguer des démocraties libérales, le politiste américain Larry Diamond parle de « pseudodémocraties » électorales. Michaël Fœssel, lui, suggère le terme de systèmes « néolibéraux autoritaires ». « Pour des régimes hybrides comme les démocraties illibérales, il faut inventer des termes hybrides, conclut le politiste Jacques Rupnik. Certains Anglo-Saxons utilisent une expression assez juste : ils parlent d'"autoritarisme concurrentiel". Ces régimes tolèrent certes la compétition politique, mais elle est faussée par l'accès inégal aux médias ou la marginalisation de l'opposition. »

« Si Napoléon I^er^ n'a jamais théorisé le bonapartisme, son neveu Louis Napoléon, qui deviendra Napoléon III en 1852, tente, dès les années 1830, d'inscrire le bonapartisme dans une théorie de la démocratie moderne.» (Biarritz, hôtel du Palais, restaurant de la Rotonde, portrait de Napoléon III). L'« illibéralisme » n'est pas une philosophie politique réservée aux pays d'Europe centrale de ce début de XXI^e^ siècle : c'est aussi une tentation française qui s'exprime pleinement, au XIX^e^ siècle, dans le bonapartisme.

En conjuguant le culte de l'État rationalisateur et la mise en scène d'un « peuple-un », ce modèle politique incarné par Napoléon I^er^ puis Napoléon III est, selon l'historien Pierre Rosanvallon, « la clef de compréhension de l'illibéralisme français » : le bonapartisme « met brutalement à nu les ressorts les plus profonds » de la tradition illibérale française, expliquait-il en 2001 devant l'Académie des sciences morales et politiques.

Si Napoléon I^er^ n'a jamais théorisé le bonapartisme, son neveu Louis Napoléon, qui deviendra Napoléon III en 1852, tente, dès les années 1830, d'inscrire le bonapartisme dans une théorie de la démocratie moderne. Partisan résolu du suffrage universel, il professe une conception révolutionnaire de la souveraineté. « La République démocratique sera l'objet de mon culte ; j'en serai le prêtre », promet-il dès 1840 dans sa proclamation au peuple français.

**Représentation-incarnation**

Napoléon III rejette les partis politiques, impose des restrictions à la liberté de la presse et cultive la représentation-incarnation. « L'empereur n'est pas un homme, c'est un peuple », résume, en 1853, l'un des théoriciens du Second Empire, La Guéronnière. L'empereur et ses partisans évitent d'ailleurs de s'adresser aux citoyens ou aux électeurs : ils « ne veulent connaître que le pays ou le peuple, toujours au singulier, comme si les Français ne pouvaient exister dans leurs différences politiques », constate Pierre Rosanvallon dans *La Démocratie inachevée* (Gallimard, 2000).

Ce césarisme, analyse le professeur du Collège de France, en faisant référence à l'essayiste américain Fareed Zakaria, « définit ce que l'on pourrait appeler une "démocratie illibérale" ». « En même temps qu'est consacré le pouvoir de légitimation et de sanction du peuple (au moyen d'élections librement organisées), les libertés publiques (de la presse, d'organisation partisane, etc.) ne sont pas reconnues au prétexte qu'elles parasiteraient l'expression libre et immédiate de la volonté générale, et le peuple est uniquement appréhendé sous les espèces d'une totalité que l'on ne saurait décomposer. »

Cette philosophie inscrit la souveraineté politique dans un triple cadre, poursuit Pierre Rosanvallon : une conception de l'expression populaire qui privilégie le plébiscite, une philosophie de la représentation comme incarnation du peuple en un chef et un rejet des corps intermédiaires qui font obstacle au face-à-face entre le peuple et le pouvoir. Pour l'historien, ce régime constitue l'« une des menaces les plus graves susceptibles de pervertir l'idéal démocratique ». ■

**DOCUMENT 2** - **2017, l'année de la victoire de « l'illibéralisme » ?** *L'Obs* - 02/01/2017

Il y a vingt ans cette année, l'essayiste américain Fareed Zakarya pointait dans un article de la revue *Foreign Affairs* puis dans un livre, le phénomène de la montée de l'« illibéralisme », c'est-à-dire l'opposé du libéralisme politique ; plus tout à fait la démocratie, pas encore la dictature... Il visait alors des régimes de plus en plus autoritaires malgré une façade démocratique faite d'élections gagnées d'avance, d'une presse de plus en plus muselée, d'une justice en coupe réglée.

La semaine dernière, Fareed Zakarya a publié une tribune dans le *Washington Post* dans laquelle il s'« inquiète de constater que nous pourrions être en train d'assister à la victoire de la démocratie illibérale aux États-Unis - un phénomène qui devrait inquiéter tout le monde, qu'on soit républicain ou démocrate, soutien ou détracteur de Donald Trump ».

L'essayiste, également animateur d'un talk-show de qualité sur CNN, fait valoir que « la culture de la démocratie libérale est en perte de vitesse aux États-Unis aujourd'hui ». Par cela, il entend d'abord les « comportements démocratiques » plus, à ce stade, que les institutions, élaborées par les « pères fondateurs » et qui prévoient des « *checks and balances* », des contre-pouvoirs pour éviter les effets pervers du « majoritarisme », la loi de la majorité.

2016, selon lui, a montré peu de résistance face à la montée du « populisme » et de la « démagogie », avec l'effondrement des partis politiques, l'inexistence du Congrès, des groupes professionnels sans vigueur, et des médias « ayant perdu leur pertinence ». Et de déplorer la disparition des notions de bien commun, d'esprit civique et de démocratie libérale.

Évidemment, les détracteurs des États-Unis considèrent que le système américain a oublié depuis longtemps l'esprit démocratique au profit du poids des lobbies, de l'argent et de l'idéologie d'une « nation indispensable » et de ce fait transformée en gendarme du monde. L'intervention en Irak décidée en 2003 par l'administration Bush en est sans doute le phénomène le plus marquant.

Mais la société américaine s'est aussi montrée capable de sursauts, ne serait-ce qu'en élisant en 2008 Barack Obama, son premier Président noir, une date qui restera dans l'histoire quelles que soient les faiblesses et les ambiguïtés de son bilan après huit ans à la Maison-Blanche.

La victoire de Donald Trump en novembre dernier, surtout après une campagne aussi nauséabonde, marquée par la désinformation et surtout l'accusation d'ingérence russe lancée par Barack Obama sur la base d'informations détaillées de ses services de renseignement, laissent un goût d'autant plus étrange à la démocratie américaine, à moins de trois semaines de la passation de pouvoir, que le président-élu a un comportement peu orthodoxe, comme s'il était toujours en campagne.

Ce risque d'« illibéralisme », ou de démocratie de basse intensité américaine, pointé par l'auteur de l'essai fondateur de 1997, a évidemment une portée considérable dans le monde. La description visait jusqu'ici des régimes aux antécédents démocratiques inexistants, faibles ou fragiles, comme la Russie de Poutine et la plupart des Républiques ex-soviétiques, ou plus récemment la Turquie d'Erdogan, la Hongrie d'Orban, ou les Philippines de Duterte.

L'un des tests de 2017 sera de voir comment le monde ex-industriel en crise d'identité, en Europe et aux États-Unis, résistera à cette vague « illibérale » annoncée, et par quels moyens.

L'Autriche, lors de son élection présidentielle du 4 décembre a donné tort à la fatalité ambiante qui rendait inéluctable la victoire de l'extrême droite : celle, au contraire, de l'écologiste Alexander van der Bellen, est due à un sursaut de la société autrichienne, même si le FPÖ prépare sa revanche aux législatives de 2017 en signant fin décembre un accord de coopération avec Russie Unie, le parti de... Vladimir Poutine.

Qu'en sera-t-il aux Pays-Bas, appelés aux urnes le 15 mars 2017 pour des élections législatives qui pourraient voir Geert Wilders, le très populiste et xénophobe allié de Marine Le Pen, arriver en tête, sans pour autant être assuré de gouverner. En avril l'an dernier, les électeurs néerlandais avaient dit non à un accord d'association avec l'Ukraine, marquant leur défiance vis-à-vis du « système » incarné ici par la politique européenne, et Geert Wilders veut organiser un référendum « Nexit », à l'instar du Brexit, pour sortir les Pays-Bas de l'UE.

Viendra ensuite la présidentielle française d'avril et mai, qui sera suivie avec attention dans le monde entier en raison du poids de la France dans la construction européenne, deuxième économie de la zone euro, qui deviendra, après le départ du Royaume-Uni, la seule vraie puissance militaire et le seul détenteur européen d'un siège au Conseil de sécurité de l'ONU ; mais aussi en raison du poids historique de l'extrême droite, des récents scores élevés du FN, et du peu de confiance des citoyens envers la classe politique et les partis, les médias, les syndicats, les institutions autres que l'armée...

Le plus étonnant, dans le paysage politique français de ce début 2017, est que les deux favoris des sondages (à ce jour) pour figurer au deuxième tour, Marine Le Pen et François Fillon, affichent une réelle proximité avec Vladimir Poutine.

La dirigeante du FN va chercher en Russie les financements bancaires que lui refusent les établissements français, tandis que le candidat des Républicains ne fait pas mystère de son admiration pour le Président russe au point d'en être illisible sur les événements en Syrie. Il y a dans l'entourage des deux candidats d'authentiques lobbyistes au service des ambitions du Kremlin et des intérêts économiques qui vont avec.

La question russe domine le rapport ambigu à l'« illibéralisme » : la fascination qu'exerce cet homme qui a réussi à remettre la Russie au centre du jeu diplomatique international malgré la marginalisation dont elle faisait l'objet de la part des pays de l'Otan, a engendré un véritable engouement dans des milieux politiques que l'on aurait cru plus prudents. Et qui les fait glisser d'un non alignement salutaire à une complaisance stupéfiante par rapport à l'autoritarisme avéré du président russe.

2017 sera-t-elle l'année de la victoire de l'« illibéralisme » ? Incontestablement, la demande d'autorité, de souveraineté, d'incarnation d'un leadership fort, est une valeur en hausse sur le marché politique occidental. Mais pour l'affaiblir, voire lui barrer la route en cas de nécessité, encore faut-il avoir une « offre » politique alternative susceptible de rassembler de manière crédible un électorat orphelin, et pas seulement de barrer la route à quelque despote en puissance, ce qui ne suffit visiblement plus dans nos démocraties fatiguées.

Alors plutôt que s'inquiéter de l'« illibéralisme », il faut surtout s'inquiéter de la faiblesse des partisans de la démocratie dite libérale (à ne pas confondre avec le libéralisme économique, c'est une autre histoire...) et de leur capacité à s'adapter à un monde dans lequel leurs vieilles recettes, et leurs vieux comportements, ne fonctionnent plus. ■

## DOCUMENT 3 - « La "peuplecratie" est un défi pour la démocratie libérale et représentative. »

Professeur d'histoire et de sociologie politique, spécialiste reconnu de l'Italie contemporaine, Marc Lazar est directeur du Centre d'histoire de Sciences Po et président de la School of Government de la Libre université internationale des études sociales (Luiss), à Rome. Il analyse le phénomène populiste, objet de son nouveau livre *Peuplecratie. La métamorphose de nos démocraties* qu'il cosigne avec le sociologue italien Ilvo Diamanti.

**— Pourquoi ce néologisme un peu lourd de « peuplecratie », alors que l'étymologie grecque de démocratie, c'est « le pouvoir du peuple » ?**

Je dois reconnaître qu'en italien cela sonne mieux : *popolocrazia*. Ilvo Diamanti, avec qui j'ai écrit ce livre, est aussi un éditorialiste de talent, inventeur de mots. L'émergence de nouvelles pratiques politiques, voire de nouveaux régimes, nécessite de forger de nouvelles notions. Ainsi, dans les années 1930 et 1950, celle de « totalitarisme » pour tenter d'appréhender ce que pouvaient avoir en commun le bolchevisme, le fascisme et le nazisme.

Or, qu'ils soient au pouvoir ou dans l'opposition, les mouvements populistes d'aujourd'hui sont en train de faire muter les bases mêmes de la démocratie libérale et représentative.

La démocratie, dans sa pratique moderne, se fonde sur la séparation des pouvoirs et sur tout ce qui relève de l'État de droit né des Lumières. Nous entrons maintenant, sous la pression de ces mouvements, dans une tout autre période...

**— Qu'est-ce qui change ?**

Ces mouvements populistes et leurs leaders martèlent que la souveraineté du peuple est sans limite. Tous les contre-pouvoirs doivent céder le pas au suffrage universel.

Le deuxième élément qui les caractérise est la mise en avant non seulement d'une démocratie directe mais aussi d'une démocratie immédiate, sans aucune forme de médiation, passant outre les corps intermédiaires et les partis.

Leur discours est celui d'une urgence permanente. Ils clament qu'il y a des solutions simples pour tous les problèmes, d'où leur demande d'une pratique référendaire systématique. Ils ont compris aussi la révolution que représentent les réseaux sociaux, qu'ils utilisent à fond.

**— La « peuplecratie » serait donc à la fois une nouvelle phase de la démocratie et une menace pour celle-ci ?**

La « peuplecratie » n'a pas encore vaincu, mais elle est là comme un grand défi pour la démocratie libérale et représentative. Les populistes ont déjà réussi à imposer leur façon de faire de la politique et leur temporalité, à tel point que ceux qui veulent les combattre ne peuvent qu'avoir la tentation de recourir à leur tour à ce que nous appelons le style populiste.

Matteo Renzi, le leader du centre gauche en Italie, se posait en « rottamatore », celui qui envoie à la casse le vieux système. Emmanuel Macron aussi pendant sa campagne se revendiquait comme le candidat antisystème, alors même que son parcours passant par l'ENA, la haute fonction publique et la banque Rothschild incarne celui des élites françaises. Bien sûr, les politiques mises en avant par ces deux leaders n'ont rien à voir avec celles prônées par les mouvements populistes, mais cela montre à quel point la « peuplecratie » a contaminé nos manières de concevoir la chose publique.

**— Est-ce une situation qui évoque celle des années 1930 ?**

Il y a des différences fondamentales avec cette période. Ainsi, en France, les populistes d'alors comme les Ligues en appelaient à un régime autoritaire voire dictatorial, parce que la démocratie était inefficace. La force des populistes contemporains est de renverser le logiciel et de se présenter comme les meilleurs défenseurs de la démocratie et de clamer que, eux, à la différence de la « caste » ou de l'« établissement » n'ont pas peur du peuple. Et d'interpeller les partis traditionnels : pourquoi n'instaurez-vous pas les référendums ? Pourquoi n'organisez-vous pas des consultations sur Internet ?

Ainsi, ces mouvements s'inscrivent à la fois dans la continuité des anciens mouvements populistes et dans la rupture : comme eux, ils jouent sur le « tous pourris » et sur l'opposition entre le « pays réel » et le « pays légal » [selon l'expression de Charles Maurras]. Mais, dans le même temps, ils surfent sur la critique de la politique au nom d'une meilleure prise en compte de la participation populaire et sur l'aspiration à une autre politique. Leur force est d'être à la jonction de ces deux thématiques face à des partis traditionnels incapables de répondre à ce double défi...

**— Les populistes de l'Est, notamment quand ils sont au pouvoir, comme Viktor Orban en Hongrie, n'hésitent pas pourtant à instaurer un pouvoir autoritaire...**

La « peuplecratie », si elle arrive au pouvoir et si elle se consolide, constitue en effet une étape vers quelque chose d'autre : la démocratie illibérale ou la « démocrature » déjà à l'œuvre à Varsovie et à Budapest.

**— Comment définir le populisme ?**

L'abondante production en science politique sur le sujet s'articule autour de deux pôles. D'un côté, il y a ceux qui estiment qu'il s'agit d'une nouvelle forme d'idéologie politique fragile, peu structurée mais qui se substitue aux grandes idéologies du XIXe siècle désormais en déclin. De l'autre côté, ceux qui, comme nous, considèrent le populisme avant tout comme un style politique.

**— La dimension xénophobe est-elle constitutive du populisme ?**

Pas nécessairement. Il y a un phénomène populiste, mais des populismes au pluriel, qui ne sont pas tous d'extrême droite ou de droite. Il y a des mouvements populistes de gauche comme Podemos, en Espagne, Syriza, en Grèce. Il y a des mouvements populistes régionalistes. Une forme nouvelle des populismes actuels est constituée par la figure de l'homme d'affaires se lançant en politique, dont l'archétype fut Silvio Berlusconi et qui a triomphé outre-Atlantique avec Donald Trump ou en République tchèque avec Andrej Babis.

Ils prétendent qu'un pays se gère comme une entreprise et se réfèrent sans cesse au bon sens populaire et aux supposées valeurs du peuple. Leur acception même du peuple varie. Pour certains, le peuple, c'est le *populus* – le peuple citoyen, conscient –, pour d'autres la *plebs*, la *plèbe*, c'est-à-dire la masse. Il y a aussi l'*ethnos*, c'est-à-dire le peuple sur une base ethnique... Ou encore le peuple comme consommateur auquel s'adressait volontiers Silvio Berlusconi. Les mouvements populistes combinent ces diverses acceptions.

**— Comment expliquez-vous cette montée des mouvements populistes ?**

Nous avons construit l'Union européenne (UE), mais pas le peuple européen. Il faut aussi prendre en compte la grave détresse sociale : le chômage, la précarité, les inégalités et la pauvreté. Cependant, il n'existe pas un lien direct entre crise économique et vote populiste : terreau du populisme avec le parti FPÖ, l'Autriche est l'un des pays les plus riches de l'UE avec un chômage très bas...

Un autre facteur est la perception de l'islam comme une menace après les divers attentats. Les flux de migrants expliquent les replis identitaires, d'autant que les deux grands modèles d'intégration - le modèle multiculturel et le modèle républicain à la française - sont en crise.

Mais il y a surtout la défiance vis-à-vis de la politique comme des institutions. Cela rend la situation explosive. À peine 4 % des Italiens ont confiance dans les partis et 11 % des Français. Même en Allemagne, les grands partis de masse tels que la CDU-CSU (démocrates-chrétiens) et le SPD (sociaux-démocrates) s'effondrent. Toute la question est de savoir si la démocratie peut se passer des partis... Et, si oui, par quoi les remplacer...

**— Pourquoi vous centrez-vous sur la France et l'Italie ?**

Ce qui nous frappe, c'est au contraire la convergence des problèmes dans des pays qu'on oppose souvent. On a parfois expliqué la montée du populisme en Italie par la faiblesse des institutions. Nous avons en France des institutions supposées stables, une administration efficace et nous avons à relever le même défi.

**— L'Italie reste-t-elle un laboratoire ?**

Au cours des cent dernières années, ce pays a beaucoup innové dans le champ politique pour le meilleur comme pour le pire. Le fascisme, Berlusconi et aujourd'hui un gouvernement populiste - avec la Ligue, d'extrême droite, et l'inclassable Mouvement 5 étoiles (M5S) -, le seul à la tête d'un des pays fondateurs de l'UE.

Mais c'est aussi le pays qui a su mettre sur pied une démocratie solide à même de résister au terrorisme dans les années 1970-1980. L'Italie a été aussi le premier grand pays de l'UE à systématiser le recours aux primaires pour choisir les élus ou les leaders de partis. Mais au mot de laboratoire, aucune situation n'étant exportable telle quelle, je préfère celui de sismographe.

**— Quelles leçons peut-on déjà tirer de l'expérience de ce gouvernement populiste ?**

Ce gouvernement, crée le 1er juin 2018, aura bientôt un an et il reste le plus populaire parmi les gouvernements de l'UE. Cela peut sembler étonnant, vu la faiblesse de son bilan. Les enquêtes d'opinion montrent, qu'aux yeux des Italiens, ces dirigeants populistes sont toujours considérés comme apportant un sang neuf, quand bien même Matteo Salvini, le leader de la Ligue et l'homme politique le plus populaire du pays, a un long passé de politicien. L'opinion les crédite aussi de faire ce qu'ils ont promis, au point que cela récrée un peu de confiance dans les institutions.

Il y a une disparité croissante, au sein de la coalition, entre le M5S, en déclin, et la Ligue, dont le leader, Matteo Salvini, en campagne permanente, se pose en rempart face à l'immigration. Un sujet porteur dans un pays qui fut longtemps une terre d'émigration et où l'arrivée de migrants depuis plus de vingt ans a été un véritable choc culturel.

Le pays pourrait glisser vers une démocratie illibérale autour de l'homme fort Salvini. Mais la démocratie italienne pourrait aussi réussir à métaboliser la charge populiste pour se rénover en profondeur. ■

**DOCUMENT 4** - Un monde de brutes

## DOCUMENT 5 - Comment organiser la lutte contre les populismes ?

En cette rentrée 2018, à moins d'un an de l'échéance électorale des Européennes, « populistes » et « progressistes » fourbissent leurs armes, affinent leurs arguments et consolident leurs alliances. Viktor Orban était en Italie pour rencontrer le leader de l'extrême droite Matteo Salvini , Emmanuel Macron s'est rendu au Danemark et en Finlande.

La lutte contre les populismes, qu'ils soient d'extrême droite ou d'extrême gauche, sera dure et difficile : toutes les bonnes volontés doivent être réunies, toutes les idées mobilisatrices recherchées. Ce qui devrait être clair, c'est que cette lutte doit s'organiser autour de cinq mots-clefs : ceux de lucidité, de justice, d'unité, de clarté, enfin et surtout de courage.

Tout commence par la lucidité. Rien ne sera possible dans la lutte contre les populismes si les élites - qui sont soucieuses du respect de la démocratie et de l'état de droit - ne prennent pas pleinement conscience de l'intensité de la colère, de la peur et du désespoir qui anime des populations toujours plus nombreuses depuis la crise financière et économique de 2008 , et ceci des deux côtés de l'Atlantique. Le mal n'ayant pas été traité à ses racines, il s'est métastasé comme peut le faire un cancer au fil des années. Il faut une décennie pour qu'un problème non résolu produise ses effets les plus négatifs. 2008-2018 : le compte y est. La montée des inégalités, lorsqu'elle rencontre celle de la corruption devient de son côté un cocktail destructeur auquel aucun pays - pas même un membre fondateur du projet européen comme l'Italie - ne saurait résister.

« Ils n'ont rien appris, ni rien oublié », disait Talleyrand des émigrés de Coblence de retour en France après la fin de la Révolution et de l'Empire. En remplaçant le mot « oublié » par celui de « compris » la formule pourrait-elle s'appliquer aujourd'hui à certains dirigeants financiers, économiques, sinon politiques qui par leur aveuglement continuent de faire le lit des populismes ?

Mettre l'accent sur le travail est tout à la fois noble et légitime, mais si cette priorité semble se faire au détriment de la quête d'équilibre et plus encore de justice au sein de la société, elle devient contre-productive. À l'heure de la mondialisation et de la transparence, les classes moyennes n'ignorent plus rien du mode de vie et des revenus des plus riches.

La montée des inégalités, lorsqu'elle rencontre celle de la corruption devient de son côté un cocktail destructeur auquel aucun pays - pas même un membre fondateur du projet européen comme l'Italie - ne saurait résister. Aux États-Unis, l'explosion des inégalités - bien plus spectaculaire encore qu'en Europe - a largement contribué à conduire Donald Trump à la Maison-Blanche. Au-delà de l'exigence de lucidité et de justice, il existe un besoin d'unité. En 2000, la secrétaire d'État de Bill Clinton, Madeleine Albright, entendait créer autour de l'Amérique une « Alliance des démocraties » qui puisse, en quelque sorte, institutionnaliser et consolider le nouvel équilibre du monde, né de la chute du Mur de Berlin, de l'effondrement de l'URSS et des retrouvailles de l'Europe avec son histoire et sa géographie. En 2018, face à la montée des autoritarismes et des démocraties illibérales, les démocraties libérales classiques, désormais sur la défensive, doivent resserrer les liens qui existent entre elles, autour de la défense de leurs valeurs communes.

N'existe-t-il pas déjà, *de facto*, au sein du G7 comme un « Club des Quatre » constitué de la France, de l'Allemagne, du Canada et du Japon, autrement dit tous ceux qui, en dépit de leurs faiblesses respectives, continuent de garder le cap face aux dérives de ces deux autres membres que sont les États-Unis et l'Italie ? La face humaine de l'Amérique du Nord, le Canada, l'Occident asiatique, le Japon, rejoignant ainsi les deux derniers grands de l'Union alors que la Grande-Bretagne est exclusivement obsédée d'elle-même depuis le Brexit. Prendre conscience de cette unité et en tirer des enseignements éthiques et politiques est nécessaire, au plan européen, comme au plan mondial.

Face aux populismes, il existe aussi une exigence de clarté pédagogique, d'autant plus indispensable qu'elle succède à des années de flou démagogique. « L'histoire ne nous apprend rien, car elle contient tout, si ce n'est qu'il ne faut pas envahir la Russie à la fin de l'été », écrivait avec ironie et cynisme l'historien britannique A.J.P. Taylor. Pourtant il existe des analogies troublantes entre les années 1930 et le temps présent. La libération de la parole, qui ouvre la voie à celle de l'action haineuse, est à l'œuvre.

Qui aurait prédit que plus de soixante-quinze ans après l'effondrement du fascisme, il y aurait au pouvoir en Italie des élus du peuple qui s'exprimeraient sur un ton et parfois dans des termes si proches de ceux de Mussolini ? En Allemagne, et bien sûr plus encore à l'Est – la partie la moins vaccinée du pays contre le retour des démons du passé –, on vient d'assister à des scènes troublantes de lynchages en pleine rue contre des étrangers. En Suède, une extrême droite qui n'hésite plus à dire « qu'il n'est pas possible d'être Juif et Suédois à la fois », s'apprête à réaliser un bon, sinon un très bon score, aux prochaines élections.

Mais le mot-clef déterminant est celui de courage. C'est lui qui conditionne l'efficacité de tous les autres. Le courage passe par la conviction que, sur le long terme, il est moins dangereux de perdre les élections que de perdre son âme, dans des alliances ou des silences douteux. Il est des valeurs avec lesquelles on ne transige pas. Se poser en opposant principal de Viktor Orban et Matteo Salvini, comme Emmanuel Macron vient de le faire, est légitime. Cela implique bien sûr que la clarté des actions soit en cohérence avec la fermeté des propos. Sur la question des migrants, rien n'est pire que l'ambiguïté et les demi-mesures. À vouloir satisfaire toutes les parties, on perd sur les deux tableaux. ■

**Dominique Moïsi, Conseiller spécial à l'Institut Montaigne**

**DOCUMENT 6** - L'ascension des néopopulismes

**DOCUMENT 7** - Erdogan, Poutine... Les nouveaux sultan et tsar

## DOCUMENT 8 - Xi Jinping, Poutine, Orban... Le charme toxique des autocrates - *Le Monde* - 27/04/2017

Longtemps, la gauche européenne a aimé les hommes forts. Mao a bénéficié d'une cote solide jusqu'à sa mort, en 1976 - particulièrement à Paris. Staline n'a pas démérité, célébré des années durant en chef de guerre ou en accoucheur, après Lénine, de la patrie du socialisme. N'oublions pas Trotski, qui séduisit des générations de militants. Dans l'Europe de la consommation et de la Gay Pride, le Cubain Castro connut la gloire. Le Vénézuélien Maduro a toujours des fidèles en France.

La droite n'a pas été en reste, qui cultivait ses hommes forts. Après tout, elle aussi a des sentiments. Ce pouvait être une grosse tendresse pour l'Espagnol Francisco Franco, le Portugais Antonio de Oliveira Salazar, ou une immense faiblesse pour nombre de despotes sud-américains et asiatiques, dès lors qu'ils étaient anticommunistes. Cela pour dire que la démocratie libérale - le vote, la séparation des pouvoirs, la liberté de la presse, l'élargissement continu des droits individuels et l'émancipation des minorités - n'a pas relevé de la génération spontanée.

**Tropismes despotiques**

Le régime que la plupart des pays occidentaux connaissent aujourd'hui est le produit d'une longue et lente évolution. Depuis quelque temps, tout le monde faisait plus ou moins semblant d'y adhérer. Dans les années 1990, post-guerre froide, plus personne ne vantait ou ne défendait la légitimité du modèle « grand leadeur », ni ne justifiait, au nom de l'efficacité et de la stabilité, les présidences à vie et autres mascarades autoritaristes. On semblait vaccinés.

Erreur. La démocratie libérale est, ces temps-ci, en voie de régression. L'homme fort, cette espèce que l'on croyait au bord de l'extinction, fait sa réapparition. Le monde vit une phase de récession de la démocratie. À la « une » du *New York Times* daté 7-8 avril, Madeleine Albright, ex-secrétaire d'État de Bill Clinton, s'interroge : « Va-t-on arrêter Trump avant qu'il ne soit trop tard ? »

Née tchécoslovaque dans une famille deux fois exilée - fuyant le nazisme en 1945, puis le communisme dix ans plus tard -, Albright pointe le mouvement actuel de retrait de la démocratie - y compris dans l'ensemble occidental. Freedom House, ONG américaine qui tient les comptes, assure : il y a aujourd'hui une trentaine de démocraties de moins qu'il n'y en avait dans le monde au début des années 1990. Toutes remplacées par des régimes autoritaires.

*The Economist* a mis au point son « index de la démocratie ». Fin janvier, l'index était toujours en forme de courbe à sens unique : « La démocratie poursuit son inquiétant mouvement de recul », dit l'hebdomadaire britannique.

La « une » des magazines se couvre de portraits d'autocrates, de Xi Jinping à Vladimir Poutine - alternant, d'une année sur l'autre, pour le titre d'« homme le plus puissant du monde ». L'Europe n'est pas épargnée, loin de là, avec le Hongrois Viktor Orban, récemment élu pour un troisième mandat, et le Polonais Jaroslaw Kaczynski, chef du parti au pouvoir à Varsovie. Ces deux-là, contempteurs de la démocratie libérale, ont inventé un nouveau régime : la version illibérale de la démocratie.

En principe vestale en chef du régime libéral, le nouveau président américain Donald Trump a rarement un mot pour défendre les valeurs de la démocratie. Le républicain cache mal des tropismes despotiques et manifeste fréquemment un brin d'affection pour les autocrates de l'heure.

**Les lourdes fautes de la démocratie libérale**

Que s'est-il passé ? Une crise d'hubris et de naïveté d'abord, pas mal d'hypocrisie ensuite. Quand s'effondre le mur de Berlin, en 1989, l'Occident proclame qu'il a « gagné » la guerre froide. Il s'ensuit que le capitalisme a vaincu le socialisme et que la démocratie libérale à l'occidentale a triomphé du régime dictatorial à la soviétique. On croyait vivre une césure historique dans l'histoire de l'humanité.

L'économie de marché et le libre-échange allaient s'universaliser en tant que systèmes les plus performants pour produire et distribuer des richesses. La démocratie libérale devait s'imposer, à plus ou moins long terme, comme le régime politique le plus humain et le plus efficace.

C'était oublier que l'URSS s'est défaite elle-même, de l'intérieur, minée par la médiocrité économique, la misère sociétale et la dictature d'une caste dirigeante incompétente. C'était négliger que le camp occidental avait, au nom de la lutte contre le communisme, frayé avec certains des pires autocrates de l'époque. C'était commodément ignorer que le capitalisme s'accommodait fort bien des régimes politiques les plus brutaux.

Hélas, la démocratie libérale n'a pas tenu sa promesse post-guerre froide : elle ne s'est pas imposée comme l'horizon politique indépassable de notre temps. Elle y a mis du sien, mais elle a lourdement fauté. Elle a été infidèle à ses principes. En 2003, son représentant le plus puissant, les États-Unis, a perdu une bonne part de sa crédibilité dans les sables d'Irak. En 2008, le capitalisme financier à l'anglo-saxonne, livré à lui-même, a fait perdre leur logement et leur travail à des dizaines de millions de personnes. 2003, 2008, pas de sanction, mais deux dates-clés dans les malheurs actuels de la démocratie libérale.

La mondialisation a considérablement réduit les écarts entre pays, entre le Nord et le Sud, mais généré partout un niveau d'inégalités domestiques qui met à mal la démocratie. Les grands marqueurs de l'époque - bouleversements technologiques, flux migratoires incontrôlables, environnement médiatique subversif, etc. - rendent l'art de la gouvernance démocratique plus difficile, même si plus nécessaire que jamais.

Planchant à Abou Dhabi, dans les Émirats arabes unis, Nicolas Sarkozy s'interrogeait début mars : « Comment peut-on avoir une vision à dix, quinze ou vingt ans et en même temps, [comme] aux États-Unis, avoir un rythme électoral tous les quatre ans ? » Et l'ancien président de célébrer les mérites des « grands leadeurs », pas ceux de la démocratie.

**Un ennemi en pâture**

Sous le discours de la défense des oubliés de la mondialisation, la tentation autoritaire fleurit. Voulue ou non, l'internationalisation des modes de vie relance le nationalisme. Celui-ci a besoin d'un ennemi qu'on jette en pâture à l'opinion : « Bruxelles », les immigrés, la déliquescence des mœurs. Tel est le modèle de « démocratie illibérale » que pratiquent la Hongrie et la Pologne d'aujourd'hui. Élections libres, certes, mais le vainqueur devient propriétaire de l'État, sape la séparation des pouvoirs, dispose du judiciaire et de l'essentiel des médias. On casse la machinerie fragile et compliquée du jeu des pouvoirs et contre-pouvoirs institutionnels qui définit la démocratie libérale.

On croyait, à la chute du mur de Berlin, en avoir fini avec les grandes batailles idéologiques. On s'est trompé. La superpuissance de demain, la Chine, sûre d'elle et conquérante, investit et prête à tout-va en dehors de ses frontières. Pour la première fois depuis les années 1970, elle vante son « modèle » à l'extérieur. À l'intérieur, le président Xi mène bataille contre « les idées occidentales ». Relativisme culturel débridé : Moscou et Pékin nient toute universalité à l'interprétation occidentale des droits de l'homme. Réaffirmation du principe de souveraineté des États : Chinois et Russes veulent légitimer l'autocratie.

Pour se remonter le moral, on lira deux démocrates libéraux conséquents, Guy Sorman (*Journal d'ailleurs*. 2015-2017, Grasset, 372 pages, 20,90 euros) et Pascal Bruckner (revue *Commentaire*, hiver 2017-2018 et printemps 2018). Attentifs aux échecs de la démocratie libérale, ils en rappellent aussi l'essentiel, qu'on oublie trop souvent : c'est par l'exemplarité qu'elle relève les défis. ■

**DOCUMENT 9** - ***« La démocratie libérale se porte très bien, merci »*** - Steven Pinker, psychologue et professeur à l'Université d'Harvard & Robert Muggah, politologue et professeur à l'Université d'Oxford

Bien que certains pays et certaines villes soient plus mal lotis que d'autres, aussi incroyable que cela puisse paraître, le monde, globalement, est aujourd'hui plus sûr et plus prospère. Cela est d'autant plus vrai dans les sociétés démocratiques, qui se distinguent par une croissance économique plus élevée et des niveaux supérieurs de bien-être. Les guerres et les génocides sont généralement moins nombreux dans les pays démocratiques, la famine pratiquement inexistante, et les citoyens plus heureux, en meilleure santé et plus instruits qu'ailleurs.

La bonne nouvelle, c'est que la population mondiale, en grande majorité, vit actuellement en démocratie. Pourtant, dans certaines d'entre elles et pas des moindres, aux États-Unis par exemple, la montée de partis populistes et nativistes, et de leaders tendanciellement autoritaires suscite immanquablement un sentiment de pessimisme, beaucoup craignant pour l'avenir de la démocratie. Les gens ont-ils raison de s'inquiéter ?

La plupart d'entre nous oublient que la démocratie libérale est une idée relativement récente. Ses principes fondamentaux - la séparation des pouvoirs, les droits de l'homme, les libertés civiles, la liberté d'expression et d'association, des médias pluralistes, des élections libres, régulières et ouvertes - ne se sont, en grande partie, véritablement implantés qu'au XX^e^ siècle. Il y a encore quelques centaines d'années, la plupart des sociétés balançaient entre l'anarchie et diverses formes de tyrannie.

Jusqu'à l'ère moderne, les gouvernements n'étaient responsables que d'améliorations mineures dans la vie de leurs sujets, qu'ils contrôlaient le plus souvent par une répression brutale. On endurait un peu partout un despotisme sans pitié parce que la seule autre solution - l'état d'anarchie tel que décrit par Hobbes - était encore pire. L'émergence de la démocratie était tout sauf inéluctable.

En réalité, après le XVIII^e^ siècle, l'essor de gouvernements démocratiques était plutôt à l'arrêt. D'après le politologue de Harvard Samuel P. Huntington, la démocratisation a suivi trois vagues. La première se produisit au XIX^e^ siècle, d'abord aux États-Unis, qui avaient développé un système de démocratie constitutionnelle dont l'équilibre entre les pouvoirs exécutifs, législatif et judiciaire et les privilèges suscitaient partout l'admiration. Tout au long du XIX^e^ siècle, les pays d'Europe de l'Ouest, en particulier, imitèrent le modèle américain. En 1922, on comptait près de 29 démocraties de par le monde, bien qu'elles ne fussent plus que 12 en 1942.

La deuxième vague, selon Huntington, eut lieu après la victoire des Alliés à l'issue de la Seconde Guerre mondiale, atteignant en 1962 le record de 36 démocraties dans le monde. Une fois de plus, cette vague s'assortit d'un reflux. En 1975, on ne comptait plus que 30 démocraties, suite aux prises de contrôle par les communistes et à l'opposition aux régimes autoritaires en Europe, en Amérique latine, en Afrique, au Moyen-Orient et en Asie du Sud-Est.

La troisième vague fut plutôt un tsunami. Au cours des années 1970-1980, les gouvernements militaires et fascistes s'effondraient de toute part. Après la chute du mur de Berlin en 1989 et l'implosion de l'Union soviétique en 1991, le nombre de démocraties avait effectivement triplé dans le monde. Au début de la présidence de Barack Obama en 2009, on en dénombrait 87.

*A posteriori*, l'après-guerre froide semble avoir représenté l'âge d'or de la consolidation démocratique. Or, ce fut aussi une période où le rythme effréné des changements nourrit de nouvelles inquiétudes sur la santé réelle de nombreux gouvernements nouvellement démocratiques.

De nos jours, la confiance dans la marche en avant des démocraties s'affaiblit. Les chercheurs parlent avec gravité de la façon dont les démocraties subissent « reflux », « recul », « récession » voire « dépression ». D'autres encore craignent que les démocraties ne s'effacent d'elles- mêmes et deviennent « partiales », « faibles », « vides » et « illibérales ». Dans ce cas, des élections ont bien lieu, mais les libertés civiles et l'équilibre des pouvoirs sont bafoués.

De plus, l'échec, entre 2003 et 2005, des « révolutions de couleur » en Géorgie, en Ukraine et au Kirghizistan, fut profondément démoralisant, comme l'échec en 2010-2011 du « printemps arabe » en Égypte, en Libye, en Syrie et ailleurs au Moyen-Orient et en Afrique du Nord. Plus récemment encore, la gouvernance autoritaire dans les nouvelles démocraties comme la Hongrie, la Pologne et la Turquie, comme dans les anciennes, les États-Unis par exemple, ont sonné l'alarme. Le déluge permanent de gros titres négatifs dans d'autres démocraties renforce encore le sentiment que l'illibéralisme et le populisme nationaliste sont de retour. Les associations qui jouent un rôle de contrôle et de surveillance, comme Freedom House, sont convaincues que la liberté régresse de plus en plus dans le monde.

Toute une série de nouveaux ouvrages vient ajouter à la sinistrose ambiante. Dans *How Democracies Die* (« Comment les démocraties se meurent », éd. Hardcover) Steven Levitsky et Daniel Ziblatt, de l'université Harvard, expliquent que, en général, les démocraties ne meurent pas dans le fracas, mais dans un gémissement, comme en témoignent les démagogues comme Donald Trump, qui sape petit à petit les contre-pouvoirs aux États-Unis.

De même, dans *The People Vs. Democracy* (« Le peuple contre la démocratie », Harvard University Press) Yascha Mounk, de l'université Harvard, nous met en garde : la démocratie libérale est en train de céder face à un « libéralisme antidémocratique » et une « démocratie illibérale ». Tandis que le « libéralisme antidémocratique » protège les droits fondamentaux mais délègue le pouvoir réel à des organes technocratiques non élus comme la Commission européenne, la « démocratie illibérale » présente des dirigeants élus démocratiquement qui font fi des droits des minorités. Plus généralement, Mounk et d'autres craignent que la jeunesse, y compris occidentale, tourne le dos à la démocratie.

Et pourtant, il y a des raisons de douter que la démocratie recule réellement dans le monde. Tout d'abord, nous n'avons aucune preuve tangible d'un déclin spectaculaire du soutien à la démocratie dans la plupart des pays, y compris aux États-Unis. Cela ne veut pas dire qu'il faille ignorer l'essor actuel des autocraties, mais peut-être que la démocratie ne méritait pas si tôt une élégie.

Les sondages montrant un déclin de la démocratie devraient être considérés avec un certain scepticisme. Après tout, il est difficile de discerner un désir de démocratie dans des pays où les gens sont gouvernés par des régimes autoritaires et doivent faire attention à ce que de telles opinions ne soient pas rendues publiques.

En réalité, les recherches menées au cours du Polity Project par le Center for Systemic Peace laissent entendre que la troisième vague de démocratisation, loin de refluer, pourrait bien au contraire faire place à une quatrième vague. En 2015, la dernière année pour laquelle on dispose de données Polity, on comptait 103 démocraties de part le monde, impliquant plus de la moitié de la population globale. Si l'on ajoute à cela les 17 pays classés comme étant plus démocratiques qu'autocratiques, alors le nombre de personnes vivant en démocratie atteint les deux tiers de la population mondiale. En comparaison, seul 1 % de la population vivait dans des pays démocratiques au début du XIXe siècle. S'il faut évidemment admettre qu'il existe différents degrés de gouvernance démocratique, cette statistique devrait suffire à faire taire momentanément les Cassandre.

Attention : la résilience des démocraties ne doit pas nous conduire à un excès de confiance. L'expansion continue de la gouvernance démocratique est loin d'être garantie. Sous l'effet du pluralisme, de la participation politique et du respect des libertés civiles, plusieurs démocraties, désagrégées, montrent manifestement des signes de recul. Selon l'indice de démocratie de l'Economist Intelligence Unit, seuls 19 pays, la plupart en Europe de l'Ouest, peuvent être décrits comme des « démocraties accomplies », par opposition aux « démocraties déficientes », aux « régimes hybrides » ou aux « gouvernements autoritaires ». Sur les 167 pays figurant dans l'index, 89 semblent, en 2017, s'être détériorés par rapport à 2016.

Parmi les pays basculant vers l'autoritarisme, on retrouve certains des nouveaux convertis, ceux qui forment, ainsi qu'on l'appelle, le « groupe de Visegrad » : la République tchèque, la Hongrie, la Pologne et la Slovaquie. Les Philippines, dirigées par un autre populiste illibéral Rodrigo Duterte, suppriment chaque jour un peu plus toutes les limites qu'impose une société libérale. Dans ces pays, les dirigeants populistes s'inspirent souvent d'autres hommes forts élus, comme Recep Tayyip Erdogan en Turquie et Vladimir Poutine en Russie.

L'histoire de ces pays montre que si la démocratie est encore plébiscitée à travers le monde, elle ne saurait être l'unique forme de gouvernement possible. Les théocraties existant dans le monde islamique et le capitalisme autoritaire en vigueur en Chine constituent des alternatives séduisantes pour les autocrates et les populistes parce que ces modèles peuvent engendrer certains bénéfices économiques à court terme.

Et pourtant, face à toutes ces menaces pesant sur son existence, il est bon de se rappeler que si la démocratie a remporté de tels succès, ce n'est pas simplement en raison d'institutions procédurales comme les élections ou l'équilibre des pouvoirs. Pour paraphraser Winston Churchill, disons que malgré ses nombreux défauts, la démocratie demeure préférable à ses alternatives. Après tout, les démocraties nous permettent de congédier nos représentants sans déclencher un bain de sang.

Comme le fait remarquer John Mueller, de l'université d'État de l'Ohio, une démocratie libérale bien gouvernée donne aux gens la liberté « de se plaindre, de déposer des pétitions, de s'organiser, de protester, de manifester, de se mettre en grève, de menacer d'émigrer ou de faire sécession, de crier, de publier, d'exporter leurs fonds, d'exprimer un manque de confiance ». Mieux : « Le gouvernement répondra toujours aux protestations des protestataires. » Mueller nous rappelle que même la plus mature des démocraties demeure un *work in progress* exigeant constamment des réparations et des améliorations. La qualité d'une démocratie vient fondamentalement de ce qu'elle réussit à protéger la population de la violence et de la séduction d'hommes forts clamant qu'ils sont les seuls à pouvoir représenter le peuple.

Pour qu'une démocratie (qu'elle soit présidentielle, parlementaire ou constitutionnelle-monarchique) prospère, il faut que ses citoyens soient convaincus qu'elle est préférable à la théocratie, aux droits divins des rois, au paternalisme colonial ou à un État autoritaire. C'est ce que, à travers le monde, nous avons fini par admettre, et c'est ainsi que l'idée de démocratie libérale est devenue contagieuse.

Malgré leurs limites, les démocraties se sont avérées remarquablement efficaces pour refréner les instincts les plus sombres des gouvernements. Que l'on songe aux droits de l'homme, largement codifiés depuis l'adoption en 1948 de la Déclaration universelle des droits de l'homme des Nations unies. De même, que l'on pense à la peine de mort, qui était la norme à travers le monde. Les dernières prévisions suggèrent que la peine capitale sera complètement abolie, dans le monde entier, dans moins d'une décennie.

Des changements aussi profonds nous rappellent pourquoi nous devons nous battre pour des élections libres et transparentes, pour les droits des minorités, la liberté de la presse et l'État de droit. Bien qu'un grand nombre de démocraties ait dû faire face ces dernières années à une crise de confiance, leurs extraordinaires succès - et le fait qu'elles demeurent supérieures à leurs alternatives - sont autant de raisons d'être optimiste. ■

# TEST D'ENTRAÎNEMENT CORRIGÉS

## Questions de repérage

**Question 1. Réponse C**

On trouvait la réponse dans le document 3 où Marc Lazar, inventeur de cette notion, est interviewé. On pouvait voir que son nouveau livre *Peuplecratie. La métamorphose de nos démocraties* est sorti en 2019, co-écrit avec le sociologue italien Ilvo Diamanti.

**ASTUCE** Dès le survol, il faut faire attention à bien noter le mot-clé « peuplecratie » sur le brouillon afin d'orienter et de cibler sa lecture. Le concept de peuplecratie est clairement associé à Marc Lazar. « « La "peuplecratie" est un défi pour la démocratie libérale et représentative » Professeur d'histoire et de sociologie politique, spécialiste reconnu de l'Italie contemporaine, Marc Lazar est directeur du Centre d'histoire de Sciences Po et président de la School of Government de la Libre université internationale des études sociales (Luiss), à Rome. Il analyse le phénomène populiste, objet de son nouveau livre *Peuplecratie*.

**Question 2. Réponse B**

On trouve la réponse dans le document 1 qui explique en quoi l'illibéralisme est une nouvelle forme de gouvernance basée sur le vote (voir le plébiscite) des dirigeants mais sur une négation de l'État de droit et des libertés fondamentales ce qui lui vaut le qualificatif de « démocratie illibérale » donc non libérale. « Ce terme renvoie à la tradition, profondément enracinée dans l'histoire occidentale, qui cherche à protéger l'individu de la contrainte, quelle qu'en soit la source : l'État, l'Église ou la société, analyse, en 1997, l'essayiste américain Fareed Zakaria dans la revue *Foreign Affairs*. Il est libéral parce qu'il se nourrit du courant philosophique, né avec les Grecs, qui met l'accent sur la liberté individuelle. Il est constitutionnel parce qu'il repose sur la tradition, inaugurée par les Romains, de l'État de droit. »

**ASTUCE** Dès le survol, il faut faire attention à bien noter le mot-clé « illibéralisme » que l'on retrouve dans le titre du document 1 « Pologne, Hongrie... ces démocraties "illibérales" qui remettent en cause l'État de droit ». Par ailleurs, une définition est donnée dès le 3e paragraphe. Celle-ci exclut *de facto* les réponses A, C et D qui manquent cruellement de mesure, de justesse et de précision. Ainsi, procéder par élimination des réponses les plus subjectives est aussi possible !

**Question 3. Réponse C**

Il fallait trouver cette réponse dans le document 9 : « En 2015, la dernière année pour laquelle on dispose de données Polity, on comptait 103 démocraties de part le monde, impliquant plus de la moitié de la population globale ».

**ASTUCE** Dès le survol, il faut faire attention à bien noter le mot-clé « démocratie » que l'on retrouve dans le titre du document 9 « La démocratie libérale se porte très bien, merci ». On peut également procéder par élimination en analysant que les autres propositions de réponses sont clairement déconnectées de la réalité.

**Question 4. Réponse A**

On trouvait cette réponse dans le document 5, qui est une analyse du politique Dominique Moïsi, et qui donne ces cinq pistes dès l'introduction avant de les développer chacune ensuite.

**ASTUCE** Dès le survol, il faut faire attention à bien noter le mot-clé « Dominique Moïsi » que l'on retrouve dans les références bibliographiques du document 5. De plus, dès l'introduction, ces 5 concepts sont énoncés. « Ce qui devrait être clair, c'est que cette lutte doit s'organiser autour de cinq mots-clefs : ceux de lucidité, de justice, d'unité, de clarté, enfin et surtout de courage. » Ainsi un temps précieux est gagné car on repère très vite la bonne réponse.

**Question 5. Réponse D**

Il fallait trouver cette réponse dans le document 1, où Alexandre Loukachenko est présenté comme populiste connu pour se revendiquer comme représentant unique du peuple à travers sa célèbre phrase « Je suis du peuple et je vais être pour le peuple ».

**ASTUCE** Quand les éléments de la question ne figurent pas dans les titres ou références bibliographiques, il suffit de procéder à la lecture approfondie des documents en prêtant une attention particulière aux noms propres, aux chiffres et aux passages en gras et en italique (dès le survol, il faut bien sûr faire attention à noter le mot-clé « Alexandre Loukachenko »). Il est également possible de mobiliser sa culture générale dans le sens où la Biélorussie a été au cœur de l'actualité ces dernières semaines.

**Question 6. Réponse B**

On pouvait voir cette information dans le document 8. Cet indice recense la qualité des démocraties selon plusieurs critères et constatait en janvier 2017 « un inquiétant mouvement de recul ».

**ASTUCE** Quand les éléments de la question ne figurent pas dans les titres ou références bibliographiques, il suffit de procéder à la lecture approfondie des documents en prêtant une attention particulière aux noms propres, aux chiffres et aux passages en gras et en italique. Dès le survol, on note bien sûr les mots-clés « *The Economist* » et « index démocratie ». « *The Economist* a mis au point son "index de la démocratie". Fin janvier, l'index était toujours en forme de courbe à sens unique : « La démocratie poursuit son inquiétant mouvement de recul », dit l'hebdomadaire britannique. »

**Question 7. Réponse A**

Pour trouver cette réponse il fallait analyser la deuxième image du document 7 où son nom apparait sur le tableau des opposants assassinés (une croix à côté de son nom et une arme qui fume sur le bureau).

**ASTUCE** Il faut parfois faire preuve d'un peu de déduction. En effet, le nom de cette journaliste apparait dans le document 7 avec une croix associée à son nom avec un revolver fumant et des cartouches sur la table et le président russe Vladimir Poutine derrière son bureau. Preuve aussi qu'on peut trouver des éléments de réponse dans les illustrations !

## Questions d'analyse

**Question 8. Réponses attendues : A, C, D**

Pour répondre à cette question il fallait analyser le document 7 qui est constitué de deux images (Erdogan en haut, Poutine en bas) qui correspondent à des régimes autoritaires, incarné par des hommes forts (document 4) mais en quelque sorte désirés (d'où l'expression antinomique de « dictateur élu »), d'où la réponse A.
Pour trouver la réponse A on pouvait aussi s'appuyer sur le document 8 qui évoque le charme nouveau qu'exercent des autocrates actuellement. Il fallait aussi voir une allusion au document 1 notamment à travers la figure de Poutine en bas qui semble se débarrasser de ces opposants ce qui va à l'encontre des principaux libéraux de la démocratie qui supposent la pluralité et la libre expression (réponse C).

**ASTUCE** Les réponses B et E manquent cruellement de mesure, de justesse et de précision. On ne peut pas parler à proprement parler de retour aux années 30, époque ayant vu se développer les régimes de Staline ou encore Hitler. On ne peut pas non plus affirmer que la torture est de retour au sein de ces pouvoirs. Ainsi, procéder par élimination des réponses les plus déconnectées de la réalité est aussi possible !

**Question 9. Réponses attendues : A, B, E**

La réponse A se trouvait principalement dans les documents 1 et 2 tandis que le document 3 montrait que le discours populiste touchait également des dirigeants libéraux à travers les exemples de Matteo Renzi et d'Emmanuel Macron (réponse B). Enfin le document 5 montrait que les raisons de l'émergence des populismes sont liées aux dysfonctionnements plus profonds de la démocratie (justice, inégalités...) ce qui permettait de déduire la réponse E.

**ASTUCE** Les réponses C et D manquent cruellement de mesure, de justesse et de précision. D'une part on ne peut parler de totalitarisme, qui est selon Wikipédia « un type de système politique dans lequel il n'existe qu'un seul parti unique, n'admettant aucune opposition organisée, où l'État tend à confisquer la totalité des activités de la société », ce qui n'est pas le cas des pays évoqués. D'autre part, Vladimir Poutine, Viktor Orban ou encore Alexandre Loukachenko sont élus, même si bien sûr leurs élections respectives sont clairement contestées. Ainsi, procéder par élimination des réponses les plus exagérées est aussi possible !

**Question 10. Réponses B, C, E**

Réponse B : le document 3 en parle à travers la notion de « peuplecratie » qui prône un recours au peuple sans intermédiaire et donc l'affaiblissement des corps intermédiaires traditionnels.
Réponse C : il est possible de le voir sur le document 6 (image de deux partis opposés tenant le même discours).
Réponse E : le document 4 (un monde de brutes) et le document 8 montrent que ce mouvement prône également un recours permanent à la force.

**ASTUCE** Les réponses A et D manquent cruellement de mesure, de justesse et de précision. D'une part, comme évoqué plus haut, aussi contestés soient-ils, ces pouvoirs sont élus. D'autre part, à l'exception de conflits locaux et régionaux, ces pays, dont certains sont membres de l'Union européenne, ne sont pas en guerre. Ainsi, procéder par élimination des réponses les plus inadaptées est aussi possible !

**Question 11. Réponses : B, C, D, F**

Réponse B : il s'agit d'hommes politiques libéraux qui utilisent parfois une rhétorique populiste dans leurs discours (document 3)
Réponse C : il s'agit de dirigeants illibéraux (documents 1 et 8)
Réponse D : il s'agit des principaux auteurs à avoir défini l'illibéralisme (document 1)
Réponse F : Il s'agit d'opposants politiques proches dans le discours populiste et de critiques des élites en place (document 6)

**ASTUCE** Les réponses A et E sont clairement incohérentes. D'une part, on ne peut associer la ligne éditoriale de *Courrier International* et les travaux de Marc Lazar, politiste, avec la personnalité de Donald Trump. D'autre part, on ne peut pas non plus associer les autocrates Vladimir Poutine et Recep Tayyip Erdoğan avec la personnalité de Emmanuel Macron. Ainsi, procéder par élimination des réponses les plus incohérentes est aussi possible !

**Question 12. Réponses A et D**

Réponse A : c'est principalement le document 5 qui en parle en intégrant les solutions à la crise dans une réponse plus globale des politiques publiques.
Réponse D : le document 9 rappelle que la démocratie reste le système majoritaire et que ses bienfaits sont avérés dans l'histoire.

**ASTUCE** Les réponses B et C sont clairement fausses. D'une part, de nombreux politistes évoquent les pistes nécessaires pour rebâtir une démocratie, système politique d'ailleurs qui progresse dans le monde. D'autre part, ces solutions ne sont pas des pièges dans le sens où face à cette prise de conscience de la crise de la démocratie, le populisme se porte encore très bien dans de nombreux pays.

**Question 13. Réponses B et E**

Réponse B : comme le montre le document 4 et le document 7 c'est un phénomène mondial qui ne se borne pas à un continent ou pays.
Réponse E : comme le montrent les documents 5 et 9 les solutions à apporter résident dans la démocratie.

**ASTUCE** : On procède encore et toujours par élimination. Les réponses A, C et D sont clairement inadaptées à la réalité. D'une part, le retour de la force en géopolitique est clairement un sujet de préoccupation du concert des nations. D'autre part, la solution diplomatique semble être la solution proposée, notamment par le retour de la démocratie, de la citoyenneté et donc d'élections et d'oppositions politiques libres. Enfin, attaquer la démocratie ne ferait qu'accélérer la montée des tensions dans le monde.

## Questions de synthèse

**Question 14. Réponse B**

Cette réponse est la seule qui prend en compte tous les aspects du dossier en incorporant le thème central : la remise en cause de la démocratie libérale par l'expansion des populismes ET des régimes illibéraux (attention ces deux termes ne sont pas synonymes comme le montrent les documents 1 et 3).

**ASTUCE** Un bon titre est un titre exhaustif, objectif et cohérent. Les réponses A, C et D sont parcellaires dans le sens où elles ne rendent compte que d'une partie du constat et des enjeux d'une problématique mondiale. Elles manquent donc d'objectivité et surtout n'entrevoient qu'une part e des documents. La réponse E est trop péremptoire et subjective, c'est-à-dire qu'elle impose un point de vue : « qui doit être ».

**Question 15. Réponses : (a) = C, (b) = D, (c) = A, (d) = B**

(a) C'est la démocratie au sens moderne qui est en crise (documents 1, 2 et 5).
(b) À cause de l'émergence de nouveaux pouvoirs illibéraux qui remettent en cause sa composante libérale (documents 1 et 9).
(c) Ces derniers remettent en cause l'État de droit et les libertés fondamentales (documents 2 et 7).
(d) Même si Steven Pinker et Robert Muggah rappellent en document 9 les bénéfices et avantages de la démocratie libérale dans l'histoire.

**ASTUCE** La réponse (a) ne semble pas poser de problèmes, en revanche la réponse (b) est plus subtile. Les termes « pouvoirs illibéraux » semblent plus adaptés pour qualifier ces systèmes politiques. La réponse (c) appelle également à la mesure car ces régimes sont élus démocratiquement. Enfin la réponse (d) correspond à l'article intitulé « La démocratie libérale se porte très bien, merci » rédigé par Pinker et Muggah.

**Question 16. Réponses : (a) = B, (b) = C**

(a) Comme le montrent les documents, la démocratie libérale est actuellement remise en cause par l'émergence de pouvoirs plus autoritaires (documents 1, 2, 7).
(b) Comme le montre l'index du document 8, l'influence de la démocratie recule dans le monde.

**ASTUCE** Il faut toujours privilégier la justesse des propositions et bien saisir les enjeux et le thème du corpus documentaire afin de répondre convenablement. La réponse (a) = B est clairement plus adaptée par rapport aux autres. Il en va de même pour la réponse (b) = C qui entend montrer que la démocratie subit certains assauts du fait de la montée en puissance des populismes.

**Question 17. Réponse C**

Une problématique, comme un titre, doit tout d'abord reprendre les mots clés du sujet (démocratie, populisme, illibéralisme dans ce sujet). Elle doit ensuite problématiser le dossier pour lui apporter une potentielle réponse à l'aide des documents. Seule la proposition C répond à ces deux exigences.

**ASTUCE** Les réponses A, B et D ne répondent pas à l'exercice de problématique par un manque évident d'objectivité et d'équilibre entre les thèses en présence. La réponse A ne propose pas d'alternative dans le sens où elle affirme un point de vue « en quoi » plutôt que « est-ce que » qui est une formulation plus interrogative. La réponse B affirme aussi que le populisme aurait triomphé de la démocratie. Enfin la réponse D exclut également toute remise en cause de l'essor du populisme. La réponse C est donc bel et bien la problématique la plus adaptée et la plus objective, elle permet d'ouvrir une réflexion en deux parties cohérentes et équilibrées.

**Question 18. Réponse D**

Le plan doit suivre une progression logique et répondre aux éléments du dossier. Les documents 1, 2, 3 et 8 montrent que les régimes illibéraux ne sont pas nouveaux mais s'expriment sous une nouvelle forme, notamment par l'émergence des populismes.

**ASTUCE** Le plan I/ Constat/Facteurs + II/ Défis/Perspectives est le plan le plus utilisé en Analyse Documentaire du concours Sésame. Dans ce cas précis, les réponses A, B et C posent une fois de plus un problème d'objectivité alors qu'il faut se contenter de constater l'émergence d'un phénomène qui se développe : le populisme. Il faut ainsi prêter à la formulation des énoncés de parties qui doivent rendre compte de l'équilibre entre parties et de la neutralité de celles-ci.

**Question 19. Réponse B**

La seconde partie (il est suggéré que c'est la dernière car la troisième partie n'est pas demandée…) doit conclure la synthèse. Elle apporte une progression par rapport à la première partie et montre les défis et perspectives de sortie possibles, évoquées notamment en documents 5 et 9.

**ASTUCE** Le plan I/ Constat/Facteurs + II/ Défis/Perspectives est le plan le plus utilisé en Analyse Documentaire du concours Sésame. Dans ce cas précis, les réponses A, C et D posent une fois de plus un problème d'objectivité car elles sont trop affirmatives. Le seul énoncé qui témoigne d'une mesure et d'une justesse est celui proposé par la réponse B.

**Question 20. Réponses : (a) = A, (b) = C, (c) = B**

(a) Au cœur du dossier réside le lien entre populisme et illibéralisme, le premier remet en cause la démocratie moderne à travers l'émergence d'une composante illibérale.
(b) Comme le montre le document 9, la démocratie reste encore le système majoritaire dans le monde malgré les critiques.
(c) Comme le montre notamment le document 5, des solutions à la crise existent pour permettre de renouveler la démocratie libérale actuelle.

**ASTUCE** Pour le mot manquant (a), la solution laisse peu de place au doute tant les termes proposés sont déconnectés de la réalité politique comme évoqué plus haut (dictateurs, fascismes ou encore totalitarismes…) La réponse (b) fait écho à la statistique de 103 démocraties dans le monde sur 193 pays membres de l'ONU, ce système politique est donc majoritaire. Enfin la réponse (c) rappelle qu'un sujet est toujours équilibré et entrevoit des perspectives et des solutions en fin de devoir, en d'autres termes l'idée du renouveau de la démocratie face aux populismes.

# ENJEUX CONTEMPORAINS

# PRÉSENTATION DE L'ÉPREUVE

L'épreuve de Questions de Connaissance des Enjeux Contemporains dure 1 heure. Il s'agit d'un QCM de 40 questions afin de tester votre culture générale liée à l'information et à votre environnement quotidien. Il s'agit aussi de tester votre esprit de déduction et de bon sens.

**Barème :** +1 si bonne réponse, 0 si mauvaise réponse ou pas de réponse donnée par le candidat.

**Méthodologie de l'épreuve**

À l'instar de l'épreuve d'Ouverture Culturelle d'Accès, il est difficile de clairement se préparer à une épreuve dont les questions portent sur une immense pluralité de sujets, et demandent parfois de connaitre des éléments inattendus. Cependant, il est tout de même possible de « tirer son épingle du jeu ».

D'une part, il faut bien sûr consolider ses acquis de lycée dans des matières et des options déterminantes pour la poursuite des études supérieures. En Première comme en Terminale, les options suivantes pourront être mises à profit : SES, Histoire-géographie, géopolitique et sciences politiques, Langues, littératures et cultures étrangères, Humanités, littérature et philosophie...

D'autre part, il est vivement recommandé de suivre de près l'actualité pour réussir cette épreuve. S'abonner à des journaux tels que *Le Monde* ou encore *Courrier International* est donc un vrai atout. *Le Bilan du Monde*, qui parait chaque année au mois de janvier en format papier, compile également toutes les informations essentielles. Il faut également noter que les questions portent sur une actualité sur les 18 à 24 mois précédant l'épreuve, tout en sachant que la maîtrise des principaux enjeux des XX$^{e}$ et XXI$^{e}$ siècles est essentielle.

Les réseaux sociaux, les podcasts ou encore les applications d'information sont aussi de puissants relais d'information.

Par ailleurs, il est important d'avoir à l'esprit que la maîtrise de l'actualité, permettant de consolider une vraie culture générale, est un véritable atout pour le baccalauréat, et les entretiens d'admission dans l'enseignement supérieur (au premier chef les oraux du concours Sésame bien sûr).

Enfin, faites confiance à votre instinct, à votre esprit de déduction, de logique, et procédez par élimination et bon sens, autant que faire se peut !

1

# TEST 1
# ÉNONCÉS

**40 QUESTIONS - 1 HEURE**

## Question 1

Depuis la fin de la période de transition post-Brexit, qui s'est achevée le 31 décembre 2020, l'Irlande du Nord bénéficie toujours du marché unique et de l'union douanière, dont elle doit suivre les règles bien qu'elle ne soit plus membre de l'Union européenne. Combien d'États la Grande-Bretagne comporte-t-elle ?

- ☐ (A) 1
- ☐ (B) 2
- ☐ (C) 3
- ☐ (D) 4

## Question 2

Ancienne déportée du camp d'Auschwitz, magistrate, ministre de la Justice, présidente du Parlement européen, Simone Veil est un personnage majeur de la Ve République. En France, à quelle loi le nom de Simone Veil, entrée au Panthéon avec son mari Antoine Veil en juillet 2018, est-il associé ?

- ☐ (A) À la loi abolissant la peine de mort
- ☐ (B) À la loi instituant la Sécurité sociale
- ☐ (C) À la loi autorisant l'interruption volontaire de grossesse
- ☐ (D) À la loi autorisant le mariage entre personnes de même sexe

## Question 3

Né en 1918, Nelson Mandela a été emprisonné dès 1964 et durant 27 ans pour militantisme politique contre l'apartheid. Il reçoit le prix Nobel de la paix en 1993 avant de devenir le premier président noir élu en Afrique du Sud de 1994 à 1999. Il décède en 2013. Quel est le nom de l'actuel président sud-africain ?

- ☐ (A) Kgalema Motlanthe
- ☐ (B) Thabo Mbeki
- ☐ (C) Cyril Ramaphosa
- ☐ (D) David Mabuza

### Question 4

La Commission européenne est l'une des principales institutions de l'Union européenne, avec le Conseil de l'Union européenne, le Parlement européen et le Conseil européen. Instituée par le traité de Rome de 1957, elle est composée d'un commissaire européen par État membre, soit 27 commissaires. Quelle ancienne ministre allemande en est la présidente en 2021 ?

- ☐ (A) Angela Merkel
- ☐ (B) Sanna Marin
- ☐ (C) Ursula Von der Leyen
- ☐ (D) Annegret Kramp-Karrenbauer

### Question 5

Le libéralisme classique prône les libertés civiles, la primauté du droit et la liberté économique. Il favorise généralement le libre-échange, la protection de la propriété privée et une intervention limitée du gouvernement dans l'économie, ainsi que la liberté de religion, la liberté d'expression et la liberté de la presse. Lequel de ces économistes ne fait pas partie du courant libéral classique ?

- ☐ (A) Adam Smith
- ☐ (B) Léon Walras
- ☐ (C) Thomas Maltus
- ☐ (D) David Ricardo

### Question 6

La balance commerciale est la différence, en valeur monétaire, entre les exportations et les importations de biens ou de biens et services dans une économie sur une période donnée. On parle aussi de solde commercial. Parmi les affirmations suivantes, laquelle est correcte en ce qui concerne l'année 2020 ?

- ☐ (A) En 2020, le solde commercial de la France est positif
- ☐ (B) En 2020, le solde commercial de la France a été négatif puis positif
- ☐ (C) En 2020, le solde commercial de la France a été positif puis négatif
- ☐ (D) En 2020, le solde commercial de la France est négatif

### Question 7

En France, le 4 octobre 2020, dans quelle collectivité d'Outre-mer les habitants ont-ils voté dans le cadre d'une consultation sur l'accession à la pleine souveraineté de leur territoire, dans le cadre des accords de Matignon ?

- ☐ (A) Tahiti
- ☐ (B) La Réunion
- ☐ (C) Mayotte
- ☐ (D) La Nouvelle-Calédonie

## Question 8

Les États-Unis et la Chine ont fini au coude à coude aux Jeux olympiques de Tokyo 2020 avec 39 médailles d'or pour les États-Unis et 38 pour la Chine. C'est donc finalement les États-Unis qui ont eu le dernier mot avec ____ d'avance sur la Chine (or, argent et bronze confondus).

- ☐ (A) 10 médailles
- ☐ (B) 12 médailles
- ☐ (C) 25 médailles
- ☐ (D) 33 médailles

## Question 9

À l'occasion du référendum du 23 juin 2016, la population britannique a voté en faveur d'une sortie du Royaume-Uni de l'Union européenne à hauteur de 51,9 %. Le 30 décembre 2020, un accord de commerce et de coopération a été signé entre l'Union européenne et le Royaume-Uni. Dans l'attente de sa ratification par la Parlement européen, il a été mis en application provisoire au 1er janvier 2021. Quelle ville va accueillir l'Autorité Bancaire Européenne dont le siège va déménager de Londres ?

- ☐ (A) Paris
- ☐ (B) Amsterdam
- ☐ (C) Francfort
- ☐ (D) Dublin

## Question 10

Cette entreprise britannique, utilisée par Donald Trump durant sa campagne pour la présidentielle de 2016 aux États-Unis, a analysé les données de plus de 50 millions d'utilisateurs à leur insu. Quelle entreprise est soupçonnée d'avoir influencé le vote de millions de personnes au profit de la campagne électorale de Donald Trump ?

- ☐ (A) Cambridge Analytica
- ☐ (B) IBM
- ☐ (C) Worldwide Data
- ☐ (D) Google analytics

## Question 11

La *cancel culture* (culture de l'annulation) est une pratique née aux États-Unis consistant à dénoncer publiquement des individus, groupes ou institutions responsables d'actions, comportements ou propos perçus comme problématiques, sexistes, racistes, ou encore homophobes. Woody Allen a notamment été « *cancelled* » du fait d'accusation de pédophilie. Parmi les 5 films suivants, lequel n'a-t-il pas réalisé ?

☐ (A) *Annie Hall*
☐ (B) *Manhattan*
☐ (C) *La Rose pourpre du Caire*
☐ (D) *Quand Harry rencontre Sally*

## Question 12

Un vaccin contre la COVID-19 a reçu une autorisation de mise sur le marché (AMM) européenne conditionnelle le 21 décembre 2020. Il s'agit du premier vaccin contre le SARS-CoV-2 commercialisé en France (et dans l'Union européenne) ; cette mise à disposition a permis de débuter la vaccination au sein de la population française le 27 décembre 2020. De quel vaccin s'agit-il ?

☐ (A) Johnson & Johnson
☐ (B) AstraZeneka
☐ (C) Spoutnik V
☐ (D) Pfizer-BioNTech

## Question 13

Les Jeux olympiques d'Athènes en 1896 proposaient initialement 42 disciplines et réunissaient moins de 250 athlètes au total. Les Jeux olympiques d'été de 2016, qui se sont tenus à Rio de Janeiro, ont accueilli 11 402 athlètes issus de 206 nations et concourant dans 306 épreuves. Quelle ville a obtenu l'organisation des Jeux olympiques pour 2028 par un vote du Comité International Olympique ?

☐ (A) Paris
☐ (B) Saint-Pétersbourg
☐ (C) Los Angeles
☐ (D) New York

### Question 14

À la suite de l'édition 2021 du classement thématique de Shanghai, Frédérique Vidal, ministre de l'Enseignement supérieur, de la Recherche et de l'Innovation, se félicite des succès rencontrés par les établissements d'enseignement supérieur français. Laquelle de ces universités françaises est la mieux classée dans le classement de Shanghai 2021 ?

- ☐ (A) École Normale Supérieure - Paris
- ☐ (B) Université de Pierre et Marie Curie - Paris 6
- ☐ (C) Université de Paris Saclay
- ☐ (D) Université de Claude Bernard - Lyon 1

### Question 15

Qui était négociateur en chef de l'Union européenne au moment des négociations qui ont commencé en octobre 2016 avec Londres concernant le Brexit et ont abouti à un accord préalable de principe le 8 décembre 2017 ?

- ☐ (A) Michel Barnier
- ☐ (B) Mario Draghi
- ☐ (C) Angela Merkel
- ☐ (D) Jean-Yves Le Drian

### Question 16

La COP 26 a lieu en novembre 2021 à Glasgow en Écosse, elle se fonde notamment sur le rapport annuel du GIEC. Ce groupe, créé en 1988 à la suite d'une initiative politique de nature internationale, dépend de l'Organisation météorologique mondiale et du Programme des Nations unies pour l'environnement. Que signifie cet acronyme ?

- ☐ (A) Groupe international d'études citoyennes
- ☐ (B) Groupe d'experts intergouvernemental sur l'évolution du climat
- ☐ (C) Groupe d'information des écologistes citoyens
- ☐ (D) Groupe international d'expertise du réchauffement climatique

### Question 17

Le premier fleuve du monde, l'Amazone, mesure 6 992 km, alors que le Nil mesure 6 853 km et le Yangzi Jiang mesure 6 380 km. Enfin, le Mississippi mesure 6 275 km. Il est cependant difficile de mesurer précisément la longueur d'un cours d'eau. Quel est le plus long fleuve de France ?

- ☐ (A) Le Rhône
- ☐ (B) La Loire
- ☐ (C) La Seine
- ☐ (D) La Garonne

## Question 18

Singapour est une cité-État insulaire au large du sud de la Malaisie. Ce centre financier mondial est doté d'un climat tropical et d'une population multiculturelle. Sa superficie est de 724,2 km². Elle comprend 63 îles, dont la principale est Pulau Ujong (584,8 km²). Quel pays a la seule frontière terrestre avec Singapour ?

- ☐ (A) L'Indonésie
- ☐ (B) La Malaisie
- ☐ (C) Le Cambodge
- ☐ (D) Le Vietnam

## Question 19

L'espace Schengen comprend les territoires de 26 États européens — 22 États membres de l'Union européenne, et 4 États associés, membres de l'AELE —, et le territoire de Gibraltar qui ont mis en œuvre l'accord de Schengen et la convention de Schengen, signés à Schengen en 1985 et 1990. Quel pays ne faisait pas partie de l'espace Schengen en 2021 ?

- ☐ (A) La Roumanie
- ☐ (B) L'Autriche
- ☐ (C) Malte
- ☐ (D) La Suisse

## Question 20

Inscrite au Patrimoine mondial de l'Unesco, elle est l'une des sept merveilles naturelles du monde. Elle s'étend sur 344 400 km², une superficie immense qui la rend visible depuis l'espace. Au large de quel pays la Grande Barrière de corail se trouve-t-elle ?

- ☐ (A) La Chine
- ☐ (B) Les Philippines
- ☐ (C) L'Australie
- ☐ (D) La Malaisie

## Question 21

Son principal opposant et président de l'assemblée nationale Juan Guaidó a été reconnu comme seule autorité légitime de son pays. Pour autant, en 2021, de quel pays Nicolás Maduro est-il toujours Président de la République ?

- ☐ (A) La Bolivie
- ☐ (B) Le Chili
- ☐ (C) L'Argentine
- ☐ (D) Le Venezuela

## Question 22

Depuis les années 1950, cette zone géographique de 500 000 kilomètres carrés située entre la Floride, Porto Rico et l'archipel des Bermudes, est tristement célèbre pour les disparitions répétées de navires et d'avions. En moyenne, on dénombre 4 avions et 20 bateaux qui disparaissent mystérieusement chaque année. Dans quel océan le Triangle des Bermudes se trouve-t-il ?

- ☐ (A) L'océan Atlantique
- ☐ (B) L'océan Indien
- ☐ (C) L'océan Arctique
- ☐ (D) L'océan Pacifique

## Question 23

Harvey Weinstein a été condamné à 23 ans de prison le 11 mars 2020, suite à de très nombreuses plaintes pour harcèlement et viol. Comment s'intitule l'initiative visant à créer un fonds en vue de soutenir les femmes victimes de harcèlement au travail, lancée par des stars hollywoodiennes ?

- ☐ (A) Stop
- ☐ (B) Time's up
- ☐ (C) MeToo
- ☐ (D) SheForShe

## Question 24

À l'instar de la gastronomie française, la cuisine japonaise fait partie de ce que l'on appelle le patrimoine mondial immatériel de l'UNESCO. Il s'agit des traditions ou les expressions vivantes héritées de nos ancêtres et transmises à nos descendants. Ainsi, à partir de quel produit l'alcool japonais, le saké, est-il produit ?

- ☐ (A) Du soja
- ☐ (B) Du riz
- ☐ (C) Du blé
- ☐ (D) Du sel

## Question 25

Les Jeux olympiques d'hiver sont un événement sportif international organisé tous les quatre ans. La première célébration des Jeux olympiques d'hiver a lieu dans la station française de Chamonix en 1924. En 2018, où ont eu lieu les Jeux olympiques d'hiver ?

- ☐ (A) En Corée du Sud
- ☐ (B) En Chine
- ☐ (C) Au Japon
- ☐ (D) Aux États-Unis

### Question 26

Le dernier roi a avoir régné en France est Louis-Philippe Ier. Il monte sur le trône en 1830 et remplace Charles X, renversé par une révolution, les « Trois Glorieuses » (27, 28 et 29 juillet 1830). Louis-Philippe Ier n'appartient pas à la même branche des Capétiens que son prédécesseur. Louis-Philippe Ier est le premier (et le seul) roi de la maison d'Orléans. Où sont enterrés la plupart des rois de France ?

- ☐ (A) Dans la basilique de Saint-Denis
- ☐ (B) Dans la crypte du château de Versailles
- ☐ (C) Aux Invalides
- ☐ (D) Dans le sous-sol du musée du Louvre

### Question 27

Le Commonwealth est une libre association dont la reine Élisabeth II est chef. La reine est également le chef d'État monarchique des 16 royaumes du Commonwealth. Les autres États membres sont 32 républiques et cinq monarchies dont le monarque est différent. Combien d'États forment le Commonwealth ?

- ☐ (A) 36
- ☐ (B) 44
- ☐ (C) 53
- ☐ (D) 62

### Question 28

En 1985, les chefs d'État et de gouvernement des États membres l'adoptent comme hymne officiel de l'Union européenne. Cet hymne sans paroles évoque, grâce au langage universel de la musique, les idéaux de liberté, de paix et de solidarité incarnés par l'Europe. Quel est l'hymne européen ?

- ☐ (A) *L'Ode à la joie* de Beethoven
- ☐ (B) *La Flûte enchantée* de Mozart
- ☐ (C) *L'Allegro, il Penseroso ed il Moderato* d'Haendel
- ☐ (D) *La Gloria* de Vivaldi

### Question 29

Mise en place par le Ministère de l'enseignement supérieur, de la recherche et de l'innovation en 2018 dans le cadre de la loi « Orientation et réussite des étudiants », l'application Parcoursup remplace Admission Post-Bac (APB). En France, en 2021, combien de vœux de formation au maximum les lycéens pouvaient-ils faire sur la plateforme « Parcoursup » ?

- ☐ (A) 5
- ☐ (B) 10
- ☐ (C) 14
- ☐ (D) 20

### Question 30

Créée suite aux Accords de Bretton Woods conclus en 1945 à l'instar de la Banque mondiale, cette institution est présidée par Kristalina Gueorguieva depuis 2019. Le Fonds monétaire international (FMI) est considéré comme le « pompier financier du monde », car il intervient face à des pays en faillite. Combien de pays font partie du FMI en 2021 ?

- ☐ (A) 130
- ☐ (B) 150
- ☐ (C) 170
- ☐ (D) 190

### Question 31

Au Moyen Âge, les châteaux étaient d'austères monuments édifiés pour l'autodéfense d'un territoire ou d'un pays et la protection de la population environnante. Ainsi, l'ère de la Renaissance laissa la place aux édifices qui misaient tout sur l'esthétique plutôt que sur la défense. Parmi les châteaux français suivants, lequel ne fait pas partie des châteaux de la Loire ?

- ☐ (A) Chambord
- ☐ (B) Chenonceau
- ☐ (C) Vaux-le-Vicomte
- ☐ (D) Cheverny

### Question 32

Le Pakistan, en forme longue la république islamique du Pakistan, est une république islamique d'Asie du Sud entourée par l'Iran, l'Afghanistan, la Chine, l'Inde et la mer d'Arabie. En quelle année a été fondé l'État du Pakistan à la suite de la partition des Indes ?

- ☐ (A) En 1866
- ☐ (B) En 1890
- ☐ (C) En 1919
- ☐ (D) En 1947

### Question 33

Pour la première fois, la NASA a mandaté une société privée pour rejoindre la Station spatiale internationale (ISS). Un(e) Européen(ne) s'est envolé(e) dans l'espace avec SpaceX à bord de la capsule américaine Crew Dragon au printemps 2021, en décollant depuis Cap Canaveral, en Floride. De quelle nationalité est cet(te) astronaute ?

- ☐ (A) Britannique
- ☐ (B) Française
- ☐ (C) Allemande
- ☐ (D) Tchèque

### Question 34

L'Union européenne (UE) est composée d'États-membres qui se sont regroupés dans les domaines économique et politique, afin d'assurer le maintien de la paix en Europe et de favoriser le progrès économique et social. Parmi les pays suivants, lequel ne fait pas partie de l'Union européenne ?

- ☐ (A) Chypre
- ☐ (B) La Lituanie
- ☐ (C) La Norvège
- ☐ (D) La Suède

### Question 35

Le déficit public de la France pour 2020 s'établit à 211,5 milliards d'euros, soit 9,2 % du produit intérieur brut (PIB), après 3,1 % en 2019. En cause, la pandémie de COVID-19. Quel traité européen inscrit la limite des 3 % de déficit public comme un des critères fondamentaux pour être dans la zone euro ?

- ☐ (A) Le traité d'Amsterdam
- ☐ (B) Le traité de Rome
- ☐ (C) Le traité de Maastricht
- ☐ (D) Le traité de Lisbonne

## Question 36

Au Brésil, la déforestation de l'Amazonie est au plus haut depuis 2008. En 2020, 11 000 km$^2$ ont été rasés, soit la superficie de la région Ile-de-France ou d'un pays comme le Liban, ou encore l'équivalent de 4 300 terrains de football rasés chaque jour, soit trois terrains par minute. Quelle est la superficie de cette forêt ?

- ☐ (A) 4,5 millions de km$^2$
- ☐ (B) 5 millions de km$^2$
- ☐ (C) 5,5 millions de km$^2$
- ☐ (D) 6,5 millions de km$^2$

## Question 37

La Russie assure un rôle géopolitique majeur du fait de ses ressources en matières premières énergétiques abondantes. Quel est le nom du projet controversé de gazoduc devant relier la Russie à l'Allemagne via la mer Baltique et qui se heurte notamment à l'opposition des pays européens de l'est dont l'Ukraine mais aussi les États-Unis ?

- ☐ (A) White Stream
- ☐ (B) Nord Stream 2
- ☐ (C) Nabucco
- ☐ (D) Keystone XL

## Question 38

La Constitution de 1947 énonce des principes fondamentaux reconnaissant la souveraineté du peuple, limitant l'empereur au rôle symbole et proclame le pacifisme institutionnel. Depuis septembre 2020, Yoshihide Suga est le nouveau Premier ministre du Japon. Il a ainsi remplacé Shinzo Abe à ce poste après 7 ans de mandat, après que le nouvel Empereur Naruhito ait été couronné en 2019. Combien d'îles le Japon compte-t-il ?

- ☐ (A) Environ 1 412
- ☐ (B) Environ 3 210
- ☐ (C) Environ 5 619
- ☐ (D) Environ 6 852

## Question 39

Wikipédia est une encyclopédie universelle et multilingue créée en 2001. En 2021, Wikipédia existe en plus de 300 langues. Elle est devenue en quelques années l'encyclopédie la plus fournie et la plus consultée au monde. Denis Diderot est un philosophe des Lumières, avec qui a-t-il rédigé l'*Encyclopédie* ?

- ☐ (A) Jean-Jacques Rousseau
- ☐ (B) Voltaire
- ☐ (C) Jean le Rond d'Alembert
- ☐ (D) André Le Breton

## Question 40

Depuis le 1er janvier 2016, la France est organisée en 13 régions métropolitaines, créées à partir des 21 anciennes dont certaines ont fusionné, sans modification des départements qui les composent. Pour autant, le mille-feuille administratif et politique crée toujours de la confusion dans l'esprit des citoyens, d'où une abstention importante. Lequel de ces départements français ne fait pas partie de la région Grand Est ?

- ☐ (A) Les Vosges
- ☐ (B) La Meuse
- ☐ (C) La Moselle
- ☐ (D) L'Yonne

# TEST 1 CORRIGÉS

**Question 1. Réponse C**

Attention il y a ici un piège, la Grande-Bretagne est une île qui comporte 3 États du Royaume-Uni : le Pays de Galle, l'Angleterre et l'Écosse. Le Royaume-Uni en comporte lui 4 car il faut alors rajouter l'Irlande du Nord qui se situe sur l'île d'Irlande. La République d'Irlande, indépendante depuis 1921, est toujours membre de l'Union européenne.

**Question 2. Réponse C**

Simone Veil a été nommée ministre de la Santé par Valéry Giscard d'Estaing en 1974, elle a notamment fait voter la loi légalisant l'IVG. L'IVG chirurgicale peut être pratiquée jusqu'à la fin de la 12e semaine de grossesse, soit 14 semaines après le début des dernières règles. L'IVG médicamenteuse est pratiquée jusqu'à la fin de la 5e semaine de grossesse, soit au maximum 7 semaines après le début des dernières règles.

**Question 3. Réponse C**

Syndicaliste et homme d'affaires, Cyril Ramaphosa a notamment été vice-président de la République d'Afrique du Sud de 2014 à 2018 avant d'accéder à la présidence. Ce pays compte 58,56 millions d'habitants pour une superficie de 1 219 912 km². L'Afrique du Sud fait partie des BRICS, organisation inter-étatique composée également de puissances émergentes telles que le Brésil, la Russie, l'Inde et la Chine.

**Question 4. Réponse C**

Née en 1958, membre de l'Union chrétienne-démocrate (CDU), Ursula Von der Leyen est ministre fédérale entre 2005 et 2019 et présidente de la Commission européenne depuis 2019. Elle a remplacé à ce poste Jean-Claude Juncker, l'ancien Premier ministre du Luxembourg, qui a occupé ce poste de 2014 à 2019 sous la précédente mandature du Parlement européen.

**Question 5. Réponse B**

Léon Walras (1834-1910) a obtenu en 1870 la chaire d'économie politique à l'université de Lausanne. Il a créé l'économie mathématique, contribua à introduire le calcul à la marge, et est considéré, avec son successeur Pareto, comme le chef de l'école de Lausanne. Cette école est constituée par les économistes néoclassiques qui ont poursuivi les travaux de Léon Walras sur l'équilibre général.

**Question 6. Réponse D**

Le déficit 2020 s'est élevé à 65,2 milliards d'euros. Parallèlement à cela, la balance commerciale se détériore ainsi de 7,3 milliards d'euros par rapport à 2019, pénalisée par « une diminution généralisée des exportations, en particulier dans les secteurs aéronautique et automobile », du fait des conséquences de la pandémie de Covid-19. Enfin, le solde commercial est également plombé par le poids des importations de matières premières, notamment énergétiques.

**Question 7. Réponse D**

La France a colonisé ce territoire en 1853. Le mouvement de décolonisation post-Seconde Guerre mondiale a accentué le désir d'émancipation de la métropole française. Après un premier vote organisé le 4 novembre 2018 où 56,40 % des électeurs de Nouvelle-Calédonie avaient voté « non » à l'indépendance, le deuxième référendum organisé le 4 octobre 2020 a donné également une majorité (53,26 %) au « non » à l'indépendance. Un référendum est de nouveau organisé en décembre 2021.

**Question 8. Réponse C**

| Rang | Pays | Nombre de médailles (*dont Or*) | |
|---|---|---|---|
| 1 | États-Unis d'Amérique | 113 | *39* |
| 2 | République populaire de Chine | 88 | *38* |
| 3 | Japon | 58 | *27* |
| 4 | Grande-Bretagne | 65 | *22* |
| 5 | ROC | 71 | *20* |

**Question 9. Réponse A**

Il s'agit de l'agence de l'Union européenne chargée de réglementer et surveiller le secteur bancaire dans tous les pays de l'UE afin de créer un marché unique des produits bancaires efficace, transparent et stable dans l'UE. À noter que seuls 19 pays sur 27 disposent de l'Euro comme monnaie nationale, sous l'égide de la Banque centrale européenne dirigée par Christine Lagarde.

**Question 10. Réponse A**

L'élection présidentielle américaine de novembre 2020 a également été la cible des hackers. Microsoft a ainsi révélé avoir détecté ces dernières semaines des cyber-attaques venant de Russie et de Chine, visant des personnes et organisations liées à la préparation de l'événement politique.

**Question 11. Réponse D**

Quand *Harry rencontre Sally* (*When Harry Met Sally...*) est un film américain réalisé par Rob Reiner et sorti en 1989. Cette comédie romantique est écrite par Nora Ephron, avec Billy Crystal et Meg Ryan dans les rôles titres.

**Question 12. Réponse D**

En avril 2021, selon l'Organisation mondiale de la santé (OMS), il y aurait 88 vaccins contre le coronavirus SARS-CoV-2 autorisés ou en phase d'étude clinique, ainsi que 184 vaccins potentiels à l'étude. Au 18 avril 2021, 905 millions de doses de vaccin anti-Covid ont été administrées dans le monde.

**Question 13. Réponse C**

Après les JO de Tokyo en 2021 et les JO de Paris en 2024, Los Angeles a été la seule candidate à l'organisation des Jeux de 2028, qui lui ont été officiellement attribués lors de la 131e session du Comité international olympique, à Lima (Pérou). Beaucoup de villes candidates se sont rétractées du fait du coût élevé de l'organisation d'un tel événement.

**Question 14. Réponse C**

Le classement de Shanghaï (Academic Ranking of World Universities) désigne chaque année depuis 2003 les 1 000 meilleures universités au monde. Les premières places du classement sont comme toujours occupées par des institutions américaines et anglaises. Parmi les établissements français, 41 d'entre eux figurent parmi les 100 premières universités dans au moins une thématique lors de cette édition annuelle contre 37 l'an dernier.

**Question 15. Réponse A**

Michel Barnier est officiellement depuis 2019 le Chef de la force opérationnelle chargée de la finalisation des négociations, des travaux préparatoires liés à la sortie du Royaume-Uni de l'Union européenne, ainsi que de la préparation et de la conduite des négociations sur les relations futures avec le Royaume-Uni. Il a quitté ses fonctions depuis suite à la mise en oeuvre effective du Brexit en mars 2021.

**Question 16. Réponse B**

Il s'agit d'un organisme intergouvernemental ouvert à tous les pays membres de l'Organisation des Nations unies (ONU). Il regroupe actuellement 195 États. Le GIEC prétend que nous atteindrons le seuil des +1,5 °C entre 2030 et 2052, et le seuil des +3 °C à la fin du siècle. Or, il souligne que le dépassement des 1,5 °C aurait des conséquences irréversibles pour la planète.

**Question 17. Réponse B**

La Loire mesure 1 020 km et prend sa source au mont Gerbier-de-Jonc en Ardèche. C'est le seul fleuve de France non canalisé et qui jouit encore d'un lit naturel et peu modifié par l'homme. Le Rhône mesure 813 km, la Seine mesure 775 km et la Garonne mesure 529 km.

**Question 18. Réponse B**

Singapour se situe au large du sud de la Malaisie. Elle fait partie des quatre dragons asiatiques avec Taïwan, la Corée du Sud et Hong-Kong, soit les 4 économies les plus développées et les plus innovantes d'Asie. Singapour a été une colonie britannique de 1811 à 1965, date de son indépendance.

**Question 19. Réponse A**

L'espace Schengen désigne un espace de libre circulation des personnes entre les États signataires. En 2021, 26 États sont concernés dont 22 au sein l'UE et quatre États associés, non-membres de l'UE : Norvège, Islande, Suisse et Liechtenstein. La Bulgarie, la Roumanie, Chypre et la Croatie n'y participent pas encore. L'Irlande, quant à elles, bénéficie d'un statut particulier et ne participe qu'à une partie des dispositions Schengen.

**Question 20. Réponse C**

La Grande Barrière de corail est le plus grand écosystème sur Terre, et est même visible de l'espace. Long de 2 300 kilomètres, il comprend des milliers de récifs et des centaines d'îles. Au cours des trente dernières années, elle a perdu la moitié de sa surface corallienne, la pollution a tué en masse les éto les de mer « couronne du Christ » et le réchauffement climatique a provoqué des épisodes de blanchissement de coraux à grande échelle.

**Question 21. Réponse D**

Nicolás Maduro est président de la République du Venezuela depuis 2013, suite à la mort de son prédécesseur Hugo Chavez, président de 1999 à 2013. Ce dernier a mis en place un ensemble de réformes, désigné sous le nom de « Révolution bolivarienne », et comprenant la promulgation d'une nouvelle Constitution, une politique de « démocratie participative », et la nationalisation des industries clés, notamment pétrolières.

**Question 22. Réponse A**

Le triangle des Bermudes est une zone géographique de l'océan Atlantique qui aurait été, selon une croyance répandue, le théâtre d'un grand nombre de disparitions de navires et d'aéronefs. Il s'agit d'une légende qui s'est créée depuis 1945. Cette année-là, six avions de la marine américaine avaient mystérieusement disparu.

**Question 23. Réponse B**

En octobre 2017, le *New York Times* et le *New Yorker* rapportent qu'une douzaine de femmes accusent Harvey Weinstein, un producteur de cinéma américain renommé, de harcèlement sexuel, agression sexuelle ou viol. Time's Up est un mouvement contre le harcèlement sexuel fondé le 1er janvier 2018, par plusieurs célébrités d'Hollywood en réponse à l'effet Weinstein et au hashtag #MeToo.

**Question 24. Réponse B**

En français, le mot saké désigne une boisson alcoolisée japonaise titrant de 14 à 17°. Le terme « saké », qui qualifie aussi toute boisson alcoolisée au Japon, désigne avant tout un alcool obtenu par fermentation (*nihonshu*). Cette boisson ancestrale serait apparue au Japon vers le IIIe siècle, avec le développement de la riziculture.

**Question 25. Réponse A**

La Corée du Nord et la Corée du Sud ont défilé ensemble lors de la cérémonie d'ouverture des Jeux olympiques d'hiver de Pyeongchang. En tout, vingt-deux sportifs nord-coréens ont participé aux JO dans trois sports. Les prochains Jeux olympiques d'hiver auront lieu en 2022 à Beijing puis en 2026 à Milan.

**Question 26. Réponse A**

La nécropole royale de Saint-Denis, abrite les tombes de nombreux souverains francs et français, depuis Dagobert Ier jusqu'à Louis XVIII. Cette nécropole se trouve dans la basilique Saint-Denis. C'est également le lieu de sacre de plusieurs rois, dont la reine Marie de Médicis en 1610.

**Question 27. Réponse C**

Le Commonwealth a émergé au milieu du XXe siècle pendant le processus de décolonisation. Il est constitué par la Déclaration de Londres de 1949 qui fait des États membres des partenaires « libres et égaux ». Le Commonwealth est une organisation intergouvernementale composée de 54 États membres qui sont presque tous d'anciens territoires de l'Empire britannique.

**Question 28. Réponse A**

Il s'agit d'un arrangement d'environ 2 minutes du thème musical de *l'Ode à la joie*, dernier mouvement de la *Neuvième symphonie* écrite en 1823 par Ludwig van Beethoven. Ce dernier a mis en musique l'« Ode à la joie », poème écrit en 1785 par Friedrich von Schiller. Le poème l'« Ode à la joie » exprime l'idéal de fraternité que Schiller avait pour l'humanité, vision partagée par Beethoven.

**Question 29. Réponse B**

Chaque lycéen peut faire jusqu'à 10 vœux maximum (multiples ou pas) et 20 sous-vœux, sans les hiérarchiser. Par-contre, lors de la phase de réponses des établissements si un lycéen reçoit au moins 2 réponses positives, il devra en choisir une des deux et donc refuser l'autre. Cette interface a mis fin au tirage au sort et enregistrant les vœux motivés mais non hiérarchisés des candidats, qui doivent accepter ou décliner les propositions au fur et à mesure qu'elles leur sont faites.

**Question 30. Réponse D**

Le Fonds monétaire international (FMI) est une institution internationale créée en 1945 regroupant 190 pays. Le FMI a pour fonction d'assurer la stabilité du système monétaire international (SMI) et la gestion des crises monétaires et financières. En outre, il s'efforce de faciliter le commerce international, de promouvoir l'emploi et une croissance économique durable, et de faire reculer la pauvreté dans le monde.

**Question 31. Réponse C**

Le château de Vaux-le-Vicomte, situé à 50 km au sud-est de Paris, près de Melun est un château du XVIIe siècle, construit pour le surintendant des finances de Louis XIV, Nicolas Fouquet. Les châteaux de la Loire accueillent plusieurs millions de visiteurs chaque année, notamment le château de Chambord constitué d'un escalier à double révolution conçu par Léonard de Vinci.

**Question 32. Réponse D**

La république islamique du Pakistan est actuellement dirigée par le Premier ministre Imran Khan, sa superficie est de 881 913 km². Le Pakistan est une puissance nucléaire, au même titre que l'Inde voisine. Ces deux grandes puissances s'affrontent quant à la souveraineté du territoire du Cachemire. Ce conflit est notamment le fruit d'un découpage contesté après la colonisation britannique.

**Question 33. Réponse B**

Les quatre membres de l'équipe Crew 2 sont deux astronautes de la Nasa - le commandant de la mission, Shane Kimbrough, 53 ans, et la pilote Megan McArthur, 49 ans - ainsi que l'astronaute japonais Akihiko Hoshide, 52 ans, et le Français Thomas Pesquet, 43 ans, de l'Agence spatiale européenne dont c'est le deuxième séjour à bord de l'ISS.

**Question 34. Réponse C**

Par deux fois, en 1972 et 1994 par voie référendaire, le peuple norvégien a refusé l'adhésion du pays à l'Union européenne. Par ailleurs, la Suisse ou encore l'Islande ne sont pas membres de l'UE. En outre, cinq États ont actuellement le statut d'État candidat : le Monténégro, la Serbie, la Turquie, l'Albanie et la Macédoine du Nord. La Bosnie-Herzégovine et le Kosovo ont, quant à eux, le statut de candidats potentiels.

**Question 35. Réponse C**

Le traité sur l'Union européenne a été signé à Maastricht en 1992. Ce traité a mis fin à la Communauté économique européenne (CEE) et a institué l'Union européenne (UE), il a également mis en place l'Union économique et monétaire (UEM) en vue de l'instauration de l'euro. La France souhaite depuis plusieurs années ouvrir une réflexion sur la pertinence de ces objectifs chiffrés introduits par le traité de Maastricht.

**Question 36. Réponse C**

L'Amazonie représente 10 fois la superficie de la France. Entre 2010 et 2019 la dégradation de l'Amazonie brésilienne - causée par le morcellement, la surexploitation ou les incendies qui endommagent les arbres sans les détruire - a provoqué trois fois plus d'émissions de $CO_2$ que la destruction pure et simple de la forêt.

**Question 37. Réponse B**

Nord Stream 1 a été mis en service effective en 2012. Nord Stream 2 devait être mis en service début 2021. Cette dépendance énergétique de l'Union européenne vis-à-vis de la Russie devrait fortement s'accroître dans les prochaines années. La Commission européenne estime que, d'ici vingt ou trente ans, 70 % des besoins énergétiques de l'Union européenne devront être assurés par les importations, contre 50 % aujourd'hui.

**Question 38. Réponse D**

Le Japon est réparti sur une superficie de 377 975 km$^2$ pour une population de 125 millions d'habitants. Les quatre principales îles du Japon sont Honshu, Shikoku, Kyushu et Hokkaido. Cette insularité est une force mais rend le Japon très vulnérable aux typhons et aux tsunamis, de plus en plus fréquents du fait du réchauffement climatique.

**Question 39. Réponse C**

Jean le Rond d'Alembert a rédigé le Discours préliminaire, préface à l'*Encyclopédie*, véritable programme des Lumières paru le 1er juillet 1751. Denis Diderot, quant à lui, est un écrivain, philosophe et encyclopédiste français des Lumières, qui incarne l'esprit par son matérialisme athée, par sa volonté de dénoncer les préjugés et par sa confiance en la raison.

**Question 40. Réponse D**

L'Yonne, dont Auxerre est la préfecture, se situe dans la région Bourgogne-Franche Comté. Par ailleurs, les élections régionales et départementales ont eu lieu en juin 2021, marquées par une abstention record : près des 2/3 des Français inscrits n'ont pas pris part au vote.

2

# TEST 2
# ÉNONCÉS
## 40 QUESTIONS - 1 HEURE

### Question 1

Situées dans la mer des Caraïbes - dans l'est de l'arc caraïbe -, les Antilles françaises comprennent quatre collectivités. L'ensemble couvre une superficie de 2 832 kilomètres carrés et représente une population de 800 000 habitants environ. Laquelle de ces îles ne fait pas partie des Antilles ?

☐ (A) Guadeloupe
☐ (B) Saint-Barthélémy
☐ (C) Saint-Martin
☐ (D) Mayotte

### Question 2

Alors que Victor Hugo prophétisait les « États-Unis d'Europe », il a fallu attendre la Seconde Guerre mondiale pour que la construction européenne devienne une réalité politique et institutionnelle. Encouragée par les États-Unis du fait de la Guerre froide, par quoi débute-t-elle en 1951 ?

☐ (A) Le traité de Rome
☐ (B) Le traité de Maastricht
☐ (C) La Communauté Économique Européenne (CEE)
☐ (D) La Communauté Européenne du Charbon et de l'Acier (CECA)

### Question 3

En 2021, l'électricité en France est produite à plus de 75 % à partir de l'énergie nucléaire. C'est le choix du général de Gaulle qui a développé fortement l'indépendance énergétique de la France, objectif poursuivi par les présidents Pompidou et Giscard d'Estaing. Parmi les pays suivants, lequel possède la plus importante production en uranium au monde ?

☐ (A) Le Mali
☐ (B) L'Argentine
☐ (C) La Russie
☐ (D) Le Kazakhstan

### Question 4

Quelle substance supposée cancérigène était au cœur du procès qui a conduit la justice américaine à condamner l'entreprise Monsanto à verser 289 millions de dollars à un jardinier victime d'un pesticide composé de cette même substance ?

- ☐ (A) Le glyphosate
- ☐ (B) L'abamectine
- ☐ (C) L'ammonal
- ☐ (D) Le benzène

### Question 5

Initiée par le président François Mitterrand (1981-1995) la politique de grands travaux a vu naître de nombreux monuments tels que la pyramide du Louvre, l'opéra Bastille, la grande arche de la Défense, ou encore la bibliothèque nationale de France et l'Institut du Monde Arabe (IMA). Qui est l'architecte de l'IMA situé dans le Ve arrondissement de Paris ?

- ☐ (A) Renzo Piano
- ☐ (B) Christian de Portzamparc
- ☐ (C) Franck Gehry
- ☐ (D) Jean Nouvel

### Question 6

L'Organisation des Nations unies est une organisation internationale regroupant actuellement 193 États membres. Elle a été instituée le 24 octobre 1945 par la ratification de la Charte des Nations unies signée le 26 juin 1945 par les représentants de 50 États. Elle remplace alors la Société des Nations. L'ONU compte 193 États membres. Lesquels de ces États n'en font pas partie ?

- ☐ (A) Le Vatican et la Palestine
- ☐ (B) Israël et le Vatican
- ☐ (C) L'Ukraine et le Monténégro
- ☐ (D) La Bolivie et l'Andorre

### Question 7

Né en 1954, Recep Tayyip Erdoğan est le cofondateur du Parti de la justice et du développement. Premier ministre de 2003 à 2014, il est élu président de la République en 2014. En 2021, à la tête de quel pays Recep Tayyip Erdoğan est-il toujours président de la République en fonction ?

- ☐ (A) L'Azerbaïdjan
- ☐ (B) L'Ouzbékistan
- ☐ (C) La Turquie
- ☐ (D) Le Bangladesh

2

### Question 8

Thomas Pesquet s'est envolé en avril 2021 à bord de SpaceX afin de poursuivre plusieurs recherches. C'est son second séjour dans l'espace. Combien de pays sont impliqués dans le projet de la station spatiale internationale (ISS) ?

- ☐ (A) 4
- ☐ (B) 8
- ☐ (C) 12
- ☐ (D) 15

### Question 9

Le prix Nobel d'économie est une distinction qui récompense chaque année une ou plusieurs personnes pour leur contribution exceptionnelle dans le domaine des sciences économiques. Il a été créé et doté par la Banque de Suède en 1968, à l'occasion de son 300e anniversaire, et décerné pour la première fois en 1969. Lequel de ces économistes n'a jamais obtenu cette distinction ?

- ☐ (A) Paul Samuelson
- ☐ (B) John Hicks
- ☐ (C) John Maynard Keynes
- ☐ (D) Wassily Leontief

### Question 10

Valorisé 1,78 milliard de dollars à l'issue de son introduction en bourse du 12 décembre 1980, Apple avait ensuite franchi les seuils des 10 milliards en juillet 1999, 100 milliards le 7 juin 2007 puis 1 000 milliards le 2 août 2018. Quelle barre cette entreprise a-t-elle dépassé en août 2020 ?

- ☐ (A) 1 750 milliards $
- ☐ (B) 2 000 milliards $
- ☐ (C) 2 250 milliards $
- ☐ (D) 2 500 milliards $

### Question 11

Condamné par la justice américaine pour des relations sexuelles non consenties avec une mineure, le réalisateur Roman Polanski est victime de ce que l'on appelle la « *cancel culture* ». Pour autant, en 1969, quel célèbre tueur en série a assassiné Sharon Tate, l'épouse du réalisateur ?

- ☐ (A) Ted Bundy
- ☐ (B) Charles Manson
- ☐ (C) David Berkowitz
- ☐ (D) Richard Chase

## Question 12

Le secteur du tourisme a perdu entre 70 % et 80 % de son chiffre d'affaires en 2020 en raison de l'épidémie de Covid-19, ce qui représente une perte de l'ordre de 20 milliards d'euros de chiffre d'affaires. En France, avec près de 15 millions de visiteurs par an, quel est le site le plus visité ?

☐ (A) Le Château de Versailles
☐ (B) Le Musée du Louvre
☐ (C) Disneyland Paris
☐ (D) La Tour Eiffel

## Question 13

Les chantiers de l'Atlantique ont construit un grand nombre de navires, dont les célèbres paquebots Normandie, France ou encore Queen Mary 2. Quel paquebot fabriqué aux chantiers STX de Saint-Nazaire a été livré à la compagnie Royal Caribbean Cruise Ltd, devenant ainsi le plus grand paquebot de croisière au monde ?

☐ (A) Harmony of the seas
☐ (B) Symphony of the seas
☐ (C) Oasis of the seas
☐ (D) Love boat

## Question 14

Outre les dominions que constituent le Canada, la Nouvelle-Zélande et l'Australie, l'empire colonial britannique s'est également étendu dans tout l'est de l'Afrique incluant notamment l'Égypte, le Soudan mais aussi l'Inde en Asie. Après l'indépendance en 1980, la Rhodésie du Sud est rebaptisée :

☐ (A) Botswana
☐ (B) Swaziland
☐ (C) Lesoto
☐ (D) Zimbabwe

## Question 15

Mohammad Reza Chah Pahlavi était le second et dernier monarque de la dynastie Pahlavi de la monarchie iranienne. Dernier chah d'Iran, il règne du 16 septembre 1941 au 11 février 1979. Qui est le chef de la révolution islamique de 1978-1979 ayant entraîné la chute de la monarchie iranienne ?

☐ (A) Mohammad Reza Pahlavi
☐ (B) Rouhollah Khomeini
☐ (C) Hachemi Rafsandjani
☐ (D) Mahmoud Ahmadinejad

### Question 16

Le 4 juillet, est la fête nationale des États-Unis. Ce jour est l'occasion de fêtes et de cérémonies célébrant l'histoire du pays, son gouvernement et ses traditions. Ce jour férié fait l'objet de commémorations officielles partout dans le pays. À quoi correspond la date de la fête nationale américaine ?

- ☐ (A) À la fin de la guerre de Sécession
- ☐ (B) À l'élection du premier président de la République
- ☐ (C) À la déclaration d'unification des États
- ☐ (D) À la déclaration d'Indépendance

### Question 17

Une expertise menée en secret dans un laboratoire du Louvre confirme ce que nombre de spécialistes suspectaient : le « Salvator Mundi » n'a pas été peint par Léonard de Vinci, mais par les disciples de son atelier. En novembre 2017, pour quel montant ce tableau a-t-il malgré tout été adjugé lors d'une vente aux enchères ?

- ☐ (A) 150,3 millions de dollars
- ☐ (B) 200,3 millions de dollars
- ☐ (C) 300,3 millions de dollars
- ☐ (D) 450,3 millions de dollars

### Question 18

Objet de conflits en 2021, le Sahara occidental est un territoire de 266 000 $km^2$ au sud du Maroc. Territoire non autonome selon l'ONU, cette ancienne colonie espagnole n'a toujours pas trouvé de statut définitif sur le plan juridique depuis le départ des Espagnols, en 1976. Le territoire est revendiqué à la fois par le Maroc et par la République arabe sahraouie démocratique (RASD), proclamée par le Front Polisario en 1976. Quelle est la capitale du Maroc ?

- ☐ (A) Casablanca
- ☐ (B) Marrakech
- ☐ (C) Fès
- ☐ (D) Rabat

### Question 19

Quel est le nom donné à cette nouvelle forme d'économie visant à remplacer la vente d'un bien matériel par la vente d'une solution de mise à disposition d'un bien ou d'un service (par exemple Vélib' ou Bla Bla Car) ?

- ☐ (A) L'économie de court-circuit
- ☐ (B) L'économie mauve
- ☐ (C) L'économie de la fonctionnalité
- ☐ (D) L'économie circulaire

## Question 20

Arthur Betz Laffer est un économiste libéral américain et chef de file de l'école de l'offre. De nombreux autres économistes libéraux, mais aussi des dirigeants politiques, se sont inspirés de Laffer et ont revendiqué ses travaux pour justifier leurs opinions et décisions. Que cherche à démontrer la courbe de Laffer ?

- ☐ (A) L'inflation est relative à la vitesse de circulation de la monnaie
- ☐ (B) Les consommateurs cherchent à maximiser leur utilité en fonction de leurs revenus
- ☐ (C) L'utilité marginale d'un bien est inversement proportionnelle à sa valeur
- ☐ (D) Trop de pression fiscale diminue les rentrées fiscales

## Question 21

C'est sous l'égide du baron Hausmann que Paris s'est transformé dans la seconde moitié du XIX^e^ siècle, sous l'impulsion de Napoléon III, président de la II^e^ République (1848-1852) et empereur des Français (1852-1870). Il est le dernier monarque à avoir régné en France. Quel était le lien de filiation entre Napoléon Bonaparte et Napoléon III ?

- ☐ (A) Père / Fils
- ☐ (B) Oncle / Neveu
- ☐ (C) Grand-père / Petit-fils
- ☐ (D) Frères

## Question 22

La Communauté des États Indépendants est une organisation intergouvernementale composée en 2020 de neuf des quinze anciennes républiques soviétiques, dont la Fédération de Russie. Parmi les pays suivants, lequel n'est pas né de l'éclatement de l'ancienne URSS au début des années 1990 ?

- ☐ (A) L'Estonie
- ☐ (B) L'Afghanistan
- ☐ (C) L'Arménie
- ☐ (D) La Moldavie

## Question 23

Mohammed ben Salmane, désigné par ses initiales MBS, est le prince héritier d'Arabie Saoudite et vice-Premier ministre depuis le 21 juin 2017. Qu'a autorisé le décret pris par le roi Salmane d'Arabie Saoudite concernant le droit des femmes dans son pays ?

- ☐ (A) Conduire une voiture
- ☐ (B) Ouvrir un compte bancaire
- ☐ (C) Divorcer
- ☐ (D) Se marier

## Question 24

Premier État américain par sa richesse, peuplé de 39,51 millions d'habitants pour une superficie de 423 970 km$^2$, la Californie est un État majeur, qui serait la 5$^e$ puissance du monde si elle était indépendante. Ainsi, comment s'appelle le pont suspendu qui traverse le détroit reliant la baie de San Francisco et l'océan pacifique ?

- ☐ (A) Le Golden Gate Bridge
- ☐ (B) Le Tower Bridge
- ☐ (C) Le Harbour Bridge
- ☐ (D) Le Forth Bridge

## Question 25

Depuis le premier choc pétrolier suite à la guerre du Kippour en 1973, puis le second choc pétrolier suite à la révolution islamique en Iran en 1979, le pétrole revêt une importance géopolitique majeure. Lequel de ces pays ne fait pas partie des 5 plus grandes réserves prouvées de pétrole au monde selon le classement conventionnel publié par l'OPEP ?

- ☐ (A) L'Arabie Saoudite
- ☐ (B) Les Émirats Arabes Unis
- ☐ (C) L'Iran
- ☐ (D) L'Irak

## Question 26

Le GATT est l'acronyme de l'Accord général sur les tarifs douaniers et le commerce, conclu en 1947. Il s'agit du volet commercial supposé compléter la refonte de l'ordre économique international avec les accords de Bretton Woods. Contre quel pays, le département du commerce américain a-t-il annoncé une guerre économique, en taxant les importations à 25 %, à partir d'août 2018 ?

- ☐ (A) L'Afghanistan
- ☐ (B) Le Royaume-Uni
- ☐ (C) La Chine
- ☐ (D) La Russie

## Question 27

Premier ministre pendant 13 ans, David Ben Gourion est un des pères fondateurs de l'État moderne d'Israël. Son lointain successeur est actuellement Naftali Bennett, Premier ministre d'Israël depuis le 13 juin 2021. Il a remplacé Benyamin Netanyahou, qui était à ce poste depuis 2009. En 2018, l'État d'Israël a ainsi célébré :

- ☐ (A) Le 40e anniversaire de sa création
- ☐ (B) Le 50e anniversaire de sa création
- ☐ (C) Le 60e anniversaire de sa création
- ☐ (D) Le 70e anniversaire de sa création

## Question 28

De 1977 à 1981, Pierre Bergé a dirigé le théâtre de l'Athénée puis, de 1988 à 1993, a présidé l'opéra Bastille et est nommé « ambassadeur de bonne volonté de l'Unesco » en 1993. Engagé dans la lutte contre le sida, il a cofondé l'association Sidaction dont il a été président jusqu'à son décès. De quel couturier français Pierre Bergé a-t-il été le compagnon de vie ?

- ☐ (A) Pierre Balmain
- ☐ (B) Christian Dior
- ☐ (C) Yves Saint Laurent
- ☐ (D) Ted Lapidus

### Question 29

La Guyane est un département français en 1946. C'est le seul territoire continental de France et de l'Union européenne en Amérique du Sud et le dernier territoire français en Amérique continentale. Quels pays entourent la Guyane Française ?

- ☐ (A) Le Panama et la Colombie
- ☐ (B) Le Brésil et le Venezuela
- ☐ (C) Le Suriname et le Brésil
- ☐ (D) La Colombie et l'Équateur

### Question 30

Bien que réputé apolitique, le sport est vecteur de lien social et d'inclusivité. L'édition 2022 aura lieu à Hong-Kong, une première en Asie, suite à une candidature conjointe sino-hongkongaise. Quel est donc cet évènement sportif mondial qui s'est déroulé à Paris durant l'été 2018 ?

- ☐ (A) Les Jeux olympiques de Sport Adapté
- ☐ (B) Les Women Games
- ☐ (C) Les Gay Games
- ☐ (D) Les Jeux Militaires Internationaux

### Question 31

Le cubisme est un mouvement artistique du début du xx^e^ siècle, qui constitue une révolution dans la peinture et la sculpture, et influence également l'architecture, la littérature et la musique. Combien y a-t-il de femmes dans le tableau *Les demoiselles d'Avignon* de Picasso ?

- ☐ (A) 1
- ☐ (B) 2
- ☐ (C) 3
- ☐ (D) 5

### Question 32

En 1958, le général de Gaulle est appelé à la présidence du Conseil de la IV^e^ République, avant de soumettre à référendum la constitution de la V^e^ République le 28 septembre 1958. Quel président de la République l'a appelé à ce poste ?

- ☐ (A) René Coty
- ☐ (B) Robert Schuman
- ☐ (C) Pierre Pfimlin
- ☐ (D) Antoine Pinay

### Question 33

Le festival international de la bande dessinée d'Angoulême est organisé chaque année depuis 1974. En effet, la bande dessinée est considérée comme le 9e art. Quel est le nom du dernier album d'Astérix et Obélix, scénarisé par Jean-Yves Ferri, dessiné par Didier Conrad et mis en couleurs par Thierry Mébarki ?

- ☐ (A) *Astérix chez les Pictes*
- ☐ (B) *Le Papyrus de César*
- ☐ (C) *Astérix et la Transitalique*
- ☐ (D) *La grande traversée*

### Question 34

Nicolas Sarkozy, François Hollande ou encore le président actuel Emmanuel Macron ont pris l'habitude de venir s'y exprimer devant l'ensemble des parlementaires réunis. En France, dans quel lieu sont traditionnellement assemblées les deux chambres du parlement, que constituent l'Assemblée nationale et le Sénat ?

- ☐ (A) Le Palais du Luxembourg
- ☐ (B) Le Panthéon
- ☐ (C) Le Château de Versailles
- ☐ (D) Le Palais Bourbon

### Question 35

Le chiffre d'affaires du marché de l'intelligence artificielle dans le monde a représenté à 11,3 milliards de dollars en 2019. Les prévisions pour 2020 atteignent 17,3 milliards et jusqu'à 5 fois plus à horizon 2025. Quel est le premier pays à avoir accordé la nationalité à un robot humanoïde nommée Sophia ?

- ☐ (A) Les États-Unis
- ☐ (B) Le Japon
- ☐ (C) Le Qatar
- ☐ (D) L'Arabie Saoudite

### Question 36

Le 12 mai 1992, la phrase « La langue de la République est le français » était introduite dans la Constitution. Son but était de lutter contre l'anglais. Dans les faits, elle a surtout été utilisée contre les langues dites régionales. Sous quel autre nom la langue d'Oc est-elle connue ?

- ☐ (A) Le patois
- ☐ (B) L'occitan
- ☐ (C) L'espagnol
- ☐ (D) Le français

### Question 37

Protectorat britannique de 1878 à 1960, indépendante un court instant puis rattachée à la Grèce, laquelle de ces îles est divisée entre deux sphères d'influence, l'une grecque et orthodoxe, l'autre turque et musulmane, provoquant ainsi de fréquentes tensions nécessitant la présence d'une force internationale ?

- ☐ (A) Chypre
- ☐ (B) L'île de Kos
- ☐ (C) Malte
- ☐ (D) La Crète

### Question 38

Anne Frank a reçu son journal le 12 juin 1942 et commence à l'écrire le jour même ; le journal s'arrête au mardi 1er août 1944. Le *Journal d'Anne Frank* a été traduit en plus de 70 langues. Quelque 30 millions d'exemplaires ont été vendus. De quelle nationalité était-elle ?

- ☐ (A) Polonaise
- ☐ (B) Française
- ☐ (C) Néerlandaise
- ☐ (D) Allemande

### Question 39

Joe Biden a été élu en novembre 2020. Avant lui, Donald Trump a été le 45e président des États-Unis de 2017 à 2021. Melania Trump, son épouse, a obtenu une carte de résidente américaine en 2001 puis la nationalité américaine en 2006. De quel pays est-elle originaire ?

- ☐ (A) De Hongrie
- ☐ (B) De Slovaquie
- ☐ (C) De Roumanie
- ☐ (D) De Slovénie

### Question 40

L'ancien président colombien Juan Manuel Santos (2010-2016), lauréat du prix Nobel de la paix en 2016, a récemment déclaré que le chemin était encore long pour envisager une réconciliation entre les FARC et la population. Quelle est la capitale de la Colombie ?

- ☐ (A) Pereira
- ☐ (B) Cali
- ☐ (C) Bogota
- ☐ (D) Medellín

# TEST 2
# CORRIGÉS

**Question 1. Réponse D**

Mayotte se situe dans l'archipel des Comores dans l'océan Indien et constitue le 101e département. Les départements et régions d'outre-mer, tels que Mayotte ou la Guadeloupe, se distinguent des communautés d'outre-mer, telles que Saint Barthélémy ou encore Saint-Pierre-et-Miquelon, plus autonomes dans leur processus décisionnel, ou encore le territoire de la Nouvelle-Calédonie.

**Question 2. Réponse D**

La Communauté Européenne du Charbon et de l'Acier (CECA) a mis en commun les productions stratégiques de la France et de la République fédérale d'Allemagne. La proposition de sa création, annoncée par Robert Schuman (lors de son discours du 9 mai 1950 — devenu journée de l'Europe), alors ministre français des Affaires étrangères, est un moyen d'empêcher une nouvelle guerre entre la France et l'Allemagne.

**Question 3. Réponse D**

En 2019, le Kazakhstan a produit 42 % de l'uranium mondial, soit 22 808 tonnes. L'uranium est produit par de nombreux pays en particulier en Amérique du Nord et en Asie. Les principaux producteurs sont le Kazakhstan, le Canada, l'Australie et la Namibie représentent qui près de 80 % de la production mondiale.

**Question 4. Réponse A**

Le glyphosate est un produit phytosanitaire controversé, son interdiction au sein de l'Union européenne est prévue pour 2023. Le gouvernement français est engagé dans le processus de sortie du glyphosate, avec un objectif d'ici 2022 : diminuer de 50 % l'utilisation du glyphosate en France.

**Question 5. Réponse D**

Jean Nouvel a également été l'architecte du Musée du Quai Branly-Jacques Chirac consacré aux Arts premiers, ainsi que du Louvre Abu Dabi, mais aussi de la Philharmonie de Paris. Il a reçu le prix Pritzker en 2008, prix en architecture considéré comme l'équivalent d'un prix Nobel dans cette discipline.

**Question 6. Réponse A**

Le Vatican et la Palestine ont le statut de pays observateurs au sein de l'ONU. Le statut d'observateur a été créé en 1945 sur demande de la Suisse (devenue membre de plein droit le 10 septembre 2002). Par la suite, certains États ont obtenu le statut d'observateur permanent, avant de devenir membre à leur tour. Cela a été le cas pour l'Autriche, la Finlande, l'Italie et la Japon.

**Question 7. Réponse C**

Le président Erdoğan est contesté par la population turque mais aussi par la communauté internationale du fait de ses atteintes aux libertés publiques et de ses velléités diplomatiques. La Turquie, dont la capitale est Ankara, dispose d'une superficie de 783 562 km$^2$ pour une population de 82 millions d'habitants. Elle est candidate depuis 1987 pour adhérer à l'Union européenne, il s'agit d'un statut officiellement reconnu par les Européens en 1999. La Turquie est par ailleurs membre de l'OTAN depuis 1952.

**Question 8. Réponse D**

L'ISS est une station spatiale placée en orbite terrestre basse depuis 1998. Ce programme, lancé et piloté par la NASA, est développé conjointement avec l'agence spatiale fédérale russe, avec la participation des agences spatiales européenne, japonaise et canadienne.

**Question 9. Réponse C**

John Maynard Keynes (1883-1946) est un économiste, haut fonctionnaire et essayiste britannique. Il est l'auteur de de la *Théorie générale de l'emploi, de l'intérêt et de la monnaie*. Il fut l'un des acteurs principaux des accords de Bretton Woods, après la Seconde Guerre mondiale.

**Question 10. Réponse B**

À titre de comparaison, les 40 valeurs de l'indice du marché parisien pèsent collectivement 1 559 milliards d'euros, soit 1 831 milliards de dollars. Apple vaut donc actuellement près de 110 % du CAC 40. C'est une des raisons pour lesquelles Joe Biden et le G7 ont porté l'idée d'une taxe internationale à hauteur de 15 % imposée notamment aux GAFAM.

**Question 11. Réponse B**

Charles Manson est reconnu coupable, en 1971, du meurtre, très médiatisé, de l'actrice Sharon Tate, enceinte de 8 mois. Il n'a pas commis lui-même les crimes, mais en est reconnu comme le commanditaire. Le film « Once upon a time... in Hollywood », réalisé par Quentin Tarantino et sorti en 2019, est librement inspiré de cette histoire.

**Question 12. Réponse C**

La France est le pays le plus visité au monde, avec plus de 89 millions d'arrivées de touristes internationaux en 2019. Cela représente 7,4 % du PIB de la France, et selon le gouvernement, ce secteur représente 2 millions d'emplois directs et indirects. La France n'est évidemment pas le seul pays à avoir connu une chute drastique de ses flux touristiques.

**Question 13. Réponse B**

Le Symphony of the Seas est actuellement le plus gros paquebot au monde (361 mètres de longueur) devant de son sister-ship Harmony of the Seas. Les chantiers de l'Atlantique de Saint Nazaire ont aussi développé un chiffre d'affaires de près de 1,4 milliard d'euros en 2018, porté par la croissance des croisières touristiques.

**Question 14. Réponse D**

En 1923, la Rhodésie du Sud devint une colonie de la Couronne britannique, avant de devenir indépendant en 1980 sous le nom de Zimbabwe. La plupart des anciennes colonies sont maintenant réunies au sein du Commonwealth qui est une organisation intergouvernementale dirigée par la reine Elizabeth II et composée de 54 États membres qui sont presque tous d'anciens territoires de l'Empire britannique.

**Question 15. Réponse B**

Rouhollah Moussavi Khomeini (1902-1989), est un dignitaire religieux chiite possédant les titres d'ayatollah et de seyyed, un homme politique iranien et le guide spirituel de la révolution islamique de 1979 qui renverse le shah d'Iran Mohammad Reza Pahlavi. Ebrahim Raïssi a été élu président en juin 2021, remplaçant à ce poste Hassan Rohani élu à ce poste depuis 2013.

**Question 16. Réponse D**

La Déclaration unanime des treize États unis d'Amérique est un texte politique par lequel les treize colonies britanniques d'Amérique du Nord ont fait sécession du Royaume-Uni le 4 juillet 1776, pour former les « États-Unis d'Amérique ». George Washington a été le chef d'État-major de l'Armée continentale pendant la guerre d'indépendance entre 1775 et 1783 et le premier président des États-Unis, en fonction de 1789 à 1797.

**Question 17. Réponse D**

Le prince héritier Mohammed Ben Salmane est l'actuel titulaire de l'oeuvre. Léonard de Vinci (1452-1519) a été un peintre italien, mais aussi artiste, scientifique, ingénieur, inventeur, anatomiste, peintre, sculpteur, botaniste, musicien, poète, philosophe et écrivain. Ces prédispositions hors normes en font une figure majeure de la Renaissance.

**Question 18. Réponse D**

Ancien protectorat français, le Maroc compte 36 millions d'habitants pour une superficie de 446 550 km$^2$. Mohammed VI est le vingt-troisième monarque de la dynastie alaouite, et le troisième à porter le titre de roi du Maroc. Il est au pouvoir depuis 1999. Le PIB du Maroc a connu un taux de croissance annuel moyen de 4 % sur la dernière décennie et a atteint 122 milliards de dollars en 2019.

**Question 19. Réponse C**

L'économie de la fonctionnalité peut se définir comme un système privilégiant l'usage plutôt que la vente d'un produit, à l'instar des services de vélos en libre-service. Elle consiste à remplacer la notion de vente du bien par celle de la vente de l'usage du bien, ce qui entraîne le découplage de la valeur ajoutée et de la consommation d'énergie et de matières premières.

**Question 20. Réponse D**

La courbe de Laffer montre qu'au-delà d'un certain seuil de prélèvement fiscal, plus la pression fiscale augmente, plus les recettes fiscales diminuent, en raison de l'effet désincitatif sur l'offre de travail. Cette théorie est résumée par la formule « trop d'impôt tue l'impôt ».

**Question 21. Réponse B**

Napoléon III est le troisième fils de Louis Bonaparte, troisième frère de Napoléon Ier, et d'Hortense de Beauharnais, fille du premier mariage de l'impératrice Joséphine. Inaugurant la Seconde République en 1848, il a succédé à Louis-Philippe 1er, Roi des français (1830-1848). Napoléon III a notamment porté des réformes sociales, en effet le droit de grève a notamment été autorisé en 1864.

**Question 22. Réponse B**

En 1979, les troupes soviétiques, dans le cadre des accords de défense mutuelle qui lient l'URSS à l'État afghan, répondent à l'appel du parti communiste au pouvoir, menacé par une rébellion armée. Cette intervention entraîne une forte résistance des rebelles, armés par les États-Unis, résistance qui mènera au retrait des forces soviétiques en 1989.

**Question 23. Réponse A**

Annoncée en septembre 2017, cette décision inspirée par le prince héritier Mohammed ben Salmane fait partie d'un vaste plan de modernisation du riche pays pétrolier. Elle met fin à une interdiction devenue le symbole du statut inférieur des Saoudiennes, décrié à travers le monde.

**Question 24. Réponse A**

Inauguré en 1937, il permet ainsi de relier la ville de San Francisco, située à la pointe nord de la péninsule de San Francisco, à la ville de Sausalito, située à la pointe sud de la péninsule du comté de Marin. L'actuelle vice-présidente américaine Kamala Harris était notamment sénatrice de Californie de 2017 à 2021.

**Question 25. Réponse B**

L'Organisation des pays exportateurs de pétrole (OPEP), est une organisation intergouvernementale de pays créée en 1960. Elle a pour objectif de contrôler les exploitations pétrolières sur le territoire des pays membres, ainsi que le prix du pétrole. Les cinq pays ayant les plus grandes réserves sont les suivants = 1- Venezuela, 2- Arabie Saoudite, 3- Iran, 4- Irak et 5- Koweït.

**Question 26. Réponse C**

La guerre commerciale entre les États-Unis et la Chine est un épisode de dispute commerciale, constitué de hausses de taxes douanières et de menaces entre la Chine et les États-Unis, lancé en 2018 sous la présidence de Donald Trump. Le GATT devenu Organisation mondiale du commerce (OMC) en 1995 oeuvre pourtant pour le libre-échange et la fin des tarifs douaniers entre les pays.

**Question 27. Réponse D**

L'indépendance d'Israël est proclamée le 14 mai 1948, après le vote du plan de partage de la Palestine le 29 novembre 1947 par l'Organisation des Nations unies (ONU) qui met fin au mandat britannique et qui prévoit la création d'un État juif et d'un État arabe.

**Question 28. Réponse C**

Yves Saint Laurent (1936-2008) est un grand couturier français, l'un des plus célèbres au monde et dont les collections de haute couture font partie de l'histoire du XXe siècle. Anthony Vaccarello est l'actuel fashion designer de Saint Laurent depuis 2016.

**Question 29. Réponse C**

La Guyane est une région mono-départementale française située en Amérique du Sud, limitrophe du Brésil au sud-est et au sud, et du Suriname à l'ouest. Sa superficie majoritairement occupée par la forêt amazonienne, représente 83 534 km² et sa population est de 294 071 habitants.

**Question 30. Réponse C**

Les Gay Games sont un événement sportif et culturel ouverts à toutes et à tous bien qu'historiquement destinés aux athlètes, artistes et musiciens lesbiens, gays, bisexuels et transgenres. Ils ont été fondés par le médecin et décathlonien olympique américain Tom Waddell en 1982.

**Question 31. Réponse D**

Ce tableau peint en 1907 est considéré comme l'un des tableaux les plus importants de l'histoire de la peinture en raison de la rupture stylistique et conceptuelle qu'il propose. En effet, il est considéré comme un chef d'oeuvre du cubisme naissant, porté également par Fernand Léger et Georges Braque.

**Question 32. Réponse A**

René Coty (1882-1962) a été président à partir de 1946 du groupe des indépendants à l'Assemblée nationale. Il a été élu président de la République en 1953, et a succédé à Vincent Auriol en 1954. Il a transmis ses fonctions présidentielles au général de Gaulle en 1959.

**Question 33. Réponse C**

Astérix et Obélix est une série de 38 albums de bandes dessinées française créée le 29 octobre 1959 par le scénariste René Goscinny et le dessinateur Albert Uderzo. Plus de 53 millions d'exemplaires de bande dessinée ont été achetés en France pour un chiffre d'affaires généré de 591 millions d'euros.

**Question 34. Réponse C**

Le Congrès du Parlement se réunit à Versailles. Il a pour objet le vote d'une révision de la Constitution ou de l'autorisation de l'adhésion d'un État à l'Union européenne, lorsque le référendum n'est pas utilisé. Elle permet aussi l'audition d'une déclaration du président de la République, dans ce cas il n'y a aucun vote.

**Question 35. Réponse D**

Ce « robot social » peut reconnaître les visages, et son propre faciès en silicone peut mimer 62 expressions humaines. À ce sujet, l'Union européenne travaille sur la mise en place de principes d'éthique sur l'intelligence artificielle grâce au concours du Groupe européen d'éthique des sciences et des nouvelles technologies composé de 52 spécialistes de cette technologie d'avenir chargés de légiférer dans ce domaine.

**Question 36. Réponse B**

L'occitan ou langue d'oc est une langue romane parlée dans le tiers sud de la France qu'on appelle le Pays d'Oc. Au cours de son histoire, l'occitan a connu différentes appellations, notamment le provençal, le gascon ou encore le catalan. Ce dernier est encore très utilisé et se rapproche énormément de la langue d'oc originelle.

**Question 37. Réponse A**

Chypre comprend 1,2 million d'habitants sur 9 251 km$^2$, cette île est membre de l'UE, excepté le tiers nord de l'île, sous contrôle turc depuis 1974 - située au-delà de la ligne verte contrôlée par les troupes de l'ONU. Ce territoire sécessionniste s'est proclamé République turque de Chypre du Nord en 1983.

**Question 38. Réponse D**

Anne Frank (1929-1945) est une adolescente allemande, connue pour avoir écrit un journal intime. Elle est morte au camp de Bergen-Belsen suite à sa déportation avec sa famille. Son père Otto Frank, l'unique survivant de la famille, a récupéré le journal de sa fille Anne. Convaincu du caractère unique de l'œuvre, Otto Frank décide de la faire éditer. Ce témoignage historique a connu un immense succès qui ne se dément pas.

**Question 39. Réponse D**

En 1945, la Slovénie devient un membre fondateur de la République fédérative socialiste de Yougoslavie. En 1991, après l'introduction du multipartisme et de la démocratie, la Slovénie est devenue la première république à faire sécession de la Yougoslavie en devenant un État souverain indépendant. La Slovénie est rentrée dans l'UE en 2004.

**Question 40. Réponse C**

La Colombie a essuyé une guerre civile durant près d'un demi-siècle contre l'ex-guérilla marxiste des Forces armées révolutionnaires de Colombie (FARC). Après l'accord historique de 2016, tout reste à faire pour maintenir la paix et la sécurité. La Colombie est un pays situé dans l'extrême nord du continent sud-américain. Bogotá, sa capitale, est perchée à plus de 2 600 m d'altitude.

# TEST 3
# ÉNONCÉS

**40 QUESTIONS - 1 HEURE**

### Question 1

Quelle forme dessine l'ensemble des arrondissements de Paris ?

- ☐ (A) Un carré
- ☐ (B) Un escargot
- ☐ (C) Un hexagone
- ☐ (D) Un triangle

### Question 2

Né en 1689, fils d'un magistrat, président du parlement de Bordeaux, il écrit *De l'esprit des lois*. Il est contre l'absolutisme et expose la théorie de la séparation des trois pouvoirs (exécutif, législatif, judiciaire). Il s'agit de :

- ☐ (A) Denis Diderot
- ☐ (B) Voltaire
- ☐ (C) Montesquieu
- ☐ (D) Jean-Jacques Rousseau

### Question 3

La grande catastrophe qui eut lieu à Tchernobyl est :

- ☐ (A) Un incendie dans les dépôts de carburant
- ☐ (B) Un tremblement de terre
- ☐ (C) Une inondation
- ☐ (D) L'explosion du cœur du réacteur de la centrale nucléaire

### Question 4

Quel est le plus haut gratte-ciel du monde ?

- ☐ (A) Burj Khalifa, Dubaï
- ☐ (B) KL118, Kuala Lumpur
- ☐ (C) Tour Shanghai, Shanghai
- ☐ (D) Makkah Clock Royal Tower, La Mecque

3

## Question 5

« Dans un système d'entière liberté de commerce, chaque pays consacre son capital et son industrie à tel ou tel emploi qui lui paraît utile. C'est ainsi qu'en encourageant l'industrie et en tirant tout le parti possible des bienfaits de la nature, on parvient à une meilleure distribution et à plus d'économie dans le travail. En même temps l'accroissement de la masse générale des produits répand partout le bien-être : l'échange lie entre elles toutes les nations du monde civilisé par des nœuds communs de l'intérêt, par des relations amicales et en fait une et seule grande société. C'est ce principe qui veut qu'on fasse du vin en France et au Portugal, qu'on cultive du blé en Pologne... » Dans ce texte extrait des *Principes de l'économie politique et de l'impôt* de David Ricardo, publié en 1817, il est question de :

- ☐ (A) Aucune de ces réponses n'est bonne
- ☐ (B) Du commerce intra-branche
- ☐ (C) Du protectionnisme
- ☐ (D) Des investissements à l'étranger

## Question 6

Quel est le pays d'Afrique, situé au bord du golfe de Guinée, république depuis 1960, dont la capitale est Yamoussoukro ?

- ☐ (A) La Guinée
- ☐ (B) Le Mali
- ☐ (C) La Côte d'Ivoire
- ☐ (D) Le Sénégal

## Question 7

C'est un oiseau unique de la taille d'un aigle royal qui est dans l'impossibilité de se reproduire mais il a en revanche le pouvoir de renaître de ses cendres après s'être fait brûler lui-même sur le bûcher qu'on appelle immortalité. C'est :

- ☐ (A) La méduse
- ☐ (B) Le phénix
- ☐ (C) Le sphinx
- ☐ (D) La chimière

## Question 8

Lequel de ces auteurs a obtenu deux fois le prix Goncourt ?

- ☐ (A) Aucune de ces réponses n'est bonne
- ☐ (B) André Malraux
- ☐ (C) Paul-Loup Sulitzer
- ☐ (D) Romain Gary

### Question 9

Quel est à ce jour le jeu vidéo le plus vendu au monde ?

- ☐ (A) Minecraft et ses dérivés
- ☐ (B) Grand Theft Auto V
- ☐ (C) Tetris
- ☐ (D) Wii Sports

### Question 10

Laquelle de ces villes n'appartient pas à la région Provence-Alpes-Côte-d'Azur ?

- ☐ (A) Nice
- ☐ (B) Cannes
- ☐ (C) Alès
- ☐ (D) Toulon

### Question 11

La science des lois physiques de l'univers porte le nom de :

- ☐ (A) Cosmologie
- ☐ (B) Cosmographie
- ☐ (C) Cosmogonie
- ☐ (D) Récit cosmopolite

### Question 12

Quels pays ont accès au Danube ?

- ☐ (A) La Hongrie et la Bulgarie
- ☐ (B) La Croatie, la Serbie, la Hongrie, la Bulgarie, la Roumanie
- ☐ (C) L'Allemagne, l'Autriche, la Slovaquie, la Hongrie, la Croatie, la Serbie, la Bulgarie, la Roumanie
- ☐ (D) La Hongrie, la Bulgarie, la Serbie, la Roumanie, l'Albanie

### Question 13

De quel pays Vientiane est-elle la capitale ?

- ☐ (A) La Corée du Sud
- ☐ (B) Le Bangladesh
- ☐ (C) Le Vietnam
- ☐ (D) Le Laos

## Question 14

Lequel de ces volcans n'est pas en activité ?

- ☐ (A) Le Puy de Dôme
- ☐ (B) La Montagne Pelée
- ☐ (C) La Soufrière
- ☐ (D) Le Piton de la Fournaise

## Question 15

Qui sont les réalisateurs du film *Intouchables* ?

- ☐ (A) Omar Sy et Fred Testot
- ☐ (B) Éric Toledano et Olivier Nakache
- ☐ (C) Francois Cluzet et Maïwenn
- ☐ (D) Guillaume Canet et François Cluzet

## Question 16

Le musée du quai Branly à Paris a été construit à l'initiative de quel président ?

- ☐ (A) François Mitterrand
- ☐ (B) Nicolas Sarkozy
- ☐ (C) Jacques Chirac
- ☐ (D) Georges Pompidou

## Question 17

Cette organisation, fondée en 1949 et dont le siège se trouve à Bruxelles, a pour but de sauvegarder la paix et la sécurité. Elle assure aux Européens l'alliance des États-Unis contre toute agression. Il s'agit de :

- ☐ (A) L'ONU
- ☐ (B) L'OTAN
- ☐ (C) L'OCDE
- ☐ (D) L'Unesco

## Question 18

Quel musée new-yorkais est l'œuvre du grand architecte américain Frank Lord Wright (1867-1959), maître du courant organique qui exerça une immense influence dans tous les domaines de l'architecture ?

- ☐ (A) Le MET
- ☐ (B) Le Museum of Modern Art
- ☐ (C) Le musée Guggenheim
- ☐ (D) Le Metropolitan Museum

## Question 19

Bâti en 1513 par Katherine Briçonnet, embelli par Diane de Poitiers et Catherine de Médicis, je suis un château situé en Indre-et-Loire. Je possède deux parties : un donjon médiéval élevé sur la rive droite du Cher et un corps de logis Renaissance bâti sur la rivière elle-même. Monument historique privé le plus visité de France, je suis :

☐ (A) Le château de Cheverny
☐ (B) Le château d'Azay-le-Rideau
☐ (C) Le château de Chenonceau
☐ (D) Le château de Chinon

## Question 20

Roi de France sacré à Chartres en 1594, il a accordé aux protestants la liberté de conscience et une liberté de culte limitée. Il s'agit de :

☐ (A) Henri III
☐ (B) Henri IV
☐ (C) Louis XIII
☐ (D) Louis XIV

## Question 21

En France, que signifie l'acronyme « HVE », notamment utilisé dans l'agriculture ?

☐ (A) Haute Valeur Environnementale
☐ (B) Habitat Valorisé Écologiquement
☐ (C) Haut Vecteur d'Écologie
☐ (D) Haute Valorisation Écologique

## Question 22

À quel genre littéraire appartiennent les œuvres ci-après : *La Planète des singes* de Pierre Boulle, *La Nuit des temps* de René Barjavel et *Le Meilleur des mondes* d'Aldous Huxley ?

☐ (A) Le roman historique
☐ (B) Le roman d'anticipation
☐ (C) Le roman noir
☐ (D) Le roman d'aventures

### Question 23

Trois micro-États ont été autorisés à émettre des pièces nationales en euros. Lesquels ?

- ☐ (A) Andorre, Saint-Marin et le Vatican
- ☐ (B) Monaco, Saint-Marin et le Vatican
- ☐ (C) Andorre, Monaco et le Vatican
- ☐ (D) Andorre, Monaco et Saint-Marin

### Question 24

Quelle est la devise de l'Union européenne ?

- ☐ (A) *In varietate concordia* (« l'union dans la diversité »)
- ☐ (B) *Carpe diem* (« mets à profit le jour présent »)
- ☐ (C) *E pluribus unum* (« un à partir de plusieurs »)
- ☐ (D) *Dura lex, sed lex* (« dure loi, mais c'est la loi »)

### Question 25

À quelle profondeur les algues ne peuvent-elles plus accomplir leur fonction chlorophyllienne ?

- ☐ (A) 50 mètres
- ☐ (B) 100 mètres
- ☐ (C) 200 mètres
- ☐ (D) 500 mètres

### Question 26

En 2020, la France compte 67,064 millions d'habitants : 64,898 millions résident en métropole et 2,166 millions dans les cinq départements d'outre-mer. Au cours de l'année 2019, la population a augmenté de 187 000 personnes, soit une hausse de 0,3 %. Alors que Paris est en tête du classement des villes de France avec 2,148 millions d'habitants, quelle est la quatrième ville de France en population en 2021 ?

- ☐ (A) Nantes
- ☐ (B) Montpellier
- ☐ (C) Toulouse
- ☐ (D) Nice

### Question 27

En janvier 2016, quel est le nom de la 9e planète du système solaire identifiée par des chercheurs américains ?

- ☐ (A) Valhalla
- ☐ (B) Mystex
- ☐ (C) Neuvième planète
- ☐ (D) Nova

### Question 28

Sur quoi s'appliquerait « la taxe Tobin », suggérée en 1972 par le lauréat du prix Nobel d'économie James Tobin, également appelée par certains « taxe Robin des bois » ?

- ☐ (A) Sur les transactions monétaires internationales
- ☐ (B) Sur la vente d'armement
- ☐ (C) Sur la vente de produits pharmaceutiques
- ☐ (D) Sur les crédits fonciers

### Question 29

Qui ne dispose pas du droit de grève ?

- ☐ (A) Les militaires
- ☐ (B) Les magistrats
- ☐ (C) Les médecins
- ☐ (D) Les professeurs

### Question 30

Le groupe de Visegrád désigne un ensemble de pays d'Europe centrale. La première raison d'être de cette alliance a été de faciliter et d'accélérer l'intégration de ses trois puis quatre membres à l'Union européenne et à l'OTAN. Quatre États le composent, dont la Hongrie, la République tchèque, la Slovaquie. Quel autre pays en fait partie en 2021 ?

- ☐ (A) Pologne
- ☐ (B) Roumanie
- ☐ (C) Bulgarie
- ☐ (D) Autriche

3

### Question 31

Après cette bataille du 2 décembre 1805, Napoléon Ier proclama « Soldats, je suis content de vous ». Ce qui porta jusqu'au délire l'enthousiasme de ses hommes : les austro-russes comptaient 16 000 morts contre 1 500 morts français. De quelle bataille s'agit-il ?

- ☐ (A) Austerlitz
- ☐ (B) Rivoli
- ☐ (C) Moskova
- ☐ (D) Marengo

### Question 32

Sur le Sénat, laquelle des quatre affirmations suivantes est vraie ?

- ☐ (A) Pour être élu sénateur, il faut obligatoirement être maire
- ☐ (B) Pour élire un sénateur, il faut obligatoirement être maire
- ☐ (C) Le président du Sénat nomme deux membres du Conseil constitutionnel
- ☐ (D) Le président de la République n'a pas le droit de se rendre au Sénat

### Question 33

Quelle est la ville américaine considérée comme la capitale de l'automobile ?

- ☐ (A) Detroit
- ☐ (B) Chicago
- ☐ (C) Seattle
- ☐ (D) Houston

### Question 34

Parmi les compositeurs suivants, lequel était sourd ?

- ☐ (A) Wolfgang Amadeus Mozart
- ☐ (B) Frédéric Chopin
- ☐ (C) Ludwig van Beethoven
- ☐ (D) Antonio Vivaldi

### Question 35

Quel roi de France a dû se convertir au catholicisme avant d'accéder au trône ?

- ☐ (A) Henri IV
- ☐ (B) Louis XIII
- ☐ (C) Louis XIV
- ☐ (D) François Ier

## Question 36

Qui parmi ces chefs est le plus étoilé du monde ?

- ☐ (A) Anne-Sophie Pic
- ☐ (B) Gordon Ramsay
- ☐ (C) Alain Ducasse
- ☐ (D) Hélène Darroze

## Question 37

Avec une superficie terrestre de 120 369 km$^2$ et une population supérieure à 2,8 millions d'habitants en 2019, l'outre-mer représente 17,9 % du territoire terrestre et 4 % de la population de la France. Laquelle de ces collectivités n'est pas un département ou une région d'outre-mer ?

- ☐ (A) Guyane
- ☐ (B) Réunion
- ☐ (C) Saint-Martin
- ☐ (D) Martinique

## Question 38

La zone Euro, parfois appelée Eurozone, est une zone monétaire qui regroupe les États membres de l'Union européenne qui ont adopté l'euro comme monnaie ; sur les vingt-sept États membres de l'UE, dix-neuf utilisent l'euro. Quel pays n'en fait pas partie en 2021 ?

- ☐ (A) Lituanie
- ☐ (B) Slovaquie
- ☐ (C) Danemark
- ☐ (D) Slovénie

## Question 39

Le droit de vote est devenu universel pour les hommes à l'avènement de la 2$^{nde}$ République en 1848, et pour les femmes à la Libération en 1944. Après avoir voté en 2017, 2019 et 2020, les Français ont de nouveau voté en 2021. De quelle(s) élection(s) s'agit-il ?

- ☐ (A) Européennes
- ☐ (B) Municipales
- ☐ (C) Départementales/Régionales
- ☐ (D) Intercommunales

## Question 40

Les Oscars du cinéma sont des récompenses cinématographiques américaines décernées chaque année depuis 1929 à Los Angeles et destinées à saluer l'excellence des productions américaines et internationales du cinéma. Qui a remporté l'Oscar de la meilleur actrice en 2020 ?

- ☐ (A) Frances McDormand
- ☐ (B) Renée Zellweger
- ☐ (C) Olivia Colman
- ☐ (D) Emma Stone

# TEST 3 CORRIGÉS

**Question 1. Réponse B**

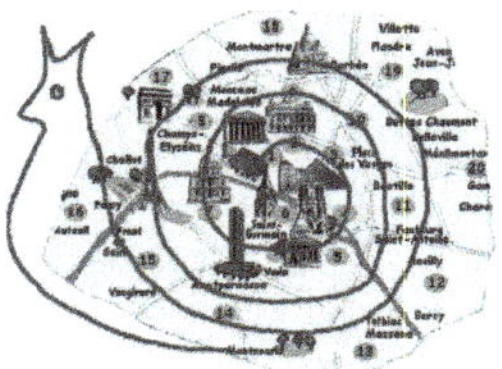

Vous aussi vous avez déjà remarqué que le dessin de l'ensemble des arrondissements de Paris avait la forme d'un escargot. En voici la preuve !

**Question 2. Réponse C**

Montesquieu

**Question 3. Réponse D**

L'explosion du cœur du réacteur de la centrale nucléaire

**Question 4. Réponse A**

828 mètres

**Question 5. Réponse A**

Du libre-échange

**Question 6. Réponse C**

La Côte d'Ivoire

**Question 7. Réponse B**

Le phénix

**Question 8. Réponse D**

Romain Gary

**Question 9. Réponse A**

| Rang | Titre | Exemplaires vendus |
|---|---|---|
| 1 | Minecraft (franchise) | 200 millions |
| 2 | Grand Theft Auto V | 150 millions |
| 3 | Tetris | 100 millions |
| 4 | Wii Sports | 82,90 millions |

**Question 10. Réponse C**

Alès

**Question 11. Réponse A**

Cosmologie

**Question 12. Réponse C**

L'Allemagne, l'Autriche, la Slovaquie, la Hongrie, la Croatie, la Serbie, la Bulgarie, la Roumanie

**Question 13. Réponse D**

Le Laos

**Question 14. Réponse A**

Le Puy de Dôme

**Question 15. Réponse B**

Vous vous souvenez de « pas de bras, pas de chocolats ! » ? Et oui, ce film français, sorti en 2011, aux plus de 19 millions d'entrées, *Intouchables* a effectivement été réalisé par Olivier Nakache et Éric Toledano.
En 2019, *Hors normes* le nouveau film du duo Éric Toledano et

Olivier Nakache, les réalisateurs d'*Intouchables* et du *Sens de la fête* est présenté au Festival de Cannes. Il s'agit d'une comédie sociale où cette fois-ci le thème de l'autisme est abordé. Vincent Cassel et Reda Kateb en sont les têtes d'affiche, entourés par de nombreux acteurs non professionnels et de jeunes adolescents autistes.

**Question 16. Réponse C**

Jacques Chirac

**Question 17. Réponse B**

L'OTAN

**Question 18. Réponse C**

Le musée Guggenheim

**Question 19. Réponse C**

Le château de Chenonceau

**Question 20. Réponse B**

Henri IV

**Question 21. Réponse A**

L'acronyme « HVE », notamment utilisé en agriculture signifie : Haute Valeur Environnementale. La certification couvre l'ensemble des activités de l'exploitation, qui ne peut soustraire une de ses productions au processus de certification. Au fur et à mesure des niveaux, les exigences augmentent. Le niveau 3 est validé par des audits renouvelés tous les 12 à 18 mois. Les exploitations de Haute Valeur Environnementale sont identifiables grâce à ce logo.

La certification en Haute Valeur Environnementale assure :

- La préservation de la biodiversité grâce à des zones vierges de toute activité agricole constituées de haies, d'arbres, de petits plans d'eau, de fossés ou encore d'anciennes parcelles agricoles aménagées en jachères. Ces « corridors écologiques » permettent à la nature – faune, flore, insectes – de réinvestir le milieu.
- Des pratiques alternatives concourant à un faible niveau d'intrants.

**Question 22. Réponse B**

Le roman d'anticipation

**Question 23. Réponse B**

Monaco, Saint-Marin et le Vatican

**Question 24. Réponse A**

*In varietate concordia* (« l'union dans la diversité »)

**Question 25. Réponse C**

200 mètres

**Question 26. Réponse C**

Toulouse la 4e compte 486 828 habitants ; Nice la 5e compte 341 032 habitants ; Nantes la 6e compte 314 138 habitants et Montpellier la 7e compte 290 053 habitants.

**Question 27. Réponse C**

Cela ne s'invente pas ! Et oui le nom de la 9e planète du système solaire identifiée par des chercheurs américains en janvier 2016, est *Neuvième planète* ! Cette géante gazeuse serait comparable en masse et en taille à Neptune et aurait migré, très tôt dans son histoire, à plus de 30 milliards de kilomètres du Soleil.

**Question 28. Réponse A**

La taxe Tobin ou taxe Robin des bois, suggérée en 1972 par le lauréat du prix Nobel d'économie James Tobin s'applique effectivement sur les transactions monétaires internationales afin de limiter la volatilité du taux de change. Par extension, le terme désigne aujourd'hui une taxe sur les transactions financières.

**Question 29. Réponse A**

Les militaires

**Question 30. Réponse A**

Le groupe de Visegrád est un groupe de pays dirigés par des pouvoirs réputés populistes, bien que membres de l'UE. Certaines lois votées par ces 4 pays tendent à porter atteinte aux droits des LGBT, aux droits des femmes ou encore des migrants, mais aussi aux droits d'information et d'expression – au mépris de la Convention européenne des Droits de l'homme et des principes de l'UE.

**Question 31. Réponse A**

Austerlitz

**Question 32. Réponse D**

Le président de la République n'a pas le droit de se rendre au Sénat

**Question 33. Réponse A**

Detroit

**Question 34. Réponse C**

L'une des particularités les plus surprenantes de Ludwig van Beethoven est qu'il était sourd. Comment un musicien, un compositeur, peut-il ne plus posséder le sens que l'on imagine le plus important pour lui ?
L'évolution du déficit auditif s'est traduite dans les partitions du compositeur par une moindre utilisation des notes aiguës. Lorsqu'il ne pourra plus rien cacher, il utilisera des cahiers de conversation dans lesquels ses visiteurs marquaient ce qu'ils voulaient lui faire savoir ou lui posaient des questions.

**Question 35. Réponse A**

Héritier légitime de la couronne suite à la mort sans héritier de son cousin Henri III de Valois, Henri IV, le nouveau roi, a dû combattre les ligueurs catholiques, supérieurs en nombre, qui ne supportaient pas l'idée d'avoir un protestant sur le trône et donc se convertir au catholicisme.
L'Histoire résume le calcul par la formule, un tantinet cynique : « Paris vaut bien une messe ».

**Question 36. Réponse C**

Alain Ducasse

**Question 37. Réponse C**

Les départements et régions d'outre-mer (DROM) sont : la Guadeloupe, la Martinique, la Guyane, Mayotte et la Réunion. Les collectivités d'outre-mer (COM) – plus autonomes – sont : Saint-Pierre-et-Miquelon, les îles Wallis et Futuna, la Polynésie française, Saint-Barthélemy et Saint-Martin. La Nouvelle-Calédonie a, quant à elle, un statut propre et très autonome.

**Question 38. Réponse C**

Quelque 340 millions d'Européens vivent aujourd'hui dans les 19 pays de la zone euro. Les 19 États membres sont : l'Allemagne, l'Autriche, la Belgique, Chypre, l'Espagne, l'Estonie, la Finlande, la France, la Grèce, l'Irlande, l'Italie, la Lettonie, la Lituanie, le Luxembourg, Malte, les Pays-Bas, le Portugal, la Slovaquie et la Slovénie.

**Question 39. Réponse C**

L'élection présidentielle a lieu tous les 5 ans et aura lieu en 2022. Les élections municipales ont lieu tous les 6 ans et aura lieu en 2026. Les élections départementales/régionales ont lieu tous les 5 ans et auront lieu en 2026. Par ailleurs, seuls les « grands électeurs » votent pour les élections sénatoriales (tous les 3 ans, les prochaines auront lieu en 2023) et les élections intercommunales (calquées sur les élections municipales).

**Question 40. Réponse B**

Renée Zellweger est la lauréate 2020 pour son rôle dans le film « Judy » ; Olivia Colman est la lauréate 2019 pour son rôle dans le film « La favorite » ; Frances McDormand est la lauréate 2018 pour son rôle dans le film « Three Billboards » et Emma Stone est la lauréate 2017 pour son rôle dans le film « La la land ».

# TEST 4
# ÉNONCÉS

## 40 QUESTIONS - 1 HEURE

### Question 1

Parmi les personnages suivants, lequel n'intervient pas dans la nomination des membres du Conseil constitutionnel ?

- ☐ (A) Le Premier ministre
- ☐ (B) Le président de la République
- ☐ (C) Le président de l'Assemblée nationale
- ☐ (D) Le président du Sénat

### Question 2

Le Mexique a pour pays voisins :

- ☐ (A) Les États-Unis et le Guatemala
- ☐ (B) Les États-Unis et le Venezuela
- ☐ (C) Les États-Unis et le Pérou
- ☐ (D) Les États-Unis et l'Argentine

### Question 3

Quel est le deuxième plus grand pays du monde par sa superficie ?

- ☐ (A) La Russie
- ☐ (B) Le Canada
- ☐ (C) La Chine
- ☐ (D) Les États-Unis

### Question 4

Né à Bordeaux en 1910 et décédé à Lausanne en 1987, cet auteur dramatique éclectique, épris de modernité et attentif à tirer parti du jeu et de l'espace scéniques, reste surtout célèbre pour ses transpositions audacieuses de tragédies antiques dans le monde contemporain, telle *Eurydice* (1942) et *Antigone* (1944). Il s'agit de :

- ☐ (A) Aucune de ces réponses n'est bonne
- ☐ (B) Marcel Aymé
- ☐ (C) Jean Anouilh
- ☐ (D) Jean Giraudoux

### Question 5

Le film *Munich* de Steven Spielberg traite de quels événements historiques ?

- ☐ (A) Les conséquences de l'assassinat terroriste des athlètes israéliens lors des Jeux olympiques de Munich de 1972
- ☐ (B) Des accords de Munich le 29 septembre 1938 entre l'Allemagne nazie, la France, l'Italie et l'Angleterre, avalisant l'annexion par l'Allemagne d'une partie du territoire tchèque (la crise des Sudètes)
- ☐ (C) D'un attentat terroriste perpétré par la bande à Bader en 1972
- ☐ (D) De l'histoire d'une grande famille industrielle de Munich dont les affaires ont prospéré pendant le Troisième Reich et qui n'a pas été inquiétée au lendemain de la défaite nazie

### Question 6

Quel philosophe français a déclaré : « Si les hommes savaient ce qu'ils disent les uns des autres, il n'y aurait pas quatre amis au monde » ?

- ☐ (A) Michel Foucault
- ☐ (B) Raymond Aron
- ☐ (C) Blaise Pascal
- ☐ (D) Voltaire

### Question 7

En quelle année le français est-il devenu la langue officielle de la France en remplacement du latin ?

- ☐ (A) En 1392
- ☐ (B) En 1539
- ☐ (C) En 1789
- ☐ (D) En 1848

## Question 8

Lequel de ces sports est le plus ancien ?

- ☐ (A) La natation
- ☐ (B) Le rugby
- ☐ (C) Le surf
- ☐ (D) Le tennis

## Question 9

Comment s'appelle le petit du chameau ?

- ☐ (A) Le chamois
- ☐ (B) Le chamoteau
- ☐ (C) Le chamelon
- ☐ (D) Le lapereau

## Question 10

Quelle distance les coureurs du Tour de France parcourent-ils ?

- ☐ (A) Environ 1 500 km
- ☐ (B) Environ 3 500 km
- ☐ (C) Environ 5 000 km
- ☐ (D) Environ 8 000 km

## Question 11

Quel laboratoire de recherche annonce en novembre 2010 avoir réussi à piéger pour la première fois des atomes d'anti-hydrogène dans un champ magnétique, ce qui constitue une avancée dans la connaissance scientifique de l'antimatière ?

- ☐ (A) Conseil européen pour la recherche nucléaire
- ☐ (B) Centre national de recherche scientifique
- ☐ (C) Laboratoires internationaux de recherche
- ☐ (D) National Aeronautics and Space Administration

### Question 12

Dans quel ordre chronologique se succèdent ces régimes politiques ?

- ☐ (A) Seconde République - Restauration - Monarchie de Juillet - Second Empire
- ☐ (B) Monarchie de Juillet - Restauration - Seconde République - Second Empire
- ☐ (C) Restauration - Seconde République - Monarchie de Juillet - Second Empire
- ☐ (D) Restauration - Monarchie de Juillet - Seconde République - Second Empire

### Question 13

Comment appelle-t-on un auteur de manga ?

- ☐ (A) Un mangaman
- ☐ (B) Un mangaka
- ☐ (C) Un mangashi
- ☐ (D) Un mangatao

### Question 14

« Le théâtre de l'absurde » est un terme générique employé pour la première fois par le critique Martin Esslin en 1962 pour classer les œuvres de certains auteurs dramatiques des années 1950 qui rompaient avec les concepts traditionnels du théâtre occidental. Parmi les auteurs suivants, lequel est exclu de cet état d'esprit propre à la période de l'après-guerre ?

- ☐ (A) Aucune de ces réponses n'est bonne
- ☐ (B) Eugène Ionesco
- ☐ (C) Jean Genet
- ☐ (D) Samuel Beckett

### Question 15

Quelle est la sanction encourue par un pays qui dépasserait durablement le niveau maximal de déficit public prévu par les traités et le pacte de stabilité européen ?

- ☐ (A) Une amende calculée au prorata du déficit excédentaire
- ☐ (B) Une amende calculée au prorata de la population
- ☐ (C) Une amende calculée au prorata du produit intérieur brut
- ☐ (D) Une mise sous tutelle européenne de sa politique économique

### Question 16

Quelle est la planète la plus chaude du système solaire ?

- ☐ (A) Saturne
- ☐ (B) Uranus
- ☐ (C) Mercure
- ☐ (D) Vénus

### Question 17

Cette œuvre de Victor Hugo qui pourrait s'intituler « Les Mémoires d'une âme » retrace l'itinéraire moral et spirituel du poète entre 1830 environ et 1855. La mort de sa fille Léopoldine domine le livre qui établit un dialogue pathétique entre le présent et le passé.

- ☐ (A) *Les Chants du crépuscule*
- ☐ (B) *Les Châtiments*
- ☐ (C) *Les Contemplations*
- ☐ (D) *La Légende des siècles*

### Question 18

Dans le tronc d'un arbre, quel est le tissu spécialisé qui assure la conduction de la sève élaborée des feuilles aux autres organes ?

- ☐ (A) Le cœur
- ☐ (B) Le bois
- ☐ (C) Le liber
- ☐ (D) Le périderme

### Question 19

Par qui a été composé *L'Ode à la Joie*, hymne européen ?

- ☐ (A) Antonio Vivaldi
- ☐ (B) Wolfgang Amadeus Mozart
- ☐ (C) Johann Sebastian Bach
- ☐ (D) Ludwig van Beethoven

## Question 20

Comment se nomme le quartier de Beijing où s'expriment des artistes contemporains et qui est souvent comparé à Greenwich Village ou à Soho ?

- ☐ (A) The 798 Art Zone
- ☐ (B) The Beijing Art Zone
- ☐ (C) The Place
- ☐ (D) The Contemporary Art Beijing

## Question 21

En combien de langues est commercialisé le Scrabble ?

- ☐ (A) 20
- ☐ (B) 25
- ☐ (C) 29
- ☐ (D) 36

## Question 22

Je suis la 7e planète du système solaire. Je suis une planète géante gazeuse. Je suis la 3e par la taille et la 4e par la masse. Qui suis-je ?

- ☐ (A) Uranus
- ☐ (B) Vénus
- ☐ (C) Saturne
- ☐ (D) Neptune

## Question 23

Où siège le FMI ?

- ☐ (A) À New York
- ☐ (B) À Bruxelles
- ☐ (C) À Strasbourg
- ☐ (D) À Washington

## Question 24

Quel événement a provoqué la fin de la présidence du général de Gaulle en 1969 ?

- ☐ (A) Son décès
- ☐ (B) La perte de la majorité à l'Assemblée nationale pour son parti l'UDR
- ☐ (C) Un référendum perdu
- ☐ (D) L'échec aux élections présidentielles

### Question 25

Qui a exercé la fonction de ministre de la Propagande durant la période du régime Nazi de 1933-1945 ?

- ☐ (A) Hermann Göring
- ☐ (B) Heinrich Himmler
- ☐ (C) Joachim Van Ribbentrop
- ☐ (D) Joseph Goebbels

### Question 26

Quel était le vrai nom de Molière ?

- ☐ (A) Jean-Claude Poquelin
- ☐ (B) Jean-Baptiste Poquelin
- ☐ (C) Jean-Jacques Poquelin
- ☐ (D) Jean-Marie Poquelin

### Question 27

Ce roman a provoqué, lors de sa parution, des scandales, des interdictions et des procès un peu partout dans le monde. Aujourd'hui, il a pris place parmi les classiques du XXe siècle. Cette œuvre qui décrit une histoire d'amour entre un quinquagénaire et une adolescente est :

- ☐ (A) Aucune de ces réponses n'est bonne
- ☐ (B) *L'Insoutenable Légèreté de l'être* de Milan Kundera
- ☐ (C) *Lolita* de Vladimir Nabokov
- ☐ (D) *Belle du seigneur* d'Albert Cohen

### Question 28

Lequel de ces pays ne fait pas partie de la Scandinavie ?

- ☐ (A) Le Danemark
- ☐ (B) La Suède
- ☐ (C) La Finlande
- ☐ (D) La Norvège

### Question 29

Parmi ces confessions, laquelle ne rattache-t-on pas à la religion chrétienne ?

- ☐ (A) L'adventisme
- ☐ (B) L'orthodoxie
- ☐ (C) Le protestantisme
- ☐ (D) Le soufisme

4

## Question 30

Dans laquelle des propositions ci-dessous l'ordre chronologique des faits est-il respecté ?

a. Formulation de la théorie de la relativité générale par Albert Einstein
b. Publication de *L'Origine des espèces au moyen de la sélection naturelle* par Charles Darwin
c. Condamnation de Galileo Galilei, dit Galilée, par l'Église pour avoir soutenu la thèse du mouvement de la Terre autour du Soleil
d. Formulation de la théorie de l'attraction universelle par Isaac Newton

- ☐ (A) Aucune de ces réponses n'est bonne
- ☐ (B) d – c – a – b
- ☐ (C) c – d – b – a
- ☐ (D) c – d – a – b

## Question 31

Laquelle de ces villes ne se situe pas en région Ile-de-France ?

- ☐ (A) Bobigny
- ☐ (B) Versailles
- ☐ (C) Milly-la-Forêt
- ☐ (D) Auxerre

## Question 32

Quelle pièce artistique majeure est exposée au Neues Museum de Berlin ?

- ☐ (A) Le buste de Néfertiti
- ☐ (B) Les frises du Parthénon
- ☐ (C) La *Vierge aux rochers* de Léonard de Vinci
- ☐ (D) Les Caryatides de l'Acropole

## Question 33

Dans quel archipel l'île de la Réunion se situe-t-elle ?

- ☐ (A) L'archipel des Crozet
- ☐ (B) L'archipel des Tuamotu
- ☐ (C) Les îles Gambier
- ☐ (D) L'archipel des Mascareignes

### Question 34

Dans quel domaine parle-t-on de « la part des anges » ?

- ☐ (A) La finance d'entreprise
- ☐ (B) Le cyclisme
- ☐ (C) Le domaine viticole
- ☐ (D) Le cinéma

### Question 35

Quelle est la taille, au garrot, du plus grand chien du monde ?

- ☐ (A) Environ 96 cm
- ☐ (B) Environ 136 cm
- ☐ (C) Environ 78 cm
- ☐ (D) Environ 59 cm

### Question 36

Le prix Nobel d'économie a été créé et doté par la Banque de Suède en 1968, à l'occasion de son 300$^{e}$ anniversaire, et décerné pour la première fois en 1969. C'est le seul prix géré par la Fondation Nobel qui n'ait pas été créé par le testament d'Alfred Nobel. Qui est(sont) le(s) lauréat(s) du prix Nobel d'économie en 2020 ?

- ☐ (A) Paul Milgrom et Robert Wilson
- ☐ (B) Michael Kremer, Esther Duflo et Abhijit Banerjee
- ☐ (C) Paul Romer et William Nordhaus
- ☐ (D) Richard Thaler

### Question 37

Le tournoi 2021 de Roland Garros a vu s'affronter en finale Rafael Nadal et Novak Djokovic, au bénéfice de ce dernier. L'ATP Race est un classement professionnel de tennis masculin, établi annuellement par l'ATP depuis la saison 2000. À la date du 1$^{er}$ juillet 2021, quel joueur de tennis est en tête de ce classement ?

- ☐ (A) Novak Djokovic
- ☐ (B) Rafael Nadal
- ☐ (C) Daniil Medvedev
- ☐ (D) Roger Federer

### Question 38

Le bitcoin est une crypto-monnaie créée par Satoshi Nakamoto en 2009. Il s'agit d'une monnaie virtuelle qui repose sur un protocole informatique de transactions cryptées et décentralisées, appelé blockchain ou chaîne de blocs. Son record a été atteint le 13 mars 2021, quelle était cette valeur ?

- ☐ (A) 31 601,93 $
- ☐ (B) 41 601,93 $
- ☐ (C) 51 601,93 $
- ☐ (D) 61 601,93 $

### Question 39

Avec une chute record des émissions de gaz à effet de serre et une demande pour les énergies fossiles en berne, 2020 a été, de manière inattendue, une année très singulière pour le climat. Selon l'ONU et le Global Carbon Project, cette chute est liée aux mesures de confinement prises pour lutter contre l'épidémie de Covid-19. Quelle a été l'ampleur de cette baisse ?

- ☐ (A) -3 %
- ☐ (B) -4 %
- ☐ (C) -7 %
- ☐ (D) -9 %

### Question 40

En France, la commune est une collectivité territoriale composée d'une assemblée délibérante, le conseil municipal, et d'un exécutif, le maire, élu par le conseil municipal. Élu au suffrage universel direct, le conseil municipal dispose de compétences étendues pour administrer la commune. Combien la France métropolitaine et ultramarine comprend-elle de communes au 1er janvier 2021 ?

- ☐ (A) 36 678
- ☐ (B) 35 357
- ☐ (C) 34 968
- ☐ (D) 34 965

# TEST 4
# CORRIGÉS

**Question 1. Réponse A**

Le Premier ministre

**Question 2. Réponse A**

Les États-Unis et le Guatemala

**Question 3. Réponse B**

| | |
|---|---|
| La Russie | 17 075 200 km$^2$ |
| Le Canada | 9 984 670 km$^2$ |
| La Chine | 9 634 057 km$^2$ |
| Les États-Unis | 9 630 709 km$^2$ |

**Question 4. Réponse C**

Jean Anouilh

**Question 5. Réponse A**

Les conséquences de l'assassinat terroriste des athlètes israéliens lors des Jeux olympiques de Munich de 1972

**Question 6. Réponse C**

Blaise Pascal

**Question 7. Réponse B**

C'est bien le 10 août 1539 avec l'ordonnance de Villers-Cotterêts que le français devient la langue officielle du droit et de l'administration, en lieu et place du latin.

**Question 8. Réponse C**

Le surf

**Question 9. Réponse C**

Le chamelon

**Question 10. Réponse B**

Environ 3 500 km

**Question 11. Réponse A**

Conseil européen pour la recherche nucléaire

**Question 12. Réponse D**

Restauration - Monarchie de Juillet - Seconde République - Second Empire

**Question 13. Réponse B**

Un mangaka (漫画家) est un auteur de manga, bande dessinée japonaise. Il est soumis à des rythmes de parution très rapides et ne bénéficie pas toujours d'une liberté totale sur son œuvre. Selon la réception et le succès auprès du public, son éditeur peut lui demander de poursuivre ou arrêter la création.

**Question 14. Réponse A**

Jean-Paul Sartre

**Question 15. Réponse A**

Une amende calculée au prorata du déficit excédentaire

**Question 16. Réponse D**

Vénus

**Question 17. Réponse C**

*Les Contemplations*

**Question 18. Réponse C**

Le liber

**Question 19. Réponse D**

*L'Ode à la joie* – appelée également *Hymne à la joie* – est un poème de Friedrich von Schiller écrit en 1785. Il est surtout connu comme finale du quatrième et dernier mouvement de la 9ᵉ Symphonie du compositeur Ludwig van Beethoven, devenu l'hymne officiel de l'Union européenne.

**Question 20. Réponse A**

The 798 Art Zone

**Question 21. Réponse D**

Le Scrabble est un jeu de société et un jeu de lettres où l'objectif est de cumuler des points, sur la base de tirages aléatoires de lettres, en créant des mots sur une grille carrée, dont certaines cases sont primées. Le jeu est commercialisé dans 121 pays et en 36 langues. L'entreprise Hasbro est détentrice des droits aux États-Unis d'Amérique et au Canada, et Mattel dans le reste du monde.

**Question 22. Réponse A**

Uranus

**Question 23. Réponse D**

À Washington

**Question 24. Réponse C**

Saviez-vous que la présidence du général de Gaulle était liée à des référendums perdus ou adoptés ? Le référendum sur « le projet de loi relatif à la création de régions et à la rénovation du Sénat » a eu lieu le 27 avril 1969. Le résultat négatif a conduit à la démission du président de la République Charles de Gaulle le lendemain. Mais De Gaulle revient au pouvoir lors de la crise du 13 mai 1958, pendant la guerre d'Algérie. Investi président du Conseil, il fait approuver la Vᵉ République par un référendum. Élu président de la République, il veut une « politique de grandeur » de la France.
Retenez que le dernier référendum en France a eu lieu en 2004 : le « traité établissant une constitution pour l'Europe » a été adopté par les chefs d'État et de gouvernement des 25 pays membres de l'Union européenne le 19 juin 2004 au Conseil européen de Bruxelles et formellement signé à Rome le 29 octobre suivant.

**Question 25. Réponse D**

Joseph Goebbels (1897-1945) est un journaliste et homme politique allemand. C'est un des chefs nazis. Dès son adhésion au parti nazi en 1922, ce journaliste se charge de faire connaître les idées d'Adolf Hitler. Il est le chef de la propagande du parti nazi de 1926 à 1945.

**À LIRE :** En avril 1933, Goebbels est nommé ministre du Reich pour l'Éducation du peuple et la Propagande. Il regroupe les intellectuels dans une association qu'il préside, il fait purger les bibliothèques des livres jugés anti-allemands et les fait détruire dans des autodafés publics. Il contrôle la radio et la presse écrite pour censurer l'information disponible pour les Allemands. Le théâtre, le cinéma, la chanson, l'art doivent désormais glorifier la puissance du

Reich et la naissance d'un ordre et d'un homme nouveau imprégnés des idées nazies. Il est le responsable des violentes manifestations anti-juives (pogroms) de la semaine de cristal en 1938. Pendant la guerre, par ses discours il parvient à maintenir le moral des Allemands, surtout à partir de 1942, quand les Alliés déclenchent des bombardements massifs répétés sur les villes allemandes.
En juillet 1944, par son sang-froid il fait échouer, à Berlin, le complot des généraux après l'attentat contre Hitler. Nommé « ministre de la Guerre totale », il mobilise toutes les ressources économiques et humaines (jusqu'aux enfants et aux vieillards qui sont enrôlés comme soldats) dans les territoires allemands qui sont encore sous le contrôle des nazis. Avant de se suicider, Hitler le nomme Chancelier du Reich. Mais Goebbels se suicide avec toute sa famille le 29 avril 1945.

**Question 26. Réponse B**

Les Anglais parlent fréquemment de la langue de Shakespeare... les Français, eux, disent la langue de Molière. Avant de parler de l'homme, de son vrai nom, Jean-Baptiste Poquelin, voici quelques vers que tout le monde connaît et dont on ne se lasse pas...

- Le ciel défend, c'est vrai, certains contentements...
  Mais on trouve avec lui des accommodements ! *Tartuffe*, acte IV scène V
- Couvrez ce sein que je ne saurais voir...
  Par de pareils objets les âmes sont blessées,
  Et cela fait venir de coupables pensées... *Tartuffe*, acte III scène II

**Et maintenant, sommairement, la vie de cet homme brillant** :
Jean-Baptiste Poquelin, dit Molière, est né en janvier 1622 à Paris, et mort dans la même ville le 17 février 1673. Comédien et dramaturge, il fut considéré de son vivant comme un metteur en scène et un acteur comique exceptionnel. Mais comme tous les grands auteurs, il connut des débuts difficiles.
À 21 ans, donc en 1643, il forme la troupe de L'Illustre Théâtre, avec Madeleine Béjart et trois membres de la fratrie. À 22 ans, Jean-Baptiste Poquelin devient Molière. Il ne jouera plus que sous ce nom, et plus tard écrira ses comédies sous ce même pseudonyme. Mais, criblé de dettes (L'Illustre Théâtre ne fait pas recette...), les créanciers entament des poursuites, et le jeune Molière est emprisonné pour dettes au Châtelet. Son père le sort de prison en honorant ses créanciers, et Molière décide de quitter Paris, ville ingrate. Il parcourt alors la France pendant 13 ans en jouant des tragédies écrites par d'autres. C'est sur les routes qu'il commence à écrire ses propres comédies. En 1658, Philippe d'Orléans, dit « Monsieur », frère du roi, accorde sa protection à la troupe de L'Illustre Théâtre. 1659, Molière joue le rôle du valet Mascarille dans sa pièce *Les Précieuses Ridicules*. 1660, de retour de Saint-Jean-de-Luz où il est allé épouser l'infante Marie-Thérèse d'Espagne, Louis XIV voit *Sganarelle ou le Cocu imaginaire*. Ce sera la comédie la plus souvent interprétée par la troupe.

**Question 27. Réponse C**

*Lolita* de Vladimir Nabokov

**Question 28. Réponse C**

La Finlande

**Question 29. Réponse D**

Le soufisme

**Question 30. Réponse C**

Condamnation de Galilei, dit Galilée, par l'Église pour avoir soutenu la thèse du mouvement de la Terre autour du Soleil - Formulation de la théorie de l'attraction universelle par Isaac Newton - Publication de *L'Origine des espèces au moyen de la sélection naturelle* par Charles Darwin - Formulation de la théorie de la relativité générale par Albert Einstein.

**Question 31. Réponse D**

Auxerre

**Question 32. Réponse A**

Le buste de Néfertiti

**Question 33. Réponse D**

D'une superficie de 2 512 km$^2$, La Réunion est située dans l'archipel des Mascareignes à environ 684 km à l'est de Madagascar et à 172 km à l'ouest-sud-ouest de l'île Maurice. Il s'agit d'une île volcanique créée par un point chaud : culminant à 3 071 m au piton des Neiges, elle présente un relief escarpé travaillé par une érosion très marquée. Le piton de la Fournaise, situé dans le sud-est de l'île, est un des volcans les plus actifs du monde. Bénéficiant d'un climat tropical d'alizé maritime et située sur la route des cyclones.

**Question 34. Réponse C**

C'est effectivement dans le domaine viticole que l'on peut entendre l'expression « la part des anges ».

**DÉFINITION :** Volume de vin ou alcool perdu par évaporation lors de l'élevage en fûts.
**PRÉCISION :** Notamment présente dans les chais d'armagnac ou de cognac, l'expression aurait pour origine l'alchimie qui désignait par anges les substances volatiles. Pendant toute la durée du vieillissement, le degré alcoolique va ainsi progressivement diminuer par évaporation.

**Question 35. Réponse A**

Il s'agit d'un dogue allemand

**Question 36. Réponse A**

Paul Milgrom et Robert Wilson sont les lauréats 2020 pour leurs travaux sur la théorie des enchères ; Michael Kremer, Esther Duflo et Abhijit Banerjee sont les lauréats 2019 pour leurs travaux sur l'aide au développement et la lutte contre la pauvreté ; Paul Romer et William Nordhaus sont les lauréats 2018 pour leurs travaux sur le climat et la croissance et Richard Thaler est le lauréat 2017 pour ses travaux sur la finance comportementale.

**Question 37. Réponse A**

Le serbe Novak Djokovic est le 1$^{er}$ joueur mondial de l'ATP Race ; le russe Daniil Medvedev est le 2$^{nd}$ ; l'espagnol Rafael Nadal est le 3$^{e}$ ; le grec Stéfanos Tsitsipás est le 4$^{e}$ et enfin l'autrichien Dominic Thiem est le 5$^{e}$.

**Question 38. Réponse D**

Une crypto-monnaie est une devise numérique décentralisée, qui utilise des algorithmes cryptographiques et un protocole nommé blockchain pour assurer la fiabilité et la traçabilité des transactions. Les cryptomonnaies sont entièrement virtuelles, elles peuvent être stockées dans un portefeuille numérique protégé par un code secret appartenant à son propriétaire.

**Question 39. Réponse C**

Selon une étude de l'Organisation météorologique mondiale publiée ce lundi, les effets du confinement sur le climat n'ont quasiment aucun impact au niveau mondial. Le ralentissement industriel dû à la pandémie de Covid-19 n'a pas freiné l'augmentation record des concentrations de $CO_2$. En effet, il faudrait le faire chaque année pendant 10 ans afin de se donner une chance de limiter le réchauffement à 1,5 degré, d'après les projections des Nations unies.

**Question 40. Réponse D**

En moyenne, une commune française compte 1 800 habitants contre 5 500 pour l'Union européenne et 55 000 au Danemark. La France est ainsi le pays européen comptant le plus grand nombre de communes, et même 40 % de l'ensemble des communes de l'Union européenne.

5

# TEST 5
# ÉNONCÉS
## 40 QUESTIONS - 1 HEURE

### Question 1

Que désigne l'expression « Toit du monde » ?

- ☐ (A) L'Everest
- ☐ (B) La forêt amazonienne
- ☐ (C) Le Kilimandjaro
- ☐ (D) Jérusalem

### Question 2

Laquelle de ces planètes n'est pas tellurique ?

- ☐ (A) Mercure
- ☐ (B) Vénus
- ☐ (C) Uranus
- ☐ (D) Mars

### Question 3

Quel est le plus long cours d'eau du monde ?

- ☐ (A) Nil Blanc
- ☐ (B) Yangzi Jiang (Fleuve Bleu)
- ☐ (C) Río Apurímac
- ☐ (D) Mississippi

### Question 4

Ce fleuve d'une longueur de 2 850 km constitue un lien exceptionnel entre l'Europe de l'Ouest, l'Europe centrale et l'Europe balkanique. Il traverse neuf États avant de se jeter dans la mer Noire. De quel fleuve s'agit-il ?

- ☐ (A) La Volga
- ☐ (B) Le Danube
- ☐ (C) L'Elbe
- ☐ (D) L'Oder

## Question 5

Dire que l'urgence est déclarée par le gouvernement sur un texte signifie :

- ☐ (A) Que l'Assemblée nationale doit se réunir 24 heures sur 24 tant qu'il n'est pas adopté
- ☐ (B) Qu'il ne sera examiné qu'une fois, en tout et pour tout, par l'Assemblée nationale et par le Sénat
- ☐ (C) Que le Parlement doit l'examiner à compter du lendemain de son adoption en Conseil des ministres
- ☐ (D) Que le Premier ministre peut réunir la commission mixte paritaire après une seule lecture dans chaque assemblée

## Question 6

En football, quel joueur a marqué le plus de buts en Coupe du monde, toutes phases confondues ?

- ☐ (A) Ronaldo
- ☐ (B) Pelé
- ☐ (C) Diego Maradona
- ☐ (D) Just Fontaine

## Question 7

Quel est le plus grand musée du monde en mètres carrés de galeries ?

- ☐ (A) Le Musée de l'Ermitage, Saint-Pétersbourg
- ☐ (B) Le Chinese National Museum, Pékin
- ☐ (C) Le Musée du Louvre, Paris
- ☐ (D) Le Metropolitan Museum of Art, New York

## Question 8

Qu'est-ce qu'un passeport biométrique ?

- ☐ (A) Un passeport qui comporte une empreinte digitale de son détenteur
- ☐ (B) Un passeport qui contient des informations numérisées ou électroniques à propos de son détenteur
- ☐ (C) Un passeport qui comporte des informations sur l'ADN de son détenteur
- ☐ (D) Un passeport qui comporte des informations sur l'état de santé de son détenteur

### Question 9

Le « trou » de la couche d'ozone dont les médias révèlent l'existence en 1985 se situe dans l'atmosphère au-dessus de :

- ☐ (A) L'Équateur
- ☐ (B) L'Arctique
- ☐ (C) L'Antarctique
- ☐ (D) L'Angleterre

### Question 10

Lequel des critères ci-dessous n'est pas un critère de sélection de l'Unesco ?

- ☐ (A) Apporter un témoignage unique ou du moins exceptionnel sur une tradition culturelle ou une civilisation vivante ou disparue
- ☐ (B) Représenter des phénomènes naturels ou des aires d'une beauté naturelle et d'une importance esthétique exceptionnelle
- ☐ (C) Représenter un chef-d'œuvre du génie créateur humain
- ☐ (D) Être visité par plus d'un million de personnes par an

### Question 11

Quel est le pays le plus peuplé de l'Union européenne ?

- ☐ (A) La France
- ☐ (B) L'Allemagne
- ☐ (C) La Grande-Bretagne
- ☐ (D) L'Italie

### Question 12

On célèbre en novembre un vin particulier. Lequel ?

- ☐ (A) Le Rosé de Provence
- ☐ (B) Le Beaujolais nouveau
- ☐ (C) Le Champagne
- ☐ (D) Le Cabernet

### Question 13

Quel est l'animal le plus lourd ?

- ☐ (A) Le grand cachalot
- ☐ (B) L'éléphant d'Afrique
- ☐ (C) La baleine bleue
- ☐ (D) Le rorqual

### Question 14

Ce roi de Chypre avait sculpté une statue dont il tomba fou amoureux. Il obtint d'Aphrodite qu'elle donnât la vie à sa créature et il l'épousa. Aujourd'hui, le nom de ce roi désigne une personne qui intervient de façon décisive dans l'éducation ou l'évolution de quelqu'un qu'il a pris sous sa protection.

- ☐ (A) Mentor
- ☐ (B) Pygmalion
- ☐ (C) Narcisse
- ☐ (D) Bilam

### Question 15

Quelle liste donne l'ordre dans lequel se succèdent les épreuves du triathlon ?

- ☐ (A) Course à pied - natation - cyclisme
- ☐ (B) Cyclisme - natation - course à pied
- ☐ (C) Natation - cyclisme - course à pied
- ☐ (D) Natation - course à pied - cyclisme

### Question 16

Au début de la Première Guerre mondiale, il critique vivement la manière dont on conduit les opérations. En novembre 1917, le président de la République l'appelle à une seconde présidence du Conseil. Il refusera toujours toute idée de négociation et contribuera à la victoire. De quel homme s'agit-il ?

- ☐ (A) Aucune de ces réponses n'est bonne
- ☐ (B) Ferdinand Foch
- ☐ (C) Georges Clemenceau
- ☐ (D) Raymond Poincaré

### Question 17

Laquelle de ces associations luttant contre le racisme est la plus ancienne ?

- ☐ (A) La Ligue internationale contre le racisme et l'antisémitisme (LICRA)
- ☐ (B) Le Mouvement contre le racisme et pour l'amitié entre les peuples (MRAP)
- ☐ (C) Le Mouvement de l'immigration et des banlieues (MIB)
- ☐ (D) SOS Racisme

5

### Question 18

Qui a supprimé la double peine, abrogeant ainsi l'automaticité de l'interdiction de séjour en France pour les étrangers condamnés pour un crime à l'issue de l'exécution de leur peine ?

- ☐ (A) François Mitterrand
- ☐ (B) Lionel Jospin
- ☐ (C) Jacques Chirac
- ☐ (D) Nicolas Sarkozy

### Question 19

Dans quel pays la majorité de la civilisation Maya était-elle établie ?

- ☐ (A) Le Mexique
- ☐ (B) Le Brésil
- ☐ (C) Le Pérou
- ☐ (D) L'Argentine

### Question 20

À quoi correspondent les évènements suivants ?

1. Catastrophe du Pinatubo
2. Catastrophe de Tchernobyl
3. Catastrophe de l'Amoco Cadiz
4. Catastrophe de Bhopal

a. Éruption d'un volcan philippin
b. Accident dans une usine chimique indienne
c. Accident dans une usine nucléaire ukrainienne
d. Marée noire sur les côtes bretonnes

- ☐ (A) 1a - 2d - 3c - 4b
- ☐ (B) 1a - 2c - 3d - 4b
- ☐ (C) 1b - 2c - 3d - 4a
- ☐ (D) 1b - 2a - 3c - 4d

### Question 21

Le visionnaire qui imagina et dessina le pont à arches, l'hélicoptère, la voiture à quatre roues, la chaîne à maillon est :

- ☐ (A) Johannes Gutenberg
- ☐ (B) Blaise Pascal
- ☐ (C) Léonard De Vinci
- ☐ (D) Michelangelo Buonarroti

### Question 22

La directive nationale relative à la protection, à l'aménagement et à la mise en valeur du littoral parue en 1979, interdit :

- ☐ (A) Le maintien en l'état des marais et zones humides
- ☐ (B) Les constructions, les campings et les caravanings partout à moins de 100 mètres du rivage
- ☐ (C) Le classement des espaces boisés
- ☐ (D) Le libre accès aux plages de moins de 100 mètres en méditerranée et sur les lacs

### Question 23

Le héros d'une comédie de Molière, domestique de son état, apparaît à la fin de la pièce la tête entourée de linges et feignant l'agonie pour obtenir le pardon des deux pères dont il s'est joué. De quelle comédie s'agit-il ?

- ☐ (A) *L'Avare*
- ☐ (B) *Le Bourgeois gentilhomme*
- ☐ (C) *Les Fourberies de Scapin*
- ☐ (D) *Le Malade imaginaire*

### Question 24

Une exoplanète est une planète qui :

- ☐ (A) Tourne autour de la lune
- ☐ (B) Est située en dehors du système solaire
- ☐ (C) Ne comprend aucune forme de vie
- ☐ (D) Ne peut être atteinte par l'homme

### Question 25

Actuellement, quel pays n'est pas issu de l'ancienne Yougoslavie ?

- ☐ (A) La Croatie
- ☐ (B) L'Albanie
- ☐ (C) La Serbie
- ☐ (D) La Bosnie-Herzégovine

## Question 26

Quel est le nom du principal taux de référence du marché monétaire de la zone euro ?

- ☐ (A) Le Libor
- ☐ (B) L'Euribor
- ☐ (C) TEC
- ☐ (D) Le Ibor

## Question 27

Comment s'appelle la plus haute récompense en mathématiques ?

- ☐ (A) Le prix Albert Einstein
- ☐ (B) Le prix Nobel de mathématiques
- ☐ (C) La médaille Fields
- ☐ (D) La médaille de Pythagore

## Question 28

Dans quelle ville américaine se trouvent les aéroports de La Guarcia et J.F. Kennedy qui assurent à eux deux actuellement l'un des plus forts trafics ?

- ☐ (A) New York
- ☐ (B) Chicago
- ☐ (C) Los Angeles
- ☐ (D) Washington

## Question 29

La société qui défend les intérêts juridiques et économiques des auteurs, compositeurs et éditeurs de musique est :

- ☐ (A) La SNSM
- ☐ (B) La SACEM
- ☐ (C) La SAFER
- ☐ (D) La SACD

### Question 30

La production d'énergie tend à se diversifier. Après l'exploitation des gisements fossiles et de la force hydraulique, puis la production d'énergie nucléaire, les énergies renouvelables sont aujourd'hui à l'honneur. Parmi les propositions suivantes, vous indiquerez laquelle est erronée.

- ☐ (A) L'énergie nucléaire n'est pas une énergie renouvelable
- ☐ (B) La production d'énergies renouvelables engendre moins de rejets de gaz à effet de serre dans l'atmosphère que la production des énergies fossiles
- ☐ (C) Les énergies renouvelables sont issues entre autres de l'exploitation de la géothermie, de la force éolienne, du rayonnement solaire et du gaz naturel
- ☐ (D) Toutes les solutions proposées sont bonnes

### Question 31

Parmi ces îles, lesquelles se situent dans l'océan Indien ?

- ☐ (A) Les Maldives
- ☐ (B) Les îles Bermudes
- ☐ (C) Les îles du Cap-Vert
- ☐ (D) Les îles Galápagos

### Question 32

Selon la légende, Midas avait reçu de Dionysos la faculté de changer en or tout ce qu'il toucherait. Hélas, l'eau et la nourriture se métamorphosaient également en métal précieux. Midas condamné à mourir de faim et de soif, supplia Dionysos de lui retirer ce don. Ce dernier lui conseilla de se baigner dans la source d'un fleuve qui, de ce jour, se mit à rouler des paillettes d'or dans son cours. Comment s'appelle ce fleuve ?

- ☐ (A) Le Pactole
- ☐ (B) Le Crésus
- ☐ (C) Le Trésor
- ☐ (D) Le Gange

### Question 33

Quels pays se sont opposés pendant la guerre de Cent Ans ?

- ☐ (A) La France et l'Allemagne
- ☐ (B) La France et l'Angleterre
- ☐ (C) Les États-Unis et le Canada
- ☐ (D) L'Espagne et le Portugal

5

## Question 34

De quel pays la ville d'Helsinki est-elle la capitale ?

- ☐ (A) Le Danemark
- ☐ (B) La Norvège
- ☐ (C) La Suède
- ☐ (D) La Finlande

## Question 35

Parmi les planètes suivantes, laquelle n'appartient pas au système solaire ?

- ☐ (A) Saturne
- ☐ (B) Vénus
- ☐ (C) Jupiter
- ☐ (D) Artémis

## Question 36

Le Japon est constitué d'un archipel de 6 852 îles. Quatre îles (Hokkaidō, Honshū, Shikoku et Kyūshū) représentent à elles seules 95 % de la superficie terrestre du pays. Qui en est le Premier ministre depuis septembre 2020 ?

- ☐ (A) Naoto Kan
- ☐ (B) Yoshihide Suga
- ☐ (C) Shinzo Abe
- ☐ (D) Yoshihiko Noda

## Question 37

Hormis la parenthèse 2011-2014, le Sénat a toujours connu une majorité de centre et de droite sous la Vᵉ République. Son président est le deuxième personnage de l'État car c'est lui qui assure l'intérim en cas de défaut du président de la République. Qui en assure la présidence en 2021 ?

- ☐ (A) Richard Ferrand
- ☐ (B) Gérard Larcher
- ☐ (C) Laurent Fabius
- ☐ (D) Édouard Philippe

### Question 38

Les Émirats arabes unis sont un pays de la péninsule arabique principalement situé le long du golfe Arabo-Persique. Il s'agit d'un État fédéral dont la capitale est l'émirat d'Abu Dhabi, et qui est notamment composé de l'émirat de Dubaï. Laquelle de ces entités est un sultanat et ne fait pas partie des Émirats arabes unis en 2021 ?

- ☐ (A) Ajman
- ☐ (B) Oman
- ☐ (C) Ras el Khaïmah
- ☐ (D) Charjah

### Question 39

Indépendante depuis 1956, la Tunisie s'est soulevée en 2011 à l'occasion du Printemps arabe. Zine el-Abidine Ben Ali, alors président de la République tunisienne, avait alors démissionné, après avoir dirigé le pays de 1987 à 2011. Quel président a été élu en Tunisie en octobre 2019 et dirige encore le pays en 2021 ?

- ☐ (A) Kaïs Saïed
- ☐ (B) Béji Caïd Essebsi
- ☐ (C) Zine el-Abidine Ben Ali
- ☐ (D) Habib Bourguiba

### Question 40

L'Organisation des Nations unies est une organisation internationale regroupant actuellement 193 États membres. Elle a été instituée le 24 octobre 1945 par la ratification de la Charte des Nations unies. De quel pays António Guterres, secrétaire général de l'ONU depuis octobre 2016, a-t-il été le Premier ministre de 1995 à 2001 ?

- ☐ (A) Le Pérou
- ☐ (B) Le Portugal
- ☐ (C) Le Brésil
- ☐ (D) La Bolivie

# TEST 5
# CORRIGÉS

5

**Question 1. Réponse A**

L'Everest

**Question 2. Réponse C**

Uranus

**Question 3. Réponse C**

| | |
|---|---|
| Río Apurímac | 6 992 km |
| Nil Blanc | 6 853 km |
| Yangzi Jiang (Fleuve Bleu) | 6 380 km |
| Mississippi | 6 275 km |

**Question 4. Réponse B**

Le Danube

**Question 5. Réponse D**

Que le Premier ministre peut réunir la commission mixte paritaire après une seule lecture dans chaque assemblée

**Question 6. Réponse A**

Ronaldo

**Question 7. Réponse C**

Avec 72 735 mètres carrés de galeries.

**Question 8. Réponse B**

Un passeport qui contient des informations numérisées ou électroniques à propos de son détenteur

**Question 9. Réponse C**

L'Antarctique

**Question 10. Réponse D**

Être visité par plus d'1 million de personnes par an

**Question 11. Réponse B**

L'Allemagne

**Question 12. Réponse B**

Le Beaujolais nouveau

**Question 13. Réponse C**

Son poids peut atteindre 170 tonnes

**Question 14. Réponse A**

Mentor

**Question 15. Réponse C**

Natation – cyclisme – course à pied

**Question 16. Réponse C**

Georges Clemenceau

**Question 17. Réponse A**

La Ligue internationale contre le racisme et l'antisémitisme (LICRA)

**Question 18. Réponse D**

Nicolas Sarkozy

**Question 19. Réponse A**

La majorité de la civilisation Maya était établie au Mexique bien sûr ! Elle occupait à l'époque précolombienne un territoire centré sur la péninsule du Yucatán, correspondant actuellement à une partie du sud du Mexique, au Belize,

au Guatemala, au Honduras et au Salvador. Principalement connue pour ses avancées dans les domaines de l'écriture, de l'art, de l'architecture, de l'agriculture, des mathématiques et de l'astronomie. C'est une des civilisations précolombiennes les plus étudiées avec celles des Aztèques et des Incas.
Saviez-vous que le monde ne savait presque rien des Mayas il y a deux cents ans ? La forêt avait repris ses droits sur la plupart de leurs cités, et, peu après la conquête espagnole, aux XVIe et XVIIe siècles, les prêtres européens avaient brûlé la quasi-totalité des livres en écorce de figuier laissés par les Mayas. Seuls quatre d'entre eux ont été retrouvés à ce jour.

**Question 20. Réponse B**

Catastrophe du Pinatubo
→ Éruption d'un volcan philippin

Catastrophe de Tchernobyl
→ Accident dans une usine nucléaire ukrainienne

Catastrophe de l'Amoco Cadiz
→ Marée noire sur les côtes bretonnes

Catastrophe de Bhopal
→ Accident dans une usine chimique indienne

**Question 21. Réponse C**

Léonard de Vinci

**Question 22. Réponse B**

Les constructions, les campings et les caravanings partout à moins de 100 mètres du rivage

**Question 23. Réponse C**

*Les Fourberies de Scapin*

**Question 24. Réponse B**

Le terme exoplanète désigne une planète en orbite autour d'une étoile autre que notre Soleil. On en connaît actuellement plus de 3 500, la plupart ont été découvertes par le télescope spatial Kepler. L'étude des exoplanètes permettra peut-être de découvrir une vie extraterrestre. Imaginez-vous que si seulement 10 % de ces planètes sont dans la zone habitable de leur étoile (la zone où il fait ni trop chaud, ni trop froid), on obtient plus de 10 000 000 000 000 000 (10 billards ou 10 millions de milliards) de planètes habitables dans l'Univers !

**Question 25. Réponse B**

Vous l'avez bien sûr trouvé, l'intrus est bel et bien l'Albanie qui n'est pas un pays issu de l'ancienne Yougoslavie.

Pour mémoire, l'Albanie est un pays européen situé dans la péninsule des Balkans, au bord de la mer Méditerranée. Sa capitale est Tirana, localisée au centre du pays.

**Question 26. Réponse B**

L'Euribor désigne un groupe de taux d'intérêt de la devise Euro largement utilisé en Europe. Ils sont, avec l'Eonia, les principaux taux de référence du marché monétaire de la zone euro. Le nom Euribor est formé à partir de la contraction des mots anglais *Euro interbank offered rate*, soit en français : taux interbancaire offert en euro (Tibeur).

**Question 27. Réponse C**

La médaille Fields

**Question 28. Réponse A**

New York

**Question 29. Réponse B**

La Société des auteurs, compositeurs et éditeurs de musique (Sacem) est une société de gestion des droits d'auteur.
Société privée à but non lucratif, contrôlée par la Commission de contrôle, émanation de la Cour des Comptes, les administrations fiscales et sociales, un commissaire aux comptes et ses sociétaires. Créée le 28 février 1851, elle a pour mission principale d'assurer la collecte et la répartition des droits dus aux auteurs, compositeurs et éditeurs de musique qui sont ses membres.
Si certaines formules alternatives, comme la musique libre, se sont peu à peu développées, la Sacem représente l'immense majorité du répertoire musical, avec 153 000 sociétaires et plus de 90 millions d'œuvres représentées.
Elle est membre de la Confédération Internationale des Sociétés d'Auteurs et Compositeurs (Cisac), fondée en 1926.

**Question 30. Réponse D**

Toutes les solutions proposées sont bonnes

**Question 31. Réponse A**

Les Maldives

**Question 32. Réponse A**

Le Pactole

**Question 33. Réponse B**

La longue période de lutte entre la France et l'Angleterre, qui est connue sous le nom de guerre de Cent Ans, ne fut pas exactement une guerre, et dura bien plus de cent ans (116 ans : de 1337 à 1453). Cinq rois de France et autant de souverains anglais se trouvèrent successivement engagés dans ce duel. Trois générations entières vécurent dans un perpétuel climat de troubles et de combats. La guerre de Cent Ans se décompose en une série de batailles, séparées par des périodes de paix relative, ou de trêves. Et quand cessaient les combats, les pillages, la famine ou la peste achevaient de ruiner villes et campagnes. Si l'Angleterre ne fut pas épargnée par cette guerre, la France, sur le sol de laquelle se déroulèrent les batailles, fut plus atteinte que sa rivale. Elle finit cependant par avoir le dessus. Mais les deux belligérants sortirent profondément changés de ce conflit séculaire.

**Question 34. Réponse D**

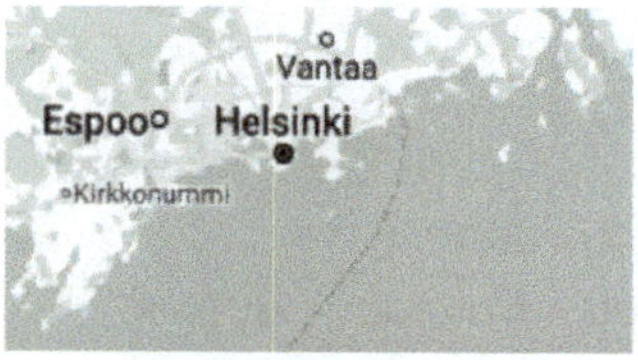


Au sud de la Finlande, la capitale Helsinki occupe une péninsule du golfe de Finlande. Son avenue centrale, Mannerheimintie, regroupe différentes institutions parmi lesquelles le musée national qui retrace l'histoire du pays, de l'âge de pierre à nos jours.

**Question 35. Réponse D**

Facile ! Les 4 autres propositions étant très connues, par élimination c'est bien sûr Artémis qui n'est pas une planète du système solaire, mais la déesse de la chasse et protectrice des animaux sauvages dans la mythologie grecque.

**PRENEZ SOIN DE NOTER CECI :**
Voici la liste des planètes de notre système solaire, en partant de la plus proche du Soleil jusqu'à la plus éloignée :
- Mercure
- Vénus
- Terre
- Mars
- Jupiter
- Saturne
- Uranus
- Neptune

**Question 36. Réponse B**

Le 16 septembre 2020, à la suite de la démission de Shinzo Abe (2013-2020) il devient Premier ministre du Japon, peu après avoir été élu à la présidence du Parti libéral-démocrate. Par ailleurs, Naruhito est devenu le 126e empereur du Japon depuis le 1er mai 2019. Fils aîné de l'empereur Akihito, il succède à son père au lendemain de l'abdication de celui-ci.

**Question 37. Réponse B**

Les sénateurs français sont élus au suffrage universel indirect, par un collège de « grands électeurs » (députés et sénateurs, conseillers régionaux, conseillers départementaux, conseillers municipaux). Le Sénat est renouvelé par moitié tous les trois ans ; la durée du mandat est donc de six ans.

**Question 38. Réponse B**

Oman est un sultanat dont la capitale est Mascate. Les Émirats arabes unis sont quant à eux un État fédéral composé de sept émirats : Abou Dabi, Ajman, Charjah, Dubaï, Fujaïrah, Ras el Khaïmah et Oumm al Qaïwaïn. Sa capitale fédérale est la ville d'Abou Dabi.

**Question 39. Réponse A**

Kaïs Saïed est un président tunisien contesté dans son application de la Constitution et sa pratique du pouvoir. La tradition laïque de la Tunisie et la séparation des pouvoirs se trouvent ainsi contestées, tout comme le droit des femmes et des minorités.

**Question 40. Réponse B**

L'ONU est contestée quant au droit de veto qui donne des pouvoirs absolus aux cinq membres permanents (Chine, Russie, États-Unis, France et Royaume-Uni), ce qui est contradictoire au principe d'égalité des États-membres. De plus, l'ONU a montré des limites dans sa politique de maintien de la paix dans le monde, comme au Rwanda en 1994 et en Syrie actuellement.

6

# TEST 6
# ÉNONCÉS
## 40 QUESTIONS - 1 HEURE

### Question 1

Parmi les langues suivantes, laquelle n'est pas l'une des quatre langues nationales reconnues par la Suisse ?

- ☐ (A) Le français
- ☐ (B) L'arpitan
- ☐ (C) L'allemand
- ☐ (D) L'italien

### Question 2

Quel est le nom de l'artiste suisse contemporain connu pour ses œuvres « méta-mécaniques », assemblages hétéroclites d'objets de provenance variée et souvent mobiles ?

- ☐ (A) Franz Müller
- ☐ (B) Jean Tinguely
- ☐ (C) Heinrich Koechlin
- ☐ (D) Daniel Spoerri

### Question 3

Quelle est la capitale française du chocolat ?

- ☐ (A) Annecy
- ☐ (B) Bayonne
- ☐ (C) Gap
- ☐ (D) Tours

### Question 4

Parmi les propositions suivantes, laquelle est correcte ?

- ☐ (A) La Norvège est entrée dans l'Union européenne depuis 1995
- ☐ (B) Helmut Kohl, Jean Monnet et Alcide de Gaspari sont considérés comme les pères de l'Union européenne
- ☐ (C) En 1992, avec le Traité de Maastricht, la Communauté Européenne Économique devient l'Union européenne
- ☐ (D) C'est le Traité de Lisbonne, en 2007, qui fonde la citoyenneté européenne, permettant la libre circulation dans les pays de la communauté

### Question 5

En quelle année la République Islamique d'Iran a-t-elle été proclamée ?

- ☐ (A) En 1879
- ☐ (B) En 1909
- ☐ (C) En 1939
- ☐ (D) En 1979

### Question 6

La locomotive électrique qui est la machine la plus utilisée en Europe est munie d'un bras articulé sur son toit qui s'appelle :

- ☐ (A) La caténaire
- ☐ (B) Le pantographe
- ☐ (C) L'aiguillage
- ☐ (D) Le bogie

### Question 7

La mozzarella est faite à base de lait de :

- ☐ (A) Bufflonne
- ☐ (B) Vache
- ☐ (C) Chèvre
- ☐ (D) Brebis

### Question 8

Quelle est la capitale de la Slovénie ?

- ☐ (A) Zagreb
- ☐ (B) Bratislava
- ☐ (C) Ljubljana
- ☐ (D) Tirana

## Question 9

« Un vieillard en or avec une montre en deuil - Une reine de peine avec un homme d'Angleterre - Et des travailleurs de la paix avec des gardiens de la mer - Un hussard de la farce avec un dindon de la mort (...) ». Qui est l'auteur de ces vers écrits en forme d'inventaire ?

- ☐ (A) André Breton
- ☐ (B) René Char
- ☐ (C) Jacques Prévert
- ☐ (D) Boris Vian

## Question 10

Quel terme a été inventé pour désigner un phénomène récent dans le domaine de l'économie, consistant à l'utilisation de services permettant aux professionnels et aux clients de se mettre en contact direct, de manière quasi-instantanée, grâce à l'utilisation des nouvelles technologies ?

- ☐ (A) Le B to C
- ☐ (B) L'ubérisation
- ☐ (C) Le peer-to-peer
- ☐ (D) Le B to B

## Question 11

La réforme territoriale, engagée à partir de 2014, a pour objectif affiché d'améliorer la gouvernance territoriale ainsi que l'efficacité et l'efficience des politiques publiques. 13 régions métropolitaines se sont substituées, à compter du 1er janvier 2016, aux 22 régions existantes, par l'addition de régions actuelles sans modification des départements qui les composent. Quelle est la plus grande région métropolitaine française ?

- ☐ (A) Nouvelle-Aquitaine
- ☐ (B) Grand Est
- ☐ (C) Auvergne - Rhône-Alpes
- ☐ (D) Centre - Pays de la Loire

## Question 12

Les 650 membres de la Chambre des communes du Royaume-Uni ont été renouvelés suite aux élections générales en 2019. Le Parti conservateur du chef du gouvernement sortant, Boris Johnson, passe d'une majorité relative des sièges à une importante majorité absolue, obtenant ses meilleurs résultats depuis 1987. Qui a été élu à la tête du Parti travailliste en avril 2020 ?

☐ (A) Tony Blair
☐ (B) Gordon Brown
☐ (C) Jeremy Corbyn
☐ (D) Keir Starmer

## Question 13

Parmi ces pouvoirs, quel est celui dont ne disposent pas les parlementaires pour contrôler l'action du gouvernement ?

☐ (A) Créer des commissions d'enquête
☐ (B) Poser des questions écrites et des questions orales aux ministres
☐ (C) Révoquer des préfets
☐ (D) Faire auditionner les ministres par les commissions permanentes

## Question 14

De Londres, en 1851, à Milan, en 2015, les expositions universelles sont de grands évènements internationaux dont l'objectif est l'éducation du public, la promotion du progrès et la coopération. Elles se tiennent au moins tous les cinq ans, pour une durée de six mois environ. Quelle ville devait accueillir l'Exposition universelle en 2020 ?

☐ (A) Paris
☐ (B) Dubaï
☐ (C) Milan
☐ (D) Shanghaï

## Question 15

Suite à de multiples élargissements, mais aussi au retrait du Royaume-Uni, l'Union européenne compte désormais 27 États-membres. Malgré des promesses d'élargissement, quels pays ont été jugés inaptes à intégrer l'Union européenne aux yeux du président français Emmanuel Macron ?

☐ (A) Serbie / Kosovo
☐ (B) Ukraine / Biélorussie
☐ (C) Pologne / République Tchèque
☐ (D) Albanie / Macédoine du Nord

### Question 16

Le championnat NBA comprend 30 franchises, réparties en deux Conférences (Est et Ouest), incluant chacune trois divisions. Après une saison régulière débutant en octobre et comprenant 82 matchs, les huit meilleures équipes de chaque conférence s'affrontent en séries éliminatoires (*playoffs*). Au sein de quel club de basket NBA Lebron James évolue-t-il ?

- ☐ (A) Chicago Bulls
- ☐ (B) Miami Heat
- ☐ (C) Lakers
- ☐ (D) Charlotte

### Question 17

Le ministère de l'Environnement est créé en janvier 1971, quand Robert Poujade, sous le gouvernement Jacques Chaban-Delmas est nommé ministre délégué auprès du Premier ministre, chargé de la Protection de la nature et de l'Environnement. Comment s'appelle l'actuelle Ministre à la Transition écologique et solidaire ?

- ☐ (A) Elizabeth Borne
- ☐ (B) Greta Thunberg
- ☐ (C) Ségolène Royal
- ☐ (D) Barbara Pompili

### Question 18

Les Journées européennes du patrimoine (JEP) sont des manifestations nationales et internationales annuelles, instaurées actuellement par plus d'une cinquantaine de pays, sur le modèle des « Journées Portes ouvertes des monuments historiques » créées en 1984 par le ministère de la Culture français. Quand ont eu lieu les JEP en 2020 ?

- ☐ (A) 19 et 20 septembre 2020
- ☐ (B) 5 et 6 octobre 2020
- ☐ (C) 12 et 13 octobre 2020
- ☐ (D) 2 et 3 novembre 2020

### Question 19

Ville d'art et de patrimoine, Paris compte 206 musées et 1 016 galeries d'art, selon les chiffres fournis par l'Observatoire du Tourisme et des Congrès de Paris. Dans quel lieu s'est déroulée en 2019 l'exposition consacrée à Greco, peintre du XVIe siècle ?

- ☐ (A) Musée du Louvre
- ☐ (B) Centre Pompidou
- ☐ (C) Palais de Tokyo
- ☐ (D) Grand Palais

### Question 20

La Commission européenne est l'une des principales institutions de l'Union européenne, avec le Conseil de l'Union européenne, le Parlement européen et le Conseil européen. Instituée par le traité de Rome de 1957, elle est composée d'un commissaire européen par État-membre, soit 27 commissaires. Quelle personnalité française est l'actuel Commissaire européen au Marché intérieur ?

- ☐ (A) Sylvie Goulard
- ☐ (B) Thierry Breton
- ☐ (C) Pierre Moscovici
- ☐ (D) Michel Barnier

### Question 21

La crise sanitaire provoquée par le coronavirus a relancé la consommation de produits à usage unique souvent fabriqués en matière plastique. Pourtant, face à l'urgence climatique, la France a fixé des objectifs pour faire disparaître le plastique à usage unique. Quand celui-ci sera-t-il définitivement interdit en France ?

- ☐ (A) 2025
- ☐ (B) 2030
- ☐ (C) 2040
- ☐ (D) 2050

### Question 22

Depuis 1974, l'État français connaît chaque année un déficit. Le budget du solde budgétaire de l'État en France connaît un déficit public lorsque les dépenses publiques sont supérieures aux recettes publiques. À quel ratio de PIB le déficit public de la France correspond-il en 2020 ?

- ☐ (A) 3,1 %
- ☐ (B) 5,1 %
- ☐ (C) 9,2 %
- ☐ (D) 11,4 %

6

## Question 23

L'Afrique est dès aujourd'hui confrontée à un défi démographique majeur. Selon les récentes projections des Nations unies, le continent devrait doubler sa population d'ici à 2050. La moitié de ses habitants aura alors moins de 25 ans, ce qui pose l'urgente question de la capacité de son économie à absorber les millions de nouveaux entrants qui viendront gonfler son marché de l'emploi. Quelle serait la population estimée du continent africain en 2050 ?

☐ (A) 1,7 milliard
☐ (B) 1,9 milliard
☐ (C) 2,1 milliards
☐ (D) 2,4 milliards

## Question 24

La crise sanitaire a amplifié la progression des réseaux sociaux. En 2020, on compte 150 millions d'utilisateurs de plus que prévus lors de précédentes prévisions fin 2019. En effet, 3,23 milliards de personnes sont inscrites dans le monde, soit +8,1 % en un an. Alors que Facebook compte 2,701 milliards d'utilisateurs actifs par mois, quel est le troisième réseau social ayant le plus d'utilisateurs actifs ?

☐ (A) Twitter
☐ (B) Instagram
☐ (C) Snapchat
☐ (D) TikTok

## Question 25

La Ligue des champions 2019-2020 est la 65e édition de la coupe d'Europe des clubs champions. 79 clubs européens y participent. Elle oppose les meilleurs clubs européens. Cette édition est marquée par la pandémie de Covid-19, qui amène une partie des rencontres retour des huitièmes de finale à être disputée à huis clos avant que la compétition ne soit suspendue pour cinq mois à partir de mars 2020. Dans quelle ville s'est déroulée la finale de la compétition en août 2020 ?

☐ (A) Paris
☐ (B) Istanbul
☐ (C) Lisbonne
☐ (D) Munich

### Question 26

Colonisée depuis 1830 par la France, l'Algérie est indépendante depuis 1962. Pays le plus grand d'Afrique, avec 2,38 millions de km$^2$, soit presque 4,5 fois la France, elle devance la République Démocratique du Congo (2,34 millions de km$^2$) et le Soudan (1,86 million de km$^2$). Qui est l'actuel président algérien dont l'élection est contestée ?

- ☐ (A) Abdelaziz Bouteflika
- ☐ (B) Abdelmadjid Tebboune
- ☐ (C) Ahmed Gaïd Salah
- ☐ (D) Abdelaziz Belaïd

### Question 27

Après ses études, il se fait connaître comme journaliste dans les grands quotidiens britanniques. Membre du Parti conservateur, il est élu à la Chambre des communes lors des élections générales de 2001. De 2008 à 2016, il occupe le poste de Maire de Londres. Comment s'appelle l'actuel Premier ministre britannique ?

- ☐ (A) Theresa May
- ☐ (B) David Cameron
- ☐ (C) Tony Blair
- ☐ (D) Boris Johnson

### Question 28

L'illibéralisme est, selon Pierre Rosanvallon, « une culture politique qui disqualifie en son principe la vision libérale ». Selon le politiste Matthijs Bogaards, il s'agit d'« une situation démocratique où, néanmoins, l'indépendance de la justice est malmenée, et les citoyens ne bénéficient pas d'un traitement égalitaire face à la loi, ni de protections suffisantes face à l'État ou à des acteurs privés ». Quel est le chef d'État ou de gouvernement qu'on accuse d'être « d'illibéral » ?

- ☐ (A) Emmanuel Macron
- ☐ (B) Viktor Orban
- ☐ (C) Boris Johnson
- ☐ (D) Pedro Sanchez

6

### Question 29

L'Organisation de coopération et de développement économiques (OCDE) est une organisation internationale d'études économiques, dont les pays membres ont en commun un système de gouvernement démocratique et une économie de marché. En 2020, l'OCDE compte 37 pays membres et regroupe plusieurs centaines d'experts. Elle publie fréquemment des études économiques et sociales - analyses, prévisions et recommandations de politique économique - et des statistiques, principalement concernant ses pays membres. Qu'est-ce que l'enquête PISA de l'OCDE ?

- ☐ (A) Un test de langue
- ☐ (B) Une étude sur le niveau à l'école
- ☐ (C) Une étude sur le climat
- ☐ (D) Une enquête contre les paradis fiscaux

### Question 30

La Commission européenne est l'une des principales institutions de l'Union européenne, avec le Conseil de l'Union européenne, le Parlement européen et le Conseil européen. Instituée par le traité de Rome de 1957, elle est composée d'un commissaire européen par État-membre, soit 27 commissaires. Avant Ursula Von der Leyen, qui en assurait la présidence ?

- ☐ (A) Mario Draghi
- ☐ (B) Christine Lagarde
- ☐ (C) Jean-Claude Juncker
- ☐ (D) Angela Merkel

### Question 31

« Plus qu'un héritage historique, c'est surtout une question de bon sens dans la mise en œuvre d'une réforme afin de limiter les mécontents, estime Raymond Soubie, président d'Alixio. Et c'est socialement plus simple. » Qu'est ce que la « clause du grand-père » évoquée au sujet de la réforme des retraites voulue par Emmanuel Macron ?

- ☐ (A) Une clause qui exclut les grands pères de la réforme
- ☐ (B) La réforme ne s'appliquera qu'aux nouveaux embauchés
- ☐ (C) Une clause modulant le montant de la retraite selon le nombre de petits enfants
- ☐ (D) Une clause de retraite anticipée

### Question 32

Au sein de l'Union européenne, chaque État membre décide, pour l'essentiel, de sa politique fiscale. En l'absence d'harmonisation fiscale européenne, les GAFAM peuvent donc implanter leurs filiales européennes - et donc leur présence physique - dans les pays qui proposent les taux d'imposition les plus faibles, notamment l'Irlande. Qu'est-ce que la taxe GAFAM adoptée en France en 2020 ?

- ☐ (A) Une contribution fiscale des entreprises du numérique
- ☐ (B) Des prélèvements financiers à but humanitaire
- ☐ (C) Une taxe carbone
- ☐ (D) Un impôt sur la fortune des dirigeants

### Question 33

Les Sommets de la Terre sont des rencontres entre dirigeants mondiaux organisées depuis 1972 par l'ONU, avec pour but de définir les moyens de stimuler le développement durable au niveau mondial. Que veut dire « COP » dont la prochaine édition a lieu en novembre 2021 à Glasgow ?

- ☐ (A) Conference of Parties
- ☐ (B) Conference of Politics
- ☐ (C) Conference of Press
- ☐ (D) Conference of Paris

### Question 34

Le Conseil constitutionnel est une institution française créée par la Constitution de la V$^{e}$ République du 4 octobre 1958. Il se prononce sur la conformité à la Constitution des lois et de certains règlements dont il est saisi. Il veille à la régularité des élections nationales et référendums. Qui le préside actuellement ?

- ☐ (A) Laurent Fabius
- ☐ (B) Jean-Louis Debré
- ☐ (C) Roland Dumas
- ☐ (D) Pierre Joxe

6

## Question 35

Le poids du secteur du luxe a triplé depuis 2007 dans l'indice CAC 40 il en représente aujourd'hui 27 %. C'est de très loin le secteur qui pèse le plus lourd, soit 10 fois plus que le secteur automobile. Le luxe est aussi le premier secteur au niveau des exportations : 50 milliards d'euros de produits de luxe sont exportés chaque année dans 180 pays. À quel groupe appartient Christian Dior ?

- ☐ (A) Bolloré
- ☐ (B) LVMH
- ☐ (C) Kering
- ☐ (D) Vivendi

## Question 36

La capitale européenne de la culture est un couple de villes désignées par l'Union européenne pour une période d'une année civile durant laquelle un programme de manifestations culturelles est organisé, à l'instar de Lille & Gênes en 2004, ou encore Marseille & Kosice en 2013. Alors que l'édition 2021 a été annulée pour cause de pandémie, quel couple de villes ont été malgré tout été capitales européennes de la culture en 2020 ?

- ☐ (A) Rijeka en Croatie & Galway en Irlande
- ☐ (B) Matera en Italie & Plovdiv en Bulgarie
- ☐ (C) Leeuwarden aux Pays-Bas & La Valette à Malte
- ☐ (D) Aarhus au Danemark & Paphos à Chypre

## Question 37

Selon la Constitution du 4 octobre 1958, le Parlement français vote la loi et contrôle l'activité gouvernementale. Le Parlement est bicaméral, c'est-à-dire composé de deux chambres : le Sénat, dit « chambre haute », qui comprend 348 sénateurs élus au suffrage universel indirect, et l'Assemblée nationale, dite « chambre basse », qui compte 577 députés élus au suffrage universel direct pour 5 ans. Quelle est la durée du mandat d'un sénateur français ?

- ☐ (A) 4 ans
- ☐ (B) 5 ans
- ☐ (C) 6 ans
- ☐ (D) 7 ans

## Question 38

L'Arabie Saoudite, dont la capitale est Riyad, est une monarchie absolue islamique dirigée par la dynastie des Saoud, depuis sa création en 1932 par Abdelaziz ibn Saoud. Peuplée de 33 millions d'habitants, c'est le plus grand pays du Moyen-Orient avec une superficie de plus de deux millions de kilomètres carrés. Comment s'appelle l'actuel prince héritier d'Arabie Saoudite ?

☐ (A) Mohammed ben Salman
☐ (B) Mohammed ben Souleyman
☐ (C) Abdelaziz Al Saoud
☐ (D) Mohammed ben Saoud

## Question 39

La crise sanitaire provoquée par le Covid-19 a relancé la consommation de produits en plastique à usage unique. Pourtant, face à l'urgence climatique, la France a fixé des objectifs pour faire disparaître ce type de plastique. À partir de quelle date la vaisselle jetable, les cotons-tiges et les touillettes en plastique ont-ils été interdits en France ?

☐ (A) 2019
☐ (B) 2020
☐ (C) 2021
☐ (D) 2022

## Question 40

Les titres du Grand Chelem sont les Championnats d'Australie, de France, des États-Unis d'Amérique, et de Wimbledon. Les joueuses et joueurs qui détiennent ces quatre titres lors d'une année calendaire accomplissent le Grand Chelem. Combien de fois Rafael Nadal a gagné le tournoi international de tennis de Roland-Garros en 2021 ?

☐ (A) 9
☐ (B) 10
☐ (C) 11
☐ (D) 13

# TEST 6 CORRIGÉS

**Question 1. Réponse B**

L'arpitan est une langue romane parlée en Suisse (et aussi en Italie et en France), mais elle n'est pas reconnue comme langue nationale. Notez que les 4 langues nationales reconnues en Suisse sont : l'allemand, le français, l'italien et le romanche. Là où ça devient compliqué, c'est que la répartition des langues n'est pas faite par canton. Ainsi, il peut y avoir des cantons avec 1 langue officielle, des cantons avec 2 langues officielles, et même des cantons avec 3 langues officielles !

**Question 2. Réponse B**

Jean Tinguely est un sculpteur d'origine suisse né en 1925. Il épouse l'artiste au style inimitable Niki de Saint Phalle, en 1971. Tous les deux, ils ont réalisé de nombreuses œuvres d'art, faisant partie du mouvement bien connu des Nouveaux réalistes du début des années 1960. À partir de matériaux de récupération Jean Tinguely crée des sculptures qu'il anime par des moteurs.

**Question 3. Réponse B**

Plus connue pour ses férias et son jambon que pour son chocolat, c'est bien la ville de Bayonne qui est la capitale française du chocolat !
La ville doit cette spécialité locale aux juifs expulsés du Portugal par l'Inquisition s'installant à Bayonne dans le bourg de Saint-Esprit sur la rive droite de l'Adour en 1496. Ils développeront la fabrication du chocolat, dans les années 1610. C'est donc au Pays basque que s'installent les premiers ateliers de cacao français !

**Question 4. Réponse C**

En 1992, avec la Traite de Maastricht, la Communauté Européenne Economique devient l'Union européenne.

**VEILLEZ À RETENIR ÉGALEMENT QUE :**
Les États membres fondateurs sont : Allemagne, France, Italie, Pays-Bas, Belgique et Luxembourg.
Les principaux objectifs du Traité sont :
- le renforcement de la légitimité démocratique des institutions ;
- l'amélioration de l'efficacité des institutions ;
- l'instauration d'une union économique et monétaire ;
- le développement de la dimension sociale de la Communauté ;
- l'institution d'une politique étrangère et de sécurité commune.

**Question 5. Réponse D**

La République islamique d'Iran a été proclamée en 1979 par l'ayatollah Khomeini. Les banques et les compagnies d'assurances, les industries modernes sont nationalisées. La presse est surveillée de près. De nombreuses personnalités ayant servi le régime du chah sont exécutées (d'autres seront assassinées dans leurs lieux d'exil les années suivantes).

**Question 6. Réponse B**

Le pantographe

**Question 7. Réponse A**

Bufflonne

**Question 8. Réponse C**

Ljubljana

**Question 9. Réponse C**

Jacques Prévert

**Question 10. Réponse B**

Tous domaines d'activité confondus, l'ubérisation entre en concurrence frontale avec les usages de l'économie classique du fait de la révolution numérique. Par ailleurs ce phénomène remet en cause le salariat comme norme : les prestataires effectuent des « missions », ils sont rémunérés à la tâche.

**Question 11. Réponse A**

La 1re région française en superficie est la Nouvelle-Aquitaine (Aquitaine + Poitou-Charentes + Limousin) avec 84 036 km². La 2nde est l'Occitanie (Midi-Pyrénées + Languedoc-Roussillon) avec 72 724 km². La 3e est Auvergne-Rhône-Alpes avec 69 711 km². La 4e est le Grand Est (Champagne-Ardennes + Lorraine + Alsace) avec 57 441 km².

**Question 12. Réponse D**

Malgré les échecs de David Cameron au référendum sur le Brexit en 2016 puis de Theresa May à conclure la sortie du Royaume-Uni de l'Union européenne en 2019, le parti conservateur est au pouvoir sans discontinuité depuis 2010.

**Question 13. Réponse B**

Pour certains, élus au scrutin proportionnel, pour d'autres, élus au scrutin majoritaire à deux tours.

**Question 14. Réponse B**

Une Exposition universelle est la vitrine technologique, industrielle et artistique d'un pays, ouverte sur le monde entier. En raison de la pandémie de Covid-19, l'Exposition universelle se tiendra avec deux ans de retard aux Émirats arabes unis, à Dubaï, du 1er octobre 2021 au 31 mars 2022.

**Question 15. Réponse D**

Dans un rapport sur la politique d'élargissement de l'UE, présenté le 6 octobre 2020, la Commission européenne a défini les principaux critères fixés pour devenir un État membre et dresse un état des lieux de l'avancement des réformes des pays candidats. Des négociations d'adhésion sont en cours avec le Monténégro, la Serbie et la Turquie, la Macédoine du Nord et l'Albanie. Quant au Kosovo, il est considéré comme un « candidat potentiel », au même titre que la Bosnie-Herzégovine.

6

**Question 16. Réponse C**

Au total, les 30 franchises de la NBA ont généré 8,3 milliards de dollars de revenus, au bilan de la saison 2020. Le business model de la NBA repose sur quatre principales sources de revenus, aussi appelées Basketball Related Income (BRI) : les droits TV, le sponsoring, les ventes de tickets et le merchandising.

**Question 17. Réponse D**

Le projet de loi « Climat et Résilience » porté par la ministre concrétise une partie des 146 propositions de la Convention citoyenne pour le climat retenues par le chef de l'État, pour réduire les émissions de gaz à effet de serre de 40 % d'ici 2030, dans un esprit de justice sociale. Il s'articule autour des cinq thématiques : consommer, produire et travailler, se déplacer, se loger et se nourrir. Il renforce aussi les sanctions en cas d'atteintes à l'environnement.

**Question 18. Réponse A**

Actuellement, les Journées européennes du patrimoine peuvent être considérées comme un instrument pour favoriser une expérience concrète de la culture et de l'histoire de l'Europe, outre qu'elles sensibilisent le grand public aux valeurs de notre patrimoine commun et à la nécessité de le protéger en permanence.

**Question 19. Réponse D**

L'absence de touristes étrangers a généré une baisse drastique de visiteurs dans les institutions parisiennes. Le Louvre et plusieurs grands musées parisiens ont subi de plein fouet les conséquences de la pandémie de Covid-19, subissant des baisses de fréquentation de plus de 70 % en 2020, ce qui représente près de 90 millions d'euros de perte pour le Louvre.

**Question 20. Réponse B**

Le marché intérieur de l'Union européenne désigne un espace sans frontières intérieures dans lequel s'appliquent les principes de libre-circulation des personnes, des marchandises, des services et des capitaux. Avec près de 448 millions de consommateurs depuis le départ du Royaume-Uni en 2020, il représente un marché considérable, supérieur à celui des États-Unis (340 millions de consommateurs en 2020).

**Question 21. Réponse C**

C'est ce que prévoit la loi du 10 février 2020 relative à la lutte contre le gaspillage et à l'économie circulaire. Cette interdiction va induire des changements dans les modes de consommation et de production en France. Elle est l'aboutissement d'un long processus et d'une vaste prise de conscience relative aux enjeux environnementaux.

**Question 22. Réponse C**

Pour entrer dans la zone euro et « réaliser l'Union économique et monétaire », les États membres de l'UE doivent donc respecter les critères (dits « de Maastricht ») Énoncés à l'article 140 du traité sur le fonctionnement de l'Union européenne : le déficit public annuel ne doit pas excéder 3 % du produit intérieur brut (PIB), et la dette publique (de l'État et des agences publiques) 60 % du PIB.

**Question 23. Réponse D**

Selon les récentes projections des Nations unies, le continent devrait doubler sa population d'ici à 2050, passant d'un milliard d'habitants aujourd'hui à près de 2,4 milliards. À l'heure actuelle, les chiffres de la Banque mondiale indiquent que les jeunes représentent 60 % des chômeurs en Afrique. Et lorsqu'ils ont un emploi, l'immense majorité d'entre eux se situent dans le secteur de l'économie informelle.

**Question 24. Réponse D**

TikTok a été l'application la plus téléchargée dans le monde en 2020, bénéficiant des confinements successifs et de la numérisation des échanges sociaux. On compte à ce jour près de 800 millions d'utilisateurs actifs, talonnant Instagram qui en compte 1,1 milliard.

**Question 25. Réponse B**

La finale de la Ligue des champions 2019-2020 a vu s'opposer le Paris Saint Germain au Bayern Munich, ce dernier a remporté la compétition. La finale de la Ligue des champions 2020-2021 a eu lieu quant à elle le 29 mai 2021 au stade du Dragon de Porto. Elle a vu s'opposer Manchester City au Chelsea FC, ce dernier a remporté la compétition.

**Question 26. Réponse B**

Le Hirak désigne une série de manifestations spontanées qui ont eu lieu, notamment animées par la jeunesse algéroise et algérienne, depuis février 2019 en Algérie pour protester dans un premier temps contre la candidature d'Abdelaziz Bouteflika, président de 1999 à 2019, à un cinquième mandat.

**Question 27. Réponse D**

Signé le 24 décembre 2020 entre l'Union européenne et le Royaume-Uni de Boris Johnson, le nouvel accord de « commerce et de coopération » entre les deux parties est entré en vigueur le 1er janvier 2021. Cet accord commercial d'environ 1 300 pages couvre les échanges de biens et de services, mais aussi un large éventail d'autres domaines (investissement, concurrence, aides d'État, fiscalité, transport, énergie, environnement, pêche, protection des données...)

**Question 28. Réponse B**

Viktor Orban, Premier ministre hongrois, fait partie du groupe de Visagrád avec la république Tchèque, la Pologne et la Slovaquie. Ces pays se sont attaqués à leurs cours constitutionnelles ou encore à l'indépendance des médias, s'attirant d'ailleurs les critiques des Européens. Des procédures de sanctions, au titre de l'article 7 du Traité sur l'Union européenne sont actuellement en cours pour les deux pays.

**Question 29. Réponse B**

Publiés fin 2019, les résultats des élèves ayant participé à l'enquête PISA 2018 placent la France entre le 20e et le 26e rang des 79 pays présents aux enquêtes de l'OCDE. Sur les 36 pays de l'OCDE en 2018, la France se situe entre le 15e et le 21e rang (au même niveau que l'Allemagne).

**Question 30. Réponse C**

Son premier président a été Walter Hallstein de 1958 à 1967. La Commission européenne dispose de trois types de compétences : un pouvoir d'initiative législative, de gardienne des traités et un pouvoir d'exécution. La Commission européenne agit dans l'intérêt général de l'Union européenne.

**Question 31. Réponse B**

Pilier du programme de campagne d'Emmanuel Macron, la réforme des retraites reste un dossier politique sensible. Les implications pour les régimes de retraite de la fonction publique ainsi que pour les carrières longues suscitent en effet une vive controverse. De même, les inégalités liées au compte pénibilité et à la revalorisation annuelle contribuent à alimenter le débat.

**Question 32. Réponse A**

Les pays du G7 ont signé en juin 2021 un accord historique en vue d'une réforme fiscale mondiale. L'idée est de fixer un taux d'imposition minimum des grandes multinationales d'au moins 15 % dans chaque pays. Le texte final du communiqué mentionne aussi l'engagement envers une meilleure répartition des droits d'imposer les bénéfices des grandes multinationales, principalement numériques et américaines (les GAFAM).

**Question 33. Réponse A**

Le Royaume-Uni accueillera la 26e Conférence des Parties des Nations unies sur le changement climatique (COP26) à Glasgow du 1er au 12 novembre 2021. Le gouvernement britannique travaille autour de cinq campagnes pour la COP26 : adaptation et résilience, nature, transition énergétique, transport routier propre ainsi que la finance.

**Question 34. Réponse A**

À l'heure où la Ve République est souvent décriée pour ses déséquilibres et où la Constitution parfois est critiquée pour son âge, le Conseil constitutionnel censure régulièrement des textes portés par le gouvernement ou les assemblées en vue de faire valoir l'esprit de la Constitution de 1958 et l'émergence de droits fondamentaux.

**Question 35. Réponse B**

Leader mondial du luxe, LVMH regroupe 75 marques, réalisant 44,7 milliards d'euros de ventes en 2020 avec un réseau mondial de plus de 5 000 boutiques. Par ailleurs, du fait de la pandémie de Covid-19, la part de marché de la vente en ligne est passée de 12 % à 23 %. En une seule année, le marché du luxe en ligne a réalisé l'équivalent de cinq ans de croissance.

**Question 36. Réponse A**

Les villes croate de Rijeka et irlandaise de Galway vont rester les capitales européennes de la culture jusqu'au 30 avril 2021. En 2022, il s'agira de Novi Sad en Serbie, Kaunas en Lituanie et Esch au Luxembourg. En 2023, les villes de Timisoara en Roumanie, Elefsina en Grèce et de Veszprém dans la région hongroise du Balaton prendront le relais.

**Question 37. Réponse C**

L'élection présidentielle a lieu tous les 5 ans et aura lieu en 2022. Les élections municipales ont lieu tous les 6 ans et aura lieu en 2026. Les élections départementales/régionales ont lieu tous les 5 ans et auront lieu en 2026. Seuls les grands électeurs votent pour les élections sénatoriales (tous les 3 ans, les prochaines auront lieu en 2023) et les élections intercommunales (calquées sur les élections municipales).

**Question 38. Réponse A**

Le prince héritier s'est fait connaître du fait de l'assassinat du journaliste saoudien Jamal Khashoggi. Ce dernier a été assassiné dans le consulat d'Arabie Saoudite en Turquie le 2 octobre 2018 par un commando saoudien. Le 26 février 2021, dans un rapport rendu public à la demande du président Joe Biden, la direction du renseignement américain accuse Mohammed ben Salmane d'avoir « approuvé » l'opération contre Jamal Khashoggi.

**Question 39. Réponse C**

En 2022, ce sont les sachets de thé ou de tisane en plastique non biodégradables qui seront interdits, de même que les suremballages en plastique pour les fruits et légumes de moins de 1,5 kg. En 2023, la restauration rapide aura pour obligation de remplacer la vaisselle jetable par de la vaisselle réutilisable pour les repas et boissons servis sur place.

**Question 40. Réponse D**

À la surprise générale, Rafael Nadal a perdu en finale de Roland-Garros face au #1 mondial Novak Djokovic. Le serbe Novak Djokovic est le $1^{er}$ joueur mondial de l'ATP Race ; le russe Daniil Medvedev est $2^{nd}$ ; l'espagnol Rafael Nadal est $3^{e}$ ; le grec Stéfanos Tsitsipás est $4^{e}$ et enfin l'autrichien Dominic Thiem est $5^{e}$.

7

# TEST 7 ÉNONCÉS

## 40 QUESTIONS - 1 HEURE

### Question 1

On appelle Ground Zero :

- ☐ (A) L'emplacement de l'ancien World Trade Center
- ☐ (B) Le point de départ d'une navette spatiale
- ☐ (C) Le premier cratère découvert par Mars Explorer
- ☐ (D) Le point le plus bas du continent américain

### Question 2

Les gros rochers transportés par le glacier loin de leur lieu d'origine sont appelés :

- ☐ (A) Les moraines
- ☐ (B) Les roches moutonnées
- ☐ (C) Les argiles à blocaux
- ☐ (D) Les blocs erratiques

### Question 3

Qu'est-ce que la musique sérielle ?

- ☐ (A) Un procédé de composition musicale inventé par une École vienno se au début du XXe siècle
- ☐ (B) Un procédé de composition inventé par l'École romantique française, dans le deuxième tiers du XIXe siècle
- ☐ (C) La musique des opéras séria
- ☐ (D) Le procédé de composition inventé par Jean-Philippe Rameau

### Question 4

Combien d'habitants compte l'Afghanistan ?

- ☐ (A) Environ 12 millions
- ☐ (B) Environ 22 millions
- ☐ (C) Environ 30 millions
- ☐ (D) Environ 38 millions

### Question 5

La nature des fonctions incombant respectivement au président de la République et au Premier ministre est précisée par la Constitution du 4 octobre 1958. Parmi les affirmations suivantes, laquelle est erronée ?

- ☐ (A) Le président de la République est le chef des armées
- ☐ (B) Le Premier ministre est responsable de la défense national
- ☐ (C) Le président de la République promulgue les lois
- ☐ (D) Le Premier ministre signe les ordonnances et les décrets délibérés en Conseil des ministres

### Question 6

Le GIEC est une organisation qui est mise en place en 1988 dans le cadre du programme des Nations unies pour l'environnement, à la demande du G7 (groupe des 7 pays les plus riches) : États-Unis, Japon, Allemagne, France, Grande-Bretagne, Canada et Italie. Pour quelle mission, notamment, cette organisation - conjointement avec l'ancien vice-président américain Al Gore - reçoit-elle le prix Nobel en 2007 ?

- ☐ (A) Collecter des fonds pour lutter contre une agriculture transgénique
- ☐ (B) Constituer une meilleure connaissance sur le changement climatique
- ☐ (C) Promouvoir le microcrédit pour des projets à vocation écologique
- ☐ (D) Répertorier les espèces animales et végétales dans une étude biologique

### Question 7

Parmi les quatre propositions suivantes, quelle est celle qui permet de compléter correctement les deux phrases suivantes ? « La France vit de 1919 à 1939 sous un régime ... . En 1920, au congrès tenu à ..., les socialistes se divisent en deux partis, le parti ... et le parti socialiste ou ... » :

- ☐ (A) présidentiel - Tours - communiste - radical
- ☐ (B) parlementaire - Epinay - radical - SFIO
- ☐ (C) présidentiel - Epinay - communiste - radical
- ☐ (D) parlementaire - Tours - communiste - SFIO

7

### Question 8

Elle met en place l'école laïque, gratuite et obligatoire, puis fonde l'État laïc en instituant la séparation de l'Église et de l'État. Elle dote la France de ses emblèmes définitifs : le drapeau tricolore, la marseillaise, la devise « liberté, égalité, fraternité » et la fête nationale du 14 juillet. Il s'agit de :

- ☐ (A) La I$^{re}$ République (1792-1804)
- ☐ (B) La II$^{e}$ République (1848-1852)
- ☐ (C) La III$^{e}$ République (1870-1940)
- ☐ (D) La IV$^{e}$ République (1946-1958)

### Question 9

Que signifie le « principe de subsidiarité » ?

- ☐ (A) L'Europe n'intervient que dans le cas où les États ou les régions ne peuvent agir ou si elle considère qu'elle est plus efficace
- ☐ (B) Les lois européennes ont moins de valeur que les lois nationales
- ☐ (C) Les lois nationales ont moins de valeur que les lois européennes
- ☐ (D) Les lois européennes ont la même valeur que les lois nationales

### Question 10

Les sénateurs sont :

- ☐ (A) Tous élus au scrutin proportionnel
- ☐ (B) Pour certains, élus au scrutin proportionnel, pour d'autres, élus au scrutin majoritaire à deux tours
- ☐ (C) Élus au scrutin proportionnel dans les départements composant la région Ile-de-France et au scrutin majoritaire à deux tours dans les autres départements
- ☐ (D) Tous élus au scrutin majoritaire à deux tours

### Question 11

Quelle est la définition la plus complète d'une plante carnivore ?

- ☐ (A) Végétal qui se nourrit d'insectes morts et capable de les assimiler pour subvenir à ses besoins
- ☐ (B) Végétal qui attire et capture des proies afin d'éviter que ces proies nuisent à sa croissance
- ☐ (C) Végétal muni de dents qui se nourrit de protéines afin de subvenir à ses besoins
- ☐ (D) Végétal capable d'attirer et de capturer des proies puis d'en assimiler tout ou une partie afin de subvenir à ses besoins

## Question 12

Les Émirats arabes unis sont un pays de la péninsule arabique principalement situé le long du golfe Arabo-Persique. Il s'agit d'un État fédéral dont la capitale est l'émirat d'Abu Dabi, et qui est notamment composé de l'émirat de Dubaï. Combien d'émirats composent cette fédération ?

- ☐ (A) 3
- ☐ (B) 4
- ☐ (C) 7
- ☐ (D) 9

## Question 13

L'espace Schengen désigne un espace de libre circulation des personnes, qui comprend les territoires d'États européens et d'États associés, et le territoire de Gibraltar qui ont mis en œuvre la convention de Schengen. Combien de pays composent cet espace en 2021 ?

- ☐ (A) 19
- ☐ (B) 26
- ☐ (C) 27
- ☐ (D) 28

## Question 14

La circonscription administrative départementale, créée en 1790, est administrée par un préfet. La collectivité départementale dispose quant à elle, d'un organe élu : le conseil départemental. De combien de départements est composée la France en 2020 ?

- ☐ (A) 101
- ☐ (B) 100
- ☐ (C) 97
- ☐ (D) 95

## Question 15

Laquelle de ces villes françaises ne se trouve pas au bord d'une mer ou d'un océan ?

- ☐ (A) Cannes
- ☐ (B) Rouen
- ☐ (C) Dunkerque
- ☐ (D) Saint-Jean-de-Luz

### Question 16

Combien de médailles d'or la France a-t-elle obtenues au Jeux olympiques de Tokyo 2020 ?

- ☐ (A) 5
- ☐ (B) 8
- ☐ (C) 10
- ☐ (D) 14

### Question 17

Cette assemblée constitutionnelle française est composée de représentants sociaux (patronat, syndicats, associations). Il a une fonction consultative et a notamment accueilli la Convention citoyenne pour le climat (CCC). Ainsi, la Constitution de la V$^{e}$ République française énonce l'existence de trois assemblées : l'Assemblée nationale, le Sénat et ... ?

- ☐ (A) Le Conseil constitutionnel
- ☐ (B) Le Conseil d'État
- ☐ (C) Le Conseil Économique, Social et Environnemental
- ☐ (D) La Cour de cassation

### Question 18

La personnalité de l'année (*Person of the Year*) est un titre qui est décerné chaque année en décembre depuis 1927 par la rédaction de l'hebdomadaire américain *Time Magazine* à la personne qui a « marqué le plus l'année écoulée, pour le meilleur ou pour le pire ». Jusqu'à 1998, le titre portait le nom d'Homme de l'année (*Man of the Year*). Qui a obtenu cette consécration en 2020 de la part des lecteurs ?

- ☐ (A) Donald Trump
- ☐ (B) Greta Thunberg
- ☐ (C) Emmanuel Macron
- ☐ (D) Les travailleurs essentiels

### Question 19

Du fait de la pandémie sanitaire, le recours aux plateformes payantes a connu un réel essor. En deux ans, le leader du streaming Netflix a presque doublé son nombre d'abonnés : de 111 millions début 2018 à près de 204 millions fin 2020. Quelle série diffusée sur cette plateforme est la plus chère de tous les temps ?

- ☐ (A) *Games of Thrones*
- ☐ (B) *The Crown*
- ☐ (C) *La Casa de Papel*
- ☐ (D) *House of Cards*

### Question 20

En France, quelle est la première région agricole ?

- ☐ (A) La Nouvelle-Aquitaine
- ☐ (B) L'Ile de France
- ☐ (C) La Bretagne
- ☐ (D) Grand-Est

### Question 21

Utilisé depuis plus de 40 ans, il est commercialisé par l'entreprise Monsanto sous le nom commercial de « Round Up ». Le 10 mars 2015, l'Organisation mondiale de la santé a déclaré que le glyphosate devait désormais être classé cancérogène probable pour l'homme. Quel est ce produit interdit en France à partir de 2023 ?

- ☐ (A) Un produit phytosanitaire
- ☐ (B) Un engrais de synthèse
- ☐ (C) Une hormone de croissance animale
- ☐ (D) Un médicament générique

### Question 22

L'Organisation des Nations unies est une organisation internationale regroupant actuellement 193 États membres. Elle a été instituée le 24 octobre 1945 par la ratification de la Charte des Nations unies. Quel est le nom du Secrétaire général de l'organisation inter-gouvernementale en 2021 ?

- ☐ (A) Ban Ki-moon
- ☐ (B) Kofi Annan
- ☐ (C) António Guterres
- ☐ (D) Christine Lagarde

### Question 23

Avec 31,6 % de l'énergie primaire consommée en 2018, le pétrole est la source d'énergie la plus utilisée dans le monde devant le charbon (26,9 %) et le gaz naturel (22,8 %), mais sa part a fortement reculé : elle atteignait 46,2 % en 1973. Quel est le premier pays producteur de pétrole au monde en 2020 ?

- ☐ (A) Arabie Saoudite
- ☐ (B) États-Unis
- ☐ (C) Iran
- ☐ (D) Venezuela

## Question 24

L'Union européenne (UE) est l'association volontaire d'États européens, dans les domaines économique et politique, afin d'assurer le maintien de la paix en Europe et de favoriser le progrès économique et social. Combien de pays en sont membres au 1er janvier 2020 ?

- ☐ (A) 24
- ☐ (B) 27
- ☐ (C) 28
- ☐ (D) 30

## Question 25

Les premières dispositions de la réforme de l'assurance-chômage ont été mises en place en novembre 2019. Face à l'épidémie de Covid-19 et à ses conséquences sur l'emploi, l'application de la réforme a été repoussée à janvier 2021, puis au 1er avril 2021. Combien de mois de travail devront être cumulés sur une période de 24 mois pour pouvoir être indemnisé par Pôle emploi ?

- ☐ (A) 3 mois
- ☐ (B) 4 mois
- ☐ (C) 6 mois
- ☐ (D) 12 mois

## Question 26

La dette publique française atteint 2 600 milliards d'euros. Ces chiffres sont vertigineux : la dette publique française est passée en 20 ans de 60 % du PIB, à plus de 115 % aujourd'hui. Parmi les pays suivants, lequel affiche la dette publique la plus importante, en pourcentage du PIB, au monde ?

- ☐ (A) L'Italie
- ☐ (B) Le Brésil
- ☐ (C) La Finlande
- ☐ (D) Le Japon

## Question 27

Bien que très controversée face à la légalisation qui se développe dans de nombreux pays, la majorité présidentielle a fait passer une loi punissant la consommation de cannabis. Quelle est la mesure majeure de cette loi ?

- ☐ (A) L'application d'une amende forfaitaire de 100 euros
- ☐ (B) L'application d'une amende forfaitaire de 200 euros
- ☐ (C) L'application d'une amende forfaitaire de 400 euros
- ☐ (D) L'application d'une amende forfaitaire de 600 euros

### Question 28

D'une superficie de 41 285 km² pour une population de 8,6 millions d'habitants, la Suisse est une confédération formée de 26 cantons. Elle abrite notamment le siège de la Croix-Rouge, de l'Organisation mondiale de la santé (OMS) ou encore du Comité international olympique (CIO). Elle comporte quatre langues nationales : l'allemand, le français, l'italien et le romanche. Quelle en est la capitale ?

- ☐ (A) Zurich
- ☐ (B) Berne
- ☐ (C) Genève
- ☐ (D) Bâle

### Question 29

Lionel Messi, parfois surnommé Leo Messi, né le 24 juin 1987 en Argentine, est un footballeur international argentin évoluant au poste d'attaquant au FC Barcelone. Soulier d'or européen, Messi est vu comme l'un des meilleurs joueurs de tous les temps. Le 2 décembre 2019 Léo Messi a remporté un ballon d'or, combien en a-t-il gagné au total durant sa carrière ?

- ☐ (A) 3
- ☐ (B) 5
- ☐ (C) 6
- ☐ (D) 7

### Question 30

La Banque centrale européenne (BCE), est responsable de la politique monétaire en zone euro, c'est-à-dire qu'elle régule les taux d'intérêts et la quantité de monnaie en circulation. Elle est au centre de l'Eurosystème qui comprend la BCE et les Banques centrales nationales des 19 pays ayant adopté l'euro. La BCE est la seule institution réellement fédérale de l'Union européenne. Quelle personnalité la dirige actuellement ?

- ☐ (A) Ursula Von der Leyen
- ☐ (B) Christine Lagarde
- ☐ (C) Angela Merkel
- ☐ (D) Mario Draghi

## Question 31

Beaucoup de pays vivent des problèmes d'approvisionnement en eau, avec des conflits ou des coopérations pour la gestion des fleuves dont les cours sont souvent transfrontaliers. Un ancien premier ministre de Guinée a écrit (2018) : « L'eau, enjeu vital des relations internationales ». Quel est son nom ?

- ☐ (A) Omar Bongo
- ☐ (B) Kabiné Komara
- ☐ (C) Laurent Gbagbo
- ☐ (D) Abdulaye Wade

## Question 32

Afin de limiter l'accentuation de l'effet de serre et la hausse des températures à la surface de la planète, des politiques de réduction ou de limitation d'émissions de certains gaz à effet de serre ont été mises en place par de nombreux pays dont la France notamment dans le cadre du protocole de Kyoto ou encore de la COP 21. Parmi les activités ci-dessous, quelle est aujourd'hui la plus grosse productrice de $CO_2$, de méthane et de protoxyde d'azote ?

- ☐ (A) L'agriculture
- ☐ (B) Les transports
- ☐ (C) L'industrie
- ☐ (D) Les bâtiments

## Question 33

Né à Paris, Pierre Balmain (1914-1982) est un couturier français qui créa sa propre maison de couture en 1945. Il la dirigea jusqu'à sa mort en 1982. Quel est l'actuel fashion designer qui dirige la création de cette maison ?

- ☐ (A) Jean-Paul Gautier
- ☐ (B) Olivier Rousteing
- ☐ (C) Stella Mc Cartney
- ☐ (D) Victoria Beckham

## Question 34

Une œuvre sculpturale de l'artiste américain Jeff Koons a été offerte à la ville de Paris en hommage aux victimes des attentats. Que représente cette œuvre située en bas des Champs Elysées ?

- ☐ (A) Des roses
- ☐ (B) Des tournesols
- ☐ (C) Des coquelicots
- ☐ (D) Des tulipes

### Question 35

La grève étudiante pour le climat est un mouvement international de jeunes quittant leur établissement scolaire, généralement le vendredi ou parfois le jeudi, pour participer à des manifestations en faveur de l'action contre le réchauffement climatique. La première grève scolaire pour le climat a été lancée par Greta Thunberg, le 20 août 2018 devant le Riksdag (Parlement). Quelle est la nationalité de Greta Thunberg ?

- ☐ (A) Suédoise
- ☐ (B) Danoise
- ☐ (C) Norvégienne
- ☐ (D) Finlandaise

### Question 36

Le ministère de l'Économie, des Finances et de la Relance a la lourde charge de préparer et d'exécuter la politique économique et financière du gouvernement. Il s'occupe de la fiscalité, de l'attractivité, de la politique monétaire ou encore du soutien aux nouvelles technologies et au tourisme. Qui en est le titulaire en 2021 ?

- ☐ (A) Gérarld Darmanin
- ☐ (B) Bruno le Maire
- ☐ (C) Éric Dupont-Moretti
- ☐ (D) Jean-Yves Le Drian

### Question 37

En 2020, pour la première fois, depuis sa création en 1959, l'École Nationale de la Magistrature, va être dirigée par une avocate, Nathalie Roret, c'est sous l'impulsion de ministre de la Justice, garde des Sceaux actuel que cette réforme est menée. Qui est-il depuis 2020 ?

- ☐ (A) Éric Dupond-Moretti
- ☐ (B) Robert Badinter
- ☐ (C) Jean Foyer
- ☐ (D) Roland Dumas

### Question 38

Le CAC 40 - Cotations Actualisées en Continu - regroupe les 40 premières capitalisations boursières françaises, son « équivalent » américain, le Dow Jones, a dépassé en mai un nouveau records de X points ? Quel est ce X ?

- ☐ (A) 26 000
- ☐ (B) 27 000
- ☐ (C) 28 000
- ☐ (D) 35 000

## Question 39

En 2020, plus de deux milliards de personnes à travers le monde sont considérés comme des utilisateurs actifs de l'application WhatsApp, lancée en 2009. Dans le cadre de la pandémie de la Covid-19, le réseau social WhatsApp, lance une nouvelle mesure qui a un objectif bien précis. Lequel ?

- ☐ (A) Limiter la propagation des fausses rumeurs
- ☐ (B) Encourager la propagation des fake news
- ☐ (C) Encourager l'engagement civique
- ☐ (D) Limiter la propagation de la vérité

## Question 40

Victor Hugo, Voltaire, ou encore Alexandre Dumas : de nombreux illustres intellectuels et auteurs reposent déjà au Panthéon. Dans les milieux culturels et politiques une pétition a circulé en 2020 pour que deux éminents poètes soient panthéonisés à leur tour, proposition déclinée par le président Macron. Lesquels ?

- ☐ (A) Du Bellay et Ronsard
- ☐ (B) Robespierre et Marat
- ☐ (C) Rimbaud et Verlaine
- ☐ (D) Jean-Paul Sartre et Simone de Beauvoir

# TEST 7
# CORRIGÉS

**Question 1. Réponse A**
L'emplacement de l'ancien World Trade Center

**Question 2. Réponse D**
Les blocs erratiques

**Question 3. Réponse A**
Un procédé de composition musicale inventé par une École viennoise au début du XXe siècle

**Question 4. Réponse D**
38,04 millions d'habitants en 2021. Les Pachtounes forment le plus grand groupe estimé à plus de 42 % de la population. Le deuxième grand groupe linguistique parle le dari comprenant les Tadjiks (27 %) et les Hazaras (9 %) qui habitent le centre. Les Ouzbeks représentent 9 % de la population. Il y a également une présence non négligeable de tribus telles les Aimak (4 %), les Turkmènes (3 %), les Baloutches (< 2 %), les Pashayis ou Nouristani, les Arabes, les Kirghizes... Le bilinguisme est commun. Un petit nombre de minorités ethniques allogènes d'origine indienne, principalement des sikhs et des hindous, parlent le pendjabi.

**Question 5. Réponse D**
Le Premier ministre signe les ordonnances et les décrets délibérés en Conseil des ministres

**Question 6. Réponse B**
Constituer une meilleure connaissance sur le changement climatique

**Question 7. Réponse D**
parlementaire - Tours - communiste - SFIO

**Question 8. Réponse C**
La IIIe République (1870-1940)

**Question 9. Réponse A**
L'Europe n'intervient que dans le cas où les États ou les régions ne peuvent agir ou si elle considère qu'elle est plus efficace.

**Question 10. Réponse B**
Pour certains, élus au scrutin proportionnel, pour d'autres, élus au scrutin majoritaire à deux tours.

**Question 11. Réponse D**
Végétal capable d'attirer et de capturer des proies puis d'en assimiler tout ou une partie afin de subvenir à ses besoins.

**Question 12. Réponse C**
Le 2 décembre 1971, six des sept émirats restants accèdent à l'indépendance en formant aussitôt les Émirats arabes unis. Ils seront rejoints en 1972 par le septième émirat, celui de Ras el Khaïmah. En 2018, ils comptent

9 701 315 habitants. La superficie totale des EAU est d'environ 77 700 km² mais seuls 5 % du pays est habité, surtout la côte nord, le long du Golfe Persique.

**Question 13. Réponse B**

L'espace Schengen désigne un espace de libre-circulation des personnes entre les États signataires. En 2021, 26 États sont concernés dont 22 au sein l'UE et quatre États associés, non-membres de l'UE : Norvège, Islande, Suisse et Liechtenstein. La Bulgarie, la Roumanie, Chypre et la Croatie n'y participent pas encore. L'Irlande, quant à elle, bénéficie d'un statut particulier et ne participe qu'à une partie des dispositions Schengen.

**Question 14. Réponse A**

Le département a montré tout son intérêt durant la pandémie de Covid-19, en effet la principale mission des départements relève du champ de l'action sociale et de la solidarité. Ils gèrent également les collèges, l'action culturelle et sportive ainsi que le développement des territoires et infrastructures.

**Question 15. Réponse B**

Rouen se situe dans la région Normandie, dans le département de la Seine-Maritime.

**POUR INFORMATION :**
Cannes (Alpes-Maritimes, région Provence-Alpes-Côte d'Azur) se situe au bord de la mer Méditerranée ; Royan (Charente-Maritime, région Nouvelle-Aquitaine) et Saint-Jean-de-Luz (Pyrénées-Atlantique, région Nouvelle-Aquitaine) se situent au bord de l'océan Atlantique ; enfin, Dunkerque (Nord, région Hauts-de-France) se situe au bord de la mer Manche.

**Question 16. Réponse C**

JO 2021 : avec dix médailles d'or, la France fait aussi bien qu'à Rio et termine 8e au classement.

**Question 17. Réponse C**

Au sein du Conseil économique social et environnemental s'est réunie la Convention citoyenne pour le climat avec plusieurs objectifs : définir une série de mesures pour parvenir, dans un esprit de justice sociale, à diminuer d'ici 2030 les émissions de gaz à effet de serre de la France d'au moins 40 % par rapport à 1990. Cet objectif coïncide avec les engagements pris par la France dans le cadre de la COP21 dite Accords de Paris.

**Question 18. Réponse D**

Les lecteurs du *Time* ont nommé les « travailleurs essentiels » - soignants, livreurs, employés de supermarchés ou des transports qui se sont illustrés pendant la crise sanitaire. Cependant, c'est le président élu des États-Unis Joe Bien et la vice-présidente Kamala Harris qui ont été nommés « personnalités de l'année » par le rédaction du magazine qui salue une victoire électorale et leur ambition de « changer l'histoire de l'Amérique ».

**Question 19. Réponse B**

La série diffusée sur Netflix qui retrace plusieurs instants de la vie de la reine Elizabeth II affiche une enveloppe globale de 100 millions de dollars pour chaque saison. En moyenne, chaque épisode de *The Crown* a coûté 13 millions de dollars.

**Question 20. Réponse A**

Le président de la République François Hollande (2012-2017) a souhaité regrouper les régions métropolitaines françaises. Ainsi Limousin, Poitou-Charentes et Aquitaine ont fusionné (la région Nouvelle-Aquitaine) ; l'Auvergne et Rhône-Alpes ont fusionné (la région Auvergne - Rhône-Alpes) ; les régions Bourgogne et Franche-Comté ont fusionné (la région Bourgogne - Franche-Comté) ; la Basse-Normandie et la Haute-Normandie ont fusionné (la région Normandie) ; la Picardie et le Nord - Pas de Calais ont fusionné (la région Hauts-de-France) ; l'Alsace, Champagne-Ardennes, et la Lorraine ont fusionné (la région Grand-Est) et enfin Midi-Pyrénées et Languedoc-Roussillon ont fusionné (la région Occitanie). Les régions Provence-Alpes-Côte d'Azur, Ile-de-France, Pays de la Loire, Centre - Val de Loire, la Corse, la Bretagne et les régions d'Outre-mer n'ont pas vu leur périmètre évoluer.
Ainsi, la Nouvelle-Aquitaine est la première région agricole en France, avec un peu plus de 6 milliards d'euros de PIB agricole, en raison aussi de sa superficie : c'est la première région de France, avec 84 061 km$^2$.

**Question 21. Réponse A**

Le glyphosate est un produit phytosanitaire controversé, son interdiction au sein de l'Union européenne est prévue pour 2023. Le gouvernement français est engagé dans le processus de sortie du glyphosate, avec un objectif d'ici 2022 : diminuer de 50 % l'utilisation du glyphosate en France.

**Question 22. Réponse C**

L'ONU est contestée quant au droit de veto qui donne des pouvoirs absolus aux cinq membres permanents (Chine, Russie, États-Unis, France et Royaume-Uni), ce qui est contradictoire au principe d'égalité des États membres. De plus, l'ONU a montré des limites dans sa politique de maintien de la paix dans le monde, comme au Rwanda en 1994 et en Syrie actuellement.

**Question 23. Réponse A**

Dopée par les hydrocarbures de schiste, la production américaine a dépassé en 2015 celle de l'Arabie Saoudite, selon les statistiques annuelles de BP. Une première depuis 1975, qui confirme la perte de vitesse de l'Organisation des pays exportateurs de pétrole (OPEP), selon les observateurs.

**Question 24. Réponse C**

Le Royaume-Uni étant parti officiellement le 1er février 2020, l'Union européenne comptait encore 28 États-membres au 1er janvier 2020. D'autres pays sont en phase de négociations tels que le Kosovo, la Macédoine du Nord, l'Albanie ou encore la Bosnie-Herzégovine.

**Question 25. Réponse B**

Mardi 22 juin 2021, le Conseil d'État a suspendu les modalités de calcul de l'allocation qui devaient entrer en vigueur le 1er juillet. En l'état actuel, il n'y a pas « d'éléments suffisants permettant de considérer que les conditions du marché du travail sont (...) réunies pour atteindre l'objectif d'intérêt général poursuivi », affirme le Conseil d'État. Une allusion aux principes fondamentaux de la réforme, tels qu'ils sont énoncés depuis la mi-2019.

**Question 26. Réponse D**

La crise du Covid-19 fait exploser les dettes publiques partout dans le monde. Au Japon, cette dette est estimée, selon les sources, entre 238 % et 250 % du PIB. Cependant, il s'agit d'une dette soutenable car, à la différence de la France, le Japon, qui se prête à lui-même via sa propre monnaie, ne dépend ni du FMI ni d'une autre banque régionale ou mondiale.

**Question 27. Réponse B**

L'amende forfaitaire de 200 euros avec inscription au casier judiciaire qui punit l'usage de drogue, et qui vise particulièrement les consommateurs de cannabis, est entrée en vigueur le 1er septembre 2020, après avoir été une promesse de campagne du candidat Macron.

**Question 28. Réponse B**

C'est après la défaite de celle-ci à Leipzig en 1813 que la Suisse proclame sa neutralité, qui est reconnue du point de vue du droit international public par le Congrès de Vienne, en 1815. Depuis son adhésion à l'ONU en 2002, la Suisse a continuellement renforcé sa représentation et sa visibilité au sein des organisations internationales.

**Question 29. Réponse C**

Créé en 1956 par le magazine *France Football*, ce titre est, à l'origine, attribué au meilleur joueur disposant d'une nationalité européenne évoluant dans un championnat européen. De 1995 à 2006, le ballon d'or est attribué au meilleur joueur évoluant dans un championnat européen sans distinction de nationalité. Depuis 2007, il récompense le meilleur joueur au monde, c'est-à-dire sans distinction de championnat ni de nationalité.

**Question 30. Réponse A**

Créée par le traité de Maastricht en 1992, la Banque centrale européenne (BCE) a été mise en place le 1er juin 1998 à Francfort, en Allemagne. Avec le traité de Lisbonne en 2009 la Banque centrale européenne devient une institution de l'Union européenne, au même titre que la Commission, le Parlement, le Conseil de l'Union, le Conseil européen et la Cour de justice de l'Union européenne.

**Question 31. Réponse B**

Kabiné Komara considère l'eau à la fois comme une ressource indispensable et comme un facteur potentiel de conflit entre les individus et les nations. Plusieurs facteurs y contribuent. D'une part, les réserves mondiales en eau douce sont inégalement distribuées et peu nombreuses et seulement 0,7 % des réserves en eau douce seraient accessibles à l'homme. D'autre part, à l'horizon 2030, le changement climatique, les pressions démographiques sont susceptibles de renforcer les pressions.

**Question 32. Réponse A**

L'agriculture est l'une des causes du bouleversement climatique. Elle est en effet responsable de près d'un quart des émissions mondiales de gaz à effet de serre lorsque l'on prend en compte la déforestation (dont les raisons sont très souvent d'origine agricole). C'est notamment l'élevage, *a fortiori* bovin, qui nécessite le plus d'eau, d'énergie et de fourrages.

**Question 33. Réponse B**

Dès le départ, la maison Balmain prend le contre-pied de la mode fonctionnelle de l'époque en adoptant un style féminin et sophistiqué, ce qui en fait rapidement la coqueluche des célébrités européennes et hollywoodiennes. Olivier Rousteing, le directeur artistique de Balmain depuis 2011, a poursuivi sur cette ligne.

**Question 34. Réponse D**

Après plusieurs années d'attente et de polémique, le bouquet de tulipes de Jeff Koons a été installé dans les jardins du Petit Palais à Paris. « Bouquet of Tulips » est une œuvre en bronze, de 12,62 mètres de haut et 8,35 m de large, pesant 34 tonnes, et représentant une main tenant des tulipes multicolores.

**Question 35. Réponse A**

« Le pouvoir de la jeunesse » est le titre de « une » du magazine américain *Time*. La Suédoise de 16 ans, devenue l'égérie de la lutte contre le changement climatique à travers la planète, est ainsi la plus jeune lauréate de cette distinction, décernée depuis 1927 par le magazine américain.

**Question 36. Réponse B**

Bruno Le Maire a notamment mis en œuvre le fameux « quoi qu'il en coûte » du président Macron. En mars 2020, à l'annonce du grand confinement, Emmanuel Macron a ainsi repris les mots de l'ancien président de la Banque centrale européenne Mario Draghi, crédité du sauvetage de la zone euro en 2012 grâce à cette petite phrase redoutable – « whatever it takes ».

**Question 37. Réponse A**

Le projet de loi pour la confiance dans l'institution judiciaire porté par ce ministre de la Justice et adopté en mai 2021 par l'Assemblée nationale, entend permettre une meilleure connaissance de la justice et son fonctionnement. Il comprend notamment la possibilité de filmer et diffuser les procès, les auditions, les interrogatoires et les confrontations réalisés par le juge d'instruction.

**Question 38. Réponse D**

Ce résultat est à nuancer car les créations d'emploi ont ralenti en mai 2021. Il s'agit d'un signal inquiétant qui vient s'ajouter au ralentissement de la consommation, à la faiblesse de l'inflation et de la hausse des salaires. Dans la foulée d'un plan de 900 milliards de dollars voté fin décembre 2020, l'administration Biden a instigué en mars 2021 une deuxième relance à hauteur de 1 900 milliards de dollars, principalement axée sur les ménages et la hausse des dépenses publiques aux niveaux fédéral et fédéré.

**Question 39. Réponse A**

Depuis 2019, les messages transférés de nombreuses fois sont marqués sur WhatsApp d'une double flèche pour indiquer qu'ils ne proviennent pas d'un contact direct. Depuis aujourd'hui, ce type d'envoi ne peut plus être transféré qu'à une seule discussion à la fois.

**Question 40. Réponse C**

Verlaine et Rimbaud, anciens amants, comptent parmi les plus grands poètes français. Le Panthéon est réservé aux « grands hommes qui ont mérité la reconnaissance nationale ». Mais aucun texte ne détaille les mérites demandés. Toutefois, il existe un critère implicite : on attend une personnalité exemplaire, qui incarne les idéaux de la République.

# RAISONNEMENT & COMPÉTENCES

# PRÉSENTATION DE L'ÉPREUVE

L'épreuve de Raisonnement et Compétences dure 1 heure et comporte 3 parties :

— **Logique générale** avec 15 problèmes à 4 choix multiples, balayant les différents aspects du raisonnement spatial et temporel ;

— **Aptitudes numériques** avec 15 questions à 4 choix multiples balayant les différentes connaissances de base (arithmétique, géométrie, etc.) ;

— **Aptitudes verbales** avec 15 questions à 4 choix multiples balayant les différents aspects de la logique verbale (orthographe, grammaire, questions de culture générale…)

Comme pour l'épreuve d'Enjeux contemporains et de Langues, le barème est très simple : +1 si bonne réponse, 0 si mauvaise réponse ou pas de réponse donnée par le candidat.

## Méthodologie

### I. Soyez vigilant sur la gestion de votre temps

Vous pouvez gérer votre temps ainsi que l'ordre dans lequel vous abordez les sous-épreuves comme bon vous semble. Autrement dit, vous pouvez commencer par la sous-épreuve de votre choix et passer autant de temps que vous voulez sur les différents problèmes et questions qui vous seront proposés.

Soyez très vigilants ! Beaucoup de candidats se cassent les dents au concours SÉSAME car ils passent trop de temps sur une partie plutôt qu'une autre. Il n'est pas rare en effet que des candidats passent 30 ou 40 minutes sur la première partie ne disposant alors ensuite que d'à peine 20 ou 30 minutes pour les deux autres.

Cette erreur est dramatique car il est évident que vous devez parvenir à accorder à chaque partie un temps de résolution suffisant.

Notre conseil : commencez absolument par l'épreuve d'aptitudes numériques. Cette épreuve est en effet composée de questions qui abordent des thèmes qui vous seront toujours familiers. Cette épreuve, bien que difficile (beaucoup de questions sur des thèmes très variés à résoudre en très peu de temps) ne vous réservera pas beaucoup de surprises - contrairement à l'épreuve de logique générale ou d'aptitudes verbales qui réserve chaque année son lot de questions très originales voire quasiment impossibles à traiter.

En commençant par la sous-épreuve d'aptitudes numériques, vous mettez toutes les chances de votre côté et pouvez espérer répondre à un nombre important de questions et assurer ainsi les bases d'une très bonne note à l'épreuve de raisonnement & compétences. Pour information, beaucoup de nos étudiants à Aurlom parviennent à traiter 12 ou 13 questions sur les 15 proposées. Concernant le temps à passer sur cette sous-épreuve, nous vous conseillons d'y consacrer 25 minutes, ET PAS UNE DE PLUS.

Passez ensuite à l'épreuve d'aptitudes verbales. Comme vous le verrez, cette épreuve ne s'improvise pas. C'est ou on connaît, ou on connaît pas ! Passez-y entre 10 et 15 minutes.

Terminez enfin par l'épreuve de logique générale et passez-y entre 20 et 25 minutes. Particulièrement déroutante avec son lot de questions « bizarres », mieux vaut ne pas commencer par cette épreuve au risque de vous torturer l'esprit. Mais rassurez-vous toutefois, il y aura aussi beaucoup de questions que vous réussirez à traiter sans trop de difficultés.

Une remarque importante : si au bout de 20 secondes, aucune idée / piste / méthode / astuce ne vous saute aux yeux, passez ! Il y a de fortes chances que vous trouviez ensuite sur votre chemin d'autres questions que vous réussirez à résoudre en quelques secondes.

## II. Seules les bonnes réponses sont prises en compte

Cela signifie que vous devez absolument prendre 2 minutes en fin d'épreuve (autrement dit au moment où on vous dit qu'il vous reste 2 ou 3 minutes) pour vous assurer que vos grilles sont parfaitement remplies et que vous avez donc coché une réponse pour chacune des 45 questions.

Comprenez bien en effet que les réponses fausses ne pénaliseront pas votre score final et que vous pouvez donc tout à fait envisager de répondre au hasard aux questions que vous n'aurez pas eu le temps ou réussi à traiter.

Notre conseil : pour les épreuves de logique générale et d'aptitudes verbales (plus que pour l'épreuve d'aptitudes numériques), il vous arrivera souvent d'avoir un peu de feeling pour telle ou telle réponse. Aussi, quand vous n'avez pas réussi à traiter une question mais que votre cœur balance quand même pour une réponse en particulier, lancez-vous et répondez au hasard. Pour toutes les autres questions, celles pour lesquelles vous n'avez alors vraiment aucune intuition, répondez au hasard en oubliant pas de toujours choisir la même lettre ! Répondez toujours la réponse A ou toujours la réponse B, C ou D. En effet, statistiquement parlant, vous aurez ainsi plus de chance de grappiller ici et là quelques bonnes réponses supplémentaires.

### 3. N'oubliez pas que vous allez passer un concours

Comme l'on vous a prévenu, l'épreuve de logique est difficile et déstabilisante. Difficile car le nombre de notions convoquées est très varié et surtout parce que vous ne disposez que de très peu de temps pour traiter les problèmes et questions qui vous sont posées.

Si durant l'épreuve, certaines questions vous paraissent difficiles, incompréhensibles, louches, bizarres, infaisables... pas de panique ! Car il est en effet sûr et certain que 98 % des autres candidats les trouvent tout aussi infaisables.

Dans un concours, ce n'est pas tant répondre juste à un maximum de questions qui compte mais de répondre justes à plus de questions que vos adversaires.

Notre conseil : quand vous rencontrerez une question difficile ou infaisable, ne baissez jamais les bras, respirez un bon coup et dites-vous que vous n'êtes vraiment pas le seul à vivre ce grand moment de solitude. Respirez donc profondément, souriez, et battez-vous !!!

### 4. Entraînez-vous jusqu'à plus soif !

Que les choses soient claires, plus vous vous entraînerez et meilleures seront vos chances de réussite à l'épreuve de logique du concours SÉSAME. L'expérience montre clairement qu'en s'exerçant sur des dizaines et dizaines de questions, on rencontre un nombre de cas très varié, on gagne beaucoup de confiance en soi et on apprend surtout à être plus rapide et à mieux gérer son temps.

1

# TEST 1
# ÉNONCÉS

**45 QUESTIONS - 1 HEURE**

### Question 1

Quel motif complète cette double série « aérienne » :
NA, UV, AI, GO, ... ?

- ☐ (A) EN
- ☐ (B) HN
- ☐ (C) FS
- ☐ (D) TU

### Question 2

Quel terme complète cette suite :
AQ, EN, IK, MH, ... ?

- ☐ (A) PF
- ☐ (B) QF
- ☐ (C) QE
- ☐ (D) RE

### Question 3

634151 est à COLERE, ce que 164351 est à :

- ☐ (A) ERCOLE
- ☐ (B) COLERE
- ☐ (C) CREOLE
- ☐ (D) ECLORE

### Question 4

Par quel adverbe peut-on remplacer « concomitamment » ?

- ☐ (A) Simultanément
- ☐ (B) Sincèrement
- ☐ (C) Étonnamment
- ☐ (D) Certainement

### Question 5

Quel terme complète cette suite de permutations :
SCORE, ROECS, CESOR, OSREC, ... ?

- ☐ (A) CSOER
- ☐ (B) ERCSO
- ☐ (C) SORCE
- ☐ (D) ORSEC

### Question 6

Compléter la suite logique suivante :
JaNVieR = 10142218, FeVRieR = 6221818, MaRS = 131819, ... ?

- ☐ (A) AvRIl = 2212
- ☐ (B) AvRIl = 1189
- ☐ (C) aVRiL = 11812
- ☐ (D) aVRiL = 221812

### Question 7

Tom et Emma sont frère et sœur. Tom a deux fois plus de frères que de sœurs. Emma, quant à elle, a trois fois plus de frères que de sœurs. Combien d'enfants y a-t-il dans la famille ?

- ☐ (A) 13
- ☐ (B) 5
- ☐ (C) 7
- ☐ (D) 10

### Question 8

Supposons que la Terre soit une sphère parfaite. On y dessine l'Équateur, le tropique du Cancer, celui du Capricorne (qui sont des parallèles de l'Équateur), ainsi que les 24 méridiens correspondant aux fuseaux horaires théoriques. Combien de périmètres de cette sphère a-t-on alors tracés ?

- ☐ (A) 12
- ☐ (B) 13
- ☐ (C) 15
- ☐ (D) 25

1

### Question 9

Un carreleur a commencé à poser les carreaux dans une pièce rectangulaire dont les dimensions en longueur et en largeur correspondent parfaitement à un nombre entier de carreaux. Le schéma ci-dessous représente les carreaux posés à la mi-journée, soit après 3 h 20 de travail. En sachant qu'il doit couvrir l'ensemble de la pièce et qu'il va travailler à la même vitesse, dans combien de temps aura-t-il terminé ?

- ☐ (A) 3 h 52
- ☐ (B) 5 h 52
- ☐ (C) 6 h 16
- ☐ (D) 8 h 32

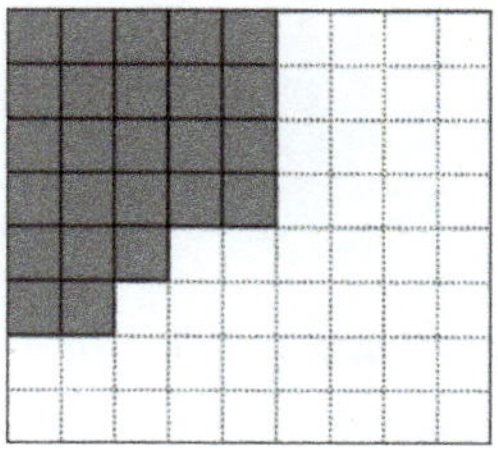

### Question 10

Que vaut : $(x - 1)^3 - (x - 1)^2$ ?

- ☐ (A) $x^3 - 4x^2 + 5x - 2$
- ☐ (B) $x^3 - 2x^2 + 2x - 1$
- ☐ (C) $x - 1$
- ☐ (D) $x^3 - 4x^2 + 6x - 3$

### Question 11

La moyenne de 6 nombres est 9. Quatre de ces nombres sont 2, 7, 9 et 14. Quelle est la moyenne des 2 nombres restants ?

- ☐ (A) 11
- ☐ (B) 6,5
- ☐ (C) 7,5
- ☐ (D) 8

### Question 12

Parmi les propositions suivantes, laquelle est correcte ?

- ☐ (A) Cet haéropage de chercheurs a fait de brillantes découvertes
- ☐ (B) Cet aéropage de chercheurs a fait de brillantes découvertes
- ☐ (C) Cet aeraupage de chercheurs a fait de brillantes découvertes
- ☐ (D) Cet haeraupage de chercheurs a fait de brillantes découvertes

### Question 13

Gérald a eu ses cinq notes de partiels : 8 ; 9 ; 11 ; 12 et 14. Le coefficient de la note de mathématiques est de 2 et toutes les autres notes ont un coefficient de 1. Sa moyenne générale pondérée est de 11. Quelle est sa note de mathématiques ?

- ☐ (A) 8
- ☐ (B) 9
- ☐ (C) 11
- ☐ (D) 12

### Question 14

Parmi les mots suivants, quel est l'intrus ?

- ☐ (A) Penser
- ☐ (B) Croire
- ☐ (C) Estimer
- ☐ (D) Douter

### Question 15

Bien (...) de traduire un ouvrage rempli de termes professionnels et militaires de façon (...) l'esprit du texte, le traducteur du livre *Et après moi, le déluge !* (...). Il semble donc que le lecteur de cette traduction ressentira une impression (...) celle ressentie par le lecteur de la version originale.

- ☐ (A) qu'il soit presque impossible / à ne rien perdre de / n'est pas parvenu à le faire / différente de
- ☐ (B) qu'il n'y ait rien de plus facile que / à ne presque rien préserver de / n'est pas tombé dans ce piège / totalement différente de
- ☐ (C) qu'il soit difficile / à préserver non seulement le contenu mais également / est parvenu à le faire / fort similaire à
- ☐ (D) qu'il soit très important / à ne rien perdre de / s'est efforcé dans ce sens / similaire à

### Question 16

Parmi les propositions suivantes, laquelle est incorrecte ?

- ☐ (A) Depuis quelques jours, il ne prononçait que des paroles aigres-douces
- ☐ (B) Le cycliste, épuisé, abandonna la course à l'avant-dernière montée
- ☐ (C) Elle a acheté deux robes magnifiques, jaunes pâles
- ☐ (D) Elle a aperçu des tuniques vert pomme dans la vitrine

### Question 17

Si PORTE-MONNAIE vaut 35, ALLUME-FEU vaut 18, ALLUME-CIGARE vaut 36 et COW-BOY vaut 9, combien vaut PARE-BRISE ?

- ☐ (A) 16
- ☐ (B) 20
- ☐ (C) 25
- ☐ (D) 28

### Question 18

Complétez la suite logique suivante : 3, 7, 16, 35, 74, ...

- ☐ (A) 151
- ☐ (B) 153
- ☐ (C) 155
- ☐ (D) 157

### Question 19

Compléter cette égalité : XXI × ??? = CCXXXI.

- ☐ (A) XI
- ☐ (B) IX
- ☐ (C) VIII
- ☐ (D) XXI

### Question 20

Sachant que les bougies d'Adrien et de Bruno ont la même taille, que celles de Bruno et de Claire ont la même couleur, que celles de Claire et Matthieu n'ont pas la même couleur, et enfin, que celles de Matthieu et d'Adrien ont la même couleur. Quelle est la bougie de Greg ?

- ☐ (A) Bougie 1
- ☐ (B) Bougie 2
- ☐ (C) Bougie 3
- ☐ (D) Bougie 4

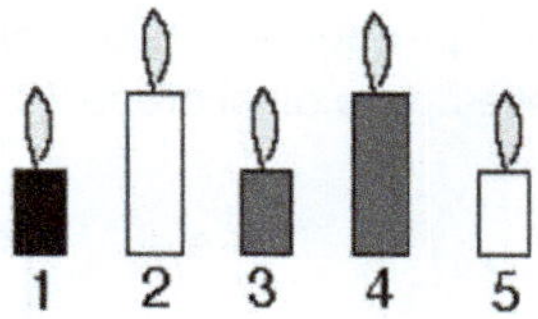

### Question 21

Quel nombre complète logiquement cette série :
2 678 ; 81 315 ; 9 446 ; 13 810 ; ... ?

- ☐ (A) 41 191
- ☐ (B) 4 191
- ☐ (C) 41 091
- ☐ (D) 41 110

### Question 22

Calculer la valeur de $z$, connaissant les relations suivantes :

$$\begin{cases} 3x + 4y + z = 9 \\ x - 4y - 2z = 12 \\ x - 2y - z = 7 \end{cases}$$

- ☐ (A) −13
- ☐ (B) −6
- ☐ (C) 2
- ☐ (D) 4

### Question 23

Quel est le résultat de : $\dfrac{x^4 - 1}{x^2 - 1}$ ?

- ☐ (A) $1 + x^2$
- ☐ (B) $1 - x^2$
- ☐ (C) $x^2 - 1$
- ☐ (D) $-1 - x^2$

### Question 24

Sur ce cube en lignes épaisses, on découpe chacun des 8 sommets du cube selon les lignes fines (qui coupent les arêtes en leur milieu). Combien de sommets comptera la nouvelle figure ainsi créée ?

- ☐ (A) 8
- ☐ (B) 10
- ☐ (C) 12
- ☐ (D) 16

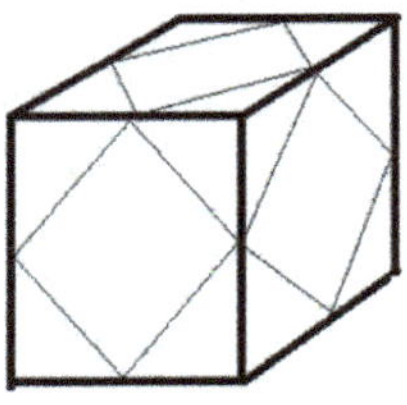

## Question 25

À exactement 5 minutes et 27 secondes après 13 h, les aiguilles des heures et des minutes de votre montre sont parfaitement l'une sur l'autre. Quelle heure sera-t-il la prochaine fois que les 2 aiguilles seront à nouveau parfaitement coïncidentes ?

- ☐ (A) 14 h 5 min 27 s
- ☐ (B) 14 h 10 min 54 s
- ☐ (C) 14 h 16 min 21 s
- ☐ (D) 18 h 30 min 0 s

## Question 26

En remplaçant les lettres S, I et M par des chiffres distincts, quelles sont les valeurs respectives de S, I et M permettant de rendre vraie l'égalité suivante :
S I M = (S + I + M) × S × I × M

- ☐ (A) 1, 2, 3
- ☐ (B) 1, 3, 5
- ☐ (C) 2, 1, 5
- ☐ (D) 2, 4, 5

## Question 27

Parmi les citations suivantes, quelle est celle que l'on peut classer comme un « chiasme » (figure de style) ?

- ☐ (A) « Absence de preuve n'est pas preuve d'absence »
- ☐ (B) « Petit-Poucet rêveur, j'égrenais dans ma course ? Des rimes » (A. Rimbaud)
- ☐ (C) « Rodrigue, as-tu du cœur ? » (P. Corneille)
- ☐ (D) « Elle se hâte avec lenteur » (J. de la Fontaine)

## Question 28

Parmi les propositions suivantes, inspirées de *Lettre ouverte aux Français* de Denise Bombardier, laquelle est correcte ?

- ☐ (A) Mes amis français juraient jadis que ce type d'émissions populaires n'aterrirez jamais en France
- ☐ (B) La mentalité et la culture françaises ne la tolérerez pas, prétendaient-ils
- ☐ (C) Le service public se définirait désormais comme un commerce de transcription de cassettes
- ☐ (D) Ou vous ête américanisés dans votre comportement, ou la compétition a entrainé une baisse de qualité

## Question 29

Parmi les propositions suivantes, inspirées d'*Or dans la nuit* de Giraudoux, laquelle est correcte ?

- ☐ (A) Il y eu d'abord la paix : les lecteurs commençaient à savoir lire
- ☐ (B) Ils avaient eut trois maîtres d'école : Jules Renard qui leur avait appris à épeler
- ☐ (C) Maurice Barrès les approchait de la poésie en leur recommandant de se tenir par des cordes
- ☐ (D) Colette enfin, loge les vertus et les défauts à peine nés dans des âmes qu'ils ronge

## Question 30

Parmi les propositions suivantes, laquelle n'évoque pas un discours inintelligible ?

- ☐ (A) Un amphigouri
- ☐ (B) Une galimacée
- ☐ (C) Un charabia
- ☐ (D) Un embrouillamini

## Question 31

Dans cette phrase extraite de *Mirage* de Thomas Mann : « Rosalie connaissait cette douloureuse expérience de sa fille et en eût été informée même si ... celle-ci n'était venue un jour ... verser dans son giron des larmes amères sur ce qu'elle appelait sa honte. » Quel est le temps utilisé pour le verbe « informer » ?

- ☐ (A) L'imparfait du subjonctif de la forme passive
- ☐ (B) Le passé antérieur de l'indicatif de la forme passive
- ☐ (C) Le plus-que-parfait du subjonctif de la forme passive
- ☐ (D) Le présent du conditionnel de la forme passive

## Question 32

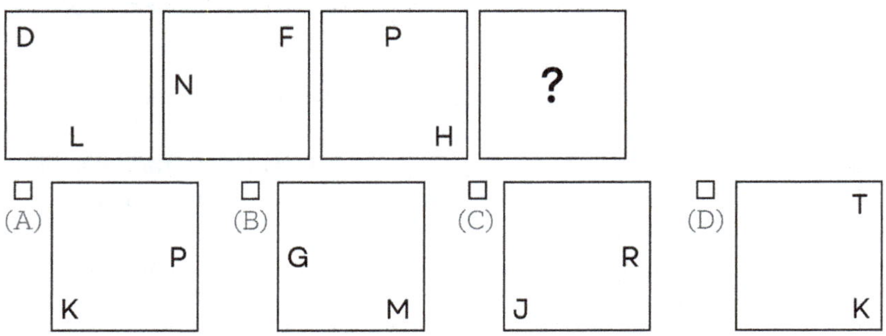

## Question 33

Quel terme complète la suite logique suivante :
U14, 4EU24, 2018OI19, 17UA2018E, ...?

- ☐ (A) 14E17U246519
- ☐ (B) 13A1838E
- ☐ (C) 19E1620
- ☐ (D) 3I1417

## Question 34

Compléter cette suite :
CABCAAC, ACCABCA, CAACCAB, ABCAACC, ...

- ☐ (A) ACBACCA
- ☐ (B) BACCAAC
- ☐ (C) CCABCAA
- ☐ (D) CACCABA

## Question 35

| | | | | |
|---|---|---|---|---|
| | FG | | | |
| | MN | | | |
| YI | ? | OC | EJ | GL |
| | JH | | | |
| | ZW | | | |

- ☐ (A) KX
- ☐ (B) AV
- ☐ (C) LR
- ☐ (D) EW

## Question 36

Quel nombre remplace logiquement le point d'interrogation ?

- ☐ (A) 11
- ☐ (B) 33
- ☐ (C) 36
- ☐ (D) 43

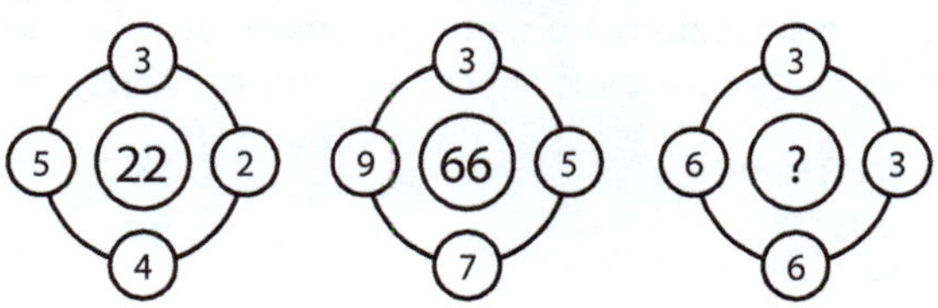

## Question 37

Soit un groupe de dix personnes dont la moyenne d'âge est de 23 ans et 8 mois. Un couple de jumelles les rejoint et cette moyenne tombe à 21 ans et 7 mois. Quel est l'âge des jumelles ?

- ☐ (A) 10 ans et 6 mois
- ☐ (B) 10 ans et 10 mois
- ☐ (C) 11 ans et 2 mois
- ☐ (D) 11 ans et 6 mois

## Question 38

Combien au maximum peut-on compter de triangles de toutes dimension, taille et forme au maximum dans la forme suivante ?

- ☐ (A) 25
- ☐ (B) 30
- ☐ (C) 35
- ☐ (D) 40

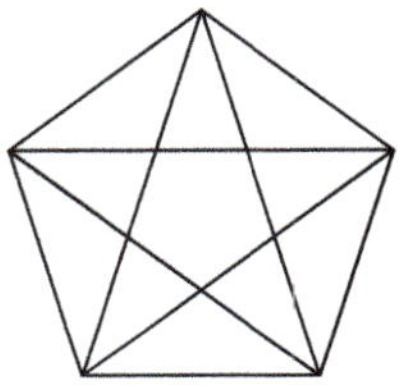

## Question 39

Le plan de ce musée indique le nombre de personnes présentes dans chacune des douze salles. Un agoraphobe n'a le temps de visiter que six salles et veut croiser le moins possible de personnes. Combien devra-t-il en voir au minimum ?

- ☐ (A) 29
- ☐ (B) 30
- ☐ (C) 31
- ☐ (D) 32

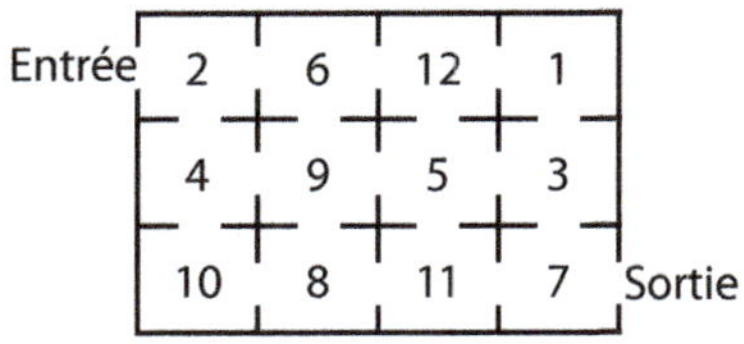


## Question 40

Supposons le processus de sélection suivant : à l'étape une, le tiers des candidats est éliminé ; à l'étape deux, c'est la moitié des candidats restants qui est éliminée ; à l'étape trois, les deux-tiers et à l'étape quatre, le quart. Quel pourcentage de candidats passeront avec succès les quatre étapes de sélection ?

- ☐ (A) 8,33 %
- ☐ (B) 9 %
- ☐ (C) 12,5 %
- ☐ (D) 15 %

## Question 41

Un rectangle R est quatre fois plus long que large. Un carré C a la même aire que R. Que vaut le rapport entre les périmètres de R et C ?

- ☐ (A) 1,25
- ☐ (B) 0,80
- ☐ (C) 1
- ☐ (D) 1,20

## Question 42

Dans cette phrase extraite de *Ça* de S. King : « nous l'avons repoussé jusqu'au fond de sa tanière, parmi ses tunnels et ses hypogées puants », quelle est la signification du mot « hypogées » ?

- ☐ (A) Construction souterraine servant souvent de tombes
- ☐ (B) Latrines dites à la turque
- ☐ (C) Couloirs profonds creusés à flan de montagne
- ☐ (D) Dédale de canalisations entremêlées

## Question 43

Parmi les propositions suivantes, laquelle est correcte ?

- ☐ (A) Candide avait un visage amène, c'est-à-dire agréable et charmeur
- ☐ (B) Candide avait un visage amène, c'est-à-dire mince et pointu
- ☐ (C) Élise et Louise se détestaient et échangeaient souvent des propos amènes
- ☐ (D) Louise était décrite comme amène, c'est-à-dire hargneuse

## Question 44

Qu'est-ce qu'une attitude « velléitaire » ?

- ☐ (A) Qui a du mal à prendre une décision, très hésitante
- ☐ (B) Très vindicative, combattive
- ☐ (C) Très bavarde
- ☐ (D) Excentrique

## Question 45

Parmi les propositions suivantes, laquelle est correcte ?

- ☐ (A) À l'instare de ses ancêtres, il reprendra l'entreprise familiale
- ☐ (B) À l'instar de ses ancêtres, il reprendra l'entreprise familiale
- ☐ (C) À la star de ses ancêtres, il reprendra l'entreprise familiale
- ☐ (D) À l'unstare de ses ancêtres, il reprendra l'entreprise familiale

# TEST 1 CORRIGÉS

**Question 1. Réponse A**

Il suffit de remarquer que lorsqu'on juxtapose les premières lettres de chaque élément de la suite on forme le mot NUAG**(E)**. De la même manière, avec les deuxièmes lettres on forme le mot AVIO**(N)**.
L'élément manquant de la série est donc le groupe de lettres EN.

**Question 2. Réponse C**

Concentrez-vous sur le rang des lettres. Le rang de la première lettre augmente de 4 : A (1), E (5), I (9), M (13). Le rang de la seconde en revanche diminue de 3 : Q (17), N (14), K (11), H (8). Par conséquent, le terme qui complète la suite est M + 4, H - 3 soit QE.

**Question 3. Réponse D**

| | |
|---|---|
| 6 3 4 1 5 1 | 1 6 4 3 5 1 |
| C O L E R E | E C L O R E |

À chaque lettre est attribué un chiffre. Dans COLERE, le C est attribué au 6. Le O à 3, le L à 4, le E à 1 et enfin le R à 5. Les lettres du mot à trouver se voient donc attribuer la même codification. C'est ECLORE qui correspond à ce code. Réponse D !

**Question 4. Réponse A**

Concomitant, du latin « concomitare » voulant dire « accompagné de », désigne un événement qui se produit en même temps qu'un autre. La réponse A, « simultanément », en est un parfait synonyme.

**Question 5. Réponse B**

À chaque étape les lettres subissent une permutation : la première devient la dernière, la seconde devient la quatrième, la troisième la seconde, la quatrième la première et enfin la cinquième devient la troisième.

| | | |
|---|---|---|
| S C O R E | devient | R O E C S |
| 1 2 3 4 5 | | 4 3 5 2 1 |
| R O E C S | devient | C E S O R |
| 1 2 3 4 5 | | 4 3 5 2 1 |
| C E S O R | devient | O S R E C |
| 1 2 3 4 5 | | 4 3 5 2 1 |
| O S R E C | devient | E R C S O |
| 1 2 3 4 5 | | 4 3 5 2 1 |

Ainsi le terme qui complète cette suite est ERCSO.

### Question 6. Réponse D

Cette suite comporte deux logiques à déterminer pour arriver au bout de l'exercice. La plus évidente étant l'écriture des consonnes de chaque mot en majuscule et des voyelles en minuscule. Par ailleurs, on note également que le nombre à droite de chaque égalité est obtenu en juxtaposant le rang alphabétique de toutes les consonnes qui composent le mot. D'où l'intérêt, nous le rappelons, de bien connaître le rang des lettres sur le bout des doigts. Avec un peu d'entraînement vous verrez que, assez rapidement, vous les retiendrez par cœur et vous pourrez ainsi impressionner vos amis et votre famille.

### Question 7. Réponse A

Commençons par introduire des notations :
Soient G le nombre de garçons et F le nombre de filles.
Traduisons successivement les données de l'énoncé sous forme d'équation.
On sait que Tom a deux fois plus de frères que de sœurs. Par conséquent on peut écrire que :
$G - 1 = 2 \times F \quad (1)$

**REMARQUE :**
Il est important de ne pas oublier de soustraire 1 à G pour prendre en compte le nombre de frères de Tom et non le nombre total de garçons.

Par ailleurs, l'énoncé nous indique qu'Emma a trois fois plus de frères que de sœurs, d'où :
$G = 3 \times (F - 1) \quad (2)$
En injectant dans l'équation (1) l'expression de G en fonction de F obtenue en équation (2) on obtient :
$3(F - 1) - 1 = 2F \Leftrightarrow 3F - 3 - 1 = 2F \Leftrightarrow F = 4$ d'où $G = 3 \times (4 - 1) = 9$.
Finalement, il y a donc 4 filles et 9 garçons, soit 13 enfants au total.

### Question 8. Réponse B

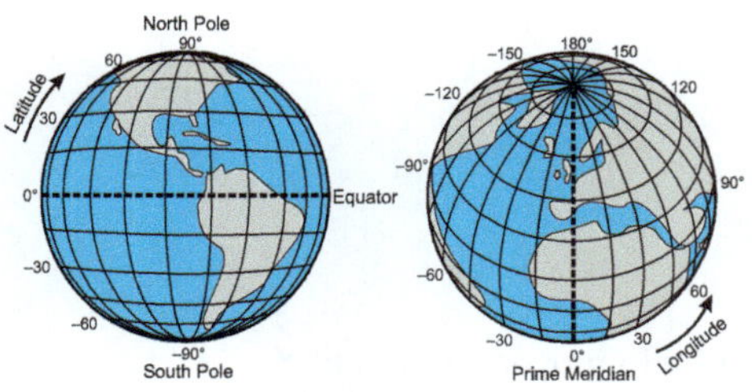


Le tropique du Cancer est l'un des cinq parallèles principaux indiqués sur les cartes terrestres. Il s'agit du parallèle de 23° 26′ 12.555″ de latitude nord, la latitude la plus septentrionale sur laquelle il est possible d'apercevoir le Soleil directement au zénith, lors du solstice de juin. Le tropique du Capricorne est l'autre des deux tropiques et l'un des cinq parallèles principaux indiqués sur les cartes terrestres. Ces deux tropiques sont donc plus petits que l'équateur et ne sont donc pas des périmètres (i.e. des circonférences) de la sphère terrestre. Sachant que les 24 fuseaux horaires forment 12 périmètres, on compte donc au total 12 (ceux des fuseaux horaires) + 1 (celui de l'équateur) = 13 périmètres.

**Question 9. Réponse C**

Vous savez que le carreleur a posé vingt-cinq carreaux en trois heures et vingt minutes, soit $3 \times 60 + 20 = 200$ minutes. Le carreleur pose donc un carreau toutes les 8 minutes $\left(\frac{200}{25}\right)$.

Vous déduisez ensuite du schéma que la pièce sera recouverte de soixante-douze carreaux (neuf lignes × huit colonnes).

Étant donné qu'il en a déjà posé vingt-cinq, il lui reste $72 - 25 = 47$ carreaux à poser. Il lui faudra donc $47 \times 8 = 376$ minutes, que vous convertissez en heures. Soit six heures et seize minutes pour terminer ($376 = 6 \times 60 + 16$).

**Question 10. Réponse A**

$A = (X - 1)^3 - (X - 1)^2$

$A = (X - 1)(X - 1)^2 - (X - 1)^2$

$A = (X - 1)(X^2 - 2X + 1^2) - (X - 1)^2$

$A = (X - 1)(X^2 - 2X + 1 - X + 1)$

$A = (X - 1)(X^2 - 3X + 2)$

$A = X \times X^2 - 3X \times X + 2 \times X - 1 \times X^2 - 1 \times -3X - 1 \times 2$

$A = X^3 - 3X^2 + 2X - X^2 + 3X - 2$

$A = X^3 - 4X^2 + 5X - 2$

Réponse A !

**Question 11. Réponse A**

L'énoncé vous apprend que la moyenne arithmétique de six nombres est égale à neuf, en ne vous en donnant toutefois que quatre.

La première étape consiste donc à exprimer X et Y, les deux nombres manquants, par le biais des informations données dans l'énoncé.

La formule de la moyenne arithmétique nous donne :

$$\frac{X + Y + 2 + 7 + 9 + 14}{6} = 9$$

Soit : $\frac{X + Y + 32}{6} = 9$

Soit encore : $X + Y + 32 = 9 \times 6$

Soit encore : $X + Y + 32 = 54$

Soit encore : $X + Y = 54 - 32$

Donc : $X + Y = 22$

Il ne vous reste plus désormais qu'à calculer la moyenne de X et Y.

Vous obtenez ainsi : $\frac{X + Y}{2} = 11$

Ainsi, la moyenne des deux nombres restant est 11.

**Question 12. Réponse B**

Qu'est-ce qu'un aréopage ? Du grec « areios pagos », correspond à la colline d'Arès en Grèce, qui domine l'agora d'Athènes. Par extension, il s'agit d'une réunion de gens compétents et instruits.

**Question 13. Réponse D**

Vous savez que seule la note de mathématiques est coefficient 2 et que la moyenne arithmétique de ses notes est 11. Vous pouvez donc calculer sa moyenne en insérant X, sa note en mathématiques.

$$\frac{8 + 9 + 11 + 12 + 14 + X}{6} = 11 \Leftrightarrow 8 + 9 + 11 + 12 + 14 + X = 6 \times 11$$

Soit encore : $54 + X = 66 \Leftrightarrow X = 66 - 54 = 12$
Ainsi, sa note en mathématiques est 12.

**Question 14. Réponse D**

Comment répondre à cette question ?
Il s'agit de déterminer un champ lexical. Il semblerait que « penser », « croire », « estimer » appartiennent à ce même champ lexical, celui de la conviction, d'un début de certitude. Quant à « douter », il semble exprimer l'inverse, et évoque plutôt la remise en question.

**Question 15. Réponse C**

**Question 16. Réponse C**
Analysons ensemble les réponses fausses en appliquant la règle :
A. « (...) des paroles aigres-douces... » : adjectif + adjectif = les deux mots s'accordent.
B. « (...) à l'avant-dernière montée... » : mot invariable + nom = seul le nom s'accorde.
C. « (...) deux robes magnifiques, jaune pâle... » : la couleur est exprimée par deux adjectifs = aucun des adjectifs ne s'accorde.
D. « Elle a aperçu des tuniques vert pomme... » : la couleur est exprimée par un fruit, aucun des deux ne s'accorde.

**Question 17. Réponse B**

On remarque que la valeur du mot est obtenue en multipliant le nombre de lettres de la 1re et de la 2e partie du mot.

Exemple :
PORTE (*5 lettres*) - MONNAIE (*7 lettres*) → $5 \times 7 = 35$
Ainsi,
PARE (*4 lettres*) - BRISE (*5 lettres*) → $4 \times 5 = 20$
Le mot PARE-BRISE vaut donc 20.

**Question 18. Réponse B**

Chaque nombre est obtenu en multipliant le nombre précédent par 2 puis en ajoutant 1 pour le $2^{e}$ nombre puis 2 pour le $3^{e}$, etc.

**3 - 7 - 16 - 35 - 74**

**7** = 2 × **3** + 1

**16** = 2 × **7** + 2

**35** = 2 × **16** + 3

**74** = 2 × **35** + 4

Le sixième nombre de la série correspondant au nombre que l'on recherche vaut donc :

**153** = 2 × **74** + 5

**Question 19. Réponse A**

Pour résoudre ce problème il est nécessaire de comprendre que les lettres utilisées dans l'opération mathématique représentent des chiffres romains.

**RAPPEL :**

| Chiffres romains | I | V | X | L | C | D | M |
|---|---|---|---|---|---|---|---|
| Nombre associé | 1 | 5 | 10 | 50 | 100 | 500 | 1 000 |

Réécrivons cette équation avec une numérotation classique :

XXI × ??? = CCXXXI ⇔ 21 × ??? = 231

Le nombre recherché vaut donc 231/21 = 11.

**Question 20. Réponse A**

On sait d'une part que les bougies de Bruno et Claire ont la même couleur. En observant la figure, on en déduit qu'il ne peut s'agir que des bougies de couleur blanche ou grise.

On sait d'autre part que les bougies de Matthieu et d'Adrien ont la même couleur. De même, on peut en conclure que leurs bougies sont soit de couleur blanche soit de couleur grise.

En d'autres termes, la bougie de couleur noire ne peut donc appartenir à aucun des quatre personnages cités précédemment. La bougie de Greg est donc celle de couleur noire, comme indiqué dans la réponse A.

**Question 21. Réponse A**

Voici une logique inédite. Les chiffres de chaque nombre sont obtenus en additionnant deux à deux les chiffres du nombre précédent. Ainsi, dans 81 315, 8 = 2 + 6 de 2 678. 13 = 6 + 7 et 15 = 7 + 8.

Le dernier nombre qui complète cette série est donc : 1 + 3 / 3 + 8 / 8 + 1 / 1 + 0 = 41 191.

## Question 22. Réponse A

Ceci est une question purement calculatoire où il est question de résoudre un système de trois équations indépendantes à 3 inconnues.
Revenons à la méthode de résolution d'un tel système. Dans la plupart des cas, il sera plus judicieux d'utiliser la méthode de combinaison linéaire. Le principe est de faire des combinaisons de lignes de sorte à faire disparaître une ou plusieurs inconnues du système.
Nous avons donc affaire au système suivant :

$$\begin{cases} 3x + 4y + z = 9 & (1) \\ x - 4y - 2z = 12 & (2) \\ x - 2y - z = 7 & (3) \end{cases}$$

Après observation, on remarque que si l'on additionne la ligne (1) avec la ligne (2) l'inconnue **y** disparaît. En effet,
$(1) + (2) \Rightarrow 3x + 4y + z - 4y - 2z = 9 + 12 \Rightarrow 4x - z = 21$
De même, si l'on additionne deux fois la ligne (3) à la ligne (1), on fait également disparaître l'inconnue *y*. En effet,
$(1) + 2 \times (3) \Rightarrow 3x + 4y + z + 2x - 4y - 2z = 9 + 2 \times 7 \Rightarrow 5x - z = 23$
On se retrouve alors avec un système de deux équations à deux inconnues, plus simple à résoudre :

$$\begin{cases} 4x - z = 21 & (1) \\ 5x - z = 23 & (2) \end{cases}$$

Nous avons donc le choix entre la méthode de résolution par substitution et la méthode de résolution par combinaison linéaire. Pour mettre en pratique ce que nous venons de voir plus haut, et par soucis de rapidité nous opterons pour la deuxième méthode.
En soustrayant la ligne (1) à la ligne (2), on fait disparaître l'inconnue **z**, ce qui nous permet de trouver la valeur de **x** par la suite. En effet,
$(2) - (1) \Rightarrow 5x - z - (4x - z) = 23 - 21 \Rightarrow x = 2$
Enfin, en remplaçant la valeur de **x** par 2 dans l'équation (1) on obtient la valeur de l'inconnue **z** :
$4 \times 2 - z = 21 \Rightarrow z = 8 - 21 \Rightarrow z = -13$

## Question 23. Réponse A

Le meilleur moyen pour venir à bout de cet exercice rapidement est de factoriser le numérateur en utilisant la troisième identité remarquable.

**RAPPEL :**
**Identités remarquables**
Soient deux réels *a* et *b*.
$(a + b)^2 = a^2 + 2ab + b^2$
$(a - b)^2 = a^2 - 2ab + b^2$
$(a - b) \times (a + b) = a^2 - b^2$

$$\frac{x^4 - 1}{x^2 - 1} = \frac{(x^2)^2 - 1^2}{x^2 - 1} = \frac{\cancel{(x^2 - 1)} \times (x^2 + 1)}{\cancel{(x^2 - 1)}} = x^2 + 1$$

D'où la réponse A.

**Question 24. Réponse C**

On notera ici que la nouvelle figure est formée en reliant les centres de chaque arrête du cube.
De ce fait, la figure ainsi construite possède autant de sommets que le cube possède d'arêtes, c'est-à-dire 12.

**Question 25. Réponse B**

Dans cette question, on nous demande de déterminer l'heure à laquelle les deux aiguilles seront de nouveau parfaitement coïncidentes.
Servons-nous de deux constats de base qui nous aiderons à démarrer la résolution de ce problème :

- Chaque heure de la journée, les deux aiguilles d'une horloge coïncident parfaitement une seule fois ;
- Lorsqu'il est midi pile (12 h 00), les deux aiguilles sont parfaitement coïncidentes.

L'énoncé nous indique par ailleurs qu'au cours de l'heure suivante, les deux aiguilles se superposent cette fois-ci précisément à 13 h 05 min et 27 sec.
On remarque qu'il y a donc un décalage de 5 minutes et 27 secondes par rapport à l'heure précédente. En effet, pendant que l'aiguille des minutes tourne pour faire un tour complet, l'aiguille des heures se décale progressivement vers le numéro qui correspond à l'heure suivante. Pour rattraper son retard, la grande aiguille doit donc continuer de tourner pendant 5 min et 27 sec après avoir fait un tour complet.
On en déduit donc que d'une heure à l'autre, pour que les deux aiguilles d'une montre soient de nouveau parfaitement coïncidentes, il faut rajouter un décalage de 5 min et 27 sec en plus d'une heure.
De ce fait, après 13 h 05 min et 27 sec les deux aiguilles coïncideront à :
13 h 05 min 27 sec + 1 h 05 min 27 sec = 14 h 10 min 54 sec

**Question 26. Réponse B**

Vous n'avez pas d'autre choix que de tester chaque couple de chiffres en commençant par 1, 2, 3 jusqu'à ce que vous trouviez celui qui fonctionne.

Si : S = 1 I = 2 M = 3
$123 = (1 + 2 + 3) \times 1 \times 2 \times 3 = 36$
Par conséquent SIM $\neq$ 123.
Si : S = 1 I = 3 M = 5
$135 = (1 + 3 + 5) \times 1 \times 3 \times 5 = 135$
Par conséquent SIM = 135.
C'est donc la réponse B !

**Question 27. Réponse A**

Qu'est-ce qu'un « chiasme » ?
Il s'agit d'une figure de rhétorique consistant à inverser deux groupes de mots (exemple : « blanc bonnet et bonnet blanc »). En l'espèce, « Absence de preuve n'est pas la preuve d'absence » est un chiasme.

**Question 28. Réponse C**

Un ensemble pêle-mêle de fautes plutôt faciles à corriger rapidement pour gagner du temps et passer à la question suivante. Voici les réponses fausses ici corrigées :

A. « (...) ce type d'émissions populaires n'atterrirait jamais... » ;
B. « La mentalité et la culture française ne la tolèreraient pas... » ;
D. « (...) vous êtes américanisés... » ;

**Question 29. Réponse C**

Oubliez « Or dans la nuit » de Giraudoux, personne ne vous demande de l'avoir lu mais juste de bien lire les cinq propositions qui suivent. Il ne s'agit ici que d'accords de conjugaison. La seule proposition correcte est la 3e « Maurice Barres les approchait de la poésie en leur recommandant de se tenir par des cordes ».

A. ~~Il y eu~~ d'abord la paix : les lecteurs commençaient à savoir lire – **il y eut** d'abord.
B. ~~Ils avaient eut~~ trois maîtres d'école : Jules renard qui leur avait appris à épeler – ils **avaient eu**.
D. Colette, enfin, loge les vertus et les défauts à peine nés dans des âmes ~~qu'ils ronge~~ – dans des âmes **qu'ils rongent**.

**Question 30. Réponse B**

« Un discours inintelligible » est un discours incompréhensible soit « un amphigouri », « un charabia », « en embrouillamini ». Pour info, le terme « Galimacée » n'existe pas. Il fallait donc cocher la 2e proposition.

**Question 31. Réponse B**

Dans cette phrase extraite de *Mirage* de Thomas Mann : « Rosalie connaissait cette douloureuse expérience de sa fille et en eût été informée même si ... celle-ci n'était venue un jour ... verser dans son giron des larmes amères sur ce qu'elle appelait sa honte. » le temps utilisé pour le verbe « informer » est « le passé antérieur de l'indicatif à la voix passive » (2e proposition). Si le verbe était à :

A. L'imparfait du subjonctif de la forme passive : qu'elle fût inform**ée**.
C. Le plus-que-parfait du subjonctif de la forme passive : qu'elle eût été inform**ée**.
D. Le présent du conditionnel de la forme passive : elle serait inform**ée**.

**Question 32. Réponse C**

Il y a deux mouvements de lettres dans cette série : la suite L – N – P et la suite D – F – H. Il s'agit d'une progression arithmétique de 2 pour chacune des suites, les lettres suivantes sont donc respectivement R et J. En suivant les mouvements, vous trouvez qu'elles doivent être placées à droite et dans le coin inférieur gauche de la figure.

**Question 33. Réponse D**

Entrée en matière difficile. Vous observez uniquement des voyelles, les consonnes ont été remplacées par des nombres, leur rang dans l'alphabet. Ainsi, la 14e lettre de l'alphabet étant N, U14 donne UN. La 4e lettre et la 24e lettre de l'alphabet étant respectivement D et X, 4EU24 donnent DEUX. Vous l'aurez compris les deux suivants donneront TROIS et QUATRE. La valeur suivante sera donc logiquement CINQ. Soit 311417. C étant la 3e lettre de l'alphabet, N la 14e et Q la 17e.

**Question 34. Réponse C**

Vous commencez à être rodés. La logique ici doit donc vous apparaître assez simple. Chaque terme est obtenu en déplaçant les deux dernières lettres du mot précédent aux deux premiers rangs du nouveau mot. Ainsi, ACCABCA est obtenu déplaçant AC de CABCAAC au début du mot. Autrement dit, l'avant dernière lettre devient la 1re et la dernière devient la seconde. C'est donc CCABCAA qui complète cette suite.

**Question 35. Réponse B**

H : Les deuxièmes lettres ont toutes 2 extrémités.
V : Mouvement gauche droite (F, N, A, H, Z) avec des lettres exclusivement composées de 3 barres.

**Question 36. Réponse C**

Le nombre du milieu est obtenu en sommant :
- le produit des deux nombres à l'horizontale ;
- et le produit des deux nombres à la verticale.

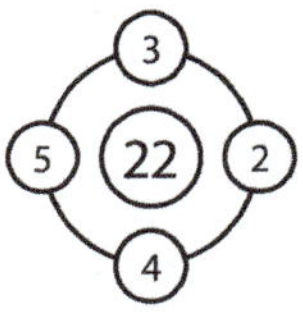


Par exemple dans la première figure, le nombre 22 au centre est obtenu de la manière qui suit :
$(5 \times 2) + (3 \times 4) = 22$

Par conséquent, le nombre qui remplace le point d'interrogation dans la dernière figure vaut : $(6 \times 3) + (3 \times 6) = 36$

**Question 37. Réponse C**

**RAPPEL :**
On retiendra que :
Si la moyenne de $n$ nombres vaut $M \rightarrow$ alors la somme de ces $n$ nombres vaut $n \times M$.

Le groupe de 10 personnes a une moyenne d'âge de 23 ans et 8 mois.
Par conséquent, la somme des âges de ces 10 personnes vaut :
10 × (23 ans + 8 mois) soit 230 ans et 80 mois ou encore 236 ans et 8 mois.
Lorsque le couple de jumelles, les rejoint, la moyenne d'âge du nouveau groupe de 12 personnes vaut alors 21 ans et 7 mois.
On en déduit d'après le rappel de cours que la somme des âges de ces 12 personnes vaut :
12 × (21 ans + 7 mois) soit 252 ans et 84 mois ou encore 259 ans.

En résumé :
L'âge cumulé des 12 personnes est 259 ans.

Lorsque l'on retire le couple de jumelles, l'âge cumulé des 10 personnes restantes vaut 236 ans et 8 mois.
Par conséquent, la somme des âges du couple de jumelles vaut :
259 ans - (236 ans et 8 mois) soit 22 ans et 4 mois.

Finalement, chacune des deux jumelles est âgée de $\frac{22 \text{ ans} + 4 \text{ mois}}{2}$ = 11 ans et 2 mois.

**Question 38.** **Réponse C**

Afin de vous fournir une correction la plus claire possible, voici une réponse par étapes.

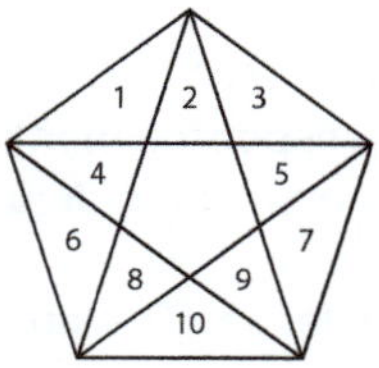


Vous observez d'abord 10 petits triangles.

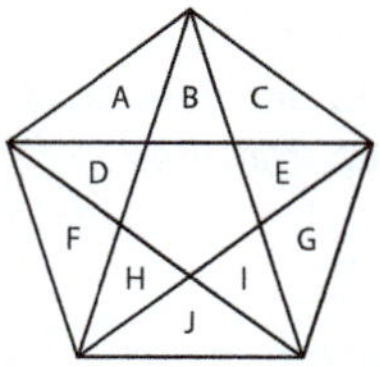


Vous observez ensuite 10 triangles composés de deux petits triangles.

Triangle 1 : A + B
Triangle 2 : D + F
Triangle 3 : J + I
Triangle 4 : C + E
Triangle 5 : B + C
Triangle 6 : F + H
Triangle 7 : I + G
Triangle 8 : A + D
Triangle 9 : H + J
Triangle 10 : G + E

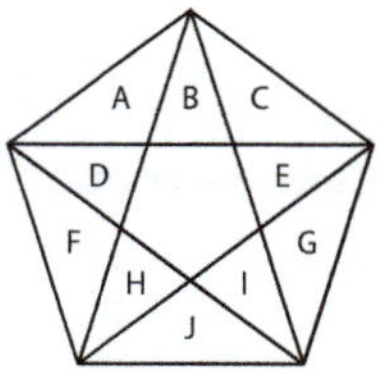


Vous observez ensuite 5 triangles composés de trois petits triangles.

Triangle 1 : A + B + C
Triangle 2 : A + D + F
Triangle 3 : F + H + J
Triangle 4 : J + I + G
Triangle 5 : G + E + C

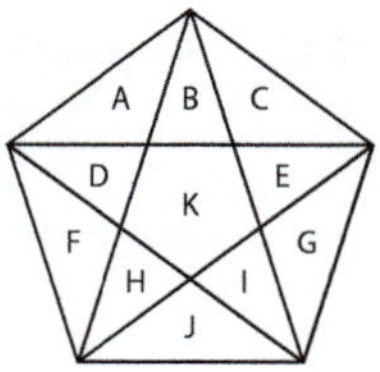


Vous observez ensuite 5 triangles composés de 2 petits triangles et du pentagone.

Triangle 1 : B + K + H
Triangle 2 : D + K + I
Triangle 3 : I + K + B
Triangle 4 : H + K + E
Triangle 5 : D + K + E

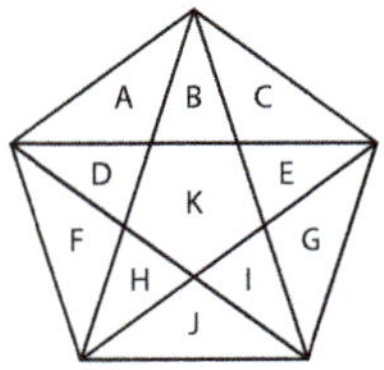


Vous observez ensuite 5 triangles composés de 4 petits triangles et du pentagone.

Triangle 1 : A + B + D + K + I
Triangle 2 : F + D + H + K + E
Triangle 3 : B + K + H + I + J
Triangle 4 : G + I + E + K + D
Triangle 5 : C + B + E + K + H

**Question 39. Réponse B**

Votre réponse doit prendre en compte deux exigences : rencontrer le moins de personnes possible et ne visiter que six salles.

- Vous démarrez par la première salle et y croisez 2 personnes.
- Vous avez ensuite le choix entre deux salles qui contiennent respectivement 4 et 6 personnes. Vous choisissez celle en contenant 4. Vous avez donc déjà croisé 2 + 4 = 6 personnes.
- Vous avez ensuite le choix entre une salle de 9 ou une salle de 10. Vous choisissez évidemment la première.
- Vous préférez la salle contenant 5 personnes à celle en comptant 8.
- Vous passez ensuite par celle en contenant 3 pour atteindre la dernière salle. Ainsi, vous avez croisé le chemin de 2 + 4 + 9 + 5 + 3 + 7 = 30 personnes.

**Question 40. Réponse A**

D'après l'énoncé, un tiers des candidats sont éliminés donc les deux tiers passent. Puis ce sont respectivement la moitié, le tiers puis les trois quarts des candidats qui passent les étapes deux, trois et quatre.

Soit : $\frac{2}{3} \times \frac{1}{2} \times \frac{1}{3} \times \frac{3}{4} = \frac{6}{72} = \frac{1}{12}$

Ainsi, un candidat sur douze passera avec succès les quatre étapes de sélection, soit 8,33 %.

**Question 41. Réponse A**

Soient $l$ et $L$ respectivement la largeur et longueur du rectangle R et **c** le côté du carré C.

Nous savons d'après l'énoncé que le rectangle R est quatre fois plus long que large. Ainsi :

$l = 4 \times L$.

Nous savons de plus que l'aire du carré C est égale à l'aire du rectangle R, avec par définition :

$\mathcal{A}_C = c^2$ et $\mathcal{A}_R = l \times L = 4 \times L \times L = 4L^2$

Nous pouvons donc écrire que :

$\mathcal{A}_C = \mathcal{A}_R$

$\Leftrightarrow c^2 = 4L^2$

$\Leftrightarrow c^2 = (2L)^2$

$\Leftrightarrow$ **$c = 2L$**

1

Nous cherchons maintenant à calculer le rapport entre le périmètre du rectangle R et du carré C.
Par définition, le périmètre du rectangle R vaut :
$P_R = 2(l + L) = 2(4L + L) = 10L$
De plus, le périmètre du carré C vaut :
$P_C = 4c$

En conséquence, $\frac{P_R}{P_C} = \frac{10L}{4c} = \frac{5L}{2c}$

Or nous avons déterminé préalablement que $c = 2L$, d'où :

$\frac{P_R}{P_C} = \frac{5L}{2c} = \frac{5L}{2 \times 2L} = \frac{5}{4} \Rightarrow \frac{P_R}{P_C} = \mathbf{1{,}25}$

**Question 42. Réponse A**

Vous n'avez pas lu le livre mais vous avez vu l'adaptation sur grand écran. Super mais vous n'êtes pas plus avancé. En archéologie, un *hypogée* est une construction souterraine et plus spécifiquement une tombe creusée dans le sol. Il s'agit d'un terme grec dérivé de deux mots signifiant « sous » et « terre ». Vous allez pouvoir briller en société à présent.

**Question 43. Réponse A**

« Amène » signifie « Agréable, avenant ». D'un point de vue lexical, seule la phrase n° 1 est correcte : « Candide avait un visage amène, c'est-à-dire agréable et charmeur ».

**Question 44. Réponse A**

À la fois nom et adjectif « Vélléitaire » signifie : « Qui n'a que des intentions faibles, ne se décide pas à agir ». Il fallait donc cocher la 1re réponse.

**Question 45. Réponse B**

Dans ce cas précis, la faute porte nécessairement sur le même mot ayant des orthographes différentes selon les réponses : « à l'instar ». Du latin « ad instar », signifiant « à la ressemblance de », « équivalent de », cette locution est composée de « ad », signifiant « à », et de « instar », signifiant « ressemblance », « équivalent ». « A l'instar » est une locution prépositive, souvent mal utilisée, notamment pour signifier une opposition, alors qu'il n'en est rien.

# TEST 2
# ÉNONCÉS

**45 QUESTIONS - 1 HEURE**

### Question 1

Quelle image, parmi celles proposées, peut compléter la table suivante ?

- ☐ (A) A
- ☐ (B) B
- ☐ (C) C
- ☐ (D) D

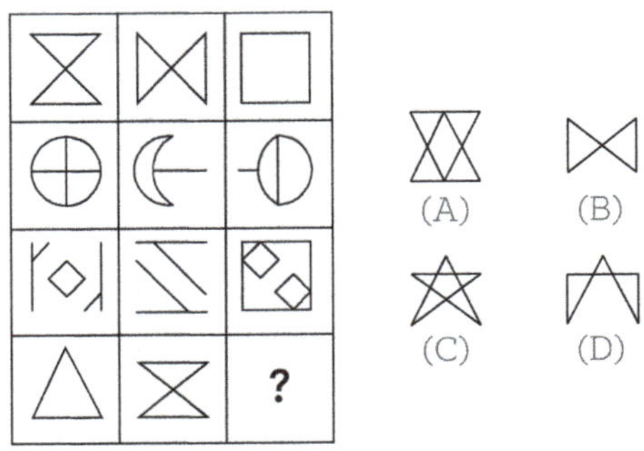


### Question 2

Parmi les 4 réponses qui sont proposées, quelle est celle qui complète logiquement la série de symboles ci-dessous ?

- ☐ (A) Figure A
- ☐ (B) Figure B
- ☐ (C) Figure C
- ☐ (D) Figure D

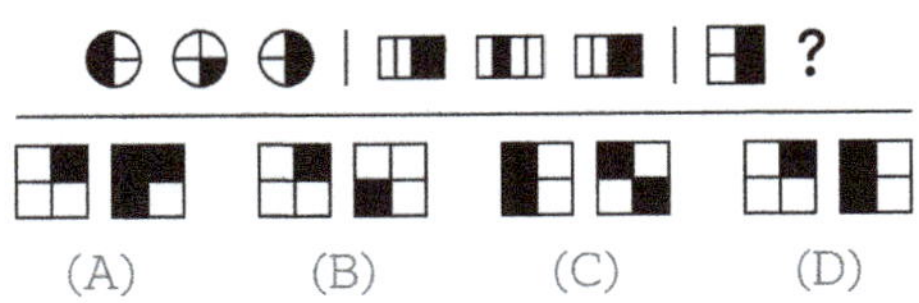


### Question 3

Quelle figure complète cette suite ?

## Question 4

Complétez de manière logique cette suite : A, D, I, P, ... ?

- ☐ (A) V
- ☐ (B) W
- ☐ (C) X
- ☐ (D) Y

## Question 5

Parmi les cinq figures ci-dessous, quel est l'intrus ?

- ☐ (A) Figure 1
- ☐ (B) Figure 2
- ☐ (C) Figure 3
- ☐ (D) Figure 4

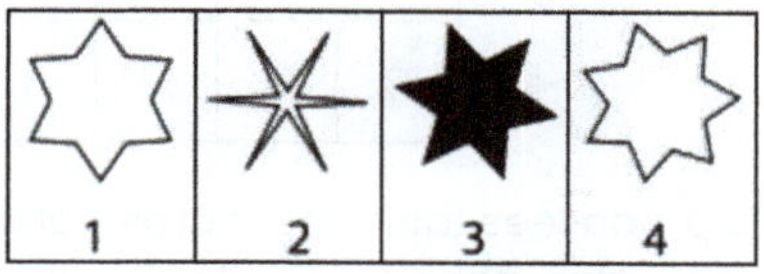


## Question 6

Vous êtes actuellement en possession d'une carte fidélité qui vous permet pour 50 euros annuels, d'obtenir vos places de cinéma à 7 euros la séance. L'année prochaine, vous envisagez de prendre la carte de fidélité « PLUS » à 85 euros avec les places à 5 euros. Après l'achat de combien de places minimum dans l'année la carte PLUS sera-t-elle plus avantageuse que votre carte actuelle ?

- ☐ (A) 15
- ☐ (B) 16
- ☐ (C) 17
- ☐ (D) 18

## Question 7

Dans un secteur industriel, 15 des 16 entreprises ont réalisé chacune un chiffre d'affaires de 24 millions d'euros et la seizième a réalisé un chiffre d'affaires de 40 millions d'euros. Quel est le chiffre d'affaires moyen de ces 16 entreprises ?

- ☐ (A) 25 millions d'euros
- ☐ (B) 26 millions d'euros
- ☐ (C) 27 millions d'euros
- ☐ (D) 28 millions d'euros

## Question 8

Un carré multi-magique est un carré de 9 cases (remplies de nombres entiers positifs et tous différents) pour lequel le produit des 3 cases de chaque ligne, de chaque colonne et de chaque diagonale donne le même résultat. Voici le début d'un carré multi-magique :

| | A | B | C |
|---|---|---|---|
| 1 | 45 | | |
| 2 | | 15 | |
| 3 | | | 5 |

Parmi les valeurs proposées (qui font toutes partie du carré), quelle est la seule que vous pouvez mettre dans la cellule A3 de ce carré pour qu'il soit multi-magique ?

- ☐ (A) 3
- ☐ (B) 5
- ☐ (C) 9
- ☐ (D) 15

## Question 9

Soit deux chiffres X et Y compris entre 1 et 9. On souhaite que le nombre « XY » (qui vaut 10X + Y) soit un multiple de 2, et que le nombre « YX » (qui vaut 10Y + X) soit divisible par 6. Combien de couples (X ; Y) vérifient cette propriété ?

- ☐ (A) 5 couples
- ☐ (B) 2 couples
- ☐ (C) 3 couples
- ☐ (D) 4 couples

## Question 10

On choisit au hasard et sans remise deux boules parmi 5 boules numérotées de 1 à 5. On multiplie entre elles les valeurs des deux boules. Quelle est la probabilité que le résultat soit un nombre impair ?

- ☐ (A) 25 %
- ☐ (B) 30 %
- ☐ (C) 40 %
- ☐ (D) 50 %

## Question 11

Parmi les propositions suivantes, laquelle est correcte ?

- ☐ (A) Cet homme a beaucoup de courage, il est souvent en but aux critiques mais continue son combat
- ☐ (B) Cet homme a beaucoup de courage, il est souvent en-but aux critiques mais continue son combat
- ☐ (C) Cet homme a beaucoup de courage, il est souvent en bute aux critiques mais continue son combat
- ☐ (D) Cet homme a beaucoup de courage, il est souvent en butte aux critiques mais continue son combat

## Question 12

Quelle est la moyenne de ces durées :
1 h 40 min, 2 h 15 min, 2 h 40 min, 3 h 5 min et 3 h 15 min ?

- ☐ (A) 2 h 25 min
- ☐ (B) 2 h 30 min
- ☐ (C) 2 h 35 min
- ☐ (D) 2 h 40 min

## Question 13

Parmi les propositions suivantes, laquelle est correcte ?

- ☐ (A) Au vu de son bilan, l'entreprise rencontre de graves difficultés financières
- ☐ (B) Aux vus de son bilan, l'entreprise rencontre de graves difficultés financières
- ☐ (C) Aux vues de son bilan, l'entreprise rencontre de graves difficultés financières
- ☐ (D) O vu de son bilan, l'entreprise rencontre de graves difficultés financières

## Question 14

Parmi les propositions suivantes, laquelle est correctement orthographiée ?

- ☐ (A) Il est bien connu qu'une belle-mère peut avoir du mal à accepter sa brue
- ☐ (B) Marc a commis une grosse bévue à la soirée de Jane
- ☐ (C) Aristote a toujours considéré la juste mesure comme une vertue
- ☐ (D) Elle a attrapé des verrus à la piscine

### Question 15

Certains individus affirment que la vie (...) et la réalité, comme nous la vivons, (...). Ces individus basent leurs affirmations sur le fait que nous sommes incapables (...) au moment (...).

- ☐ (A) n'est pas une fable / n'est pas déformée dans notre imagination / de distinguer la vérité du faux / où nous avons des hallucinations
- ☐ (B) est une illusion / est déformée dans notre imagination / de comprendre que nous hallucinons / où nous sommes pris d'hallucinations
- ☐ (C) est une illusion / n'est qu'une déformation de notre imagination / de comprendre ce qui se passe / où nous rêvons
- ☐ (D) n'est pas une illusion / n'est pas dépendant de notre imagination / de comprendre que nous hallucinons / où nous sommes éveillés

### Question 16

Compléter la suite suivante : 7, 22, 11, 34, 17, 52, 26, 13, ... ?

- ☐ (A) 40
- ☐ (B) 9
- ☐ (C) 27
- ☐ (D) 38

### Question 17

Quel nombre complète cette série double ?

| | | | | |
|---|---|---|---|---|
| | | 12 | | |
| | | 78 | | |
| 17 | 11 | ?? | 29 | 13 |
| | | 45 | | |
| | | 89 | | |

- ☐ (A) 11
- ☐ (B) 23
- ☐ (C) 31
- ☐ (D) 34

## Question 18

Quel trinôme de lettres complète logiquement la série suivante :
TF1 - FR2 - ... - FN4 - LF5 ?

- ☐ (A) FR3
- ☐ (B) FN3
- ☐ (C) FP3
- ☐ (D) PF3

## Question 19

Quatre amis Tom, Zoé, Lilou et Léa sont assis dans un amphi pour passer un examen. Voici ce que l'on observe sur leur positionnement :
- Zoé est à droite de Léa ;
- Lilou est à gauche de Tom ;
- Tom est entre Zoé et Léa.
Parmi les réponses proposées, quelle est celle qui vérifie toutes les observations faites ?

- ☐ (A) Lilou-Léa-Tom-Zoé
- ☐ (B) Lilou-Tom-Léa-Zoé
- ☐ (C) Lilou-Tom-Zoé-Léa
- ☐ (D) Tom-Lilou-Zoé-Léa

## Question 20

Déterminer la lettre manquante :
15(Q), 27(V), 13(T), 19(D), 70(?)

- ☐ (A) N
- ☐ (B) O
- ☐ (C) A
- ☐ (D) S

## Question 21

Une promotion de personnel naviguant est constituée à 70 % de femmes. Sachant qu'il y a onze fois plus de femmes sans lunettes que d'hommes qui portent des lunettes, et que le nombre de femmes avec lunettes est égal au nombre d'hommes sans lunettes, quel est le pourcentage des hommes qui portent des lunettes dans la promotion ?

- ☐ (A) 4 %
- ☐ (B) 8 %
- ☐ (C) 12 %
- ☐ (D) 23 %

### Question 22

Lors d'une élection à un tour, un des trois candidats obtient deux fois plus de voix que l'un de ses deux opposants, tandis que son score (en pourcentage des suffrages exprimés) est de 20 points supérieur à celui de son autre opposant. Quel est l'écart de score des deux candidats battus ?

- ☐ (A) 4 points
- ☐ (B) 8 points
- ☐ (C) 12 points
- ☐ (D) 16 points

### Question 23

Un cycliste roule sur un vélodrome à 10 km/h de moyenne pendant son premier tour de piste. Le deuxième tour, il roule en moyenne deux fois plus vite qu'au premier tour. Le troisième tour, il roule en moyenne deux fois plus vite qu'au deuxième tour. Quelle a été sa vitesse moyenne sur l'ensemble des trois tours ?

- ☐ (A) 16,67 km/h
- ☐ (B) 17,14 km/h
- ☐ (C) 20 km/h
- ☐ (D) 23,33 km/h

### Question 24

On cherche un nombre de 5 chiffres à qui, si on lui rajoute un 2 devant, il forme un nombre trois fois plus petit que celui formé si on lui rajoute un 2 à la fin. Pour les propositions suivantes, quel est le nombre qui correspond ?

- ☐ (A) 85 714
- ☐ (B) 12 344
- ☐ (C) 81 111
- ☐ (D) 82 344

### Question 25

Les échelles de température Celsius et Fahrenheit sont reliées par la relation : la température en Celsius est égale à cinq neuvième de celle en Fahrenheit à laquelle on a retranché 32. Quelle température en Fahrenheit correspond à 25 degrés Celsius ?

- ☐ (A) -23
- ☐ (B) -3,88
- ☐ (C) 13
- ☐ (D) 77

### Question 26

Les mots « paume » et « pomme » sont des :

- ☐ (A) Homonymes
- ☐ (B) Paronymes
- ☐ (C) Antonymes
- ☐ (D) Synonymes

### Question 27

« Demain est un autre jour » et « Tu le lui diras toi-même ». Ces phrases sont des exemples de :

- ☐ (A) Démonologie
- ☐ (B) Axiologie
- ☐ (C) Tautologie
- ☐ (D) Étiologie

### Question 28

Parmi les propositions suivantes, laquelle est correctement conjuguée au subjonctif présent ?

- ☐ (A) Il faut que nous pliions les serviettes en éventail
- ☐ (B) Il est possible qu'elle s'assiet dans l'autre salle
- ☐ (C) Il est possible que vous soyiez en retard de dix minutes
- ☐ (D) Je regrette que Zola n'aie pu écrire plus

### Question 29

Parmi les propositions suivantes, laquelle est incorrecte ?

- ☐ (A) Il imagine une autre tête, une tête de veau avec une sauce de vinaigre
- ☐ (B) Une tête de n'importe quoi qui se mange
- ☐ (C) Il remu la mâchoire doucement et il grince des dents
- ☐ (D) Le monde se paye sa tête et il ne peut rien contre ce monde

### Question 30

Parmi les propositions suivantes, laquelle est incorrecte ?

- ☐ (A) Vous ne pouvez pas utiliser votre vélo la nuit sans lumière
- ☐ (B) Après cette cuisante défaite, c'en est fait de leur montée en première division
- ☐ (C) Dans quelle drôle d'aventure s'est-il donc engagé ?
- ☐ (D) S'en ait trop pour un seul homme

### Question 31

Quel mot possède la même propriété logique que la suite suivante :
BOGEY, FLEAU, INSÉRER, ASSEZ, CAILLOUX ?

- ☐ (A) PARFOIS
- ☐ (B) JAMAIS
- ☐ (C) HÉROS
- ☐ (D) TOUJOURS

### Question 32

Quelle valeur continue la liste de nombres suivante ?
83, 17, 66, -49, 115, -164, ...

- ☐ (A) 279
- ☐ (B) -70
- ☐ (C) 138
- ☐ (D) 237

### Question 33

Six personnes sont assises autour et face à une table ronde. Gendry est assis entre Daenerys et Eddard, deux personnes séparent Arya et Daenerys, et Arya est juste à gauche de Cersei. Qui est à gauche de Brienne ?

- ☐ (A) Arya
- ☐ (B) Cersei
- ☐ (C) Daenerys
- ☐ (D) Eddard

### Question 34

Quel nombre complète cette série double ?

| | | | | |
|---|---|---|---|---|
| | 91 | | | |
| | 104 | | | |
| | 26 | | | |
| | 65 | | | |
| 720 | ? | 522 | 108 | 153 |

- ☐ (A) 78
- ☐ (B) 213
- ☐ (C) 342
- ☐ (D) 117

### Question 35

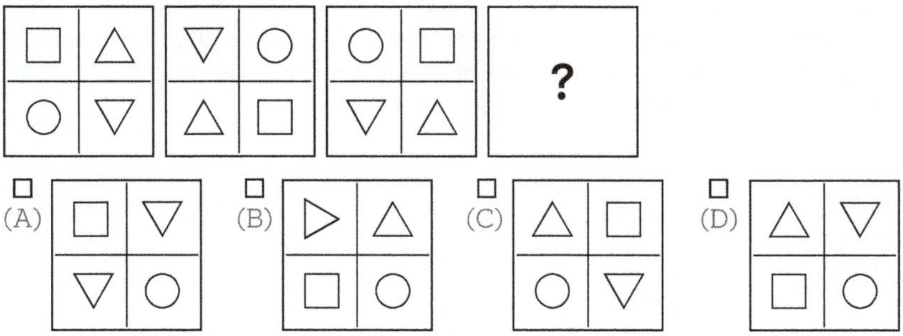


### Question 36

Les développeurs informatiques de chez X-station codent 1 800 lignes à 4 personnes en 3 heures. Dans la société Playbox, on code 2 500 lignes à 5 personnes en 4 heures. Si on suppose que tous les développeurs développent au même rythme et qu'ils gardent leur rythme, combien ces 9 développeurs pourraient écrire de code ensemble pendant 8 heures ?

- ☐ (A) 9 675
- ☐ (B) 9 725
- ☐ (C) 9 750
- ☐ (D) 9 800

### Question 37

Dans un sac opaque, il y a dix poires dont trois sont véreuses, mais elles sont indiscernables au toucher. On prend deux poires au hasard, quelle est la probabilité qu'elles soient toutes les deux véreuses ?

- ☐ (A) 1 chance sur 15
- ☐ (B) 3 chances sur 90
- ☐ (C) 1 chance sur 6
- ☐ (D) 2 chances sur 45

### Question 38

Une entreprise réalisait l'an passé 8 % de parts de marché sur un produit. Cette année, ses ventes ont augmenté de 25 % tandis que le volume global des ventes a diminué de 20 %. Quelle est approximativement la part de marché réalisée cette année par cette entreprise ?

- ☐ (A) 10 %
- ☐ (B) 12,5 %
- ☐ (C) 15 %
- ☐ (D) 20 %

### Question 39

Des oiseaux sont posés sur les branches d'un peuplier et d'un platane, ils discutent entre eux. Un des oiseaux perchés sur le peuplier dit à un des oiseaux posés sur le platane : « Si tu nous rejoins sur notre branche, notre nombre sera la moitié du vôtre. » L'autre lui répond alors « Si c'est toi qui viens chez nous, on sera cinq fois plus nombreux. » Combien y a t-il d'oiseaux sur le peuplier ?

- ☐ (A) 3
- ☐ (B) 4
- ☐ (C) 5
- ☐ (D) 6

### Question 40

On élabore des mélanges de jus de fruits comportant une proportion égale des jus qui les composent. Les coûts sont les suivants :
- Pomme-Orange : 2,15 €/L
- Pomme-Abricot : 2,25 €/L
- Abricot-Pomme-Orange : 2,10 €/L

Combien coûte un litre de jus d'orange ?

- ☐ (A) 1,80 €
- ☐ (B) 0,60 €
- ☐ (C) 0,90 €
- ☐ (D) 1,50 €

### Question 41

Parmi les propositions suivantes, laquelle est incorrecte ?

- ☐ (A) L'accusé fut condanné après six heures de délibération
- ☐ (B) Il avait tué un faon dans la forêt lointaine
- ☐ (C) Ce crime commis sur un quadrupède révolta le jury
- ☐ (D) Son crime avait été commis violemment et il n'éprouvait aucun remords

## Question 42

Parmi les propositions suivantes, laquelle est incorrecte ?

- ☐ (A) Il a tellement hurlé qu'il s'est cassé la voie
- ☐ (B) La Callas avait une voix divine
- ☐ (C) Comme tu le vois, la partie est finie
- ☐ (D) Il faut suivre cette petite voie pour trouver le chalet

## Question 43

Parmi les propositions suivantes, laquelle est correcte ?

- ☐ (A) Quelque trois-cents personnes ont assisté au concert privé
- ☐ (B) Quelque trois-cent personnes ont assisté au concert privé
- ☐ (C) Quelques trois-cents personnes ont assisté au concert privé
- ☐ (D) Quelques trois-cent personnes ont assisté au concert privé

## Question 44

Parmi les propositions suivantes, laquelle est correcte ?

- ☐ (A) Cécile me parut avoir de l'humeur, mais je n'y fis pas attention
- ☐ (B) Sophie charmat son fiancé grâce à son chant si mélodieux
- ☐ (C) Cécile n'aimai rien tant que de sauter à la corde
- ☐ (D) Sophie riat tellement qu'elle en tombat à la renverse

## Question 45

Dans cette phrase extraite de *La Promesse de l'aube* de R. Gary : « Aucun de nous n'ayant vu ses cheveux devenir blancs après le passage de Michka, je considère cette histoire comme apocryphe », quelle est la signification de « apocryphe » ?

- ☐ (A) Dont l'authenticité n'est pas établie
- ☐ (B) Qui appartient, qui est propre à la Bible
- ☐ (C) Dont l'auteur est inconnu
- ☐ (D) Au caractère prophétique et prémonitoire

# TEST 2 CORRIGÉS

**Question 1. Réponse C**

Vous remarquez assez aisément que la dernière image de chaque ligne est obtenue grâce aux deux précédentes. Deux lignes qui se superposent s'annulent et par conséquent c'est la figure C qui peut compléter la table.

**Question 2. Réponse A**

Dans cette question, il faut prêter attention à la proportion de couleur noire pour chaque série de 3 figures. On remarque alors que cette proportion suit l'ordre suivant : un demi puis un quart et enfin un demi. En conséquence, nous choisissons la réponse A qui est la seule à correctement compléter la 3e série de l'énoncé.

**Question 3. Réponse C**

Vous remarquez que des lettres sont dessinées dans chaque figure. La première, un I, relie deux points. La seconde, un L, relie 3 points. La troisième, un U, relie 4 points. La quatrième, un W, relie 5 points. La lettre suivante doit donc relier 6 points, c'est le S de la figue C.

**Question 4. Réponse D**

**RAPPEL :**
Afin de développer des automatismes dans la recherche du rang d'une lettre, gardez en mémoire :

| E | J | O | T | Y |
|---|---|---|---|---|
| 5 | 10 | 15 | 20 | 25 |

Le rang des lettres A, D, I et P est respectivement 1, 4, 9 et 16. Ce sont donc des carrés. Le carré suivant est 25 ($5^2$). Or la 25e lettre de l'alphabet est Y. La lettre suivante est donc Y.

**Question 5. Réponse D**

Question simple : on remarque assez aisément que toutes les étoiles possèdent 6 branches sauf l'étoile de la figure 4 qui est donc l'intruse.

**Question 6. Réponse D**

Notons $x$ le nombre de places de cinéma achetées au cours d'une année.
L'équation permettant de calculer le prix à payer pour $x$ nombre de places avec la carte de fidélité classique est : $P_{classique}(x) = 50 + 7x$

Par ailleurs, en utilisant la carte de fidélité « PLUS » le nouveau prix à payer est modélisé par l'équation : $P_{PLUS}(x) = 85 + 5x$

Pour déterminer le nombre de places minimum permettant à la carte PLUS d'être plus avantageuse nous devons résoudre l'inéquation suivante :
$P_{PLUS}(x) < P_{classique}(x) \Leftrightarrow 85 + 5x < 50 + 7x \Leftrightarrow 35 < 2x \Leftrightarrow x > 17{,}5$
En conclusion, il est nécessaire d'acheter au minimum 18 places pour que la carte PLUS soit plus avantageuse.

**Question 7. Réponse A**

Encore une question facile.
Le chiffre d'affaires moyen des 16 entreprises est donné par :

$$M = \frac{15 \times 24 + 1 \times 40}{16} = \frac{360 + 40}{16} = \frac{400}{16} = 25 \text{ millions d'euros}$$

**Question 8. Réponse A**

Répondre à cette question nécessite d'avoir recours à la méthode du backsolving, cette fameuse méthode qui consiste à tester les solutions pour trouver la bonne. Le produit des 3 cases de chaque colonne, ligne, diagonale doit donner le même nombre. Lequel peut être obtenu grâce à la diagonale donnée dans l'énoncé.

$45 \times 15 \times 5 = 3\,375$
Ainsi le produit de chaque ligne, colonne, diagonale doit donner 3 375.
Partons de 3, la première proposition de réponse. Vous devez chercher le nombre par lequel il faut multiplier 3 et 45 qui sont sur la même colonne pour obtenir 3 375. Si c'est un nombre entier, c'est que 3 est la bonne réponse.

$$\frac{3\,375}{45 \times 5} = \frac{3\,375}{135} = \frac{135 \times 25}{135 \times 1} = 25$$

En ajoutant 25 dans cette colonne, vous parvenez à obtenir 3 375.
Afin de vous assurer que 3 est la bonne solution, faites de même dans la ligne contenant 25 et 15.

$$\frac{3\,375}{25 \times 15} = \frac{3\,375}{375} = \frac{375 \times 9}{375 \times 1} = 9$$

Vous tombez sur un entier, 3 est donc la bonne réponse. Réponse A !

**Question 9. Réponse A**

D'après l'énoncé, XY est un multiple de 2. Cela suppose donc que Y est un nombre pair compris entre 1 et 9. Y peut donc être égale à 2, 4, 6 ou 8. L'énoncé vous apprend également que YX est divisible par 6. Listez alors les possibilités :

| Si Y = | Alors X = |
|---|---|
| 2 | 4 |
| 4 | 2 ou 8 |
| 6 | 6 |
| 8 | 4 |

Ainsi, cinq couples vérifient cette propriété : **2-4, 4-2, 4-8, 6-6, 8-4**

**Question 10. Réponse B**

**RAPPEL :**
Le produit de deux nombres ne peut être impair que s'ils sont tous les deux impairs.
Ainsi si *p* un nombre pair et *i* un nombre impair :

$$p \times p = p \qquad p \times i = p \qquad i \times i = i$$

Ainsi, pour que le résultat de la multiplication soit impair il faut piocher deux boules parmi 1, 3 et 5.

La probabilité de choisir un nombre impair au premier tirage équivaut à : $\frac{3}{5}$. Dès lors, il ne reste plus que deux nombres impairs parmi les quatre boules restantes.

La probabilité de choisir alors l'une de celles-ci est de $\frac{2}{4}$.

$$\frac{3}{5} \times \frac{2}{4} = \frac{6}{20} = \frac{30}{100}$$

Ainsi la probabilité que le résultat de la multiplication soit un nombre impair est de 30 %.

**Question 11. Réponse D**

Que veut dire « être en butte » ? Cela signifie être exposé à un danger. Une butte est littéralement un tertre (un amas de terre plat) où l'on place les cibles pour faire des tirs. On comprend mieux le sens de cette expression imagée.

**Question 12. Réponse C**

Convertissez chaque durée en minutes et calculez la moyenne des durées :

1 h 40 = 100 minutes
2 h 15 = 135 minutes
2 h 40 = 160 minutes
3 h 05 = 185 minutes
3 h 15 = 195 minutes

Soit : $\frac{100 + 135 + 160 + 185 + 195}{5} = \frac{775}{5} = 155$

155 minutes = 2 × 60 + 35, soit 2 heures et 35 minutes.

**Question 13. Réponse A**

Comment écrit-on correctement « au vu » ?
« Au vu » est une locution prépositive, voulant dire « compte tenu de ».

**Question 14. Réponse B**

Comment orthographier correctement les mots féminins finissant par « -u » ?
Corrigeons ensemble les mauvaises réponses :

A. « Il est bien connu qu'une belle-mère peut avoir du mal à accepter sa bru. » : mot venant du bas latin des Balkans « *brutis* » voulant dire « belle-fille ».

C. « Aristote a toujours considéré la juste mesure comme une vertu… » mot venant du latin « *virtus* » voulant dire « force », « énergie morale ».

D. « Elle a attrapé des verrues à la piscine… » : mot venant du latin « *verruca* ».

**Question 15. Réponse B**

**Question 16. Réponse A**

On reconnait une suite dite de Syracuse.
Le principe est le suivant. On part d'un entier plus grand que 0.
S'il est pair on le divise par 2, s'il est impair on le multiplie par 3 puis on lui ajoute 1.
En répétant cette opération, on obtient tous les termes de la suite.
Étant donné que 13 est un nombre impair, le terme suivant vaut :
$13 \times \mathbf{3} + \mathbf{1} = 39 + 1 = 40$

**Question 17. Réponse B**

Nous sommes en présence ici d'une question de raisonnement logique type série double de chiffres. Il s'agit de deux séries de quatre éléments qui se croisent en un point d'interrogation. Vous devez alors trouver l'élément manquant commun aux deux séries.
Dans cet exercice, il suffit d'observer que tous les nombres de la série horizontale sont des nombres premiers et que les nombres de la série verticale sont constitués de deux chiffres consécutifs croissants.
Le seul nombre vérifiant de telles propriétés parmi les solutions proposées est le nombre 23.

**Question 18. Réponse D**

Pour répondre à cette question il suffit de remarquer que la lettre F est présente dans chacun des trinômes et qu'elle alterne entre la 2e position et la 1re position.
Nous cherchons donc un trinôme dont la 2e lettre est un F.
La réponse D est la seule qui satisfait cette condition.

**REMARQUE :** par ailleurs on pouvait remarquer que le rang de la seconde lettre diminue de 2 entre chaque trinôme (on saute une lettre en allant dans le sens inverse de l'alphabet). Enfin le chiffre en dernière position suit une progression arithmétique de raison 1.

TF1 - FR2 - PF3 - FN4 - LF5

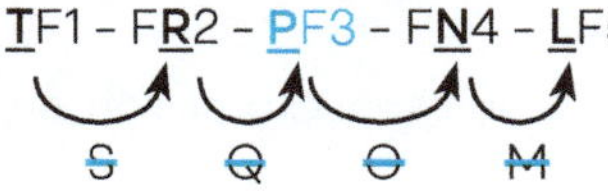

**Question 19. Réponse A**

En vous concentrant sur les informations 1 et 3, vous savez que Zoé est à droite de Léa et que Tom est entre elles.
Soit : Léa Tom Zoé

La seconde information vous apprend que Lilou est à gauche de Tom. Peu importe qu'elle soit à gauche de Léa ou simplement entre Léa et Tom. En effet, une seule proposition de réponse place Léa et Lilou à gauche de Tom, c'est la première : Lilou Léa Tom Zoé

**Question 20. Réponse D**

Dans cet énoncé, il est question de justifier l'utilisation de la lettre entre parenthèse au regard du nombre qui la précède. Après observation, on note que chacune des lettres utilisées correspond à l'initiale du nombre qui le précède écrit en toutes lettres.
15 (**Q**uinze) ; 27 (**V**ingt-sept) ; 13 (**T**reize) ; 19 (**D**ix-neuf) ; 70 (**S**oixante-dix)
Il s'agit donc de la réponse D.

**Question 21. Réponse A**

Afin de pouvoir répondre à cette question sans trop d'encombres, il est nécessaire d'introduire judicieusement des notations.

Posons **$x$ le pourcentage d'hommes avec lunettes** et **$y$ le pourcentage d'hommes sans lunettes**.
Il est écrit dans l'énoncé qu'il y a 11 fois plus de femmes sans lunettes que d'hommes avec lunettes.
**Il en découle que le pourcentage de femmes sans lunettes vaut $11x$.**

Par ailleurs, l'énoncé nous indique que le nombre (*donc le pourcentage*) de femmes avec lunettes est égal au nombre (*ou encore le pourcentage*) d'hommes sans lunettes. Autrement dit, **le pourcentage de femmes avec lunettes vaut $y$.**

Nous savons de plus d'après l'énoncé qu'une promotion de personnel naviguant est constituée à 70 % de femmes, soit :
$11x + y = 70\ \%$ (1)
Nous pouvons déduire de l'information précédente qu'une promotion de personnel naviguant est constituée par conséquent à 30 % d'hommes.

En suivant le même raisonnement que précédemment nous pouvons donc écrire que :
$x + y = 30\ \%$ (2)
Il ne nous reste plus qu'à résoudre ce système de deux équations à deux inconnues :

$$\begin{cases} 11x + y = 70\ \% & (1) \\ x + y = 30\ \% & (2) \end{cases}$$

Choisissons de le résoudre par substitution. Étant donné que nous cherchons la valeur de $x$, nous allons tenter d'y arriver en exprimant $y$ en fonction de $x$ dans la première équation.
On sait d'après l'équation (2) que $y = 30\ \% - x$
On peut donc réécrire l'équation (1) en remplaçant $y$ par son expression en fonction de l'inconnue $x$.

Ce qui nous donne :

$$11x + (30\ \% - x) = 70\ \% \Leftrightarrow 10x + 30\ \% = 70\ \% \Leftrightarrow 10x = 40\ \% \Leftrightarrow x = \frac{40\ \%}{10} \Leftrightarrow x = 4\ \%$$

Finalement, on en conclut que **le pourcentage d'hommes qui portent des lunettes dans la promotion est égal à 4 %.**

## Question 22. Réponse A

Pour résoudre ce problème nous allons traduire cet énoncé sous la forme d'un système d'équations que nous résoudrons par la suite.

Soient $x$, $y$ et $z$ les scores des trois candidats en pourcentage des suffrages exprimés et où $x$ correspond au score du candidat ayant obtenu le plus de voix. Nous cherchons à calculer l'écart de score des deux candidats battus soit $z - y$.
Nous pouvons écrire d'après l'énoncé que :

$$\begin{cases} x + y + z = 100 \\ x = 2y \\ x = z + 20 \end{cases}$$

La résolution de ce système à 3 équations et 3 inconnues donne :

$$\begin{cases} x + y + z = 100 \\ x = 2y \\ x = z + 20 \end{cases} \Leftrightarrow \begin{cases} x + \frac{x}{2} + (x - 20) = 100 \\ y = \frac{x}{2} \\ x = z + 20 \end{cases} \Leftrightarrow \begin{cases} 2x + x + 2(x - 20) = 200 \\ y = \frac{x}{2} \\ x = z + 20 \end{cases}$$

$$\Leftrightarrow \begin{cases} 5x = 240 \\ y = \frac{x}{2} \\ z = x - 20 \end{cases} \Leftrightarrow \begin{cases} x = 48 \\ y = \frac{48}{2} \\ z = 48 - 20 \end{cases} \Leftrightarrow \begin{cases} x = 48 \\ y = 24 \\ z = 28 \end{cases} \Leftrightarrow z - y = 4$$

L'écart de score des deux candidats les plus faibles est donc de 4 points.

## Question 23. Réponse B

Par définition, la vitesse moyenne s'obtient en divisant la distance <u>totale</u> parcourue par la durée <u>totale</u> du trajet.

Introduisons quelques notations :
Soit $D$ la distance correspondant à un tour de piste.
Soient $T_1$, $T_2$ et $T_3$ les temps mis pour réaliser respectivement le 1er tour, le 2e tour et le 3e tour.
La distance totale du trajet correspond donc à $D_{totale} = 3D$.
De plus, la durée totale du trajet vaut :
$T_{totale} = T_1 + T_2 + T_3$
Par ailleurs, on sait d'après l'énoncé que :
$V_1 = 10$ km/h $\qquad V_2 = 2 \times V_1 = 20$ km/h $\qquad V_3 = 2 \times V_2 = 40$ km/h
Nous allons maintenant exprimer les quatre temps, $T_1$, $T_2$ et $T_3$, et en fonction des vitesses introduites au-dessus en utilisant la relation $t = d/v$.

$$T_1 = \frac{D}{V_1} = \frac{D}{10} \qquad T_2 = \frac{D}{V_2} = \frac{D}{20} \qquad T_3 = \frac{D}{V_3} = \frac{D}{30}$$

On peut maintenant écrire que :

$$T_{totale} = \frac{D}{10} + \frac{D}{20} + \frac{D}{40} = \frac{4D}{40} + \frac{2D}{40} + \frac{D}{40} = \frac{7D}{40}$$

Finalement, en reprenant la définition de la vitesse moyenne on a :

$$V\_moyenne = \frac{D_{totale}}{T_{totale}} = \frac{3D}{\frac{7D}{40}} = 3\cancel{D} \times \frac{40}{7\cancel{D}} = \frac{120}{7} \approx 17{,}14 \text{ km/h}$$

**Question 24. Réponse A**

Face à ce type de questions, le plus simple reste de tester à partir des solutions celle qui satisfait la condition de l'énoncé.

Pour aller plus vite, vous pouvez effectuer un premier tri dans les réponses en utilisant des approximations et en arrondissant les nombres aux centaines de milliers.

Exemple :

85 714 devient :

- Avec un 2 au début → 285 714 ≈ 286 000
- Avec un 2 à la fin → 857 142 ≈ 857 000

Il s'agit alors de vérifier qu'on a bien 3 × 286 000 qui est environ égal à 857 000, ce que nous faisons :

3 × 286 000 = 858 000 ≈ 857 142

Pour s'assurer de votre réponse, vous pouvez tout de même terminer par effectuer le calcul complet.

On retrouve bien : 3 × 285 714 = 857 142

**Question 25. Réponse D**

Commencez par exprimer l'une en fonction de l'autre. Si C est la température en Celsius et F celle en Fahrenheit alors :

$$C = \frac{5}{9} \times (F - 32)$$

Si C = 25, alors : $25 = \frac{5}{9} \times (F - 32) \Leftrightarrow 25 = \frac{5F - 160}{9}$

Soit : $5F - 160 = 25 \times 9 \Leftrightarrow 5F = 225 + 160$

Soit encore : $5F = 385 \Leftrightarrow F = \frac{385}{5} = 77$

Ainsi, 25 degrés Celsius correspondent à 77 Fahrenheit.

**Question 26. Réponse A**

Qu'est-ce qu'un « homonyme » ? C'est un mot qui a la même prononciation mais une orthographe et un sens différents, comme « pomme » et « paume ».

Pour information, définissons les termes contenus dans les autres réponses.

Un « paronyme » est un mot qui ressemble à un autre. Il y a, parfois, juste une lettre ou une syllabe qui change. Quand on entend les deux mots, on peut donc facilement les confondre si on ne fait pas attention. Par contre, ces deux mots n'ont pas le même sens.

Un « antonyme » est un mot dont le sens est opposé à celui d'un autre.

Un « synonyme » est un mot dont le sens ressemble à celui d'un autre.

Un « hyperonyme » est un terme général qui regroupe d'autres termes plus spécifiques (exemple : animal est l'hyperonyme de chien, chat, hirondelle, chameau, saumon...).

### Question 27. Réponse C

« 100 % des gagnants du Loto ont un jour tenté leur chance », voici en substance un raisonnement tautologique, qui relève à la fois du pléonasme et de l'évidence.

### Question 28. Réponse A

Le subjonctif est le mode de l'incertain qui souligne les possibilités de réalisation d'une action mais peut aussi les mettre en doute.

La seule proposition correcte est la 1re « il faut que nous pliions les serviettes en éventail ». Voici la correction des trois autres.

B. Il est possible qu'elle ~~s'assiet~~ dans l'autre salle - il est possible qu'elle **s'assoie**.

C. Il est possible que vous ~~soyiez~~ en retard de dix minutes - il est possible que vous **soyez**.

D. Je regrette que Zola ~~n'aie pu~~ écrire plus - je regrette que Zola **n'ait** pu.

### Question 29. Réponse C

Ce qui est bien avec ce genre de question, c'est que dès que vous trouvez la seule proposition incorrecte, vous pouvez passer à la question suivante. Et quand la seule phrase incorrecte est la 3e, vous évitez du coup de perdre votre temps en lisant la 4e. Ben oui, y a pas de petit profit. « Il ~~remu~~ la mâchoire doucement » s'écrit « il remue ». À l'indicatif présent, le verbe remuer prend un « e ».

### Question 30. Réponse D

La phrase incorrecte est la 4e. « S'en ait trop pour un seul homme » s'écrit en fait « C'en est trop pour un seul homme ».

### Question 31. Réponse C

On remarque que pour chaque mot, la première et la dernière lettre sont complémentaires : A → Z ; B → Y ; C → X...

Autrement dit, la somme des rangs dans l'alphabet des deux lettres est constante égale à 27.

La proposition C est la seule respectant cette condition.

### Question 32. Réponse A

Vous faites bien de faire cette annale. N'oubliez pas que chaque annale est l'occasion de découvrir de nouvelles logiques. Aussi, plus vous vous entraînerez, plus vous maîtriserez les différentes logiques et moins vous serez surpris.

Vous remarquez que du premier nombre au deuxième et du second au troisième, il n'y a pas de logique commune. En revanche, les deux premiers permettent d'obtenir le troisième. Chaque terme est obtenu en soustrayant les deux termes précédents. Ainsi, 66 est obtenu en soustrayant 17 à 83. De la même manière, -49 est le résultat de la soustraction de 17 par 66. Le dernier terme vaut donc [115 - (-164)] = 279.

**Question 33. Réponse B**

Dans le cadre des questions de placement, commencez toujours par placer ceux qui sont face à face ou côte à côte. Or, l'énoncé vous apprend qu'Arya est à gauche de Cersei. Placez-les où vous le souhaitez, ça n'aura aucun impact.

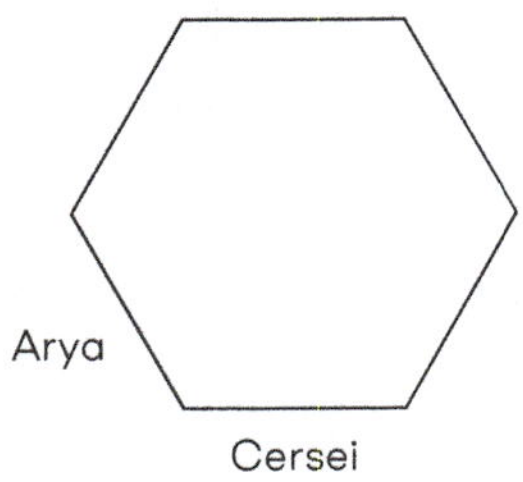


Vous savez que deux personnes séparent Daenerys et Arya, donc elles sont face à face.

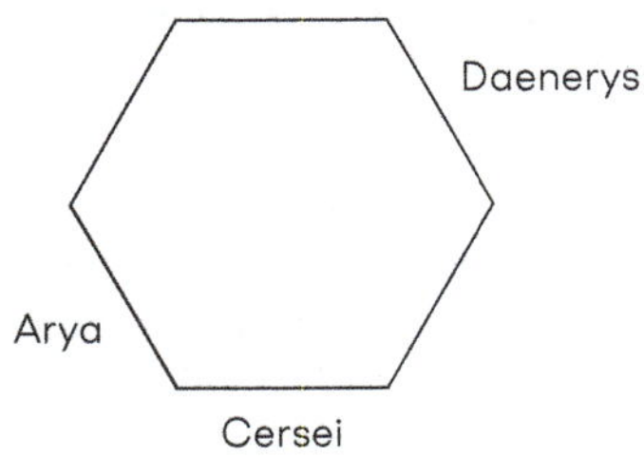


Vous savez que Gendry est assis entre Daenerys et Eddard.

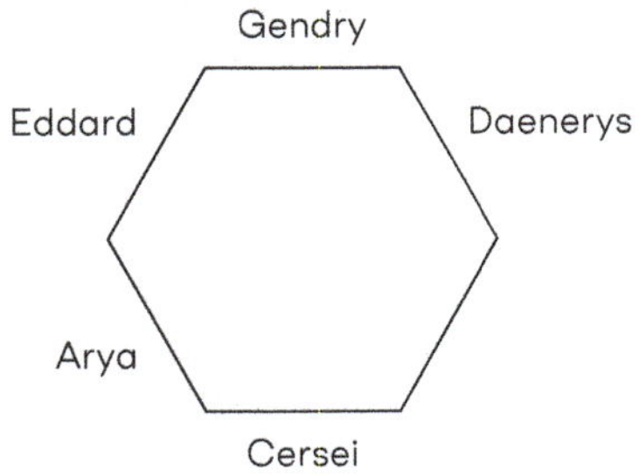


Ainsi, Brienne est nécessairement assise entre Cersei et Daenerys. C'est donc Cersei qui est à sa gauche.

**Question 34. Réponse D**

H : Tous les nombres sont des multiples de 9.
V : Tous les nombres sont des multiples de 13.

**Question 35. Réponse D**

Il vous suffit de regarder la seule case parmi les 4 disponibles où chacune des figures ne s'est jamais retrouvée :
Carré = coin inférieur gauche
Triangle = coin supérieur gauche
Rond = coin inférieur droit
Triangle inversé = coin supérieur droit.

**Question 36. Réponse D**

Chez X-stations, en 3 heures, 4 développeurs parviennent à coder 1 800 lignes. À l'aide d'un produit en croix, on trouve qu'en 8 heures ces 4 développeurs seront en mesure de coder :

$\frac{1\,800 \times 8}{3} = 4\,800$ lignes.

Par ailleurs, chez Playbox, en 4 heures, 5 développeurs parviennent à coder 2 500 lignes. De ce fait, en 8 heures, ces 5 développeurs seront en mesure de coder 2 fois plus de lignes soit 5 000 lignes.
Finalement, en 8 heures, les 9 développeurs des deux équipes pourront coder ensemble un total de :
5 000 + 4 800 = 9 800 lignes.

**Question 37. Réponse A**

Cette question est l'occasion de souffler et de marquer des points. Gare à ceux qui s'y tromperaient. Parmi les 10 poires du sac, 3 sont véreuses. Aussi, la première poire que vous saisissez a 3 chances sur 10 d'être véreuse $\left(\frac{3}{10}\right)$. En revanche, une fois cette première poire retirée du sac, il ne reste plus que 2 poires véreuses pour 9 poires (10 - 1 = 9). Dès lors, vous n'avez plus que 2 chances sur 9 que cette seconde poire que vous retirez du sac soit véreuse $\left(\frac{2}{9}\right)$.

Il vous faut désormais calculer P, la probabilité d'extraire deux poires véreuses :

$$P = \frac{3}{10} \times \frac{2}{9} = \frac{3 \times 2}{2 \times 5 \times 3 \times 3} = \frac{1}{15}$$

La probabilité qu'elles soient toutes les deux véreuses est donc d'une chance sur 15.

**Question 38. Réponse B**

**RAPPEL :**

Augmenter une quantité x de P %, c'est multiplier x par $\left(1 + \frac{P}{100}\right)$ soit :

$$x \times \left(1 + \frac{P}{100}\right)$$

En revanche, diminuer une quantité x de P %, c'est multiplier x par $\left(1 - \frac{P}{100}\right)$ soit :

$$x \times \left(1 - \frac{P}{100}\right)$$

L'an passé le produit représentait 8 % de parts de marché. Cette année, ses ventes ont augmenté de 25 %.

Aussi, à la lumière du rappel effectué ci-dessus, vous savez qu'une augmentation de 25 % signifie multiplier par $1 + \frac{25}{100} = 1 + 0,25 = 1,25$.

Le volume global des ventes a diminué de 20 %. Une diminution de 20 % est obtenue en multipliant la quantité par $1 - \frac{20}{100} = 1 - 0,2 = 0,8$

Ainsi, si on appelle P la part de marché réalisée par cette entreprise cette année, alors :

$$P = \frac{\text{Part de marché initiale} \times \text{L'augmentation des ventes}}{\text{La diminution du volume global des ventes}}$$

$$P = \frac{0,08 \times 1,25}{0,8} = \frac{0,08 \times 1,25}{0,08 \times 10} = \frac{1,25}{10} = \frac{12,5}{100}$$

Ainsi, cette année l'entreprise réalise 12,5 % de parts de marché.

**Question 39. Réponse A**

Pour répondre à cette question nous allons traduire les informations de l'énoncé sous la forme d'un système d'équation.

Dans cette optique, nous allons introduire des notations. Soient :
- $x$ le nombre d'oiseaux sur le peuplier ;
- $y$ le nombre d'oiseaux sur le platane.

D'après l'énoncé, l'oiseau sur le peuplier dit :
« *Si tu nous rejoins sur notre branche, notre nombre sera la moitié du vôtre.* »
Nous pouvons traduire cette phrase de la sorte :

$$x + 1 = \frac{1}{2}(y - 1) \quad (1)$$

De plus l'oiseau sur le platane rétorque :
« *Si c'est toi qui viens chez nous, on sera cinq fois plus nombreux.* »

Nous traduisons cette phrase en une deuxième équation :
$y + 1 = 5(x - 1) \quad (2)$
Nous cherchons le nombre d'oiseaux sur le peuplier c'est-à-dire la valeur de l'inconnue $x$. Pour cela, nous allons résoudre ce système d'équation :

$$\begin{cases} x + 1 = \frac{1}{2}(y - 1) & (1) \\ y + 1 = 5(x - 1) & (2) \end{cases}$$

Choisissons de le résoudre par substitution. Étant donné que nous cherchons la valeur de $x$, nous allons tenter d'y arriver en exprimant $y$ en fonction de $x$ dans la première équation.

On sait d'après l'équation (2) que $y = 5(x - 1) - 1 = 5x - 6$
On peut donc réécrire l'équation (1) en remplaçant $y$ par son expression en fonction de l'inconnue $x$.

Ce qui nous donne :

$$x + 1 = \frac{1}{2}[(5x - 6) - 1] \Leftrightarrow 2(x + 1) = 5x - 7 \Leftrightarrow 2x + 2 = 5x - 7 \Leftrightarrow 3x = 9 \Leftrightarrow x = \mathbf{3}$$

En conclusion, il y a donc 3 oiseaux sur le peuplier.

**Question 40. Réponse A**

Ainsi, si on appelle P la pomme, O l'orange et A l'abricot, alors :

$$\frac{P + O}{2} = 2{,}15 \Leftrightarrow P + O = 4{,}3 \Leftrightarrow O = 4{,}3 - P$$

$$\frac{P + A}{2} = 2{,}25 \Leftrightarrow P + A = 4{,}5 \Leftrightarrow A = 4{,}5 - P$$

$$\frac{A + P + O}{2} = 2{,}1 \Leftrightarrow A + P + O = 6{,}3 \Leftrightarrow 4{,}5 - P + P + 4{,}3 - P = 6{,}3$$

Soit : $-P + 8{,}8 = 6{,}3 \Leftrightarrow P = 8{,}8 - 6{,}3 \Leftrightarrow P = 2{,}5$
Sachant que : $O = 4{,}3 - P$
Donc : $O = 4{,}3 - 2{,}5 = 1{,}8$
Un litre de jus d'orange vaut 1,8 euro.

**Question 41. Réponse A**

Petite ambiance « faites entrer l'accusé pour la question 73 » qui sent bon les prétoires, les juges et les réquisitions. Vous ne trouvez pas, relisez-le. Non, vraiment pas en mode, lecture automatique, regardez lettre par lettre et là, vous verrez que « condanné » s'écrit en fait « condamné ». La 1re proposition est donc la seule d'incorrecte.

**Question 42. Réponse A**

Voie, voix, voit : en voilà un homonyme courant. La seule proposition incorrecte est la première. « Il a tellement hurlé qu'il s'est cassé la voie », s'écrit « Il a tellement hurlé qu'il s'est cassé la voix ».

**Question 43. Réponse A**

« Cent » prend la marque du pluriel, « s » quand il est multiplié mais attention il la perd quand il est suivi d'un autre adjectif numéral (« quatre », « douze », « quarante », etc.) ainsi : Deux-cents personnes sont attendues. Deux-cent-vingt personnes sont attendues.

Concernant « quelques / quelque » : Placé devant un adjectif numéral (« trois », « vingt », « quarante-deux », etc.) « quelque » est adverbe et signifie « environ », « à peu près ». En tant qu'adverbe, il est invariable.
Ex : Il a vécu quelque trente ans dans cette maison.

En revanche, quand il se rapporte à un nom, « quelque » est adjectif indéfini et s'accorde au pluriel.
Ex : Il a eu quelques bonnes idées. La seule réponse correcte est donc la 1re proposition : « Quelque trois-cents personnes ont assisté au concert privé ».

**Question 44. Réponse A**

Le passé simple donne quasiment autant de difficulté aux jeunes écoliers, qu'aux étudiants étrangers tentant d'acquérir la langue de Molière. Analysons pourquoi les trois dernières sont fausses :

B. « Sophie charma... » : pas de « t » à la troisième personne du singulier du passé simple de l'indicatif du verbe « charmer » ;

C. « Cécile n'aimait... » : terminaison en « -ait » à la troisième personne du singulier à l'imparfait de l'indicatif du verbe « aimer » ;

D. « Sophie rit... » : à conjuguer correctement à la troisième personne du singulier du passé simple de l'indicatif du verbe « rire ».

**Question 45. Réponse A**

Le mot « apocryphe » vient du grec « apókryphos », voulant dire « caché ». Il s'agit donc d'un écrit « dont l'authenticité n'est pas établie ».

Pour information, *La Promesse de l'aube* est un roman phare. Son auteur, Romain Gary, est un aviateur, militaire, résistant, diplomate, romancier, scénariste et réalisateur français du XX^e^ siècle.

3

# TEST 3
# ÉNONCÉS

**45 QUESTIONS - 1 HEURE**

### Question 1

Dans la rue de l'Université resplendissante, on trouve trois maisons consécutives de couleurs différentes portant les numéros 33, 35 et 37. Ces maisons sont chacune occupées par trois étudiants de nationalité différente qui étudient dans 3 domaines distincts. L'étudiant en ressources humaines habite dans la maison mauve, située à côté de la rose mais pas à côté de la bleue. L'étudiant en marketing, qui n'est pas espagnol, habite à côté de l'étudiant français. L'étudiant belge habite au numéro 33 et sa maison n'est pas mauve. Parmi les affirmations suivantes, laquelle est vraie ?

☐ (A) La maison de l'étudiant belge est rose
☐ (B) La maison de l'étudiant en finance est située au numéro 33
☐ (C) L'étudiant en ressources humaines est français
☐ (D) La maison de l'étudiant en marketing est bleue

### Question 2

Compléter de manière logique :
UUVUUVU, UVUUVVU, VUVUVUV, VVVUVVU, ... ?

☐ (A) VUUVVUV
☐ (B) UUVUUVU
☐ (C) VVUVVUV
☐ (D) UVVVVVV

### Question 3

Quel est l'intrus parmi les mots suivants :
AMENER, EMANER, MENACE, MENERA, RAMENE ?

☐ (A) AMENER
☐ (B) EMANER
☐ (C) MENACE
☐ (D) MENERA

## Question 4

Cinq amis se partagent une pizza devant un bon match de foot. Problème : la pizza a été coupée en 6 parts. Les amis décident alors de donner la part supplémentaire au plus âgé d'entre eux. Roger est deux mois plus vieux que Novak, qui est trois mois plus jeune que Rafael. Andy est un mois plus vieux que Novak et un mois plus jeune que Stanislas. Qui va manger la part supplémentaire ?

- ☐ (A) Andy
- ☐ (B) Novak
- ☐ (C) Rafael
- ☐ (D) Roger

## Question 5

Quel mot peut compléter de manière logique le tableau suivant ?

| | | | |
|---|---|---|---|
| MATIN<br>SOIR | CABAS<br>ZEBRE | BOSSE<br>TROU | MARCHE<br>PILIER |
| AIRS | BAZAR | TORE | ? |

- ☐ (A) PARLE
- ☐ (B) RICHE
- ☐ (C) CHIMIE
- ☐ (D) MERCI

## Question 6

De combien de manières peut-on se rendre du point A au point B, sachant que les seuls déplacements autorisés sont vers le haut ou vers la droite (en suivant les lignes du quadrillage) ?

- ☐ (A) 34
- ☐ (B) 28
- ☐ (C) 30
- ☐ (D) 32

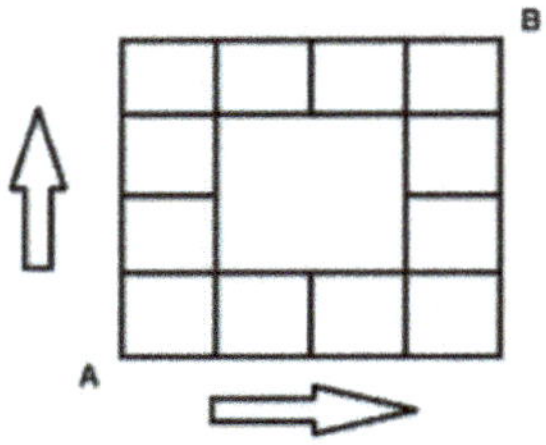


## Question 7

Dans la jungle, 5 lionnes attrapent 5 gazelles en 5 minutes. Combien de lionnes faut-il pour attraper 50 gazelles en 50 minutes ?

- ☐ (A) 1
- ☐ (B) 5
- ☐ (C) 10
- ☐ (D) 50

## Question 8

La famille Entérite cherche la meilleure affaire parmi ces 5 publicités de papier toilette (tous de même marque, mais dans des enseignes différentes). Laquelle va-t-elle choisir ? (prix par rouleau le plus bas)

- Offre 1 : un lot de 12 rouleaux achetés à 4,80 euros, le second est offert.
- Offre 2 : pour deux lots de 6 rouleaux à 2,25 euros chacun, le troisième est gratuit.
- Offre 3 : moins 20 % en caisse sur le lot de 24 rouleaux à 6 euros.
- Offre 4 : pour un lot de 24 rouleaux à 4,80 euros, le second lot de 24 est à moitié prix.
- Offre 5 : lot de 36 rouleaux à 7,20 euros.

☐ (A) Offre 1
☐ (B) Offre 2
☐ (C) Offre 3
☐ (D) Offre 4

## Question 9

Une loterie comporte 2 000 billets dont 205 sont gagnants : 5 billets permettent de gagner 800 euros et 200 billets donnent 100 euros. La même loterie est organisée 10 fois de suite. Pour une personne qui achèterait un billet (vendu 5 euros) à chacune des loteries, quelle est son espérance nette de gain global ?

☐ (A) 0 euro
☐ (B) 7 euros
☐ (C) 12 euros
☐ (D) 70 euros

## Question 10

On sait qu'un tiers d'un nombre entier X est égal à un neuvième d'un autre nombre entier Y qui, si on le triple et qu'on l'ajoute à X, donnera un nombre qui sera le décuple de X. Parmi les valeurs proposées, quelle est la meilleure réponse pour X ?

☐ (A) Toutes les valeurs peuvent convenir
☐ (B) 45
☐ (C) 50
☐ (D) 55

## Question 11

Parmi les propositions suivantes, laquelle est incorrecte ?

- ☐ (A) Ce fabricant de meuble est très doué avec le bois
- ☐ (B) Durant notre croisière, le personnel naviguant était très sympathique
- ☐ (C) En fabriquant tes meubles toi-même, tu économiseras beaucoup d'argent
- ☐ (D) En naviguant aussi vite, il y a un risque que le bateau chavire

## Question 12

Un groupe est composé de 10 femmes et 20 hommes. La taille moyenne du groupe est de 1 m 75 et la taille moyenne des hommes est de 1 m 80. Quelle est la taille moyenne des femmes ?

- ☐ (A) 1 m 60
- ☐ (B) 1 m 65
- ☐ (C) 1 m 70
- ☐ (D) 1 m 75

## Question 13

Parmi les propositions suivantes, laquelle est correcte ?

- ☐ (A) Après de nombreux efforts, Antoine a atteint la ligne d'arrivée et a remporté la première place du marathon
- ☐ (B) Elliot a appris à lire, il a décider d'acheter de nouveaux livres pour progresser
- ☐ (C) Après de longues hésitations, Marie décida d'accepté le travail qu'on lui a proposé
- ☐ (D) Sandrine aimait allait en Espagne pour y déguster les fameux jambons

## Question 14

Parmi les propositions suivantes, laquelle est correcte ?

- ☐ (A) Durant des années, ils s'étaient efforcés de prendre leur mal en patience, en vain
- ☐ (B) Les feuilles des platanes étaient tombés sur le toit du presbytère
- ☐ (C) Elles s'étaient présenté deux fois à ce concours avant de le réussir
- ☐ (D) Travaillée d'une pensée d'ambition, il s'était obstiné à avoir le comte pour parrain

## Question 15

Le système éducatif finlandais (...) problèmes personnels des adolescents (...) leurs difficultés. C'est pourquoi (...), fait qui prouve (...) système.

- ☐ (A) n'est pas attentif aux / qui, estime-t-on, ont tendance à exagérer / leurs problèmes sont traités avec efficacité / la grande sensibilité du
- ☐ (B) s'efforce également de résoudre les / qui ont du mal à exprimer / ils s'abstiennent de les communiquer / leur grande confiance dans le
- ☐ (C) ne traite avec efficacité que les / qui font part aux adultes de / le traitement des autres adolescents est inopérant / la grande sensibilité du
- ☐ (D) se montre aveugle face aux / qui souhaitent surmonter / ils hésitent à les communiquer / leur manque de confiance dans le

## Question 16

Quel mot complète cette liste de manière logique :
CIRCONSCRIPTION(C), REGIONS(I), DEPARTEMENT(T) ... ?

- ☐ (A) VILLE(J)
- ☐ (B) ETAT(S)
- ☐ (C) FRANCE(F)
- ☐ (D) COMMUNE(M)

## Question 17

Quelle lettre complète logiquement cette suite :
U - Q - N - S - V - ... ?

- ☐ (A) T
- ☐ (B) D
- ☐ (C) M
- ☐ (D) O

## Question 18.

On laisse tomber un crayon sur le sol. Quelle est la probabilité que sa pointe soit dirigée vers le nord à 20 degrés près (à gauche ou à droite) ?

- ☐ (A) 1/9
- ☐ (B) 1/5
- ☐ (C) 1/6
- ☐ (D) 1/8

## Question 19

Quelle paire de lettres complète cette série double ?

| | | | | |
|---|---|---|---|---|
| | | A G | | |
| | | E D | | |
| P C | D G | ?? | Q O | F S |
| | | O X | | |
| | | U A | | |

- ☐ (A) I L
- ☐ (B) I K
- ☐ (C) J I
- ☐ (D) U K

## Question 20

Quel carré complète logiquement la suite des 3 carrés ci-dessous ?

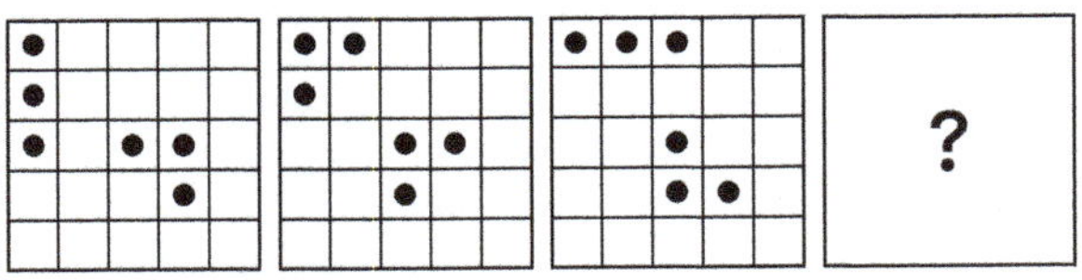


☐ (A) 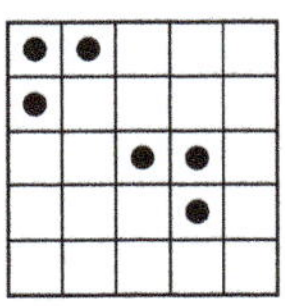

☐ (B) 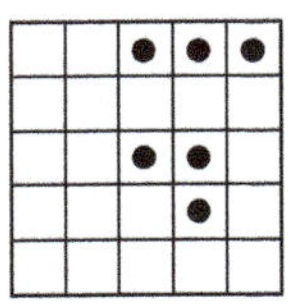

☐ (C) 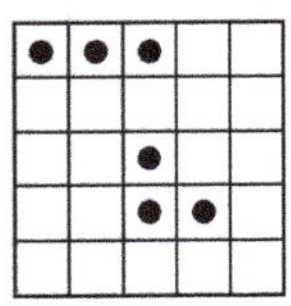

☐ (D) 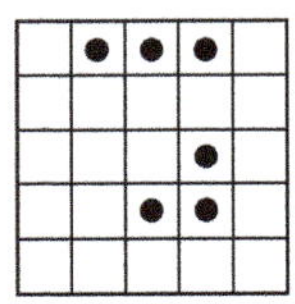

## Question 21

Compléter de manière logique cette suite :
interrupteur, trident, points cardinaux, pentagone, ...

- ☐ (A) Clé anglaise
- ☐ (B) Filature
- ☐ (C) Insecte
- ☐ (D) Mercenaire

### Question 22

On associe à chaque couleur primaire (bleu, jaune, rouge) et secondaire (orange, vert, violet) un chiffre propre entre 1 et 6 de manière à ce que « bleu + jaune = vert », « bleu + rouge = violet » et « jaune + rouge = orange ». Quelle est la somme des chiffres associés aux couleurs primaires ?

- ☐ (A) 6
- ☐ (B) 7
- ☐ (C) 8
- ☐ (D) 9

### Question 23

Les échelles de température Celsius et Fahrenheit sont reliées par la relation : la température en Celsius est égale à cinq neuvième de celle en Fahrenheit à laquelle on a retranché 32. Quelle température en Fahrenheit correspond à 5 degrés Celsius ?

- ☐ (A) 41
- ☐ (B) -20,6
- ☐ (C) 15
- ☐ (D) 20,6

### Question 24

Quel est le plus grand diviseur commun à 144 et 216 ?

- ☐ (A) 72
- ☐ (B) 24
- ☐ (C) 36
- ☐ (D) 48

### Question 25

Un âne parcourt un voyage à la vitesse de 10 km/h pendant la moitié du trajet, 1/5 du trajet à la vitesse de 8 km/h et le reste à la vitesse de 9 km/h. Quel est le temps réalisé en moyenne par kilomètre par l'âne sur l'ensemble du trajet ?

- ☐ (A) 6 m 20 s
- ☐ (B) 6 m 30 s
- ☐ (C) 6 m 50 s
- ☐ (D) 7 m 15 s

### Question 26

Dans cette phrase extraite du *Portrait de Dorian Gray* d'Oscar Wilde :
« Parole d'honneur, Basil, je ne te savais pas si fat, et, franchement je ne vois pas en quoi ton visage âpre, énergique, et tes cheveux noirs comme du charbon ressemblent à cet Adonis qui semble fait d'ivoire et de pétales de roses. » Quel terme proposé est un synonyme du mot « fat » ?

- ☐ (A) Langoureux
- ☐ (B) Vaniteux
- ☐ (C) Humble
- ☐ (D) Modeste

### Question 27

Parmi les propositions suivantes, laquelle est synonyme de « syncrétique » ?

- ☐ (A) Semblable
- ☐ (B) Disparate
- ☐ (C) Dissemblable
- ☐ (D) Hétérogène

### Question 28

Parmi les propositions suivantes, laquelle est correcte ?

- ☐ (A) Lorsque les ailes de l'amour vous appellent, suivez-le quoique ses lames peuvent vous faire
- ☐ (B) De même que l'amour puisse vous couronner, de même peut-il vous crucifier
- ☐ (C) Quoiqu'ils sont avec vous, ils ne vous appartiennent pas
- ☐ (D) Après que vous avez connu l'amour, vous êtes comme un ruisseau chantant

### Question 29

Parmi les propositions suivantes, laquelle n'est pas synonyme de « rémanent » ?

- ☐ (A) Versatile
- ☐ (B) Tenace
- ☐ (C) Persistant
- ☐ (D) Immuable

### Question 30

Parmi les propositions suivantes, laquelle est correcte ?

- ☐ (A) Au cours de la réunion, cet aigrefin usait d'arguments péremptoires, contrairement à son acolyte qui tenait un discours laudatif, leur voisine s'entretenait en aparté avec le ministre plénipotentiaire
- ☐ (B) Au cours de la réunion, cet égrefin usait d'arguments péremptoires, contrairement à son acolite qui tenait un discours lautatif, leur voisine s'entretenait en aparté avec le ministre plénipotentiaire
- ☐ (C) Au cours de la réunion, cet aigrefin usait d'arguments péremptoires, contrairement à son accolyte qui tenait un discours leaudatif, leur voisine s'entretenait en apartée avec le ministre plénipotentiaire
- ☐ (D) Au cours de la réunion, cet aigrefin usait d'arguments péramptoires, contrairement à son acolyte qui tenait un discours laudatif, leur voisine s'entretenait en apartée avec le ministre plénipotentiaire

### Question 31

Quel nombre peut logiquement remplir la cellule vide de cette grille ?

- ☐ (A) 21
- ☐ (B) 22
- ☐ (C) 23
- ☐ (D) 24

| | | | |
|---|---|---|---|
| 13 | 16 | 2 | 21 |
| 16 | 60 | 10 | 12 |
| 19 | 44 | 11 | 23 |
| 18 | 72 | 12 | 24 |
| 13 | 56 | 7 | **?** |

### Question 32

Dans la grille ci-dessous, on considère que chaque case est à une case de distance des huit cases qui l'entourent. Quel nombre dans la grille est à 2 cases de lui-même plus 5, à 3 cases de lui-même multiplié par 3, à 2 cases de lui-même plus 2, à 1 case de lui-même multiplié par 2 et à 2 cases de lui-même multiplié par 5 ?

- ☐ (A) 3
- ☐ (B) 13
- ☐ (C) 19
- ☐ (D) 22

| | | | | | |
|---|---|---|---|---|---|
| 75 | 27 | 58 | 20 | 61 | 73 |
| 3 | 61 | 66 | 26 | 55 | 62 |
| 44 | 17 | 13 | 19 | 18 | 39 |
| 60 | 59 | 35 | 51 | 37 | 36 |
| 65 | 56 | 15 | 35 | 31 | 22 |
| 49 | 39 | 61 | 8 | 44 | 33 |

## Question 33

Quel élément complète cette série double ?

| | | | | |
|---|---|---|---|---|
| | | | UHB | |
| | | | VGF | |
| QXP | JNI | NJM | ?? | PLO |
| | | | LER | |
| | | | BDC | |

- ☐ (A) YFK
- ☐ (B) TDS
- ☐ (C) ZFV
- ☐ (D) TCW

## Question 34

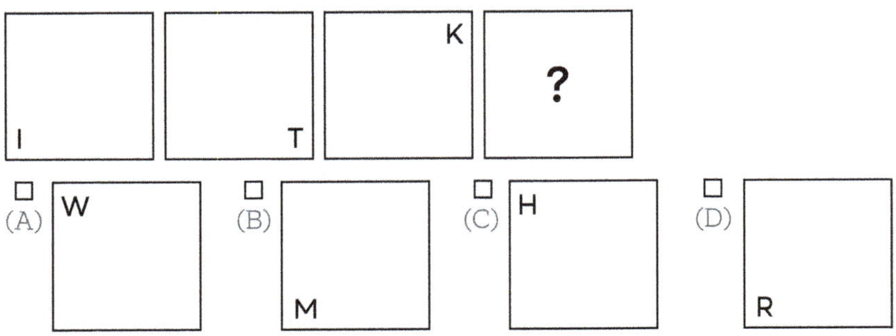


## Question 35

Quel élément complète cette série double ?

| | | | | |
|---|---|---|---|---|
| | GN | | | |
| | TA | | | |
| | PK | | | |
| GY | ?? | OW | VM | TU |
| | CF | | | |

- ☐ (A) WZ
- ☐ (B) XD
- ☐ (C) TR
- ☐ (D) XZ

## Question 36

Sur cette figure représentant un cube évidé, combien comptez-vous d'arêtes ?

- ☐ (A) 24
- ☐ (B) 36
- ☐ (C) 48
- ☐ (D) 60

## Question 37

Que va afficher ce petit programme informatique ?

A = 20
C = A + 10
B = C - A
D = B + 15
C = C - 5
B = 3A - C
A = B - D
SI (A> B) ALORS AFFICHER(valeur(A) - valeur(B) - valeur(C))
SINON AFFICHER (valeur(B) - valeur(C) - valeur (D))

- ☐ (A) 35 - 25 - 25
- ☐ (B) 25 - 25 - 50
- ☐ (C) 15 - 5 - 20
- ☐ (D) 10 - 35 - 25

## Question 38

Demitri, collectionneur d'espèces rares, a fait l'acquisition d'un aquarium qui contient 200 poissons, tous plus exotiques les uns que les autres. Ces poissons sont de 2 couleurs différentes : jaune et bleu. 1 % des poissons de son aquarium sont bleus, les autres sont jaunes. Combien de poissons jaunes faut-il enlever de l'aquarium de telle sorte que l'aquarium contienne 2 % de poissons bleus ?

- ☐ (A) 4
- ☐ (B) 20
- ☐ (C) 50
- ☐ (D) 100

### Question 39

Dans une entreprise, 30 % des employés sont actionnaires. Parmi les actionnaires, 40 % sont des cadres. Sachant que 25 % des employés sont des cadres, quelle est la probabilité qu'un non cadre de l'entreprise soit actionnaire ?

- ☐ (A) 12 %
- ☐ (B) 16,7 %
- ☐ (C) 20 %
- ☐ (D) 24 %

### Question 40

Hicham joue avec un dé à six faces numérotées de 1 à 6 avec deux amis. Les trois amis lancent le dé, et Hicham gagne si le score qu'il obtient est strictement supérieur à celui obtenu par chacun de ses amis. Quelle est la probabilité qu'Hicham gagne ?

- ☐ (A) 55/216
- ☐ (B) 1/6
- ☐ (C) 5/36
- ☐ (D) 45/216

### Question 41

Quel est l'antonyme du mot « intrinsèque » ?

- ☐ (A) Ultrasèque
- ☐ (B) Extrasèque
- ☐ (C) Intrasèque
- ☐ (D) Extrinsèque

### Question 42

Parmi les propositions suivantes, laquelle est incorrecte ?

- ☐ (A) Turlupiner vient de la secte des Turlupins qui, au XIVe siècle, enlevaient et torturaient des jeunes filles
- ☐ (B) Turlupiner vient de la secte des Turlupins, qui défendaient tout ce qui était naturel
- ☐ (C) Quand une idée me turlupine, cela signifie qu'elle me tourmente
- ☐ (D) Tarauder est synonyme de turlupiner

## Question 43

Parmi les propositions suivantes, laquelle est correcte ?

- ☐ (A) Il pourrait soi prendre le train, soi prendre l'avion
- ☐ (B) Chacun pour soit, clamaient les étudiants
- ☐ (C) En soi, ce problème n'est pas difficile, pourtant je n'arrive pas à le résoudre
- ☐ (D) Ce soit-disant marchand nous vole systématiquement

## Question 44

Dans la phrase « Il nous a expliqué sa situation avec afféterie », que signifie « afféterie » ?

- ☐ (A) Des manières prétentieuses
- ☐ (B) De manière très directe
- ☐ (C) Dans un langage vulgaire
- ☐ (D) De manière incompréhensible

## Question 45

Parmi les propositions suivantes, laquelle est correcte ?

- ☐ (A) Quel que soit le temps, la lune est toujours là, sur son clocher jauni
- ☐ (B) Il faudrait prendre quelque couvertures pour les nouveaux venus
- ☐ (C) Quelle que soit son travail, elle le fait bien
- ☐ (D) Prenons garde, quel que témoin curieux dira tout

# TEST 3
# CORRIGÉS

**Question 1. Réponse D**

Nous allons successivement interpréter les données fournies par l'énoncé afin d'identifier l'identité des propriétaires de chaque maison.

Nous savons d'ores et déjà que nous avons 4 caractéristiques à déterminer par individu : sa nationalité, sa spécialité d'étude, la couleur de sa maison et son numéro.

1re affirmation : « *L'étudiant en ressources humaines habite dans la maison mauve, située à côté de la rose mais pas à côté de la bleue.* »

Nous pouvons déduire de cette affirmation plusieurs informations :

- La plus évidente : l'étudiant en ressources humaines habite dans la maison mauve ;
- Par ailleurs, puisque la maison mauve est à côté de la rose mais pas de la bleue cela signifie qu'elle est située à une extrémité : la maison mauve a donc le numéro 33 ou 37. De plus, nous pouvons en déduire que la maison rose est située au milieu. Par conséquent, la maison rose a le numéro 35.

3e affirmation : « *L'étudiant belge habite au numéro 33 et sa maison n'est pas mauve.* »

La maison mauve a donc le numéro 35 ou 37. Or on a vu grâce à l'affirmation 1 que la maison rose a le numéro 35. Par déduction, la maison mauve a donc le numéro 37.

2e affirmation : « *L'étudiant en marketing, qui n'est pas espagnol, habite à côté de l'étudiant français.* »

Interprétations :

- Il est explicitement indiqué que l'étudiant en marketing n'est pas espagnol. Nous pouvons en déduire de plus qu'il n'est pas français étant donné qu'il habite à côté de l'étudiant français. Par conséquent l'étudiant en marketing est belge.
- Nous savons grâce à l'affirmation 3 que l'étudiant belge (donc en marketing) habite au numéro 33. De plus l'affirmation 2, nous indique qu'il habite à côté de l'étudiant français. L'étudiant français habite donc au numéro 35 et l'étudiant espagnol au numéro 37.

Nous pouvons synthétiser l'ensemble de ces informations au sein d'un tableau :

| Numéro | 33 | 35 | 37 |
|---|---|---|---|
| Spécialité | Marketing | Finance | Ressources humaines |
| Nationalité | Belge | Français | Espagnol |
| Couleur | Bleue | Rose | Mauve |

La réponse D est la seule vraie parmi les solutions proposées.

**Question 2. Réponse D**

Vous observez que le passage de UUVUUVU à UVUUVVU a nécessité qu'un U se transforme en V. Suivant la même logique, le passage de UVUUVVU à VUVUVUV a entraîné la disparation d'un U au profit d'un V. De même pour la transition de VUVUVUV à VVVUVVU. Le prochain terme ne devra donc contenir qu'un seul U pour six V, c'est donc UVVVVVV. Réponse D !

**Question 3. Réponse C**

L'intrus est le seul mot n'étant pas une anagramme d'AMENER. MENACE est bien le seul à ne pas être constitué par les mêmes lettres.

**Question 4. Réponse C**

D'après l'énoncé :
Rafael est plus âgé d'un mois que Roger qui est lui-même de deux mois l'aîné de Novak.
Rafael > (+1) Roger > (+2) Novak
Stanislas est un mois plus vieux qu'Andy qui est un mois plus vieux que Novak.
Stanislas > (+1) Andy > (+1) Novak
Par conséquent, Roger et Stanislas ont le même âge puisqu'ils ont, tous les deux, deux mois de plus que Novak. Aussi, Rafael est forcément leur aîné d'un mois. Il va donc manger la part. Réponse C !

**Question 5. Réponse A**

Il s'agit ici d'une question de type raisonnement logique. On constate que pour chaque colonne le mot en troisième ligne est formé par les voyelles du mot en première ligne et des consonnes des mots de la deuxième ligne. À titre d'exemple :

M **A** T **I** N
\+ **S** O I **R S**
**A I R S**

Finalement, le seul terme parmi les solutions proposées qui suit la logique de la série est le mot PARLE. En effet on retrouve bien :

M **A** R C H **E**
\+ **P** I **L** I E **R**
**P A R L E**

**Question 6. Réponse A**

C'est une question dont la résolution est assez laborieuse. Nous vous proposons un schéma reprenant le nombre de chemins possibles vers chaque point de la figure.

On dénombre au total 34 chemins différents du point A au point B.

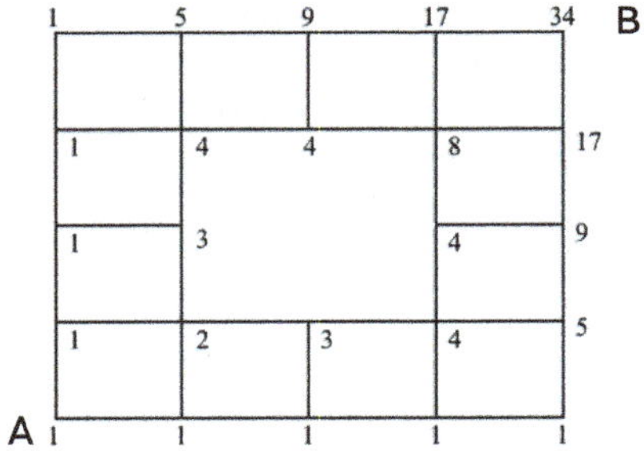


**Question 7. Réponse B**

Si 5 lionnes parviennent à attraper cinq gazelles en cinq minutes alors c'est qu'elles en attrapent une chaque minute. Ainsi, il faudra à ces mêmes 5 lionnes 50 minutes pour attraper 50 gazelles. Réponse B !

**Question 8. Réponse D**

Calculons, pour chaque offre, le prix au rouleau :

Offre 1 : $\frac{4,8}{24} = \frac{48}{240} = \frac{2}{10} =$ **0,2 euro**

Offre 2 : $\frac{4,5}{18} = \frac{45}{180} = \frac{1}{4} =$ **0,25 euro**

Offre 3 : $\frac{6}{24} \times 0,8 = \frac{4,8}{24} = \frac{48}{240} = \frac{2}{10} =$ **0,2 euro**

Offre 4 : $\frac{4,8 + 2,4}{18} = \frac{7,2}{48} = \frac{72}{480} =$ <u>**0,15 euro**</u>

Offre 5 : $\frac{7,2}{36} = \frac{72}{360} =$ **0,2 euro**

L'offre 4 est donc, de loin, la plus intéressante.

**Question 9. Réponse D**

**RAPPEL :**

L'espérance mathématique d'une variable aléatoire réelle est la valeur que l'on s'attend à trouver, en moyenne, si l'on répète un grand nombre de fois la même expérience.

**Formule de l'espérance mathématique**

$$E(X) = \sum_{i \in I} x_i p_i$$

L'énoncé vous apprend que sur les 2 000 billets que comporte une loterie, 205 sont gagnants et donc 1 795 ne le sont pas (2 000 – 205 = 1 795 ne le sont pas).

Parmi eux, 5 permettent de gagner 800 € et 200 de gagner 100 €. Le prix d'un billet est de 5 €. Ainsi, si $E_1$ l'espérance pour une loterie :

$$E_1(X) = 0 \times \frac{1\,795}{2\,000} + 100 \times \frac{200}{2\,000} + 800 \times \frac{5}{2\,000} = 10 + 2 = 12$$

L'espérance d'une loterie est donc de 12 €. Il vous faut toutefois retirer à ce gain le prix du billet, soit 5 €. L'espérance de gain est donc en réalité de 7 €. Si la personne répète 10 fois cette loterie alors son espérance nette de gain global est de 70 €. Réponse D !

**Question 10. Réponse A**

L'énoncé vous donne : $\frac{X}{3} = \frac{Y}{9}$ et $3Y + X = 10X$

Développez la première équation : $\frac{X}{3} = \frac{Y}{9}$

Soit : $3Y = 9X$

Soit encore : $Y = \frac{9}{3}X$

Soit encore : $Y = 3X$

Développez la seconde équation : $3Y + X = 10X$

Soit : $10X - X = 3Y$

Soit encore : $9X = 3Y$

Soit encore : $Y = \frac{9}{3}X$

Soit enfin : $Y = 3X$

Ainsi, les deux équations vous mènent au même résultat. Vous ne pouvez donc pas trouver de solution unique, toutes les valeurs peuvent convenir. Réponse A !

**Question 11. Réponse B**

Comment distinguer l'adjectif verbal du participe présent ?

- « navigant » est l'adjectif du verbe naviguer : il s'accorde avec le sujet.
- Alors que « naviguant » est le participe présent : il ne s'accorde pas avec le sujet.

**Question 12. Réponse B**

Pour résoudre cette question il vous faut maîtriser le barycentre.

Vous savez que les hommes sont deux fois plus nombreux que les femmes au sein du groupe, qu'ils mesurent en moyenne 180 cm et que la taille moyenne dans le groupe est 175 cm.

Il existe un écart de 5 cm entre la taille des hommes et la taille moyenne. Or les hommes sont deux fois plus nombreux que les femmes, ils pèsent donc deux fois plus dans le calcul de la taille moyenne. Ainsi, si les hommes n'ont que 5 cm d'écart avec la taille moyenne c'est que les femmes ont deux fois plus d'ecart soit 10 cm. Elles font donc en moyenne 175 - 10 = 165 cm. Réponse B !

**Question 13. Réponse A**

Comment choisir entre « é » et « er » pour un verbe du premier groupe ? Il faut bien sûr remplacer par un verbe du troisième groupe tel que « prendre ».
Corrigeons ensemble les réponses fausses :

B. « (...) il a décidé... » / il a pris : passé composé de l'indicatif, composé de l'auxiliaire avoir + participe passé.
C. « (...) Marie décida d'accepter... » / Marie décida de prendre : verbe « accepter » à l'infinitif.
D. « Sandrine aimait aller... » / Sandrine aimait prendre : verbe « prendre » à l'infinitif.

**Question 14. Réponse A**

Beaucoup de fautes d'accord en genre dans ces réponses.
Corrigeons ensemble les propositions fausses : en cas de doute, remplacer par le participe passé « pris ».

B. « Les feuilles des platanes étaient tombées/prises... »
C. « Elles s'étaient présentées/prises... »
D. « Travaillé/pris d'une pensée d'ambition, il s'était obstiné/pris... »

**Question 15. Réponse D**

**Question 16. Réponse D**

Dans cette question, il faut remarquer que la lettre mise entre parenthèses correspond à la lettre médiane du mot, c'est-à-dire la lettre en position centrale.

Exemple :

<u>CIRCONS</u> C <u>RIPTION</u>
*7 lettres* ↑ *7 lettres*
lettre médiane

Le mot proposé en réponse D est le seul respectant cette condition :

<u>COM</u> M <u>UNE</u>
*3 lettres* ↑ *3 lettres*
lettre médiane

**Question 17. Réponse A**

Dans cette suite logique, chaque lettre représente l'initiale d'un nombre écrit en toutes lettres.
On retrouve la suite des premiers carrés parfaits :
<u>U</u>n - <u>Q</u>uatre - <u>N</u>euf - <u>S</u>eize - <u>V</u>ingt-cinq
Le prochain nombre qui complète cette série est donc <u>T</u>rente-six dont l'initiale est la lettre **T**. D'où la réponse A.

**Question 18. Réponse A**

Lorsqu'on laisse tomber un stylo au sol, la pointe peut se diriger de manière équiprobable vers toutes les directions. En raisonnant en termes d'angles, cela revient à considérer que la pointe peut être orientée indépendamment selon 360° (ce qui représente un tour complet).

Nous cherchons à calculer la probabilité que la pointe soit dirigée vers le nord à 20 degrés près.
L'ensemble des cas favorables est donc 40° comme représenté sur le schéma ci-dessous.
La probabilité recherchée vaut donc :

$$P = \frac{\text{Cas favorables}}{\text{Cas possibles}} = \frac{40°}{360°} = \frac{4}{36} = \frac{1}{9}$$

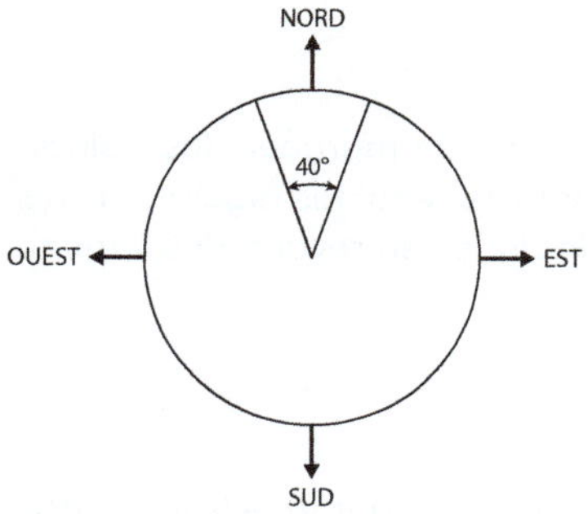


**Question 19. Réponse B**

| | | | | |
|---|---|---|---|---|
| | | A G | | |
| | | E D | | |
| P C | D G | ? ? | Q O | F S |
| | | O X | | |
| | | U A | | |

Nous sommes en présence ici d'une question de raisonnement logique type série double de lettres. Il s'agit de deux séries de quatre éléments qui se croisent en un point d'interrogation. Vous devez alors trouver l'élément manquant commun aux deux séries.
Dans cet exercice, il suffit d'observer que les premières lettres de la série verticale forment la suite des voyelles. L'élément manquant doit donc débuter par la lettre **I**, seule voyelle manquante pour compléter la série. On peut ainsi d'ores et déjà éliminer les propositions 3 et 4 qui ne satisfont pas cette condition.
Quant à la série horizontale, il suffit de remarquer que les deuxièmes lettres de ces éléments se suivent avec un saut de 3 lettres. Il en découle que l'élément manquant doit nécessairement finir par la lettre **K**.
La réponse B est la seule proposition vérifiant ces deux conditions.

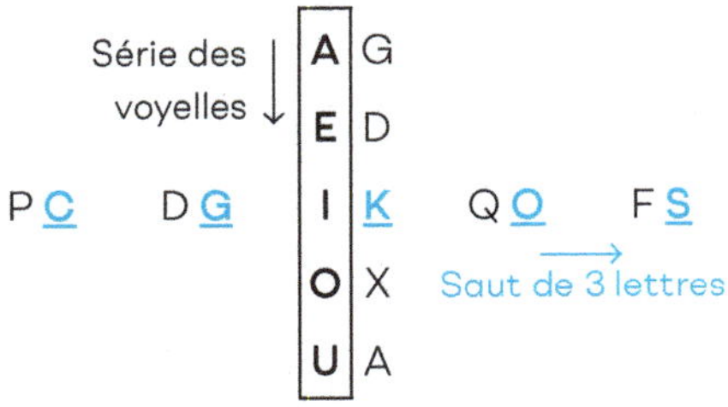


**Question 20. Réponse D**

Cette question était avant tout l'occasion pour vous de marquer des points. Les points à gauche du premier carré tournent dans le sens des aiguilles d'une montre et longent le bord du carré. Les points de droite en revanche tournent dans le sens inverse des aiguilles d'une montre.
C'était évidemment la réponse D ! Facile, non ?

**Question 21. Réponse C**

Plus complexe en comparaison à la question précédente, il faut faire le lien entre chaque mot et le nombre auquel il renvoie. Un interrupteur a deux positions, un trident trois dents, les points cardinaux sont au nombre de quatre, un pentagone compte cinq côtés. Le mot qui complète cette suite doit par conséquent faire référence au chiffre six. Les insectes ont six pattes, réponse C !

**Question 22. Réponse B**

On sait d'après l'énoncé que :
Bleu + Jaune = Vert
Bleu + Rouge = Violet
Jaune + Rouge = Orange
Par ailleurs, puisque chacune de ces 6 couleurs est associée à un entier compris entre 1 et 6, leur somme correspond à la somme des 6 premiers entiers naturels :

$$\text{Bleu} + \text{Jaune} + \text{Rouge} + \text{Vert} + \text{Violet} + \text{Orange} = 1 + 2 + 3 + 4 + 5 + 6 = \frac{6 \times (6+1)}{2} = 21$$

**RAPPEL :**
Pour tout entier $n$, la somme des entiers de 1 à $n$ vaut :

$$\mathbf{S = 1 + 2 + 3 + \ldots + (n-1) + n = \frac{n \times (n+1)}{2}}$$

Finalement si l'on remplace les couleurs secondaires (Vert, Violet et Orange) par leur expression en fonction des couleurs primaires, on obtient :

Bleu + Jaune + Rouge + (Bleu + Jaune) + (Bleu + Rouge) + (Jaune + Rouge) = 21
⇔ 3 Bleu + 3 Jaune + 3 Rouge = 21
⇔ 3 (Bleu + Jaune + Rouge) = 21
⇔ Bleu + Jaune + Rouge = 7
On retrouve donc la réponse B.

**Question 23. Réponse A**

Traduisons dans un premier temps la relation fournie par l'énoncé entre la température en Celsius (que l'on notera C) et la température en Fahrenheit (que l'on notera F) sous forme d'équation :

$$C = \frac{5}{9} \times (F - 32)$$

Nous pouvons donc inverser la relation pour exprimer cette fois-ci la température en Fahrenheit à partir de la température en Celsius.

$$C = \frac{5}{9} \times (F - 32) \Leftrightarrow C \times \frac{9}{5} = F - 32 \Leftrightarrow F = \frac{9}{5} \times C + 32$$

Ainsi, si C = 5 alors :

$$F = \frac{9}{5} \times 5 + 32 = 9 + 32 = 41$$

On choisit donc la réponse A.

**Question 24. Réponse A**

Cette question fait intervenir la notion de plus grand commun diviseur aussi connue sous le nom de PGCD.

> **RAPPEL :**
> **Calcul du PGCD de deux nombres.** Exemple : PGCD(42 ; 72)
>
> **1re étape –** Effectuer une décomposition en facteurs premiers sur les deux nombres.
> Cela nous permettra de lister tous les diviseurs premiers de 42 et 72. Pour éviter d'en oublier, il peut être utile de les classer dans l'ordre croissant.
> $42 = 2 \times 21 = 2 \times 3 \times 7$
> $72 = 2 \times 36 = 2 \times 2 \times 18 = 2 \times 2 \times 2 \times 9 = 2 \times 2 \times 2 \times 3 \times 3$
>
> **2e étape –** Identifier les facteurs communs aux deux nombres et les multiplier pour trouver le PGCD.
> $42 = 2 \times 3 \times 7$
> $72 = 2 \times 2 \times 2 \times 3 \times 3$
> On écrit alors : PGCD(42 ; 72) = $2 \times 3 = 6$

Appliquons donc cette méthode pour calculer le PGCD de 144 et 216.

**1re étape : Décomposition en facteurs premiers**
$144 = 12^2 = 4 \times 3 \times 4 \times 3 = 2 \times 2 \times 2 \times 2 \times 3 \times 3$
$216 = 6^3 = 2 \times 2 \times 2 \times 3 \times 3 \times 3$

**2e étape : Identification des facteurs premiers communs et calcul du PGCD**
$144 = 2 \times 2 \times 2 \times 2 \times 3 \times 3$
$216 = 2 \times 2 \times 2 \times 3 \times 3 \times 3$
On a alors, PGCD (144 ; 216) = $2 \times 2 \times 2 \times 3 \times 3 = 72$.

**Question 25. Réponse B**

**RAPPEL :**

**Le calcul de vitesse, temps, distance**

Lorsque la résolution d'un exercice exige que vous calculiez la vitesse ou le temps ou la distance alors que vous avez connaissance des deux autres, il vous faut recourir à l'égalité qui suit :

$$D = V \times T$$

Avec D la distance, V la vitesse et T le temps.

D'après l'énoncé, l'âne a parcouru le trajet à trois vitesses différentes, aussi, il vous faut calculer la durée de chacune de ces phases pour trouver son temps moyen au kilomètre.

Première moitié du trajet à 10 km/h :

Si on appelle D la distance parcourue et $T_1$ le temps pris pour réaliser cette première partie du trajet, alors :

$$T_1 = \frac{\frac{D}{2}}{10} = \frac{D}{2} \times \frac{1}{10} = \frac{D}{20}$$

$\frac{1}{5}$ du trajet à 8 km/h :

Si on appelle $T_2$ le temps pris pour réaliser ce cinquième du trajet, alors :

$$T_2 = \frac{\frac{D}{5}}{8} = \frac{D}{5} \times \frac{1}{8} = \frac{D}{40}$$

La troisième partie du trajet à 9 km/h :

Si on appelle $T_3$ le temps pris pour réaliser ce cinquième du trajet, alors :

$$T_3 = \frac{D - \frac{D}{2} - \frac{D}{5}}{9} = (D - 0{,}5D - 0{,}2D) \times \frac{1}{9} = 0{,}3D \times \frac{1}{9} = \frac{D}{30} \text{ heures}$$

Donc si T est la durée totale du trajet :

$$T = T_1 + T_2 + T_3 = \frac{D}{20} + \frac{D}{40} + \frac{D}{30} = \frac{3D + 1{,}5D + 2D}{60} = \frac{6{,}5D}{60} = \frac{13D \times 0{,}5 \times D}{120 \times 0{,}5} = \frac{13}{120}D$$

Divisez ensuite le temps de parcours par la distance parcourue pour obtenir le temps réalisé en moyenne par kilomètre.

$$\frac{\frac{13}{120}D}{D} = \frac{13D}{120} \times \frac{1}{D} = \frac{13D}{120D} = \frac{13}{120} \text{ heures}$$

Soit $\frac{13}{120}$ en moyenne par kilomètre, soit $\frac{13}{120} \times 60 = \frac{13}{2}$ c'est-à-dire 6 minutes et 30 secondes par kilomètre.

**Question 26. Réponse B**

Que veut dire « fat » ? Dérivé du latin « *for* » voulant dire « parler », ce mot désigne à la fois une personne sotte, niaise, mais aussi contente de soi, vaniteuse, et pour ainsi dire prétentieuses.

**Question 27. Réponse A**

Le syncrétisme est à la base la fusion de différents courants religieux, mythologiques et philosophiques. Dans le langage courant, le syncrétisme est une synthèse de points de vue, la même vision globale. Syncrétique peut donc aussi dire « semblable ». Cela s'oppose donc au champ lexical de la différence : hétéroclite, disparate, dissemblable, hétérogène...

**Question 28. Réponse D**

N'oubliez pas que « après que » appelle toujours l'indicatif (ex. : il s'est levé de table après qu'il a mangé ET NON après qu'il ait mangé). La réponse D est donc la bonne réponse.

**Question 29. Réponse A**

« Remanent » vient du latin *remanens*, participe présent de *remanere* composé de *re-* et *manere* qui signifie « demeurer, séjourner », « subsister, durer ». « Rémanent » peut donc avoir pour synonyme « chronique », « tenace », « persistant » et « immuable ». « Versatile » (1re proposition) est antonyme de « rémanent ».

**Question 30. Réponse A**

Dans cette phrase bien compliquée, 5 mots posent problèmes : « argument », « acolyte », « laudatif », « en aparté » et « péremptoire ».
La seule proposition correcte est la 1re « Au cours de la réunion, cet aigrefin usait d'arguments péremptoires, contrairement à son acolyte qui tenait un discours laudatif, leur voisine s'entretenait en aparté avec le ministre plénipotentiaire ».

**Question 31. Réponse A**

On remarque que la dernière ligne de la grille est obtenue en effectuant la somme de :

- la 1re colonne ;
- et du quotient de la 2e colonne et de la 3e.

Autrement dit :
Colonne 4 = Colonne 1 + (Colonne 2/Colonne 3)
Considérons par exemple la 1re ligne, on a bien :

$$21 = 13 + \frac{16}{2}$$

La valeur manquante en dernière ligne vaut donc :

$$13 + \frac{56}{7} = 13 + 8 = 21$$

**Question 32. Réponse B**

Ne paniquez pas à la lecture de l'énoncé, cet exercice est plus facile qu'il n'y paraît. La dernière condition de l'énoncé évoque un nombre multiplié par 5. Or, le nombre le plus élevé de la grille étant 75, le nombre que vous cherchez est donc forcément inférieur à 16. En effet, l'apprentissage par cœur de vos tables de multiplication vous permet de savoir que 16 multiplié par 5 donne 80, qui ne fait pas partie de la grille. Reste donc 3, 8 et 13. Il n'y a aucun 5 (3 + 2), la troisième exigence ne peut donc être remplie. Vous écartez donc 3. Pour ce qui est de 8, vous ne trouvez pas de 24 dans cette grille donc la seconde exigence ne peut être atteinte. Aussi, vous choisissez 13 pour lequel chacune des exigences peut être atteinte. Et vous trouvez donc respectivement : 18, 39, 15, 26 et 65.

**Question 33. Réponse A**

H : Intra de –1 entre la première et la dernière lettre.
V : Inter vertical de –1 sur la lettre du milieu.

**Question 34. Réponse A**

Le mouvement de la lettre vous indique que, sur la prochaine figure, celle-ci se trouve en haut à gauche. De plus, le I possédant une barre, le T deux et le K trois, c'est donc que la solution en possède quatre.

**Question 35. Réponse D**

H : Gauche-droite : GY XZ OW VM TU.
V : Une série originale : les secondes lettres sont toutes des lettres à 3 barres.

**Question 36. Réponse C**

Nous n'avons pas d'autres moyens que de compter les arêtes du cube évidé unes à unes. Pour cela nous considérerons dans un premier temps les arêtes des faces extérieures puis celles des faces intérieures.
De cette manière on dénombre un total de 36 arêtes sur les faces extérieures et 12 arêtes sur les faces intérieures.
Le cube évidé présente donc un total de 48 arêtes.

**Question 37. Réponse A**

La première partie du programme informatique, très simple, vous donne les valeurs de A, B, C et D qui sont respectivement 10, 35, 25 et 25. Ainsi A < B donc le test Si est faux. Il faut donc afficher B-C-D, soit 35-25-25.

**Question 38. Réponse D**

Sachant que 1 % des poissons sur 200 sont bleus, il y a donc 200 × 1/100 = 2 poissons bleus et par conséquent 200 – 2 = 198 poissons jaunes.
Voici deux méthodes de résolution :

**Méthode 1 : Calcul direct**

Si l'on enlève **X poissons jaunes**, alors il n'y aura plus que 200 – X poissons dans l'aquarium et l'équation indiquant que celui-ci devra contenir 2 % de poissons bleus est : 2/(**200 - X**) = 2/**100**. Vous trouvez alors immédiatement par identification que 200 - X = 100 soit **X = 100**.

**Méthode 2 : Du bon sens...**
Si l'on souhaite avoir 2 % de poissons bleus, c'est que l'on doit avoir dans l'aquarium **2 poissons bleus tous les 100 poissons**. Le nombre de poissons jaunes devra donc être égal à 98 et pour obtenir 98 poissons jaunes, il faut en enlever 100 (198 - 98).

**Question 39. Réponse D**

L'énoncé vous apprend que 30 % des employés sont actionnaires et que parmi eux, 40 % sont des cadres.

$$\frac{30}{100} \times \frac{40}{100} = \frac{1\,200}{10\,000} = \frac{12}{100}$$

Ainsi, il y a 12 % de cadres actionnaires.

$$\frac{30}{100} - \frac{12}{12} = \frac{18}{100}$$

Ainsi, 18 % de non-cadres sont actionnaires.
Il vous faut désormais rechercher la probabilité qu'un non cadre soit actionnaire, si P est cette probabilité :

$$P = \frac{\text{Proportion de cadres actionnaires}}{\text{Ensemble des employés - Ensemble des cadres}}$$

$$\text{Soit : } P = \frac{0{,}18}{1 - 0{,}25} = \frac{0{,}18}{0{,}75} = \frac{18}{75} = \frac{3 \times 6}{3 \times 25} = \frac{6}{25} = \frac{24}{100}$$

Dès lors, la probabilité qu'un non-cadre de l'entreprise soit actionnaire est de 24 %.

**Question 40. Réponse A**

Exposons tour à tour les différentes possibilités.

- **Les amis d'Hicham ont tous les deux 1 :**

Ils ont chacun 1 chance sur 6 d'obtenir 1.

$$\frac{1}{6} \times \frac{1}{6} = \frac{1}{36}$$

Il y a donc une chance sur 36 que chacun des amis d'Hicham tombe sur 1. Lui pour les battre devra donc tomber sur un 2, un 3, un 4, un 5 ou un 6. Il aura donc 5 chances sur 6 de les battre $\left(\frac{5}{6}\right)$.

- **Au moins un des amis d'Hicham obtient un 2** :

Soit le premier obtient un 2 et le second un 1, soit c'est l'inverse, soit ils obtiennent tous les deux un deux.

$$\frac{1}{6} \times \frac{1}{6} + \frac{1}{6} \times \frac{1}{6} + \frac{1}{6} \times \frac{1}{6} = \frac{3}{36}$$

Il y a donc 3 chances sur 36 qu'au moins un des amis d'Hicham tombe sur 2. Lui pour les battre devra donc tomber sur un 3, un 4, un 5 ou un 6. Il aura donc 4 chances sur 6 de les battre $\left(\frac{4}{6}\right)$.

- **Au moins un des amis d'Hicham obtient un 3 :**

Soit le premier obtient un 3 et le second un 1, soit le premier obtient un 3 et le second un 2, soit ils obtiennent tous les deux un 3. À l'inverse, le second peut obtenir un 3 et le premier un 2 ou bien obtenir un 3 et le premier un 1.

$$\frac{1}{6}\times\frac{1}{6}+\frac{1}{6}\times\frac{1}{6}+\frac{1}{6}\times\frac{1}{6}+\frac{1}{6}\times\frac{1}{6}+\frac{1}{6}\times\frac{1}{6}=\frac{5}{36}$$

Il y a donc 5 chances sur 36 qu'au moins un des amis d'Hicham tombe sur 3. Lui pour les battre devra donc tomber sur un 4, un 5 ou un 6. Il aura donc 3 chances sur 6 de les battre $\left(\frac{3}{6}\right)$.

- **Au moins un des amis d'Hicham obtient un 4 :**

À l'image des cas précédents, on peut résumer les différentes possibilités ainsi : (4-1), (4-2), (4-3), (4-4), (1-4), (2-4), (3-4).

La probabilité qu'au moins un des amis d'Hicham obtienne un 4 est donc de 7 sur 36. Hicham pour les battre devra tomber sur un 5 ou un 6. Aussi, il aura 2 chances sur 6 de les battre $\left(\frac{2}{6}\right)$.

- **Enfin, si au moins un des amis d'Hicham tombe sur un 5** alors les possibilités sont : (5-1), (5-2), (5-3), (5-4), (5-5), (1-5), (2-5), (3-5), (4-5).

La probabilité qu'au moins un des amis d'Hicham tombe sur un 5 est donc de 9 chances sur 36. Hicham devra donc obtenir un 6 pour battre ses amis. Il aura une chance sur six d'en obtenir un $\left(\frac{1}{6}\right)$.

- **Le cas où au moins un des amis d'Hicham tombe sur un 6** ne nous intéresse pas puisque Hicham n'aura dans ce cas aucune chance de gagner. Il lui faut en effet un score strictement supérieur pour gagner.

Ainsi, si on appelle P la probabilité qu'Hicham gagne, alors :

$$P=\frac{1}{36}\times\frac{5}{6}+\frac{3}{36}\times\frac{4}{6}+\frac{5}{36}\times\frac{3}{6}+\frac{7}{36}\times\frac{2}{6}+\frac{9}{36}\times\frac{1}{6}=\frac{5+12+15+14+9}{216}=\frac{55}{216}$$

Hicham a donc 55 chances sur 216 de gagner aux dés contre ses amis.

**Question 41. Réponse D**

L'antonyme est le contraire d'un mot. Oui rappelons les évidences, ça ne fait pas de mal. Concernant l'antonyme du mot « intrinsèque », il s'agit d'« extrinsèque ». Quant aux trois autres propositions, elles n'existent pas même si nous savons que vous auriez rangé d'instinct dans la catégorie « blanchisserie - laverie automatique » les termes « ultrasèque » et « extrasèque ».

**Question 42. Réponse A**

« Turlupiner » est un verbe transitif qui signifie « Tourmenter, tracasser ». Les propositions A, C et D sont correctes. Par ailleurs, les turlupins étaient une secte religieuse de la France médiévale, fondée sur l'Esprit Libre. (Phrase B).

**Question 43. Réponse C**

Problème pour cette question, elle vous demande de trouver la proposition correcte, en réalité, il y en a deux. Elles sont en gras.

A. Il pourrait ~~soi~~ prendre le train, ~~soi~~ prendre l'avion - **soit** prendre le train, **soit** prendre l'avion.

B. Chacun pour soi, clamaient les étudiants.

**C. En soi, ce problème n'est pas difficile, pourtant je n'arrive pas à le résoudre.**

D. Ce soit-disant marchand nous vole systématiquement - Ce **soi-disant**.

**Question 44. Réponse A**

Qu'est-ce qu'une « afféterie » ? Bonne question à laquelle nous allons répondre. Du moyen français « affetté », ce terme péjoratif et peu utilisé signifie parler de manière précieuse, prétentieuse.

**Question 45. Réponse A**

Grande interrogation sur la différence entre « quelque » et « quel que », comment apprendre à bien les distinguer ? Rappelons la règle et appliquons-la aux réponses proposées dans cette question.

Avant un adjectif, un nom ou un adverbe, on écrit « quelque » et on l'accorde avec ce qui suit :

B. « (...) quelques couvertures... » ;

D. « (...) quelque témoin... ».

Avant un verbe, on écrit « quel que » en deux mots, et on accorde « quel » avec le sujet qui suit le verbe :

C. « Quel que soit... ».

# TEST 4
# ÉNONCÉS

**45 QUESTIONS - 1 HEURE**

### Question 1

Compléter la série suivante :
E 2 H 4 M 1 O 1 Q 2 ?

- ☐ (A) T
- ☐ (B) 3
- ☐ (C) S
- ☐ (D) W

### Question 2

Parmi les cinq figures ci-dessous, quel est l'intrus ?

- ☐ (A) Figure 1
- ☐ (B) Figure 2
- ☐ (C) Figure 3
- ☐ (D) Figure 4

| Θ | Η | Φ | Ψ |
|---|---|---|---|
| 1 | 2 | 3 | 4 |

### Question 3

Quelle figure complète cette suite ?

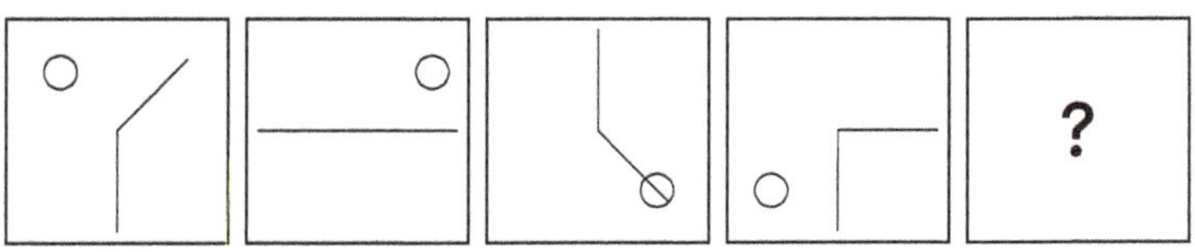


☐ (A)
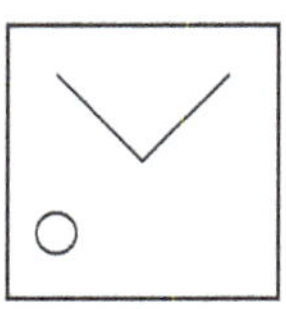

☐ (B)
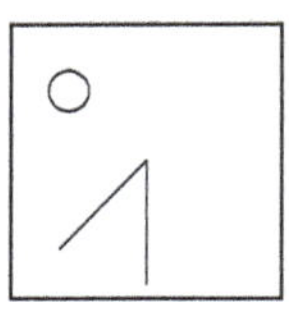

☐ (C)
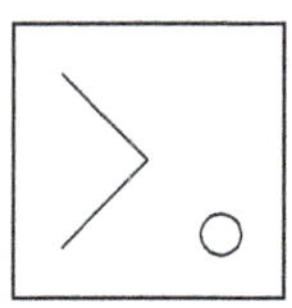

☐ (D)
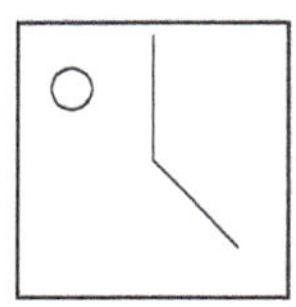

### Question 4

Compléter la série suivante :
89, 144, 233, 377, ..., 987

- ☐ (A) 610
- ☐ (B) 450
- ☐ (C) 550
- ☐ (D) 590

### Question 5

Quel nombre complète cette suite logique :
2, 10, 30, 68, 130, 222, ... ?

- ☐ (A) 346
- ☐ (B) 350
- ☐ (C) 352
- ☐ (D) 356

### Question 6

Un groupe de 12 enfants dont la taille moyenne est de 100 cm se mélange à un groupe de 10 enfants dont la taille moyenne est de 122 cm. Quelle est la taille moyenne du nouveau groupe ainsi formé ?

- ☐ (A) 108 cm
- ☐ (B) 109 cm
- ☐ (C) 110 cm
- ☐ (D) 111 cm

### Question 7

Soit $f(x)$ un polynôme du deuxième degré passant par les trois points représentés sur la figure ci-dessous. Quelle est la valeur de $f(0)$ ?

- ☐ (A) - 5
- ☐ (B) - 3
- ☐ (C) - 1
- ☐ (D) 0

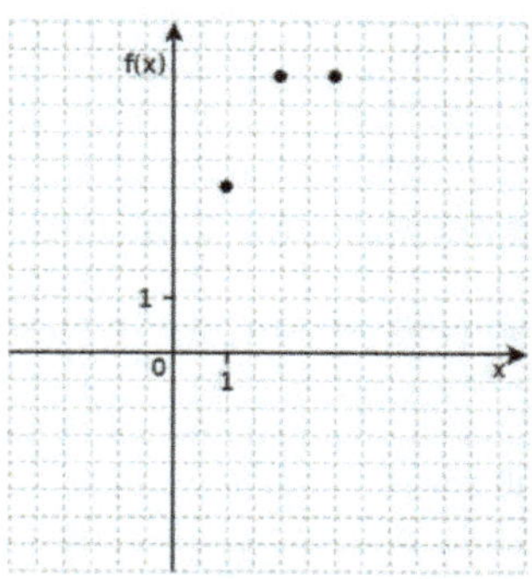

### Question 8

Je suis la somme du produit de seize par quatre et de quinze. Qui suis-je ?

- ☐ (A) 35
- ☐ (B) 61
- ☐ (C) 79
- ☐ (D) 89

### Question 9

Lors d'une partie de fléchettes, vous disposez d'une cible composée de 3 anneaux concentriques qui rapportent respectivement 5, 7 et 13 points pour celui du milieu. Le premier joueur a atteint la cible avec toutes ses fléchettes et a obtenu 43 points.
Le second obtient le même nombre de points en plaçant également toutes ses fléchettes sur la cible mais en réussissant à en mettre une au centre contrairement au premier joueur. Combien de fléchette(s) le premier joueur a-t-il placée(s) respectivement dans les zones à 5 et 7 points ?

- ☐ (A) 2 et 5
- ☐ (B) 3 et 4
- ☐ (C) 4 et 3
- ☐ (D) 5 et 2

### Question 10

Dans une université réputée, les conditions de réussite à un diplôme sont que les étudiants réussissent tous leurs examens et qu'ils rendent tous leurs travaux. Parmi les 500 étudiants de cette fameuse université, 400 ont réussi tous leurs examens et 325 ont remis tous leurs travaux. Quel est le nombre minimum d'étudiants qui obtiendront leur diplôme ?

- ☐ (A) 100
- ☐ (B) 165
- ☐ (C) 175
- ☐ (D) 225

### Question 11

Parmi les propositions suivantes, laquelle est correcte ?

- ☐ (A) Quand Jacques arrivait, la chambre devenait toute gaité, bruit et mouvement
- ☐ (B) Jacques, partit, Paul se mettait à sa poésie
- ☐ (C) Son travail ses rimes étaient moins pires de jour en jour
- ☐ (D) Quelques fois, pourtant, je le rencontrais errant dans les rues

## Question 12

La ligne TGV Lille-Paris fait 250 km, distance que le TGV parcourt en une heure. Quand le TGV est en gare, il y reste au moins 30 minutes avant de repartir, le temps d'être nettoyé. La SNCF désire qu'un train parte chaque demi-heure de Lille et de Paris (en direction de l'autre gare). Combien de trains faut-il au minimum pour assurer ce rythme ?

- ☐ (A) 2
- ☐ (B) 4
- ☐ (C) 6
- ☐ (D) 8

## Question 13

Lequel de ces proverbes signifie « courir des risques pour le seul profit d'autrui » ?

- ☐ (A) Faire flèche de tout bois
- ☐ (B) Travailler pour le roi de Prusse
- ☐ (C) Donner le denier à Dieu
- ☐ (D) Tirer les marrons du feu

## Question 14

Parmi les propositions suivantes, laquelle est correcte ?

- ☐ (A) La chaire est faible répétait le prêtre à ses fidèles paroissiens
- ☐ (B) Il aimait faire bonne chair le samedi soir
- ☐ (C) Ma chère enfant, il est temps de dormir
- ☐ (D) Cette tablette est trop cher, nous ne pouvons pas l'acheter

## Question 15

Trouvez parmi les cinq phrases ci-dessous les deux seules qui soient orthographiquement et/ou grammaticalement incorrectes.

1. Elise est celle qui a fait le plus de bêtises possibles.
2. Quoiqu'elle fût jolie, elle n'était aimée de personne.
3. Cette jeune entreprise a été remise à flot après une période de difficultés financières.
4. Cette grande ville américaine compte dix millions et demi d'habitants.
5. Le système pénitencier français fera toujours couler beaucoup d'encre.

- ☐ (A) phrase 2 et phrase 3
- ☐ (B) phrase 1 et phrase 4
- ☐ (C) phrase 1 et phrase 5
- ☐ (D) phrase 3 et phrase 5

### Question 16

Quel nombre doit remplacer le point d'interrogation ?

| | | | | | |
|---|---|---|---|---|---|
| 7 | A | E | F | D | D |
| B | 5 | A | E | A | F |
| D | D | 1 | B | D | A |
| A | F | B | 8 | E | C |
| F | D | A | F | 4 | B |
| D | A | E | D | B | ? |

- ☐ (A) 2
- ☐ (B) 3
- ☐ (C) 4
- ☐ (D) 5

### Question 17

Quel terme suit la même logique :
MICHEL (42), LOUIS (23), MARTINE (43), LUC (21), ... ?

- ☐ (A) BRUNO (14)
- ☐ (B) MATTHIEU (35)
- ☐ (C) ADRIEN (24)
- ☐ (D) GERALD (42)

### Question 18

Quelle lettre complète logiquement cette suite :
U - T - C - S - N - ... ?

- ☐ (A) A
- ☐ (B) D
- ☐ (C) M
- ☐ (D) O

### Question 19

Quel mot peut compléter la suite :
ARBRE - HERBE - ZEBRA - BARBU - ... ?

- ☐ (A) ARBORE
- ☐ (B) AUBRAC
- ☐ (C) BRANDY
- ☐ (D) BUCHER

4

### Question 20

Compléter la suite :
1, 2, 4, 8, 16, 23, 28, 38, 49, 62, ...

- ☐ (A) 70
- ☐ (B) 72
- ☐ (C) 73
- ☐ (D) 75

### Question 21

Calculer le plus grand diviseur commun de 90, 135 et 225.

- ☐ (A) 45
- ☐ (B) 15
- ☐ (C) 25
- ☐ (D) 35

### Question 22

Retrouver l'équation de la droite parallèle à la droite $2x + y - 10 = 0$ et qui passe par le point (–1 ; 3).

- ☐ (A) $y = -2x + 1$
- ☐ (B) $y = -3x$
- ☐ (C) $y = 2x + 5$
- ☐ (D) $y = 13x + 10$

### Question 23

Parmi ces opérations, quelle est celle qui vaut 1/60 ?

- ☐ (A) –1/4 + 1/3 + 3/5
- ☐ (B) 1/4 – 1/3 – 3/5
- ☐ (C) –1/4 – 1/3 + 3/5
- ☐ (D) 1/4 + 1/3 – 3/5

### Question 24

S'il est 8 heures 34 minutes 25 secondes à votre montre, quelle heure était-il 1 000 secondes auparavant ?

- ☐ (A) 8 h 16 min 58 s
- ☐ (B) 8 h 17 min 45 s
- ☐ (C) 8 h 17 min 58 s
- ☐ (D) 8 h 18 min 11 s

### Question 25

Sur ce quadrillage régulier on a dessiné cette figure. Combien de rectangles non carrés (largeur différente de la longueur) de toutes tailles dénombrez-vous ?

- ☐ (A) 33
- ☐ (B) 35
- ☐ (C) 37
- ☐ (D) 39

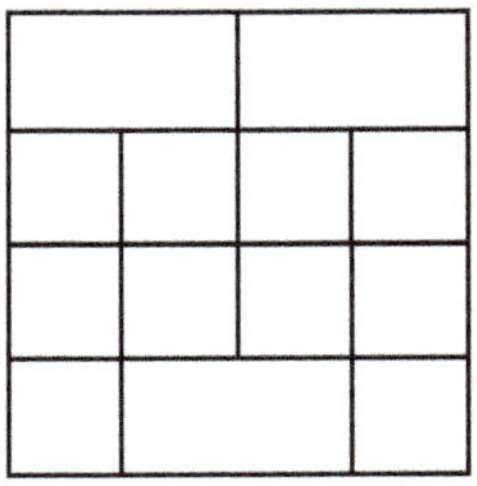

### Question 26

Parmi les propositions suivantes, laquelle est correcte ?

- ☐ (A) Au grand soleil, la maison lui apparut toute riante de gaité
- ☐ (B) Elle envisageait de léguer toute sa fortune à la ville pour qu'elle bâtissa une maison de retraite
- ☐ (C) Les sages et les sobres s'en allaient : lui fleurissaient et s'épanouissaient
- ☐ (D) Elle l'aurait tué si elle l'aurait osé, si elle aurait eu ce courage

### Question 27

Quel mot complète cette phrase extraite de *La Ronde de Nuit* de Patrick Modiano : « L'auberge, tel un ..., échoue au milieu d'une ville engloutie » ?

- ☐ (A) Bathyscaphe
- ☐ (B) Batyscaphe
- ☐ (C) Bathyscafe
- ☐ (D) Batyscafe

### Question 28

Parmi les propositions suivantes, laquelle est incorrecte ?

- ☐ (A) Burlesque est un synonyme d'ubuesque
- ☐ (B) Grotesque est un synonyme d'ubuesque
- ☐ (C) Caricatural est un synonyme d'ubuesque
- ☐ (D) Cauchemardesque est un synonyme d'ubuesque

## Question 29

Parmi les propositions suivantes, inspirées de l'ouvrage *Contes pour enfants pas sages* de Prévert, laquelle est correcte ?

- ☐ (A) Un jour, il y avait un jeune dromadaire qui n'étais pas content du tout
- ☐ (B) Demain, mon père, ma mère et moi allont entendre une conférence
- ☐ (C) Et voilà, qu'il n'était pas content parce que la conférence n'était pas du tout ce qu'il avait imaginé
- ☐ (D) Un gros monsieur parlez des dromadaires et des chameaux

## Question 30

Parmi les propositions suivantes, laquelle est correcte ?

- ☐ (A) Cette Galerie vient de m'engager, je l'aiderais à sélectionner des artistes
- ☐ (B) Dès demain, tu pourra commencer ce nouveau travail
- ☐ (C) Laisses tes affaires ici, nous passerons les prendre plus tard
- ☐ (D) Regarde le monde, prends ton envol, vis pleinement

## Question 31

Quel nombre complète logiquement cette série :
2 ; 6 ; 18 ; 54 ; ... ?

- ☐ (A) 162
- ☐ (B) 96
- ☐ (C) 108
- ☐ (D) 110

## Question 32

De combien de jours a-t-on dépassé le jour de l'an, si quinze jours auparavant, le 14 juillet était dépassé d'un nombre de jours six fois supérieur ?

- ☐ (A) 25
- ☐ (B) 28
- ☐ (C) 30
- ☐ (D) 31

## Question 33

Quel nombre complète cette série double ?

? 6592 7144 3975 2213

3426

4428

6329

2222

- ☐ (A) 4655
- ☐ (B) 9261
- ☐ (C) 2418
- ☐ (D) 1331

## Question 34

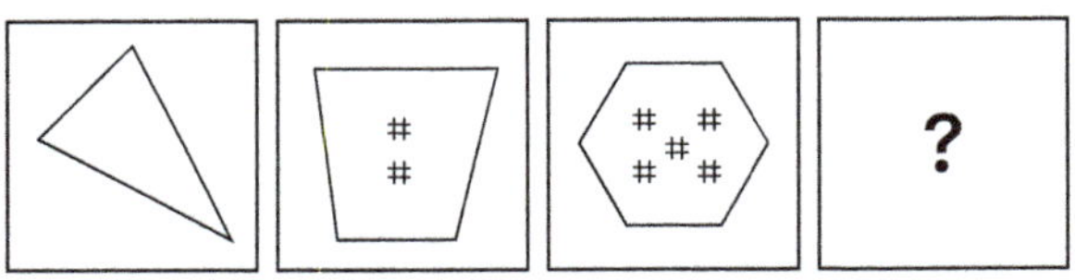


☐ (A)

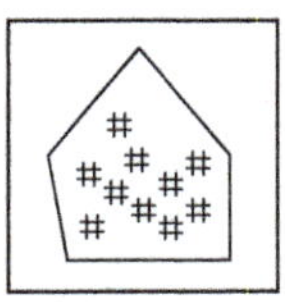

☐ (B)

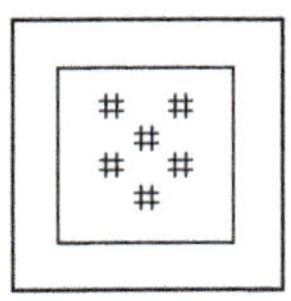

☐ (C)

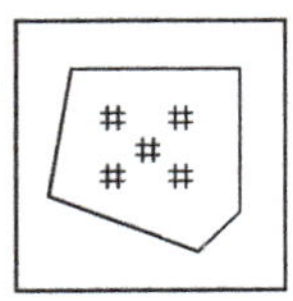

☐ (D)

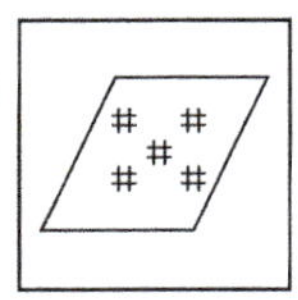

## Question 35

Quel nombre complète cette série double ?

87

27 15 ? 79 23

55

42

13

- ☐ (A) 88
- ☐ (B) 68
- ☐ (C) 58
- ☐ (D) 69

### Question 36

Vous marchez 16 km vers le nord à 8 km/h, puis 12 km vers l'ouest à 9 km/h. Vous décidez ensuite de rentrer en ligne droite à la vitesse moyenne de 5 km/h. En combien de temps serez-vous revenu à votre point de départ ?

- ☐ (A) 3 h 45
- ☐ (B) 3 h 50
- ☐ (C) 3 h 55
- ☐ (D) 4 h 00

### Question 37

Sur une piste de bowling, on place les dix quilles sur les dix emplacements prévus. On lance une boule vers ce jeu de quilles, qui en fait tomber entre zéro et dix de manière aléatoire.
Les quilles tombées sont retirées de la piste. Pour les quilles restantes, combien y a-t-il de configurations possibles différentes ?

- ☐ (A) 10
- ☐ (B) 55
- ☐ (C) 252
- ☐ (D) $2^{10}$

### Question 38

Voici une information extraite d'une étiquette d'une sauce allégée au pesto : « contient 9 % de matières grasses, soit 60 % de moins que les sauces traditionnelles ». Quel pourcentage de matières grasses contiennent les sauces traditionnelles ?

- ☐ (A) 12,60 %
- ☐ (B) 14,40 %
- ☐ (C) 21,60 %
- ☐ (D) 22,50 %

### Question 39

Soit une suite de nombres dont un élément peut se calculer en retranchant à l'élément qui le suit, celui qui le précède et en divisant le résultat par deux. En sachant que les deux premiers éléments sont respectivement 8 et 4, quelle est la valeur du cinquième élément ?

- ☐ (A) 32
- ☐ (B) 36
- ☐ (C) 48
- ☐ (D) 88

### Question 40

Mon père a acheté des fruits : des pommes, des poires, des bananes et des oranges. Il a 44 fruits dans son panier. Il y a 2 pommes de plus que de poires. Il y a 8 poires de plus que de bananes et 2 bananes de plus que d'oranges. Dans son panier, mon père a :

- ☐ (A) 12 poires
- ☐ (B) 14 poires
- ☐ (C) 15 poires
- ☐ (D) 16 poires

### Question 41

Que signifie le nom « viatique » ?

- ☐ (A) Remplace une chose par sa contrefaçon
- ☐ (B) Ce qui réconforte dans les moments difficiles
- ☐ (C) Parole blessante involontaire
- ☐ (D) Ce qui apporte une aide aux besoins de l'existence

### Question 42

Parmi les propositions suivantes, quelle est celle qui peut remplacer les crochets dans cette citation de Spinoza : « Nous ne désirons aucune chose [...] nous la trouvons bonne mais, au contraire, nous jugeons qu'une chose est bonne [...] nous la désirons. » ?

- ☐ (A) Par ce que / par ce que
- ☐ (B) Parce que / part ce que
- ☐ (C) Parce que / parce que
- ☐ (D) Par ce que / parce que

### Question 43

Dans cette phrase extraite de *La Peste* d'Albert Camus : « mais puisque l'ordre du monde est réglé par la mort, peut-être faut-il mieux pour Dieu qu'on ne [...] pas en lui et qu'on lutte de toutes ses forces contre la mort », par quelle forme du verbe « croire » faut-il remplacer la partie entre crochets ?

- ☐ (A) Croie
- ☐ (B) Crois
- ☐ (C) Croies
- ☐ (D) Croit

## Question 44

Parmi les propositions suivantes, laquelle est correcte ?

- ☐ (A) Ce malheureux chien a une pate cassée, il ne peut plus courir
- ☐ (B) Alice adore les pâtes, elle en mangerait tous les jours
- ☐ (C) Les quatre pâttes de notre chat sont blanches, il est adorable
- ☐ (D) Elle préfère les pates à la carbonera

## Question 45

La phrase « Je suis mort de faim » est une figure de style. Laquelle ?

- ☐ (A) Un pléonasme
- ☐ (B) Un euphémisme
- ☐ (C) Une métaphore
- ☐ (D) Une hyperbole

# TEST 4
# CORRIGÉS

**Question 1. Réponse A**

Une série très facile. On comprend en effet que le chiffre qui sépare deux lettres représente le nombre de lettres qu'il y a entre elles. Ainsi entre E et H il y a bien deux lettres (F et G). Aussi entre H et M il y a bien quatre lettres (I, J, K et L). Il fallait donc trouver T puisqu'entre Q et T il y a bien deux lettres (R et S).

E 2 H 4 M 1 O 1 Q 2 **T**

**Question 2. Réponse D**

Après observation, nous pouvons noter que toutes les figures possèdent à la fois un axe de symétrie horizontal et un axe de symétrie vertical sauf la figure 4.

**Question 3. Réponse B**

Observez en premier lieu le rond. Il se déplace, dans le sens des aiguilles d'une montre, dans les coins. Il sera donc en haut à gauche dans la prochaine figure. Le segment vertical, dirigé vers le bas, se déplace lui aussi dans le sens horaire de 90 degrés. Il retrouvera donc sa position dans la dernière figure. Enfin le segment oblique se déplace dans le même sens mais de seulement 45 degrés. Il sera en bas à gauche. La prochaine figure est donc la B. Réponse B !

**Question 4. Réponse A**

La suite qui vous est présentée est la suite de Fibonacci. La particularité de cette suite est que chaque nombre est obtenu en faisant la somme des deux précédents.

Ainsi : 233 = 89 + 144
377 = 144 + 233

Par conséquent : 987 = 377 + X

Soit : X = 610

Le nombre manquant est donc 610. Réponse A !

**Question 5. Réponse B**

2 - 10 - 30 - 68 - 130 - 222

Vous calculez d'abord l'écart entre les nombres et trouvez un écart de 8 puis 20 puis 38 puis 62 et enfin 92. Vous réalisez alors qu'aucune logique ne s'y cache. Il faut donc chercher ailleurs !

Ce n'est pas non plus un multiple commun. Cherchez alors un lien entre le rang de chaque nombre et le nombre lui-même. Vous connaissez évidemment par cœur vos carrés et vos cubes et remarquez donc que 2 est au premier rang et que $2 = 1 + 1^3$

De même : $10 = 2 + 2^3$ ; $30 = 3 + 3^3$ ; $68 = 4 + 4^3$ ; $130 = 5 + 5^3$ et $222 = 6 + 6^3$.

Ainsi la logique de cette suite veut qu'un nombre soit égal à la somme du nombre dont il occupe le rang et de son cube. Vous recherchez donc le nombre qui occupe la 7e place : $7 + 7^3 = 7 + 343 = 350$.

**Question 6. Réponse C**

$$M = \frac{12 \times 100 + 10 \times 122}{12 + 10} = \frac{1\,200 + 1\,220}{22} = \frac{2\,420}{22} = 110$$

La taille moyenne du groupe formé des 22 élèves est donc de 110 centimètres.

**Question 7. Réponse C**

**RAPPEL :**
Soit $a$ un nombre réel non nul, $b$ et $c$ deux nombres réels quelconques.
On appelle fonction polynôme du second degré la fonction $f$ définie sur $\mathbb{R}$ par :

$$f(x) = ax^2 + bx + c$$

Par définition, l'expression développée de la fonction $f$ est de la forme :
$f(x) = ax^2 + bx + c$

Pour pouvoir répondre à la question demandée, nous allons devoir déterminer la valeur des trois inconnues $a$, $b$ et $c$. Pour cela, nous utiliserons les informations déduites du graphique de l'énoncé. En effet, à partir des coordonnées des trois points nous pouvons conclure que :

$$\begin{cases} f(1) = 3 \\ f(2) = 5 \\ f(3) = 5 \end{cases}$$

Il en découle que :

$$\begin{cases} a + b + c = 3 \\ a \times 2^2 + b \times 2 + c = 5 \\ a \times 3^2 + b \times 3 + c = 5 \end{cases} \Leftrightarrow \begin{cases} a + b + c = 3 \\ 4a + 2b + c = 5 \\ 9a + 3b + c = 5 \end{cases}$$

Nous pouvons nous défaire de l'inconnue $c$ en soustrayant la première équation à la deuxième puis la première à la troisième. On obtient alors le système de deux équations suivant :

$$\begin{cases} 3a + b = 2 \\ 8a + 2b = 2 \end{cases}$$

On simplifie la deuxième équation par 2 :

$$\begin{cases} 3a + b = 2 \\ 4a + b = 1 \end{cases}$$

Il ne nous reste plus qu'à soustraire la première équation à la seconde pour isoler l'inconnue $a$.

On trouve donc $a = -1$ et $b = 2 - (-3) = 5$.

Il en résulte que $c = 3 - 5 + 1 = -1$.

Finalement, $f(0) = c = -1$.

**Question 8. Réponse C**

Le produit de seize par quatre vaut : $16 \times 4 = 64$
Donc la somme du produit de seize par quatre et de quinze vaut : $64 + 15 = 79$
Réponse C ! Facile, non ?

**Question 9. Réponse B**

Vous savez que le premier joueur n'a pas atteint l'anneau du milieu mais qu'il a tout de même marqué 43 points. Les deux autres cercles rapportent respectivement 5 et 7 points. Aussi, si X le nombre de fléchettes lancées dans la zone 5 points et Y dans la zone 7 points alors, d'après l'énoncé :
$5X + 7Y = 43$
L'astuce ici est d'avoir recours aux critères de divisibilité. 43 n'est pas divisible par 5. Aussi, il y a au moins une fléchette dans la zone 7 points. Si tel était le cas, il resterait alors 36 points à répartir ($43 - 7 = 36$). Or, 36 n'étant pas non plus divisible par 5, c'est que deux flèches ont été tirées dans la zone 7 points. Reste donc 29 points à répartir. De même que précédemment, 29 n'est pas divisible par 5 et il y a donc eu au minimum 3 fléchettes tirées dans la zone 7 points. Il reste 22 points à répartir, une quatrième fléchette dans la zone 7 points est nécessaire. Les points restant à répartir sont au nombre de 15. 15 est divisible par 5, il aura donc tiré 4 fléchettes dans la zone 7 points et 3 fléchettes dans la zone 5 points $\left(\frac{15}{3} = 5\right)$. Réponse B !

**Question 10. Réponse D**

Chercher le nombre minimum d'étudiants qui auront leur diplôme revient à se demander combien d'élèves au maximum n'auront pas leur diplôme. Or, vous savez que les prérequis au diplôme sont la réussite des examens et le rendu de tous les travaux. Seuls 400 étudiants ont réussi leurs examens donc 100 ($500 - 400$) ont échoué. Seuls 325 élèves ont rendu tous leurs travaux donc 175 ($500 - 325$) n'y sont pas parvenus. Si on considère que ceux qui n'ont pas rendu leurs travaux ne sont pas les mêmes que ceux qui ont échoué aux examens alors il y a au maximum 275 élèves ($175 + 100$) qui n'auront pas leur diplôme et seulement 225 qui l'auront ($500 - 275$).

**Question 11. Réponse A**

Les 3 dernières réponses contiennent des fautes, permettant notamment d'opter pour la réponse A par déduction. Corrigeons ensemble les réponses fausses :

B. « (...) parti... » : il s'agit d'un participe passé, en cas de doute, mettre au féminin (« partie ») ;

C. « (...) pire... » : il s'agit d'un comparatif synthétique auquel on ne peut adjoindre de qualificatif ;

D. « (...) quelquefois... » : c'est un adverbe voulant dire « parfois » (quand « quelque fois » signifie « plusieurs fois ») ;

**Question 12. Réponse C**

Vous savez qu'un train reste 30 minutes en gare, puis effectue un trajet d'une heure avant de stationner de nouveau 30 minutes dans la gare d'arrivée. Une boucle dure donc 3 heures. La SNCF souhaite qu'un train parte toutes les 30 minutes, il vous suffit de diviser la durée d'une boucle par le rythme souhaité pour obtenir le nombre de trains nécessaires. Ainsi, $\frac{3 \text{ heures}}{30 \text{ minutes}} = \frac{3 \times 60}{30} = 3 \times 2 = 6$ trains sont nécessaires.

**Question 13. Réponse C**

D'où vient l'expression « tirer les marrons du feu » ?
Venant de la fable « Le singe et le chat », de Jean de la Fontaine, poète français du XVII^e siècle, cette expression signifie à la base « se donner de la peine pour le seul profit d'autrui ». Dans le langage courant, le sens s'est inversé, et on n'utilise plus cette expression que dans un sens : « être celui qui tire profit de la situation ».

**Question 14. Réponse C**

Que d'homonymes dans ces réponses ! Corrigeons ensemble les propositions fausses :

A. « La chair est faible... » : du latin « *carnem* », cette expression, figurant notamment dans le Nouveau Testament, désigne la faiblesse humaine face aux tentations de la vie ;

B. « Il aimait faire bonne chère... » : du latin « *cara* », voulant dire le « visage » : cette expression signifiait alors recevoir dignement celui qui, sans forcément s'être annoncé, frappait à la porte. À partir de la guerre de Cent Ans et avec l'essor des famines, et par le biais d'une métonymie (un concept est désigné par un terme désignant un autre concept qui entretient avec le premier un rapport logique) cette expression a évolué en signifiant « bon repas ».

D. « Cette tablette est trop chère... » : féminin de l'adjectif « cher » voulant dire « coûteux ».

**Question 15. Réponse C**

**Question 16. Réponse D**

Sur chaque ligne il n'y a qu'un seul chiffre. On remarque alors que le chiffre de la première ligne correspond au nombre d'apparitions de la lettre A dans le tableau. De la même manière, le chiffre de la seconde ligne correspond cette fois au nombre d'apparitions de la lettre B dans le tableau et ainsi de suite.
Ainsi, le chiffre manquant à la sixième ligne doit correspondre au nombre d'apparitions de la lettre F dans le tableau c'est-à-dire 5, d'où la réponse D.

**Question 17. Réponse D**

Dans cette question de raisonnement logique, il s'agit d'interpréter le nombre entre parenthèses au regard du prénom qui le précède.
Vous observerez que le chiffre des dizaines du nombre correspond au nombre de consonnes du prénom tandis que le chiffre des unités correspond au nombre de voyelles de ce même prénom.
Finalement, la seule réponse vérifiant ces propriétés parmi les solutions proposées est la réponse D : GERALD (42)

**Question 18. Réponse D**

Dans cette question, il faut remarquer que chaque lettre de la série correspond à l'initiale d'un nombre écrit en toutes lettres.
Ainsi la série U - T - C - S - N - O se lit Un - Trois - Cinq - Sept - Neuf - Onze
Une fois cette propriété remarquée, la résolution de l'exercice se fait rapidement. En effet, on reconnait la suite des premiers nombres impairs. Le nombre qui complète la suite est le nombre onze, on cherche donc la réponse qui propose la lettre O, c'est-à-dire la réponse D.

**Question 19. Réponse B**

Vous remarquez qu'à la 3e et à la 4e position de chaque mot alternent B et R.
Soit : ARBRE - HERBE - ZEBRA - BARBU
Vous devez donc choisir, parmi les propositions de réponse, celle qui respecte cette alternance. C'est AUBRAC.

**Question 20. Réponse A**

Chaque nombre de la suite est obtenu en additionnant au nombre précédent la somme des chiffres qui composent ce nombre.

Exemple : pour passer de 38 à 49 on a fait 38 + (3 + 8) = 49.

Après le nombre 62, on a donc le nombre 62 + (6 + 2) = 70.

**Question 21. Réponse A**

Cette question fait intervenir la notion de plus grand commun diviseur aussi connue sous le nom de PGCD.

**RAPPEL :**
**Calcul du PGCD de deux nombres.** Exemple : PGCD(42 ; 72)
**1re étape -** Effectuer une décomposition en facteurs premiers sur les deux nombres.
Cela nous permettra de lister tous les diviseurs premiers de 42 et 72. Pour éviter d'en oublier, il peut être utile de les classer dans l'ordre croissant.
**42** = 2 × 21 = **2 × 3 × 7**
**72** = 2 × 36 = 2 × 2 × 18 = 2 × 2 × 2 × 9 = **2 × 2 × 2 × 3 × 3**
**2e étape -** Identifier les facteurs communs aux deux nombres et les multiplier pour trouver le PGCD.
**42 = 2 × 3 × 7**
**72 = 2 × 2 × 2 × 3 × 3**
On écrit alors : **PGCD(42 ; 72) = 2 × 3 = 6**

Nous allons appliquer la même méthode pour calculer le PGCD des trois nombres : 90, 135 et 225.

**1re étape : Décomposition en facteurs premiers**
**90** = 18 × 5 = 6 × 3 × 5 = **2 × 3 × 3 × 5**
**135** = 27 × 5 = **3 × 3 × 3 × 5**
**225** = 45 × 5 = 9 × 5 × 5 = **3 × 3 × 5 × 5**

**2^e^ étape : Identification des facteurs premiers communs et calcul du PGCD**
**90 = 2 × 3 × 3 × 5**
**135 = 3 × 3 × 3 × 5**
**225 = 3 × 3 × 5 × 5**
On a alors, **PGCD(90 ; 135 ; 225) = 3 × 3 × 5 = 45**, d'où la réponse A.

## Question 22. Réponse A

**RAPPEL :**
Soit deux droites (*d*) et (*d'*) d'équations cartésiennes respectives :
(*d*) : $y = ax + b$
(*d'*) : $y = a'x + b'$
où *a* et *a'* désignent le coefficient directeur (*synonyme de pente*) des droites (*d*) et (*d'*) et *b* et *b'* désignent l'ordonnée à l'origine des droites (*d*) et (*d'*).

**Propriété :**
- **Deux droites sont parallèles** si et seulement si elles ont le **même coefficient directeur** ;
- **Deux droites sont perpendiculaires** si et seulement **si le produit de leur coefficient directeur vaut -1** (c'est-à-dire $a \times a' = -1$).

Nous cherchons l'équation de la droite ($d_2$) :
- parallèle à la droite ($d_1$) d'équation $2x + y - 10 = 0$ ;
- et qui passe par le point A(-1 ; 3).

Par définition, la droite ($d_2$) a pour équation cartésienne réduite :
$y = ax + b$
où *a* désigne le coefficient directeur (*pente*) de la droite et *b* son ordonnée à l'origine.
Nous chercherons donc par la suite à déterminer les valeurs de *a* et *b* en utilisant les deux informations dont nous disposons sur la droite ($d_2$).

<u>Interprétons la première information</u> :
Nous savons que la droite ($d_2$) est parallèle à la droite ($d_1$) d'équation $2x + y - 10 = 0$.
D'après le rappel, on peut en déduire que ces deux droites ont le même coefficient directeur.
Pour identifier plus rapidement celui de la droite ($d_1$) nous allons transformer l'équation qui nous est donnée sous la forme d'une équation cartésienne réduite :
$2x + y - 10 = 0 \Leftrightarrow y = \mathbf{-2}x + 10$
Avec cette équation, on remarque de suite que ($d_1$) a pour coefficient directeur -2. Il en est donc de même pour ($d_2$). Par conséquent, $a = -2$.

<u>Interprétons la seconde information</u> :
Le point A(-1 ; 3) appartient à la droite ($d_2$) d'équation $y = -2x + b$.
On peut donc écrire que :
$y_A = -2x_A + b \Leftrightarrow 3 = -2 \times (-1) + b \Leftrightarrow 3 = 2 + b \Leftrightarrow b = 3 - 2 \Leftrightarrow b = 1$
La droite ($d_2$) a donc pour équation $y = -2x + 1$.

## Question 23. Réponse C

Voici une question facile. On cherche uniquement à évaluer votre capacité à effectuer des opérations simples sur des fractions.

N'oublions pas que lorsqu'on additionne ou soustrait des fractions il faut préalablement s'assurer que celles-ci ont le même dénominateur. Si ce n'est pas le cas, il est nécessaire de déterminer un dénominateur commun aux différentes fractions.
Ici, la réponse C est celle dont la valeur correspond à 1/60. En effet,

$$-\frac{1}{4}-\frac{1}{3}+\frac{3}{5}=-\frac{1\times 15}{4\times 15}-\frac{1\times 20}{3\times 20}+\frac{3\times 12}{5\times 12}=-\frac{15}{60}-\frac{20}{60}+\frac{36}{60}=\frac{-15-20+36}{60}=\frac{1}{60}$$

**Question 24. Réponse B**

Commencez par calculer ce que représentent 1 000 secondes.

1 000 = 60 × 16 + 40

1 000 secondes représentent 16 minutes et 40 secondes. S'il est 8 heures 34 minutes 25 secondes à votre montre, il vous suffit de soustraire 16 minutes et 40 secondes. Vous obtenez 8 heures 17 minutes et 45 secondes. Réponse B !

**Question 25. Réponse D**

Procédons par étapes.

Vous observez 15 rectangles de taille 2 × 1.

Rectangle 1 : A
Rectangle 2 : B
Rectangle 3 : C + D
Rectangle 4 : E + F
Rectangle 5 : G + H
Rectangle 6 : I + J
Rectangle 7 : L
Rectangle 8 : C + G
Rectangle 9 : G + K
Rectangle 10 : D + H
Rectangle 11 : E + I
Rectangle 12 : F + J
Rectangle 13 : J + M
Rectangle 14 : D + E
Rectangle 15 : H + I

<table>
<tr><td colspan="2">A</td><td colspan="2">B</td></tr>
<tr><td>C</td><td>D</td><td>E</td><td>F</td></tr>
<tr><td>G</td><td>H</td><td>I</td><td>J</td></tr>
<tr><td>K</td><td colspan="2">L</td><td>M</td></tr>
</table>

Vous observez 8 rectangles de taille 3 × 1.

Rectangle 1 : C + D + E
Rectangle 2 : D + E + F
Rectangle 3 : G + H + I
Rectangle 4 : H + I + J
Rectangle 5 : K + L
Rectangle 6 : L + M
Rectangle 7 : C + G + K
Rectangle 8 : F + J + M

<table>
<tr><td colspan="2">A</td><td colspan="2">B</td></tr>
<tr><td>C</td><td>D</td><td>E</td><td>F</td></tr>
<tr><td>G</td><td>H</td><td>I</td><td>J</td></tr>
<tr><td>K</td><td colspan="2">L</td><td>M</td></tr>
</table>

Vous observez 4 rectangles de taille 4 × 1.

Rectangle 1 : A + B
Rectangle 2 : C + D + E + F
Rectangle 3 : G + H + I + J
Rectangle 4 : K + L + M

<table>
<tr><td colspan="2">A</td><td colspan="2">B</td></tr>
<tr><td>C</td><td>D</td><td>E</td><td>F</td></tr>
<tr><td>G</td><td>H</td><td>I</td><td>J</td></tr>
<tr><td>K</td><td colspan="2">L</td><td>M</td></tr>
</table>

Vous observez 7 rectangles de taille 3 × 2.

Rectangle 1 : C + D + E + G + H + I
Rectangle 2 : D + E + F + H + I + J
Rectangle 3 : G + H + I + K + L
Rectangle 4 : H + I + J + L + M
Rectangle 5 : A + C + D + G + H
Rectangle 6 : B + E + F + I + J
Rectangle 7 : D + E + H + I + L

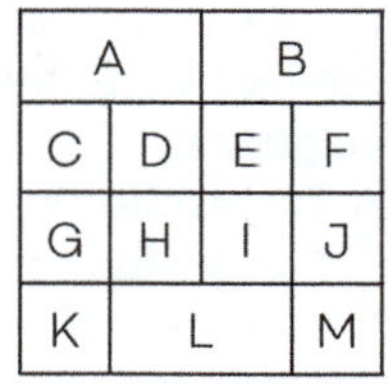


Vous observez 3 rectangles de taille 4 × 2.

Rectangle 1 : A + B + C + D + E + F
Rectangle 2 : C + D + E + F + G + H + I + J
Rectangle 3 : G + H + I + J + K + L + M

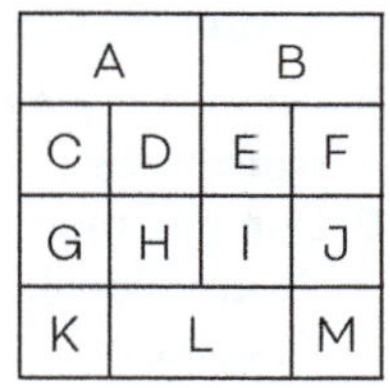


Vous observez 2 rectangles de taille 4 × 3.

Rectangle 1 : A + B + C + D + E + F + G + H + I + J
Rectangle 2 : C + D + E + F + G + H + I + J + K + L + M

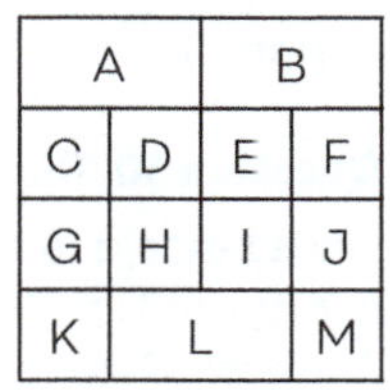


Soit 15 + 8 + 4 + 7 + 3 + 2 = 39 rectangles.

**Question 26. Réponse A**

Plusieurs fautes à repérer dans cette série de réponses.
Corrigeons ensemble les réponses fausses :

B. « (...) pour qu'elle bâtisse... » : « bâtir » – subjonctif présent à la troisième personne du singulier.

C. « ... lui fleurissait et s'épanouissait. » : attention à l'accord des verbes « fleurir » et « s'épanouir » à l'imparfait de l'indicatif, à la troisième personne du singulier.

D. « Elle l'aurait tué si elle l'avait osé... » : le conditionnel présent « elle l'aurait » se construit toujours avec si + imparfait « si elle l'avait osé... ».

**Question 27. Réponse A**

Patrick Modiano, grand prix de l'Académie française en 1972, prix Goncourt en 1978, et prix Nobel de littérature en 2014, utilise un terme fort peu courant dans son ouvrage. Un « bathyscaphe » est un engin sous-marin d'exploration abyssale, comme on peut le voir dans le film *Titanic*. Le mot « bathyscaphe », inventé par le professeur Piccard en 1946 vient du grec *bathus* (profond) et de *skaphos* (barque). Antérieurement, le professeur Piccard avait utilisé le mot « thalassosphère » pour nommer son invention.

**Question 28. Réponse D**

Le burlesque est un registre littéraire en vogue au XVIIe siècle, caractérisé par l'emploi de termes comiques, familiers, ubuesque, outrancier, parodique voire vulgaires.
A. Burlesque est un synonyme d'ubuesque - VRAI
B. Grotesque est un synonyme d'ubuesque - VRAI
C. Caricatural est un synonyme d'ubuesque - VRAI
D. Cauchemardesque est un synonyme d'ubuesque - FAUX

**Question 29. Réponse C**

A. Un jour, il y avait un jeune dromadaire qui ~~n'étais~~ pas content du tout - qui n'**était** pas content.
B. Demain, mon père, ma mère et moi ~~allont~~ entendre une conférence - **allons** (Nous allons).
C. Et voilà, qu'il n'était pas content parce que la conférence n'était pas du tout ce qu'il avait imaginé
D. Un gros monsieur ~~parlez~~ des dromadaires et des chameaux - un gros monsieur **parlait**.

**Question 30. Réponse D**

Dans cette question de conjugaison, il est important de faire la différence entre le futur et l'impératif. La seule bonne réponse est la 4e phrase proposée.
A. Cette Galerie vient de m'engager, je ~~l'aiderais~~ à sélectionner des artistes - je **l'aiderai**.
B. Dès demain, tu ~~pourra~~ commencer ce nouveau travail - Dès demain, tu **pourras**.
C. ~~Laisses~~ tes affaires ici, nous passerons les prendre plus tard - **Laisse** tes affaires ici.
D. Regarde le monde, prends ton envol, vis pleinement.

**Question 31. Réponse A**

On remarque que chaque terme de la suite s'obtient en multipliant le précédent par 3.
Par exemple, le deuxième terme vaut $2 \times 3 = 6$.
Le terme qui complète cette suite est donc : $54 \times 3 = 162$.

**Question 32. Réponse D**

Établissez d'abord le nombre de jours qui se sont écoulés depuis le 14 juillet - comprenez ici, exclu - jusqu'au 1er janvier. Le mois de juillet compte 31 jours, donc 17 jours se sont écoulés pour finir le mois. Le mois d'août compte également 31 jours. Le mois de septembre en compte 30, celui d'octobre 31, celui de novembre 30 et enfin celui de décembre 31. Ainsi 170 jours ($17 + 31 + 30 + 31 + 30 + 31 = 170$) se sont écoulés entre le 14 juillet et le 1er janvier.

L'énoncé vous apprend également que 15 jours auparavant, le 14 juillet était dépassé depuis six fois plus de jours que de jours ne se sont écoulés depuis le 1er janvier. Soit X ce nombre de jours que vous recherchez.

Soit : 1er janvier + X - 15 jours = 14 juillet + 6X

Soit encore : 1er janvier - 14 juillet = 6X - X + 15 jours ⇔ 5X + 15 = 170

Soit encore : 5X = 170 - 15 ⇔ 5X = 155

Donc : X = 31

Le jour de l'an est donc dépassé de 31 jours.

**Question 33. Réponse D**

H : Séparation somme constante par le centre (la somme des deux chiffres de gauche est égale à celle des deux chiffres de droite).

V : Séparation produit constante par le centre (le produit des deux chiffres de gauche est égal à celui des deux chiffres de droite).

**Question 34. Réponse C**

Une suite décroissante s'établit en calculant le nombre de côtés moins le nombre de dièses dans la figure :

3 - 0 = 3 4 - 2 = 2 6 - 5 = 1

Cette différence doit donc valoir 1 - 1 = 0 dans l'élément solution, qui comporte ainsi une figure avec autant de côtés que de dièses à l'intérieur.

**Question 35. Réponse D**

H : Les écarts entre les chiffres des nombres diminuent progressivement. Dans 27, l'écart vaut 5. Dans 15, l'écart vaut 4. Dans 69, l'écart vaut 3. Dans 79, l'écart vaut 2. Et dans 23, l'écart vaut 1.

V : Progression avec mouvement droite gauche en partant du bas : 3, 4, 5, 6 7.

**Question 36. Réponse D**

Nous cherchons à calculer le temps nécessaire pour retourner au point de départ avec une vitesse moyenne de 5 km/h.

Pour cela, nous devons préalablement calculer la distance à parcourir.

Dans cette optique, il peut être utile de schématiser la situation :

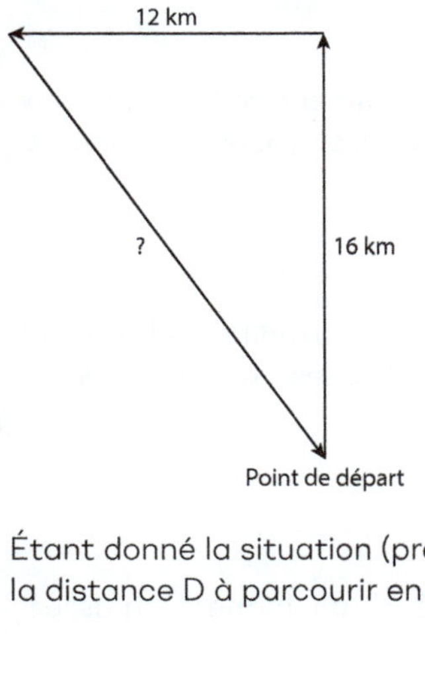


Étant donné la situation (présence d'un triangle rectangle), on peut déterminer la distance D à parcourir en appliquant le théorème de Pythagore.

On trouve alors que :
$D^2 = 16^2 + 12^2 = 256 + 144 = 400$ d'où D = 20 km.
On cherche donc à déterminer le temps nécessaire pour parcourir 20 km à une vitesse moyenne de 5 km/h. Il suffit d'appliquer la formule $T = \frac{D}{V}$.

Ainsi, $T = \frac{20}{5} = 4$ h.

**RAPPEL :**

**Théorème de Pythagore**
Dans un triangle rectangle, le carré de l'hypoténuse est égal à la somme des carrés des deux autres côtés.
En l'occurrence, l'égalité suivante est vérifiée :
$a^2 + b^2 = c^2$

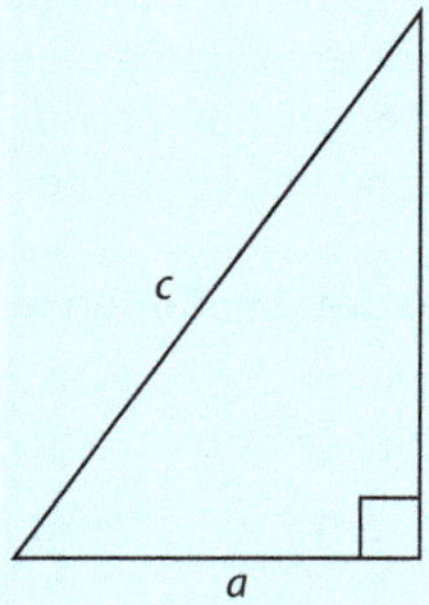


**Question 37. Réponse D**

Voici une question facile et rapide. L'occasion de marquer des points. Ainsi que vous l'apprend l'énoncé, la boule peut ne pas faire tomber de quilles comme toutes les faire tomber. Aussi, il existe 2 issues pour chaque quille : tomber ou ne pas tomber. Vous savez que dix quilles ont été déposées. Aussi il existe $2^{10}$ configurations.

**Question 38. Réponse D**

**RAPPEL :**

Diminuer une quantité $x$ de P % c'est multiplier $x$ par $\left(1 - \frac{P}{100}\right)$ soit :

$$x \times \left(1 - \frac{P}{100}\right)$$

Le taux de matières grasses de la sauce allégée est inférieur de 60 % au taux des sauces traditionnelles. Or, tel que rappelé au-dessus, diminuer une quantité de 60 % revient à la multiplier par 0,4.

En effet : $1 - \frac{60}{100} = \frac{40}{100} = 0{,}4$

Ainsi, si X est le taux de matières grasses dans les sauces traditionnelles, alors pour obtenir le taux de matières grasses des sauces allégées il a fallu multiplier X par 0,4.
Soit : $X \times 0{,}4 = 0{,}09$

$X = \frac{0{,}09}{0{,}4} = \frac{9}{40} = 0{,}225 = \frac{22{,}5}{100}$

Les sauces traditionnelles contiennent donc 22,5 % de matières grasses. Réponse D !

**Question 39. Réponse D**

Si on appelle U cette suite, alors, d'après l'énoncé :

$$U_n = \frac{U_{N+1} - U_{N-1}}{2} \Leftrightarrow 2U_n = U_{N+1} - U_{N-1}$$

Donc : $U_{N+1} = 2U_n + U_{N-1}$
Avec $U_1 = 8$ et $U_2 = 4$
Donc : $U_3 = 2U_2 + U_1 = 2 \times 4 + 8 = 16$
Et : $U_4 = 2U_3 + U_2 = 2 \times 16 + 4 = 36$
Ainsi : $U_5 = 2U_4 + U_3 = 2 \times 36 + 16 = 88$
La valeur du cinquième élément est donc 88.

**Question 40. Réponse C**

Notons X, Y, Z et T les nombres respectifs de pommes, de poires, de bananes et d'oranges dans le panier de mon père. L'énoncé vous donne les équations suivantes :
(1) $X + Y + Z + T = 44$
(2) $X = Y + 2$
(3) $Y = Z + 8$
(4) $Z = T + 2$

Sachant que vous cherchez uniquement la valeur de Y, il vaut mieux exprimer toutes les inconnues en fonction de celle-ci :
(1) $X + Y + Z + T = 44$
(2) $X = Y + 2$
(3) $Z = Y - 8$
(4) $T = Z - 2 = Y - 10$

Ainsi, en remplaçant X, Z et T par leur valeur en fonction de Y dans l'équation (1), vous obtenez :
$Y + 2 + Y + Y - 8 + Y - 10 = 44 \Leftrightarrow 4Y - 16 = 44 \Leftrightarrow 4Y = 60 \Leftrightarrow Y = 15$

Il y a donc bien 15 poires dans le panier de mon père. Vous pouviez également tester les solutions pour arriver à cette réponse.

**Question 41. Réponse D**

Un viatique est une provision - nourriture ou somme d'argent - donnée pour un répons.

**Question 42. Réponse C**

« Nous ne désirons pas une chose **parce que** nous la jugeons bonne, mais au contraire nous jugeons qu'une chose est bonne **parce que** nous la désirons ». Il est fréquent de confondre l'usage des conjonctions et des prépositions. C'est le cas entre « parce que » et « par ce que ». « Parce que » est une conjonction qui sert à donner une cause à un fait ou un événement passé. **On écrit « parce que » lorsque l'expression répond à la question « pourquoi ? ».** Une autre astuce consiste à **remplacer « parce que » par « car ».** Si c'est possible sans changer le sens, alors il faudra écrire « parce que » en deux mots. « Par ce que » ne sert pas à donner une cause mais cherche à répondre à la question « par quoi ? ». Ainsi, **si vous pouvez répondre à cette question et non à « pourquoi ? », il faudra**

**écrire « par ce que »**. Une autre astuce consiste à **remplacer « par ce que » par « par les choses que »**. Si c'est possible sans changer le sens de la phrase alors il faudra écrire « par ce que » en trois mots.

### Question 43. Réponse A

« Mais puisque l'ordre de monde est réglé par la mort, peut-être vaut-il mieux pour Dieu qu'on ne **croie** pas en lui et qu'on lutte de toutes ses forces contre la mort ». Dans cette citation d'Albert Camus, tirée de *la Peste*, le verbe « croire » est conjugué au Subjonctif présent.
Que je cr**oie**
Que tu cr**oies**
Qu'il cr**oie**
Que nous cr**oyions**
Que vous cr**oyiez**
Qu'ils cr**oient**

### Question 44. Réponse B

Il est souvent facile de tomber dans le piège des homonymes. Comment orthographier deux mots qui pourtant se prononcent de la même manière ? En l'occurrence, il s'agit de distinguer une pâte (ou des pâtes), qui sont une recette à base de farine et d'eau : de la pâte à pain, ou encore des pâtes au fromage, de la patte ou des pattes, qui sont les jambes d'un homme ou d'un animal.

### Question 45. Réponse D

Rappelons pour information la définition de ces figures de style très utilisées dans la langue française.
*Pléonasme :* figure de style où l'expression d'une idée est soit renforcée soit précisée par l'ajout d'un ou plusieurs mots qui ne sont pas nécessaires au sens grammatical de la phrase, et qui sont synonymes, exemple : « monter en haut ».
*Euphémisme :* figure de rhétorique qui consiste à atténuer une notion dont l'expression directe aurait quelque chose de déplaisant, de choquant (exemple : « disparu après une longue maladie » pour dire « mort d'un cancer »).
*Métaphore :* figure de rhétorique qui consiste à une analogie, permettant de désigner une chose par une autre qui lui ressemble ou partage avec elle une qualité essentielle.
*Hyperbole :* figure de rhétorique qui consiste à créer une exagération et permet d'exprimer un sentiment extrême, de manière à frapper les esprits (exemple : « je suis mort de faim »).

5

# TEST 5
# ÉNONCÉS

**45 QUESTIONS - 1 HEURE**

### Question 1

Quel est l'intrus dans cette liste de mots :
bonheur, félicité, fortune, tribulation, veine ?

- ☐ (A) Bonheur
- ☐ (B) Félicité
- ☐ (C) Fortune
- ☐ (D) Tribulation

### Question 2

Compléter logiquement la suite de chiffres suivante :
24, 28, 36, 42, ... ?

- ☐ (A) 44
- ☐ (B) 45
- ☐ (C) 46
- ☐ (D) 47

### Question 3

Compléter logiquement la suite de chiffres suivante :
2, 12, 60, 240, ... ?

- ☐ (A) 720
- ☐ (B) 480
- ☐ (C) 580
- ☐ (D) 680

### Question 4

Parmi les propositions suivantes, inspirées de Victor Hugo, laquelle est correcte ?

- ☐ (A) Le sort de ses nations est comme une mer profonde
- ☐ (B) Il a ses écueils cachés et ses gouffres mouvants
- ☐ (C) Aveugle qui ne voit rien dans ses destins du monde
- ☐ (D) Aveugle qui ne voit que le combat des flots sous la lutte de ses vents

### Question 5

Cinq peintres sont en train de peindre une maison. Kevin peint la façade, Dylan peint l'arrière, Brandon et Jason peignent respectivement les côtés gauche et droit, et Luke s'occupe de l'intérieur. Après la pause repas, Kevin et Brandon échangent leur position, tout comme Luke et Dylan. Ensuite, Jason et Brandon s'échange leur place et enfin, c'est au tour de Dylan et Jason. Qui peint à présent la façade ?

- ☐ (A) Brandon
- ☐ (B) Dylan
- ☐ (C) Jason
- ☐ (D) Kevin

### Question 6

Combien de triangles de toutes tailles dénombrez-vous sur cette figure ?

- ☐ (A) 27
- ☐ (B) 20
- ☐ (C) 23
- ☐ (D) 26

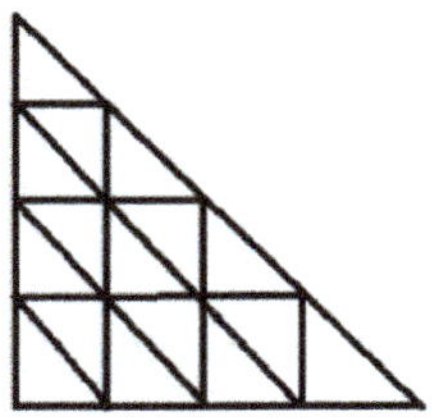

### Question 7

Paul et son équipe jouent contre Romain et son équipe au basket-ball. Les deux équipes ont le même score à la mi-temps. Puis l'équipe de Romain marque 14 points consécutifs. Enfin, l'équipe de Paul réalise un sans-faute en marquant 66 points consécutifs jusqu'à la fin du match. Son équipe a alors le double de points de celle de Romain. Combien de points ont été marqués durant le match ?

- ☐ (A) 90
- ☐ (B) 104
- ☐ (C) 142
- ☐ (D) 156

### Question 8

Que vaut : $(x - 1)^2(x + 1) - (x - 1)(x + 1)^2$ ?

- ☐ (A) $2 - 2x^2$
- ☐ (B) $1 - x^2$
- ☐ (C) $x^2 + 1$
- ☐ (D) $2x^2 - 2$

### Question 9

Il y a cinq ans, Catherine avait cinq fois l'âge de sa fille. Dans cinq ans, elle aura 8 ans de moins que trois fois l'âge de sa fille. Quel âge aura sa fille quand Catherine aura 50 ans ?

- ☐ (A) 26
- ☐ (B) 27
- ☐ (C) 28
- ☐ (D) 29

### Question 10

Il y a 5 ans, Catherine avait 5 fois l'âge de sa fille. Dans 5 ans, elle aura 8 ans de moins que 3 fois l'âge de sa fille. Quel âge a Catherine ?

- ☐ (A) 6
- ☐ (B) 12
- ☐ (C) 30
- ☐ (D) 35

### Question 11

Un car permet aux skieurs de rejoindre les stations de ski. Après avoir fait la moitié du trajet à vitesse constante, le chauffeur, prévenu que des passagers étaient souffrants, décide de réduire sa vitesse de 20 %, et arrive ainsi à destination avec six minutes de retard sur l'horaire prévu. Quelle était la durée initialement prévue pour le trajet ?

- ☐ (A) 45 min
- ☐ (B) 48 min
- ☐ (C) 50 min
- ☐ (D) 54 min

### Question 12

Parmi les propositions suivantes, laquelle est superlative ?

- ☐ (A) La saison est plutôt belle
- ☐ (B) Je vous en suis infiniment reconnaissant
- ☐ (C) Je suis assez fatigué
- ☐ (D) Elle arrive souvent en début d'après-midi

### Question 13

Un robot se déplace au hasard, il est orienté initialement vers le nord. Avant chaque étape, il peut soit garder la même orientation, soit tourner de 90° vers la gauche, soit tourner de 90° vers la droite ; après cela, le robot avance d'un mètre (les trois possibilités étant équiprobables). Au bout de quatre étapes, quelle est la probabilité que le robot soit revenu à son point de départ ?

- ☐ (A) 1/3
- ☐ (B) 2/9
- ☐ (C) 2/27
- ☐ (D) 9/64

### Question 14

Parmi les propositions suivantes, laquelle est correcte ?

- ☐ (A) Un mélomane est un homme qui chante des chansons romantiques
- ☐ (B) Un mélomane est un homme qui fait une fixation amoureuse sur une personne inconnue
- ☐ (C) Un mélomane est un homme qui collectionne les romans dramatiques
- ☐ (D) Un mélomane est un homme qui aime la musique classique

### Question 15

Choisissez la meilleure formulation pour le texte souligné, en vérifiant la correction grammaticale et en valorisant l'élégance stylistique. Le choix A reprend la formulation initiale.

Avril 2011 : le gouvernement grec fixe au pays une nouvelle « feuille de route » de sortie de crise, durcissant et prorogeant la rigueur jusqu'en 2015. Il est question de réduire au maximum les dépenses et de prévoir à l'avance les différents projets d'avenir qui se dessinent pour le pays.

- ☐ (A) Avril 2011 : le gouvernement grec fixe au pays une nouvelle « feuille de route » de sortie de crise, durcissant et prorogeant la rigueur jusqu'en 2015. Il est question de réduire au maximum les dépenses et de prévoir à l'avance les différents projets d'avenir qui se dessinent pour le pays.
- ☐ (B) Le gouvernement grec fixe en avril 2011 pour le pays une nouvelle stratégie de sortie de crise, durcissant et prolongeant la rigueur jusqu'en 2015. Au programme : réduction maximale des dépenses et prévision à l'avance des différents projets d'avenir qui se dessinent pour le pays.

☐ (C) Avril 2011 : le gouvernement grec fixe les étapes d'un nouveau plan d'actions pour sortir le pays de la crise, durcissant et prorogeant la rigueur jusqu'en 2015. Il est question de réduire au minimum les dépenses et de prévoir les différents projets d'avenir qui se dessinent pour le pays.

☐ (D) Avril 2011 : le gouvernement grec fixe au pays une nouvelle stratégie opérationnelle de sortie de crise, radicalisant et prorogeant jusqu'en 2015 la politique de rigueur. Il est question de réduire au minimum les dépenses et de prévoir autant que possible les différents projets d'avenir qui se dessinent pour le pays.

## Question 16

Quel couple de lettres complète ce schéma logique ?

| | | | | |
|---|---|---|---|---|
| | | P N | | |
| | | F K | | |
| X K | W A | ? ? | U P | T C |
| | | E E | | |
| | | M B | | |

☐ (A) U I
☐ (B) V H
☐ (C) V J
☐ (D) U H

## Question 17

Quel mot peut compléter la suite logique :
REPORTS, SNIPER, SAPINS, REGROUPAS, AMENAGER, ... ?

☐ (A) CARTON
☐ (B) CESAME
☐ (C) CINEMA
☐ (D) COURSE

## Question 18

Trouver l'intrus dans cette liste : quintal, siècle, are, kilogramme, hectolitre.

☐ (A) quintal
☐ (B) siècle
☐ (C) are
☐ (D) kilogramme

## Question 19

Quel couple de nombres complète logiquement cette série :
22 ; 7 ; 11 ; 22 ; 14 ; 18 ; 22 ; 21 ; ... ; ... ?

- ☐ (A) 25 ; 22
- ☐ (B) 22 ; 24
- ☐ (C) 24 ; 22
- ☐ (D) 24 ; 23

## Question 20

Quelle valeur manquante complète logiquement le tableau ?

| | | | |
|---|---|---|---|
| 267<br>182<br>385 | 89<br>275<br>222 | 129<br>109<br>276 | 9<br>185<br>311 |
| 85 | 53 | 20 | ? |

- ☐ (A) 26
- ☐ (B) 76
- ☐ (C) 126
- ☐ (D) 176

## Question 21

Calculer $(5 - 5 \times 2^2)^2 / (-2 \times 9 + 3^2) - 5$

- ☐ (A) −30
- ☐ (B) −25
- ☐ (C) 25
- ☐ (D) 30

## Question 22

Un groupe de 12 enfants dont la taille moyenne fait 101 cm se mélange à un groupe de 10 enfants dont la taille moyenne fait 112 cm. Quelle est la taille moyenne du nouveau groupe ainsi formé ?

- ☐ (A) 106 cm
- ☐ (B) 106,5 cm
- ☐ (C) 107,5 cm
- ☐ (D) 108 cm

## Question 23

Un marchand de statuettes de divinités achète un lot de centaures (2 yeux, 2 bras, 4 jambes), de cyclopes (1 œil, 2 bras, 2 jambes) et de déesses Shiva (3 yeux, 4 bras, 2 jambes). Sa livraison comporte 17 yeux, 24 bras et 22 jambes. Combien de statuettes a-t-il reçu ?

- ☐ (A) 8
- ☐ (B) 9
- ☐ (C) 10
- ☐ (D) 11

## Question 24

Vous roulez 24 km vers le nord à 12 km/h, puis 7 km vers l'ouest à 28 km/h. Vous décidez ensuite de rentrer en ligne droite à la vitesse moyenne de 15 km/h. En combien de temps serez-vous revenu à votre point de départ ?

- ☐ (A) 1 h 40
- ☐ (B) 1 h 50
- ☐ (C) 2 h 00
- ☐ (D) 2 h 10

## Question 25

Marie-Berthe a acheté un gros paquet de bonbons, elle en mange la moitié le premier jour avant de se sentir malade. Le second jour, elle mange un tiers de ce qu'il reste, et fait de même le troisième jour. Il lui reste alors 12 bonbons. Combien y avait-il de bonbons au départ ?

- ☐ (A) 52
- ☐ (B) 54
- ☐ (C) 60
- ☐ (D) 66

## Question 26

Parmi les propositions suivantes, laquelle est incorrecte ?

- ☐ (A) Elle jettera toutes les lettres de son fiancé quand elle apprendra la nouvelle de sa trahison
- ☐ (B) Ils mourront de soif si nous ne leur portons pas d'eau avant ce soir
- ☐ (C) Vous vous rappellerez toujours ce moment où nous nous sommes aimés
- ☐ (D) Tu martelleras la terre de rage et de désespoir

### Question 27

Dans cette phrase extraite du *Portrait de Dorian Gray*, d'Oscar Wilde : « c'est ton chef-d'œuvre, Basil, la meilleure chose que tu aies jamais faite, dit Lord Henry, d'un ton languide ». Quelle est la signification du mot « languide » ?

- ☐ (A) Qui évite de se donner de la peine, qui agit avec mollesse
- ☐ (B) Qui éprouve, manifeste ou témoigne de l'enthousiasme
- ☐ (C) Personne qui est dominée par une passion exclusive
- ☐ (D) Personne qui pense avoir épuisé l'expérience humaine et qui est dégoûtée de tout

### Question 28

Parmi les propositions suivantes, laquelle est correcte ?

- ☐ (A) L'ensemble des jurés avait jugé l'accusé innocent
- ☐ (B) Le juré délibéra pendant plus de deux heures
- ☐ (C) Pour la soutenance de sa thèse, les jurés s'étaient montrés intransigeants
- ☐ (D) Le jury qui venait de Lyon refusait de siéger plus d'une journée

### Question 29

Parmi les propositions suivantes, laquelle est incorrecte ?

- ☐ (A) La cervelle c'est nickel, mais les rotules c'est pas nul
- ☐ (B) S'il faut toujours dire la vérité à la clientèle, il n'y a pas de commerces possible
- ☐ (C) Deux milliards d'impôts nouveaux ! Moi, je n'appelle plus ça du budget, j'appelle ça de l'attaque à main armée
- ☐ (D) Le roi sera accompagné de sa fille, la princesse Anna, une des femme les plus socialement désirables du monde – Socialement désirable ? Ça veut dire qu'elle est moche ?

### Question 30

Parmi les propositions suivantes, laquelle est correcte ?

- ☐ (A) Alice s'est préparée un dessert pour fêter son permis
- ☐ (B) Mais elle s'est coupée la main en préparant le gâteau
- ☐ (C) Les deux cousines se sont téléphonées pendant des heures
- ☐ (D) Les deux cousines se sont préparées depuis hier pour ce match

## Question 31

Trouver la valeur qui complète logiquement le tableau suivant :

| | | | | | |
|---|---|---|---|---|---|
| 27<br>9<br>6 | 36<br>6<br>0 | 44<br>11<br>7 | 18<br>18<br>17 | 24<br>4<br>-2 | 18<br>2<br>? |

- ☐ (A) -7
- ☐ (B) -1
- ☐ (C) 2
- ☐ (D) 5

## Question 32

Vous regardez une photo de famille sur laquelle apparaissent vos parents, vos grands-parents, vos arrières-grands-parents et ainsi de suite jusqu'à vos arrières-arrières-arrières-grands-parents. Combien y a-t-il de personnes présentes sur la photo ?

- ☐ (A) 62
- ☐ (B) 56
- ☐ (C) 58
- ☐ (D) 60

## Question 33

Quel nombre complète cette série double ?

| | | | | |
|---|---|---|---|---|
| | | 187 | | |
| | | 825 | | |
| | | 682 | | |
| | | 220 | | |
| 324 | 441 | ? | 196 | **289** |

- ☐ (A) 111
- ☐ (B) 121
- ☐ (C) 209
- ☐ (D) 144

### Question 34.

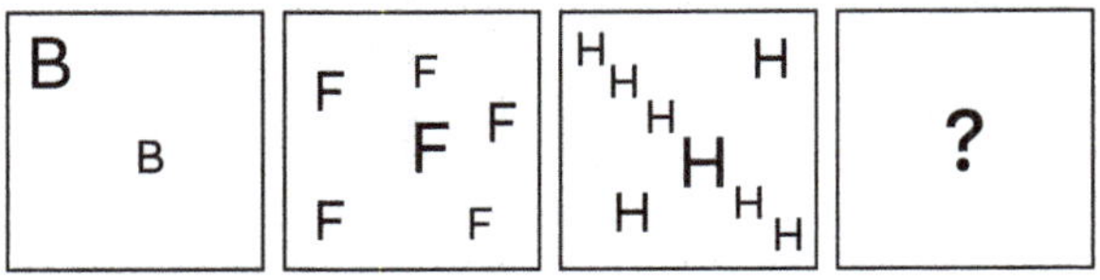

☐ (A) 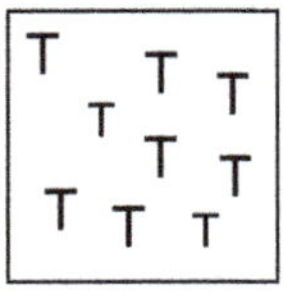

☐ (B) 

☐ (C) 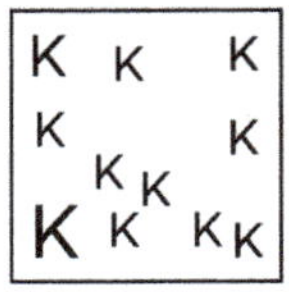

☐ (D) 

### Question 35.

Quel nombre complète cette série double ?

648

216

432

324

160 524 ? 968 **443**

- ☐ (A) 756
- ☐ (B) 493
- ☐ (C) 540
- ☐ (D) 608

### Question 36

Si Greg échange les chiffres de son âge, il obtient l'âge de sa fille. Quand cette dernière est née, il avait entre 20 et 30 ans. Mais quel âge avait-il exactement ?

- ☐ (A) 27
- ☐ (B) 22
- ☐ (C) 23
- ☐ (D) 24

### Question 37

Quelle est la valeur de l'expression suivante $(\sqrt{8} + \sqrt{18})^2$ ?

- ☐ (A) $2 \times \sqrt{8}$
- ☐ (B) $2 \times \sqrt{18}$
- ☐ (C) $26 + 2 \times \sqrt{8}$
- ☐ (D) 50

## Question 38

On cherche à obtenir une masse totale de 1 kg 100 g sur une balance. On dispose pour cela d'autant de masses que l'on souhaite de 100 g, 200 g et 500 g. De combien de manières différentes peut-on le faire ? (Par exemple, 500-500-100, 100-100-200-200-500, etc.)

- ☐ (A) 8
- ☐ (B) 9
- ☐ (C) 10
- ☐ (D) 11

## Question 39

Une urne contient 80 boules : des bleues, des noires et des rouges. Le nombre de boules bleues est égal au tiers de la somme du nombre de boules noires et rouges. Stéphane décide de rajouter 10 boules noires dans l'urne et il obtient le même nombre de boules noires que de boules rouges. Combien y a-t-il de boules rouges ?

- ☐ (A) 20
- ☐ (B) 25
- ☐ (C) 30
- ☐ (D) 35

## Question 40

La surface totale d'un cube est de 384 m$^2$. Alors, le chiffre des unités de la valeur de son volume représente environ quel pourcentage de la somme des chiffres des dizaines et du chiffre des centaines de la valeur de son volume ?

- ☐ (A) 200 %
- ☐ (B) 33 %
- ☐ (C) 16,5 %
- ☐ (D) 20 %

## Question 41

Qu'est-ce que « l'apathie » ?

- ☐ (A) L'ensemble des procédés techniques pour la mise en page d'un ouvrage dans une société d'édition
- ☐ (B) Une maladie du foie
- ☐ (C) Une indifférence extrême
- ☐ (D) Un phénomène météorologique

## Question 42

Quel couple de mots complète au mieux cette phrase incomplète : « … est à nord ce que roboratif est à … » ?

- ☐ (A) Est / ordinateur
- ☐ (B) Polaire / corporatisme
- ☐ (C) Sud / frugal
- ☐ (D) Arctique / informatique

## Question 43

Parmi les proposition suivantes, laquelle est correcte ?

- ☐ (A) Les enfants se faisaient reprimander quand ils couraient partout
- ☐ (B) L'oncle Auguste aimait réprimander les enfants de sa sœur
- ☐ (C) Alfred réprimendait trop souvent son fils
- ☐ (D) Alice ne répprimendait jamais son chat

## Question 44

Dans la phrase « Il a trouvé une solution tout à fait triviale », que signifie le mot « trivial » ?

- ☐ (A) Démesuré
- ☐ (B) Banal
- ☐ (C) Original
- ☐ (D) Inadapté

## Question 45

Parmi les propositions suivantes, laquelle est correcte ?

- ☐ (A) Les petites astériques renvoient à des notes intéressantes
- ☐ (B) Les astérisques moyennes renvoient au nom des auteurs cités
- ☐ (C) Les grandes astériques renvoient à des textes en langue étrangère
- ☐ (D) Les petits astérisques renvoient à mes propres œuvres

# TEST 5 CORRIGÉS

5

**Question 1. Réponse D**

Une question curieuse ici que l'on n'attend absolument pas dans une épreuve de raisonnement logique et numérique mais plutôt dans une épreuve de français. On remarque assez facilement que **bonheur**, **félicité**, **fortune** et **veine** sont des synonymes ou quasi-synonymes. **Tribulation** en revanche fait figure d'intrus. Une tribulation est en effet une affliction, un tourment moral, souvent considéré comme une épreuve.

**Question 2. Réponse A**

La logique de cette suite n'est pas un multiple commun mais une somme. Pour passer du premier terme au second il faut ajouter 4. Vous remarquez alors que 4 est le dernier chiffre de 24. *Idem* pour passer du second au troisième terme. Vous devez ajouter 8 qui est le dernier chiffre de 28. L'écart entre les deux suivants est de 6, soit le dernier chiffre de 36. Vous devrez ajouter 2 à 42 pour trouver le terme manquant : 44. Réponse A !

**Question 3. Réponse A**

2, 12, 60, 240
Vous recherchez d'abord une logique liée à une somme, ce n'est pas le cas dans cette série.
Vous recherchez donc ensuite une logique qui dépende d'un produit. Le lien entre 2 et 12 doit vous apparaître immédiatement.
En effet, vous savez que : $2 \times 6 = 12$
En partant du premier terme vous avez obtenu le second. Tentez la même piste pour le second et le troisième.
$12 \times 5 = 60$
Ainsi pour obtenir le terme N + 1, il vous faut multiplier le terme N par 6, puis 5, puis 4, puis 3.
Soit : $240 \times 3 = 720$
Le prochain élément sera donc 720. Réponse A !

**Question 4. Réponse B**

Cette confusion entre « ces » (article déterminant) et « ses » (article possessif) est parfois subtile. Il convient de replacer le terme dans son contexte. « Ses écueils » : il s'agit de ses écueils, de ses dangers, ce sont les siens, c'est donc un adjectif possessif. Quant à « ces », il peut être remplacé par un autre déterminant : « les » ou « des ».

**Question 5. Réponse B**

Pour ce type d'exercice, il est fortement recommandé de vous appuyer sur un tableau.

| | **Façade** | **Arrière** | **Gauche** | **Droite** | **Intérieur** |
|---|---|---|---|---|---|
| **Situation initiale** | Kevin | Dylan | Brandon | Jason | Luke |
| **Changement 1** | *Brandon* | **Luke** | *Kevin* | Jason | **Dylan** |
| **Changement 2** | Jason | Luke | Kevin | Brandon | Dylan |
| **Changement 3** | Dylan | Luke | Kevin | Brandon | Jason |

L'énoncé vous apprend qu'après le déjeuner, *Brandon* et *Kevin* échangent leur place (*idem* pour **Dylan** et **Luke**). C'est ensuite au tour de Jason et Brandon d'échanger leur place avant que Dylan et Jason n'en fassent de même. Ainsi, c'est désormais Dylan qui peint la façade.

**Question 6. Réponse A**

La figure comporte :
- 16 triangles formés à partir d'un morceau ;
- 7 triangles formés à partir de quatre morceaux ;
- 3 triangles formés à partir de neuf morceaux ;
- 1 triangle formé à partir de seize morceaux.

Au total, on dénombre donc 27 triangles de toutes tailles sur cette figure.

**Question 7. Réponse D**

Notons $x$ le score des deux équipes à la mi-temps.

À la fin du match :
- Le score de Romain vaut : $x + 14$ ;
- Le score de Paul vaut : $x + 66$.

Nous savons de plus, d'après l'énoncé, que le score de Paul vaut le double du score de Romain.

Cette information nous permet de déterminer la valeur de l'inconnu $x$, en résolvant l'équation :

$x + 66 = 2 \times (x + 14) \Leftrightarrow x + 66 = 2x + 28 \Leftrightarrow x = 66 - 28 \Leftrightarrow x = 38$

En résumé, à la fin du match :
- Paul a obtenu un score de 38 + 14 = 52 ;
- Romain a obtenu un score de 38 + 66 = 104.

Le nombre total de points marqués durant le match vaut donc 52 + 104 = 156.

**Question 8. Réponse A**

$A = (X - 1)^2(X + 1) - (X - 1)(X + 1)^2$

$A = (X - 1)[(X - 1)(X + 1) - (X + 1)^2]$

$A = (X - 1)[X^2 + X - X - 1 - (X^2 + 2X + 1^2)]$

$A = (X - 1)(X^2 - 1 - X^2 - 2X - 1)$

$A = (X - 1)(-2X - 2)$

$A = -2X^2 - 2X + 2X + 2$

$A = -2X^2 + 2$

Réponse A !

**Question 9. Réponse A**

Soit A l'âge de la fille de Catherine il y a 5 ans. On sait donc qu'il y a 5 ans, Catherine avait 5A.
Dans 5 ans, elle aura 8 ans de moins que 3 fois l'âge de sa fille.
On a donc : **5A + 10 + 8 = 3(A + 10)** soit 2A = 12, soit encore **A = 6**. Catherine a donc aujourd'hui 5 × 6 + 5 = 35 ans, et sa fille 11 ans (5 + 6). Dans 15 ans, sa fille aura donc 26 ans.

**Question 10. Réponse D**

Si X l'âge de Catherine aujourd'hui et Y celui de sa fille. L'énoncé vous apprend que Catherine avait 5 fois l'âge de sa fille il y a 5 ans.

Soit : X - 5 = (Y - 5) × 5
Avec (X - 5) l'âge de Catherine il y a 5 ans et (Y - 5) l'âge de sa fille il y a 5 ans.
Soit encore : X = 5Y - 25 + 5
Soit encore : X = 5Y - 20

L'énoncé vous apprend également que dans 5 ans, Catherine aura 8 ans de moins que 3 fois l'âge de sa fille.

X + 5 = 3(Y + 5) - 8
Soit : X = 3Y + 15 - 8 - 5
Soit encore : X = 3Y + 2
En remplaçant X par 3Y + 2 dans la première équation on obtient :
3Y + 2 = 5Y - 20
Soit encore : 20 + 2 = 5Y - 3Y
Soit encore : 22 = 2Y
Donc : Y = 11
Ainsi la fille de Catherine a 11 ans aujourd'hui.
D'où : X = 3Y + 2
Soit : X = 3 × 11 + 2
Donc : X = 35
Catherine a 35 ans. Réponse D !

**Question 11. Réponse B**

Face à ce type d'énoncé, l'étape cruciale consiste à traduire correctement les informations communiquées par l'énoncé sous forme d'équations.
Notons :
- $T_1$ le temps mis par le coureur pour parcourir la première moitié du trajet ;
- $T_2$ le temps mis par le coureur pour parcourir la deuxième moitié du trajet ;
- $T_{tot}$ le temps initialement prévu pour parcourir la totalité du trajet ;
- D la distance totale du trajet ;
- V la vitesse constante initialement prévue pour parcourir le trajet.

Après lecture de l'énoncé, nous pouvons écrire que : $T_1 + T_2 = T_{tot} + 6$.

**Nous allons maintenant chercher à exprimer les temps $T_1$ et $T_2$ en fonction de $T_{tot}$ :**
Par définition, nous pouvons écrire que :

$$T_{tot} = \frac{D}{V}$$

De plus, nous savons que sur la première moitié du trajet, le chauffeur roule à la vitesse constante initialement prévue. Nous pouvons donc écrire que :

$$T_1 = \frac{\left(\frac{D}{2}\right)}{V} = \frac{D}{2} \times \frac{1}{V} = \frac{1}{2} \times \left(\frac{D}{V}\right)$$

On a montré plus haut que $T_{tot} = \frac{D}{V}$ donc $T_1 = \frac{T_{tot}}{2}$

Sur la deuxième moitié du trajet, la vitesse du chauffeur diminue de 20 %. Ainsi :

$$T_1 = \frac{\left(\frac{D}{2}\right)}{0{,}8 \times V} = \frac{1}{0{,}8} \times \frac{\left(\frac{D}{2}\right)}{V} = \frac{1}{0{,}8} \times T_1 = \frac{1}{0{,}8} \times \frac{T_{tot}}{2}$$

d'où $T_2 = \frac{T_{tot}}{0{,}8 \times 2}$

**Nous pouvons maintenant reprendre l'expression établie au début de la correction :**

$$T_1 + T_2 = T_{tot} + 6$$

$$\Leftrightarrow \frac{T_{tot}}{2} + \frac{T_{tot}}{0{,}8 \times 2} = T_{tot} + 6$$

$$\Leftrightarrow \frac{T_{tot}}{2} + \frac{T_{tot}}{0{,}8 \times 2} - T_{tot} = 6$$

$$\Leftrightarrow \frac{0{,}8 \times T_{tot}}{0{,}8 \times 2} + \frac{T_{tot}}{0{,}8 \times 2} - \frac{0{,}8 \times 2 \times T_{tot}}{0{,}8 \times 2} = 6$$

$$\Leftrightarrow \frac{0{,}8 \times T_{tot} + T_{tot} - 1{,}6T_{tot}}{1{,}6} = 6$$

$$\Leftrightarrow \frac{0{,}2 \times T_{tot}}{1{,}6} = 6$$

$$\Leftrightarrow \frac{2 \times T_{tot}}{16} = 6$$

$$\Leftrightarrow T_{tot} = \frac{6 \times 16}{2}$$

$$\Leftrightarrow T_{tot} = 48 \text{ minutes}$$

### Question 12. Réponse B

Qu'est-ce que le « superlatif » ? Il exprime une qualification d'une intensité très élevée. En l'occurrence, « infiniment » traduit une relative exagération soulignant le sentiment de celui qui l'exprime.

### Question 13. Réponse C

Le robot effectue son premier déplacement vers le nord. Il se déplace ensuite aléatoirement en avant, vers la droite ou la gauche. Chaque direction est équiprobable. Vous cherchez à calculer la probabilité que le robot revienne à son point de départ après quatre déplacements. Le premier déplacement n'a donc pas d'importance, puisque ce qui vous intéresse c'est la manière dont il revient à son point de départ. Vous devez vous concentrer sur les différentes possibilités offertes au robot, après ce premier mouvement, pour retourner sur sa base.

Considérez que le robot effectue son premier déplacement vers le nord. Quels sont alors les chemins qu'il peut emprunter pour retourner à sa base grâce aux trois mouvements restant à accomplir ?

**Première possibilité :** le robot avance de nouveau vers le nord
Si le robot avance une seconde fois vers le nord alors, puisqu'il ne peut pas faire marche arrière, il ne pourra plus retourner à sa base. Il lui faudrait au minimum six mouvements.

**Seconde possibilité :** le robot tourne
Si le robot ne veut pas anéantir ses chances de retourner à sa base, il lui faut tourner. À droite ou à gauche. Il a donc 2 chances sur 3 d'effectuer un second déplacement qui lui permette de retrouver sa base.

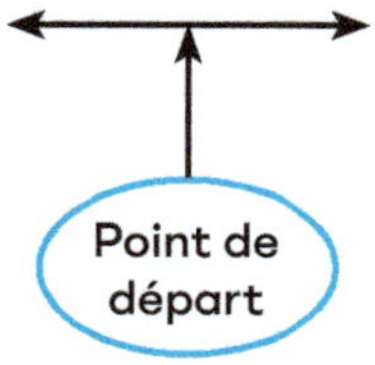


Qu'il ait tourné à gauche ou à droite, il a alors 1 chance sur 3 d'effectuer le bon déplacement. Il lui faut en effet respectivement tourner de nouveau à droite ou à gauche afin de ne pas annihiler ses chances.

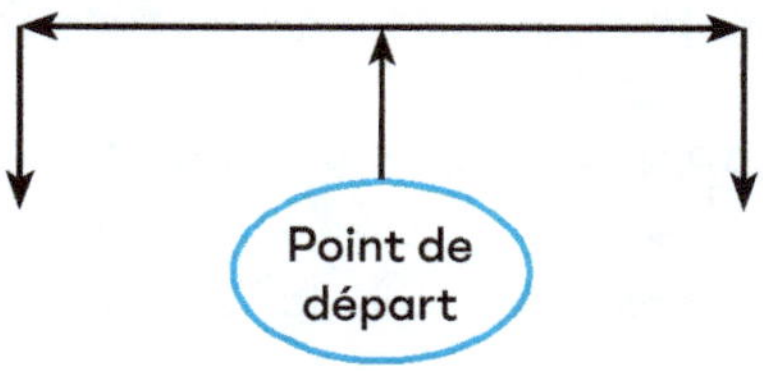


Il lui reste donc 1 chance sur 3 de retrouver son point de départ en tournant respectivement à droite ou à gauche.
Ainsi la probabilité qu'il revienne à son point de départ est :

$$\frac{2}{3} \times \frac{1}{3} \times \frac{1}{3} = \frac{2}{27}$$

### Question 14. Réponse D

Qu'est-ce qu'un « mélomane » ?
Du grec ancien « *melos-* » , voulant dire « musique » et « *-mania* », voulant dire « manière », ce terme désigne quelqu'un qui aime la musique avec passion.

### Question 15. Réponse C

### Question 16. Réponse B

Nous sommes en présence ici d'une question de raisonnement logique type série double de lettres. Il s'agit de deux séries de quatre éléments qui se croisent en un point d'interrogation. Vous devez alors trouver l'élément manquant commun aux deux séries.

Dans cet exercice, il suffit d'observer que les premières lettres des éléments de la série horizontale se suivent dans le sens inverse de l'alphabet. On en conclut que l'élément manquant doit alors avoir pour première lettre **V**. On peut ainsi d'ores et déjà éliminer les propositions A et D.

Quant à la série verticale, il suffit de remarquer que le rang des deuxièmes lettres diminue de 3 d'un mot à l'autre. En conséquence, l'élément manquant doit avoir pour deuxième et dernière lettre **H**.
La réponse B est la seule proposition vérifiant ces deux conditions.

P **N**
↓ -3
F **K**

X K → (-1) W A ? **?** U P → (-1) T C

E **E**
↓ -3
M **B**

### Question 17. Réponse C

Pour répondre à cette question il suffit de comprendre le mécanisme de construction des différents mots ainsi que leur lien logique.
Après observation, on remarque que les trois premières lettres de chaque mot sont reprises dans l'ordre inverse pour former les trois dernières lettres du mot suivant.

**REP**ORTS - SNI**PER** - **SAP**INS - REGROU**PAS** - AMENAGER - ...EMA

Parmi les différentes propositions, seule la réponse C convient avec le mot CINEMA.

### Question 18. Réponse D

On remarque que tous les mots de la série sont toutes des unités relatives au facteur 100 hormis le kilogramme qui fait référence au facteur 1 000.

> **RAPPEL :**
> 1 quintal = 100 kg — 1 siècle = 100 ans
> 1 are = 100 $m^2$ — 1 hectolitre = 100 L

### Question 19. Réponse A

Une fois de plus, vous êtes face à une question d'une grande simplicité. Vous remarquez que tous les 3 nombres un 22 s'intercale. Le dernier nombre sera donc un 22. Mise à part cette logique, les nombres progressent alternativement de +3 et +4. Si 18 + 3 = 21, 21 + 4 = 25. Réponse A !

### Question 20. Réponse C

Pour chaque colonne, le nombre en dernière ligne correspond au plus petit nombre obtenu en effectuant la différence entre deux des trois nombres apparaissant dans les trois premières lignes.

En d'autres termes,
ligne 4 = Minimum(|ligne 1 - ligne 2|, |ligne 1 - ligne 3|, |ligne 2 - ligne 3|)
Prenons pour exemple la première colonne. Les trois soustractions que l'on peut calculer à partir des trois premières lignes sont :
(385 - 267 = 118), (385 - 182 = 203), (267 - 182 = 85)
On retient alors le plus petit résultat en valeur absolue à savoir 85.
Reproduisons ce mécanisme pour compléter la dernière cellule du tableau. On calcule donc :
(185 - 9 = 176), (311 - 9 = 302), (311 - 185 = 126)
On retient alors le plus petit résultat à savoir 126.

### Question 21. Réponse A

C'est une question de calcul simple. Faites bien attention à respecter les règles de priorité de calcul.

**RAPPEL :**

**Règles sur les priorités de calcul**

1) On effectue d'abord les calculs des expressions entre parenthèses, en commençant par les parenthèses les plus intérieures ;
2) On effectue ensuite les puissances avant les multiplications, les divisions, les additions et les soustractions ;
3) Finalement on effectue d'abord les multiplications et les divisions avant les additions et les soustractions.

$$\frac{(5 - 5 \times 2^2)^2}{-2 \times 9 + 3^2} - 5 = \frac{(5 - 5 \times 4)^2}{-18 + 9} - 5 = \frac{(5 - 20)^2}{-9} - 5 = \frac{-(-15)^2}{9} - \frac{5 \times 9}{9} = \frac{-225}{9} - \frac{45}{9}$$

$$= -\frac{270}{9} = \mathbf{-30}$$

### Question 22. Réponse A

Nous avons affaire ici à une question classique de moyenne pondérée.
Avant de nous lancer dans la correction de cette question, faisons préalablement un rappel sur les moyennes pondérées.

**RAPPEL :**

**Moyennes pondérées :**

Soient N termes $T_1, T_2, T_3, ..., T_N$ auxquels on associe des poids (ou coefficients) respectifs $P_1, P_2, P_3, ..., P_N$. Alors la moyenne (M) pondérée des N termes est égale à :

$$M = \frac{T_1 \times P_1 + T_2 \times P_2 + T_3 \times P_3 + ... + T_N \times P_N}{P_1 + P_2 + P_3 + ... + P_N}$$

La moyenne vaut donc :

$$\text{Moyenne} = \frac{\mathbf{12} \times 101 + \mathbf{10} \times 112}{\mathbf{12} + \mathbf{10}} = \frac{1\,212 + 1\,120}{22} = \frac{2\,332}{22} = 106 \text{ cm}$$

### Question 23. Réponse B

Pour résoudre ce problème, il faut traduire l'énoncé sous la forme d'un système de 3 équations à 3 inconnues.
Pour cela, nous allons préalablement introduire des notations :
Soient $x$ le nombre de statuettes de type centaure, $y$ le nombre de statuettes de type cyclope et $z$ le nombre de statuettes de type déesse Shiva.
On sait que la livraison totale comporte **17** yeux et qu'on a **2** yeux par centaure, **1** œil par cyclope et **3** yeux par déesse Shiva. On peut donc traduire cette information sous la forme de l'équation suivante :

$\mathbf{2x + 1y + 3z = 17}$

En utilisant le même raisonnement pour le nombre total de bras et de jambes que comporte la livraison, on arrive à former le système de 3 inconnues à 3 équations suivant :

$$\begin{cases} 2x + 1y + 3z = 17 & (1) \\ 2x + 2y + 4z = 24 & (2) \\ 4x + 2y + 2z = 22 & (3) \end{cases}$$

Pour le résoudre, nous utiliserons la méthode des combinaisons linéaires :

- En soustrayant la ligne (3) à deux fois la ligne (1) on remarque que l'on fait disparaître $x$ et $y$ :
  $2 \times (1) - (3) \Rightarrow 2(2x + 1y + 3z) - (4x + 2y + 2z) = 2 \times 17 - 22 \Rightarrow 4z = 12 \Rightarrow \mathbf{z = 3}$
- De même, la différence de la ligne (2) et de la ligne (1) fait disparaître l'inconnue $x$ :
  $(2) - (1) \Rightarrow 2x + 2y + 4z - (2x + 1y + 3z) = 24 - 17 \Rightarrow y + z = 7 \Rightarrow y = 7 - z \Rightarrow \mathbf{y = 4}$
- Finalement, en utilisant l'équation (1) on peut écrire que :
  $2x = 17 - y - 3z \Rightarrow 2x = 17 - 4 - 3 \times 3 \Rightarrow 2x = 4 \Rightarrow \mathbf{x = 2}$

En conclusion, le marchand a reçu au total $x + y + z = 2 + 3 + 4 = 9$ statuettes.

### Question 24. Réponse A

**RAPPEL :**

**Le théorème de Pythagore**

Dans un triangle ABC rectangle en A, la longueur de l'hypoténuse élevée au carré vaut la somme des carrés des longueurs des deux autres côtés.
Soit : $\mathbf{BC^2 = AC^2 + AB^2}$

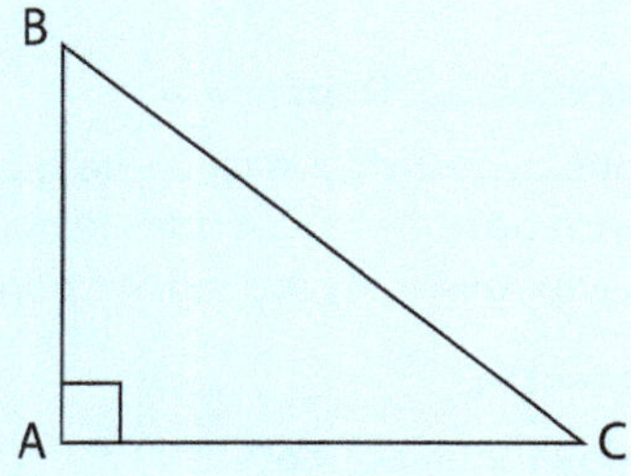


**Le calcul de vitesse, temps, distance**

Lorsque la résolution d'un exercice exige que vous calculiez la vitesse ou le temps ou la distance alors que vous avez connaissance des deux autres, il vous faut recourir à l'égalité qui suit :

$$\mathbf{D = V \times T}$$

Avec D la distance, V la vitesse et T le temps.

Schématisons votre parcours.

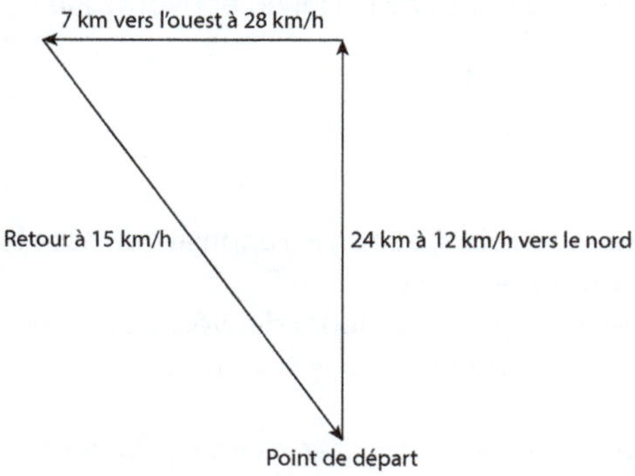


Afin de trouver le temps que vous mettrez pour retourner au point de départ, il vous faut calculer la distance à parcourir jusqu'à ce point. Votre parcours forme un triangle rectangle. Donc, à la lumière du rappel effectué, vous décidez d'appliquer le théorème de Pythagore.
Si A est la distance parcourue au retour, alors :
$A^2 = 7^2 + 24^2 \Leftrightarrow A^2 = 49 + 576$
Soit : $A^2 = 625 \Leftrightarrow A = \sqrt{625}$
En conclusion : A = 25
Vous avez donc parcouru 25 km au retour.

Soit un voyage de $\frac{25}{15}$ =1 h et 40 minutes. Réponse A.

**Question 25. Réponse B**

Soit $x$ le nombre de bonbons initial.
Dans cet exercice, plutôt que de nous concentrer sur ce que mange Marie-Berthe, nous nous intéresserons à ce qu'il lui reste.

Ainsi, **le 1er jour** elle mange la moitié du nombre de bonbons initial, soit $\frac{1}{2}x$. **Il lui en reste** donc la moitié, soit : $\frac{1}{2}x$

**Le 2e jour** elle mange le tiers de ce qu'il lui reste, soit le tiers de $\frac{1}{2}x$. On en déduit qu'**il lui reste** donc les deux tiers de $\frac{1}{2}x$ soit :

$$\frac{2}{3} \times \left(\frac{1}{2}x\right) = \frac{1}{3}x$$

Finalement **le 3e jour** elle mange toujours le tiers de ce qu'il lui reste, soit le tiers de $\frac{1}{3}x$. **Il lui reste** donc les deux tiers de $\frac{1}{3}x$, soit :

$$\frac{2}{3} \times \frac{1}{3}x = \frac{2}{9}x$$

Nous savons de plus d'après l'énoncé qu'il reste à Marie-Berthe 12 bonbons le 3e jour. Nous pouvons en déduire le nombre de bonbons initial en écrivant que :

$$\frac{2}{9}x = 12 \Leftrightarrow 2x = 9 \times 12 \Leftrightarrow x = \frac{9 \times 12}{2} = 9 \times 6 \Leftrightarrow x = \mathbf{54}$$

**Question 26. Réponse D**

Attention, il s'agit ici de trouver la réponse incorrecte, et non la réponse correcte ! Comment savoir bien orthographier le son /è/ en conjugaison ?
Au présent et au futur, les verbes « appeler », « jeter » et leurs dérivés, y compris « interpeler », doublent leurs consonnes, et prennent deux « -l » ou deux « -t » : « il appelle », « il jette »...
En dehors, un verbe comme « marteler » forme le son /è/ avec un accent : « il martèle ».

**Question 27. Réponse A**

*Le portrait de Dorian Gray* est réputé être un chef-d'œuvre de la littérature publié en 1890. « Languide » vient du latin « *languidis* » qui signifie « affaibli », « mou », « sans énergie »... Le ton languide utilisé par Lord Henry, ami de Basil Hallward et maître à penser de Dorian Gray, correspond à un ton manquant d'énergie, fade et sans relief.

**Question 28. Réponse A**

La confusion porte sur les termes « jury », qui suppose plusieurs personnes, et « juré », un membre individuel d'un jury. Vérifions et corrigeons chacune des autres réponses :
B. Le jury délibèrera, et non le juré qui ne délibère pas seul ;
C. Le jury s'était montré intransigeant, et non les jurés de façon individuelle ;
D. Le juré qui venait de Lyon, et non le jury tout entier.

**Question 29. Réponse B**

Petit problème dans cette question. On vous demande de trouver la seule proposition incorrecte, il se trouve qu'après vérification, nous sommes au regret de vous annoncer qu'il y en a deux. En effet :
B. S'il faut toujours dire la vérité à la clientèle, il n'y a pas de ~~commerces possible~~ – il n'y a pas de **commerce possible**.
D. Le roi sera accompagné de sa fille, la princesse Anna, ~~une des femme~~ les plus socialement désirables du monde – Socialement désirable ? – Une des femme**s**.

**Question 30. Réponse D**

Il s'agissait ici de prêter attention aux règles d'accord du participe passé des verbes pronominaux. Le participe passé s'accorde avec le pronom réfléchi lorsque celui-ci est le COD de la phrase, ce qui n'est pas le cas dans la 4e proposition (« elles **se** sont prépar**ées** » – elles ont préparé **elles-mêmes**.)
Pour ce qui est de la fonction du pronom dans les autres phrases :

A. Alice **s'**est préparé**é** un dessert - Alice a préparé un dessert **pour elle-même** (COS).
B. Elle **s'**est coupé**é** la main - Elle a coupé la main **d'elle-même** (COS).
C. Elles **se** sont téléphoné**é** - Elles ont téléphoné **à elles-mêmes** (COI).

**Question 31. Réponse A**

Observez la première ligne (27-34-44...), et remarquez qu'il n'existe aucune logique, ni une somme ni un produit, qui permette d'obtenir cette suite. La logique à trouver est donc propre à chaque colonne. Partez du chiffre du milieu, soit 9 dans la première colonne. S'il est multiplié par 3 alors vous obtenez 27. En revanche si vous lui soustrayez 3 alors il ne vaut plus que 6. Ainsi, 2 dans la dernière colonne, multiplié par 9 donne 18. En revanche, si vous lui soustrayez 9 alors vous obtenez -7 (2 - 9 = -7). Optez pour la première réponse.

**Question 32. Réponse A**

Vous avez 2 parents, lesquels ont deux parents et donc vous 4 grands-parents. Vos grands-parents ayant chacun deux parents vous avez 8 arrières grands-parents (4 × 2 = 8). Vos arrières grands-parents ayant deux parents chacun vous avez 16 arrières-arrières grands-parents. Et eux ayant eu deux parents chacun, vous avez 32 arrières-arrières-arrières grands parents (16 × 2 = 32). Ouf c'est fini !
2 + 4 + 8 + 16 + 32 = 62
Ainsi, 62 personnes sont présentes sur la photo. Réponse A !

**Question 33. Réponse B**

H : Tous les nombres sont des carrés.
V : Tous les nombres sont des multiples de 11.

**Question 34. Réponse C**

S'il y a 2 fois la lettre B dans le premier cadre c'est parce que B est la 2e lettre de l'alphabet (on dit aussi que le rang de B est 2). De même si vous avez compté 6 fois la lettre F dans le second cadre c'est parce que le rang de F dans l'alphabet est 6. Et il en est de même pour le troisième cadre avec H.
C'est donc la réponse C avec la lettre K dont le rang est 11 et qui est bien représentée 11 fois.

**Question 35. Réponse A**

H : Intra de –1 entre le premier et le dernier chiffre.
V : Séparation produit constante par la gauche (le premier chiffre multiplié par huit donne le ou les chiffres suivants).

**Question 36. Réponse A**

Notons *x* et *y* les chiffres des dizaines et des unités de l'âge de Greg.
Ainsi, l'âge de Greg s'écrit de la forme *xy* tandis que l'âge de sa fille s'écrit de la forme *yx*.
Pour déterminer l'âge de Greg lorsqu'il a eu sa fille, il faut soustraire son âge actuel à celui de sa fille, c'est-à-dire calculer la différence : *xy* – *yx*.

Or, on note que l'âge de Greg peut également s'écrire : $xy = 10 \times x + y$.
De même l'âge de sa fille peut s'écrire : $yx = 10 \times y + x$.
Par conséquent, l'âge de Greg lorsqu'il a eu sa fille vaut :
$xy - yx = 10 \times x + y - (10 \times y + x) = 10x + y - 10y - x = 9x - 9y = 9 \times (x - y)$.
On remarque alors que cet âge doit être nécessairement un multiple de 9.
On sait de plus d'après l'énoncé que cet âge est compris entre 20 et 30 ans.
Le seul multiple de 9 compris entre 20 et 30 est donc le nombre 27, d'où la réponse A.

### Question 37. Réponse D

J'ose espérer que l'identité remarquable vous a sauté aux yeux.
$(\sqrt{8} + \sqrt{18})^2 = \sqrt{8}^2 + 2\sqrt{8}\sqrt{18} + \sqrt{18}^2$
Soit : $(\sqrt{8} + \sqrt{18})^2 = 8 + 2\sqrt{2 \times 2 \times 2}\sqrt{3 \times 3 \times 2} + 18 \Leftrightarrow (\sqrt{8} + \sqrt{18})^2 = 2\sqrt{2^2 \times 2}\sqrt{3^2 \times 2} + 26$
Soit encore : $(\sqrt{8} + \sqrt{18})^2 = 12\sqrt{2}\sqrt{2} + 26 \Leftrightarrow (\sqrt{8} + \sqrt{18})^2 = 12 \times 2 + 26 = 50$
En conclusion : $(\sqrt{8} + \sqrt{18})^2 = 50$

### Question 38. Réponse D

La résolution de cet exercice requière simplement que vous listiez les différentes possibilités. Il existe onze manières différentes d'y parvenir :

- utiliser 11 poids de 100 g ;
- utiliser 9 poids de 100 g et 1 poids de 200 g ;
- utiliser 7 poids de 100 g et 2 poids de 200 g ;
- utiliser 5 poids de 100 g et 3 poids de 200 g ;
- utiliser 3 poids de 100 g et 4 poids de 200 g ;
- utiliser 1 poids de 100 g et 5 poids de 200 g ;
- utiliser 3 poids de 200 g et 1 poids de 500 g ;
- utiliser 6 poids de 100 g et 1 poids de 500 g ;
- utiliser 1 poids de 100 g et 2 poids de 500 g ;
- utiliser 4 poids de 100 g, 1 poids de 200 g et 1 poids de 500 g ;
- utiliser 2 poids de 100 g, 2 poids de 200 g et 1 poids de 500 g.

### Question 39. Réponse D

Il vous suffit de **lire et traduire lentement l'énoncé** sous la forme d'équations, en notant B, N et R respectivement le nombre de boules bleues, noires et rouges.
Vous savez dans un premier qu'il y a 80 boules dans l'urne et que les seules couleurs présentes sont les trois citées ci-dessus, ce qui vous donne donc :
**(1) B + N + R = 80**
De plus, l'énoncé vous indique que :
**(2)** B = (N + R)/3 soit **3 × B = N + R**
Enfin, le nombre de boules noires auquel on ajoute 10 doit être égal au nombre de boules rouges soit :
**(3) N + 10 = R**
La résolution du système donne alors :
**(1) & (2)** : B + 3B = 80, soit 4B = 80, soit B = 20.
**(2) & (3)** : **60** = N + R = **R - 10 + R** soit 60 + 10 = 2R soit **R = 35**.

**Question 40. Réponse B**

Il s'agit d'une question de traductions successives. En effet, la surface d'un cube est égale à six fois l'aire d'une de ses faces. Donc on a, en notant A l'aire d'une face :
$6A = 384 \Leftrightarrow A = 64$
De plus, l'aire de la face d'un cube est simplement le carré de l'un de ses côtés de longueur C. Ainsi vous trouvez :
$64 = C^2$ donc $C = 8$
Enfin, le volume V d'un cube est égal au cube de son côté, soit :
$V = C^3 = 8^3 = 512$
Finalement, il ne vous reste plus qu'à comparer 2 (le chiffre des unités de 512) et 5 + 1 = 6 (la somme du chiffre des dizaines et de celui des centaines de 512). Vous trouvez facilement que 2/6 = 1/3 = 33 %.

**Question 41. Réponse C**

« L'apathie » mais si rappelez-vous, c'est souvent un reproche de vos parents ou la mention d'un prof revanchard sur votre carnet de note en 4ᵉ. L'apathie c'est une indifférence extrême.

**Question 42. Réponse C**

Pour compléter correctement cette phrase, il fallait bien sûr écrire « **Sud** est à nord ce que roboratif est à **frugal** »

**Question 43. Réponse B**

La seule proposition correcte est la deuxième : « L'oncle Auguste aimait réprimander les enfants de sa sœur ».
A. Les enfants se faisaient ~~reprimander~~ – **réprimander**.
C. Alfred ~~réprimendait~~ trop souvent ses fils – **réprimandait**.
D. Alice ne ~~répprimendait~~ jamais son chat – Alice ne **réprimandait**.

**Question 44. Réponse B**

D'où vient le mot trivial ? Le terme trivial, du latin « *trivialis* » voulant dire « de la croisée de chemin, de place publique, grossier, vulgaire », signifie « banal », « sans grande importance ».

**Question 45. Réponse D**

Question relativement facile. « Astérisque » est un nom commun masculin. Attention à bien vérifier l'accord en genre (les trois premières réponses sont donc fausses), et l'orthographe (la cinquième réponse possible).

# TEST 6
# ÉNONCÉS

**45 QUESTIONS - 1 HEURE**

### Question 1

Quelle image, parmi celles proposées, peut compléter la table suivante ?

- ☐ (A)
- ☐ (B)
- ☐ (C)
- ☐ (D)

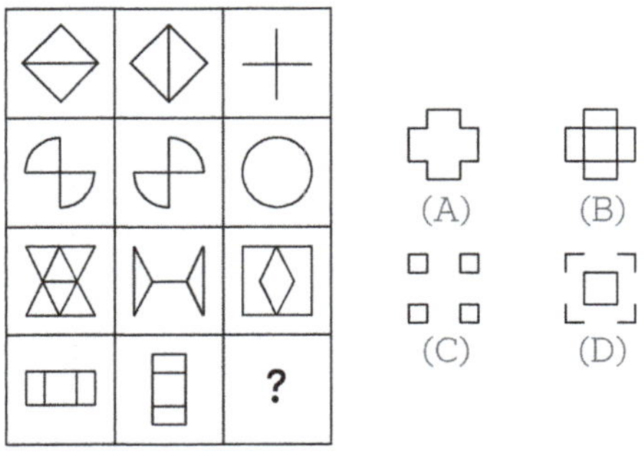


### Question 2

Quel motif complète cette suite :
SMSSMSM, MSSMSMS, SSMSMSM, SMSMSMS, ... ?

- ☐ (A) SMMSMSS
- ☐ (B) SMSSSMM
- ☐ (C) MSMSMSS
- ☐ (D) MMSSMSS

### Question 3

Si AVE devient BUF, COUCOU devient BPVBPV et SALUT devient RBKVS, que devient BONJOUR ?

- ☐ (A) APMIPVQ
- ☐ (B) CPMIPVQ
- ☐ (C) CPMKPVS
- ☐ (D) APOKPVS

### Question 4

Si JANVIER vaut 195, FEVRIER vaut 595, MARS vaut 1 et AVRIL 19, combien vaut MAI ?

☐ (A) 15
☐ (B) 19
☐ (C) 51
☐ (D) 159

### Question 5

L'impesanteur est à la gravité, ce que le vide est à ...

☐ (A) L'énergie
☐ (B) L'accélération
☐ (C) La vitesse
☐ (D) La matière

### Question 6

Une entreprise compte 100 salariés. 99 employés ont un salaire mensuel moyen de 1 500 euros brut, tandis que le centième employé a 2 500 euros. Quel est le salaire moyen de cette entreprise ?

☐ (A) 1 510 euros
☐ (B) 1 550 euros
☐ (C) 1 580 euros
☐ (D) 2 000 euros

### Question 7

Votre verre a une forme cylindrique de rayon $r = 3$ cm et de hauteur 10 cm. Parmi les formats standards proposés, quelle est la capacité de la plus grande canette dont le contenu pourra être totalement versé dans le verre ?

☐ (A) 12,5 cl
☐ (B) 20 cl
☐ (C) 25 cl
☐ (D) 33 cl

## Question 8

On considère les droites d'équation (D1) : $-3x + 6y - 18 = 0$ et (D2) : $y = -2x + 5$. Quelle affirmation est correcte ?

☐ (A) (D1) et (D2) passent par le même point à l'origine
☐ (B) (D1) et (D2) sont parallèles
☐ (C) (D1) et (D2) sont sécantes et forment un angle de 45°
☐ (D) (D1) et (D2) sont perpendiculaires

## Question 9

On cherche le nombre de 5 chiffres qui, si l'on rajoute un 1 devant, forme un nombre trois fois plus petit que celui formé si l'on rajoute un 1 à la fin. Parmi les propositions suivantes, quel est le nombre qui correspond ?

☐ (A) 11 111
☐ (B) 22 367
☐ (C) 42 857
☐ (D) 45 827

## Question 10

Une paire de skis équipés de fixations coûte 189 euros. Quel est le prix des skis seuls sachant qu'ils sont six fois plus chers que les fixations ?

☐ (A) 27
☐ (B) 29
☐ (C) 125
☐ (D) 162

## Question 11

Parmi les propositions suivantes conjuguées à l'impératif, laquelle est incorrecte ?

☐ (A) As-tu vu le panneau ? Prends à gauche après l'intersection
☐ (B) Ne bois pas tant de soda, c'est mauvais pour la santé
☐ (C) Ne rentres pas trop tard, il fait noir de plus en plus tôt
☐ (D) Prévois plus de temps pour finir ce devoir ou tu n'y arriveras pas

## Question 12

Un cycliste pédale à raison de 80 tours de pédalier par minute. Sachant qu'il a mis 52 dents sur son pédalier et 13 dents sur son pignon et que le périmètre de ses roues fait 2 mètres, quelle est sa vitesse ?

- ☐ (A) 38,4 km/h
- ☐ (B) 40,0 km/h
- ☐ (C) 48,0 km/h
- ☐ (D) 52,6 km/h

## Question 13

Parmi les propositions suivantes, laquelle est incorrecte ?

- ☐ (A) Un discours pompeux est un discours prononcé par le meneur des pompes funèbres
- ☐ (B) Un ponton est une barge, généralement ancrée dans un port
- ☐ (C) Un pontier est un conducteur de pont roulant
- ☐ (D) Quelqu'un qui expose son savoir avec prétention pontifie

## Question 14

Eulalie a acheté sa tablette numérique 625 €. Elle verse 20 % du prix au comptant et règle le solde cinq mois après. En sachant que le taux annuel du crédit est de 15 %, quel sera le prix total qu'elle paiera finalement pour cet appareil ?

- ☐ (A) 656,25 €
- ☐ (B) 657,25 €
- ☐ (C) 658,25 €
- ☐ (D) 569,25 €

## Question 15

À la mi-temps d'un match de handball, nous perdions 9 à 14. Mais nous avons finalement gagné d'un but en marquant, après la mi-temps, deux fois plus de buts que l'équipe adverse. Quel est le résultat final du match ?

- ☐ (A) 24 à 23
- ☐ (B) 23 à 22
- ☐ (C) 22 à 21
- ☐ (D) 21 à 20

## Question 16

Compléter logiquement la suite de nombres suivante :
23, 26, 32, ..., 38 ?

- ☐ (A) 33
- ☐ (B) 34
- ☐ (C) 35
- ☐ (D) 36

## Question 17

Quel nombre remplace logiquement le point d'interrogation ?

- ☐ (A) 123
- ☐ (B) 133
- ☐ (C) 143
- ☐ (D) 153

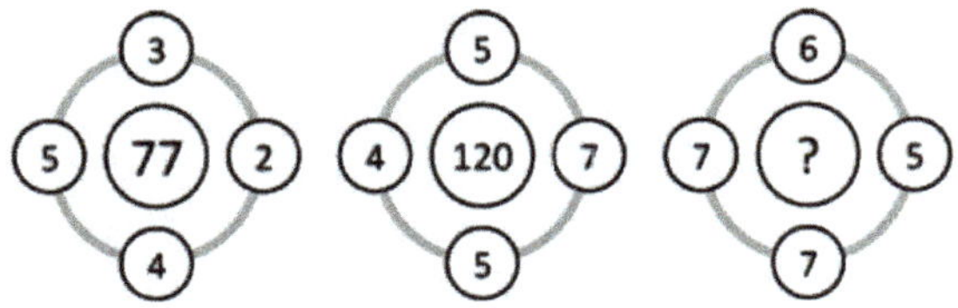


## Question 18

En sachant que Arya est la sœur de Bran, Catelyn est la mère d'Arya, Cersei est la sœur de Jaime, Sansa est la sœur de Catelyn, Bran est le neveu de Sansa et Jaime est le fils de Bran. Qui est la tante de Cersei ?

- ☐ (A) Arya
- ☐ (B) Bran
- ☐ (C) Catelyn
- ☐ (D) Sansa

## Question 19

À la fin d'un banquet, les 20 convives restants (15 hommes et 5 femmes) se disent au revoir de la manière suivante :
- deux hommes se serrent la main ;
- deux femmes se font trois bises ;
- un homme et une femme s'embrassent en se faisant deux bises.

Combien de bises va-t-il y avoir au total ?

- ☐ (A) 180
- ☐ (B) 140
- ☐ (C) 146
- ☐ (D) 150

### Question 20

Compléter cette suite :
11, 18, 25, 39, 60, ...

- ☐ (A) 91
- ☐ (B) 93
- ☐ (C) 95
- ☐ (D) 97

### Question 21

Quel nombre complète cette série double ?

| | | | | |
|---|---|---|---|---|
| | | 14 | | |
| | | 84 | | |
| 18 | 108 | ? | 27 | 45 |
| | | 70 | | |
| | | 49 | | |

- ☐ (A) 47
- ☐ (B) 58
- ☐ (C) 63
- ☐ (D) 88

### Question 22

Retrouver l'équation de la droite perpendiculaire à la droite $4x - 5y = -10$ et qui passe par le point de coordonnées (2 ; -2).

- ☐ (A) $4y = -5x + 2$
- ☐ (B) $y = -x + 2$
- ☐ (C) $5y = -4x - 2$
- ☐ (D) $4y = -6x + 2$

### Question 23

Quelle est la valeur minimale pouvant être prise par l'expression $3x^2 - 5x + 4$ ?

- ☐ (A) −5/4
- ☐ (B) −5/12
- ☐ (C) 5/12
- ☐ (D) 23/12

### Question 24

Une heure sera appelée « sympathique » quand la somme des chiffres des heures est égale à la somme des chiffres des minutes, comme par exemple 17 h 44 (1 + 7 = 4 + 4). Combien d'heures sont « sympathiques » entre 16 h 00 et 18 h 00 ?

- ☐ (A) 12
- ☐ (B) 9
- ☐ (C) 10
- ☐ (D) 11

### Question 25

Soit une écluse de 12 mètres de large sur 100 mètres de long, pleine d'eau. Quand on la vide, le débit maximum est fixé à 20 mètres cubes d'eau par seconde pour éviter d'abîmer les berges en aval. De quelle hauteur le niveau d'eau baissera-t-il chaque seconde ?

- ☐ (A) 60 mm
- ☐ (B) 1,666 cm
- ☐ (C) 2 cm
- ☐ (D) 33,333 mm

### Question 26

Qu'est-ce qu'un « succédané » ?

- ☐ (A) Un produit d'entretien de la maison
- ☐ (B) Un produit de remplacement
- ☐ (C) Un produit emblématique d'un pays
- ☐ (D) Un produit de luxe

### Question 27

Parmi les propositions suivantes, laquelle est correcte ?

- ☐ (A) Il retrouvait avec plaisir cette ville ou il était né et avait grandi
- ☐ (B) Le loup pouvait manger l'agneau où, grand seigneur, lui laissait la vie sauve
- ☐ (C) On peut choisir de croire en une destinée implacable où prendre en main son destin
- ☐ (D) Le loup préféra rejoindre l'abri où nul agneau ne se trouverait

### Question 28

Qu'est-ce que la « coercition » ?

- ☐ (A) Une action réalisée avec grande fierté
- ☐ (B) Une action de contraindre
- ☐ (C) Se rapporte à quelqu'un qui agit avec une grande intelligence
- ☐ (D) La possibilité de laisser aux gens la liberté d'action

### Question 29

Parmi les propositions suivantes, laquelle est incorrecte ?

- ☐ (A) Le procureur veut séparer le motif de l'acte. C'est comme essayer de retirer le trognon d'une pomme sans toucher la pot
- ☐ (B) L'économie est une arme. La politique consiste à savoir quand appuyer sur la gâchette
- ☐ (C) Crois-moi, parvenir à intéresser même les cons, c'est ce qui demande le plus d'intelligence
- ☐ (D) Aucun Paradis ne sera assez bien pour toi tant que tu n'auras pas connu l'enfer

### Question 30

Parmi les propositions suivantes, laquelle est correcte ?

- ☐ (A) Une mouette arrive sur ses petites jambes pour fouiller les poubelles
- ☐ (B) On apercevait la maison avec ces fenêtres gothiques et ça tour
- ☐ (C) La neige fondue mettait cruellement à nue ses volets écaillés
- ☐ (D) Il s'essuyait la figure avec se mouchoir sale

### Question 31

Compléter la suite logique suivante :
UN = 7, DE = 1, TR = 2, QU = 4, CI = 6, ...

- ☐ (A) SI = 10
- ☐ (B) SE = 14
- ☐ (C) SI = 3
- ☐ (D) SI = 5

## Question 32

Il y a 5 enfants dans la famille Jadorlécéritélé. Brandy, la sœur d'Anton, est plus jeune que Kevin, qui est plus vieux que Deborah. Deborah a un seul frère plus vieux, une sœur plus jeune mais son frère le plus jeune, Eddy, n'est pas le plus jeune de la famille. Classer du plus jeune au plus vieux les enfants de cette famille.

- ☐ (A) Brandy-Eddy-Anton-Deborah-Kevin
- ☐ (B) Anton-Brandy-Deborah-Eddy-Kevin
- ☐ (C) Brandy-Deborah-Anton-Kevin-Eddy
- ☐ (D) Eddy-Brandy-Deborah-Anton-Kevin

## Question 33

Quel élément complète cette série double ?

| | | | | |
|---|---|---|---|---|
| | UXH | | | |
| | SJN | | | |
| QCB | ? | ZUT | AML | GWV |
| | OPX | | | |
| | MIZ | | | |

- ☐ (A) PWZ
- ☐ (B) QYZ
- ☐ (C) QHG
- ☐ (D) RED

## Question 34

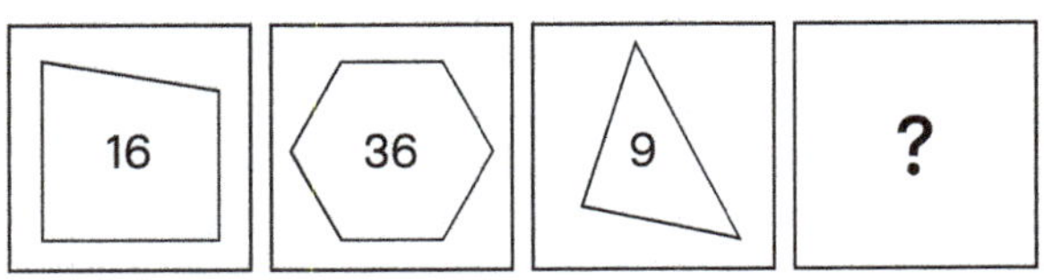


☐ (A)

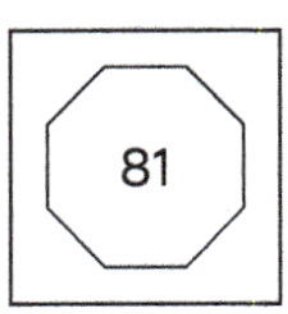


☐ (B)

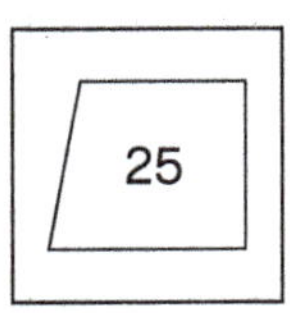


☐ (C)

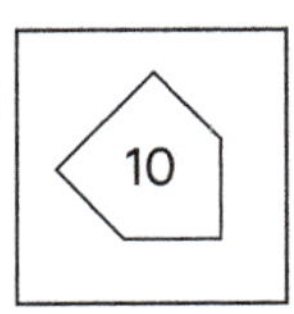


☐ (D)

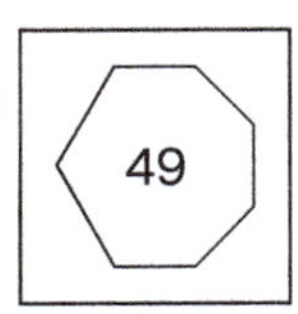

## Question 35

Quel élément complète cette série double ?

| | | | | |
|---|---|---|---|---|
| | | | OM | |
| PD | GM | BR | ? | KI |
| | | | RQ | |
| | | | SG | |
| | | | VU | |

- ☐ (A) OE
- ☐ (B) HL
- ☐ (C) JS
- ☐ (D) HS

## Question 36

Sur une pelouse sportive rectangulaire sont tracés, en partant de l'extérieur, quatre couloirs d'un mètre de large (voir la figure ci-dessous). Si l'aire du troisième couloir et du rectangle central sont respectivement de 50 m$^2$ et 84 m$^2$, quelle est l'aire totale de la pelouse (délimitée par le plus grand rectangle) ?

- ☐ (A) 296 m$^2$
- ☐ (B) 300 m$^2$
- ☐ (C) 304 m$^2$
- ☐ (D) 308 m$^2$

## Question 37

Une paire de skis équipés de fixations vaut 150 euros. Quel est le prix des skis seuls sachant qu'ils valent 100 euros plus chers que les fixations ?

- ☐ (A) 125
- ☐ (B) 50
- ☐ (C) 75
- ☐ (D) 100

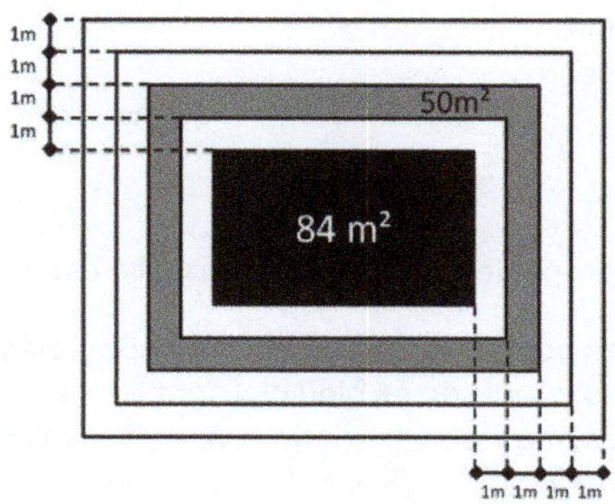

### Question 38

Les sociétés Wash-it et Clean-up sont en concurrence pour prendre le marché de nettoyage d'une université. Les équipes de Clean-up mettent 90 minutes à 4 personnes pour nettoyer un amphithéâtre complet, alors que les équipes de Wash-it mettent 1 heure à 6 personnes. Si une équipe de Wash-it et une équipe de Clean-up se réunissent et travaillent à leur rythme, en combien de temps sera nettoyé cet amphithéâtre ?

- ☐ (A) 30 minutes
- ☐ (B) 36 minutes
- ☐ (C) 40 minutes
- ☐ (D) 45 minutes

### Question 39

Le périmètre d'un carré de 24 centimètres est découpé en 2 rectangles. L'un des rectangles a alors pour périmètre 20 centimètres. Quel est le périmètre du second rectangle ?

- ☐ (A) 4
- ☐ (B) 9
- ☐ (C) 14
- ☐ (D) 16

### Question 40

Chez le fleuriste de la rue Monge, une rose coûte 4 euros, un géranium en pot coûte 20 euros et un bouquet de tulipes jaunes coûte 25 euros. Quel est le prix du pot en céramique sachant que le géranium contenu à l'intérieur coûte 19 euros de plus que le pot en céramique ?

- ☐ (A) 0,5 euro
- ☐ (B) 0,75 euro
- ☐ (C) 1 euro
- ☐ (D) 1,5 euro

### Question 41

Parmi les propositions suivantes, laquelle est incorrecte ?

- ☐ (A) Ces costumes bleus sont très appréciés des artistes
- ☐ (B) Ces chaussettes bleu ciel sont assez voyantes
- ☐ (C) Ces chaussettes rouge sont celles des cardinaux
- ☐ (D) La cartouche d'encre bleue du photocopieur est vide

### Question 42

Parmi les citations suivantes, quelle est celle que l'on peut classer comme un « oxymore » ?

- ☐ (A) « Comme la vie est lente et comme l'espérance est violente » (G. Apollinaire)
- ☐ (B) « Petit-Poucet rêveur, j'égrenais dans ma course des rimes » (A. Rimbaud)
- ☐ (C) « Rodrigue, as-tu du cœur » (P. Corneille)
- ☐ (D) « Elle se hâte avec lenteur » (J. de la Fontaine)

### Question 43

Quel pourrait-être le synonyme de « trivial » ?

- ☐ (A) Compétitif, concurrentiel
- ☐ (B) Instinctif, machinal
- ☐ (C) Absurde, insensé
- ☐ (D) Commun, ordinaire

### Question 44

Parmi les propositions suivantes, laquelle ne contient pas de pléonasme ?

- ☐ (A) Ils ont prévu, avant-hier, de changer le titre du film
- ☐ (B) Ils allaient faire construire une maison neuve d'ici deux ans
- ☐ (C) Elle a tellement reculé en arrière qu'elle est rentrée dans le mur
- ☐ (D) Pierre et Jacques se réunissent souvent ensemble pour discuter de leurs élèves

### Question 45

Parmi les propositions suivantes, laquelle est correcte ?

- ☐ (A) Il avait gagnées les faveurs de la Marquise en lui écrivant des vers
- ☐ (B) Ce prétendu régiment était une association fondé par divers brigands
- ☐ (C) Les brevets qu'elle décernait à ce qu'elle jugeait dignes portait le nom de calottes
- ☐ (D) Il avait entendu raconter que Racine aimait improviser des traductions

# TEST 6
# CORRIGÉS

**Question 1. Réponse A**

En analysant ce qui se passe ligne par ligne, on remarque qu'à chaque fois la troisième image est construite à partir des deux autres.
Pour cela, on superpose les deux images, sachant que deux lignes confondues s'annulent. En suivant ce raisonnement, la bonne réponse est donc la croix de la figure E.

**Question 2. Réponse C**

Vous remarquez qu'à chaque étape la première lettre du mot est déplacée en dernière position.

Ainsi :
SMSSMSM devient MSSMSMS
MSSMSMS devient SSMSMSM
SSMSMSM devient SMSMSMS
SMSMSMS devient donc MSMSMSS
Réponse C !

**Question 3. Réponse A**

Voici une question très originale pour laquelle vous deviez remarquer qu'en passant d'un mot à l'autre, il fallait respecter les deux règles suivantes :
1) Si dans le premier mot, la lettre est une voyelle, alors on avance d'une lettre dans l'alphabet dans le mot qui suit.
2) Si dans le premier mot, la lettre est une consonne, alors on recule d'une lettre dans l'alphabet.

Ainsi passe-t-on de AVE à BUF en appliquant ces deux règles.
- A étant une voyelle dans AVE, cette lettre devient B dans BUF.
- V étant une consonne dans AVE, cette lettre devient U dans BUF.
- E étant une voyelle dans AVE, cette lettre devient F dans BUF.

En appliquant ces règles à BONJOUR on obtient donc APMIPVQ. Réponse A.

**Question 4. Réponse B**

On remarque que la valeur du mois correspond à la juxtaposition des rangs dans l'alphabet des voyelles qui composent le mot.

Exemple :
Le mot JANVIER comprend 3 voyelles :
- « A » dont le rang dans l'alphabet est 1 ;
- « I » dont le rang dans l'alphabet est 9 ;

- « E » dont le rang dans l'alphabet est 5.

La valeur du mot JANVIER est donc obtenue en juxtaposant ces trois chiffres. On retrouve ainsi la valeur 195.

Le mois de M**AI** comporte deux voyelles :

- « A » de rang 1 ;
- « I » de rang 9.

La valeur de ce mois est donc 19.

### Question 5. Réponse D

Il s'agit dans cette question de trouver le lien logique entre les mots « *impesanteur* » et « *gravité* » pour ensuite déterminer le mot formant la paire suivante.

L'impesanteur est caractérisée par l'absence de gravité tout comme le vide est caractérisé par l'absence de matière, d'où la réponse D.

### Question 6. Réponse A

Nous avons affaire ici à une question classique de moyenne pondérée.

Avant de nous lancer dans la correction de cette question faisons préalablement un rappel sur les moyennes pondérées.

**RAPPEL :**

**Moyennes pondérées :**

Soient N termes $T_1$, $T_2$, $T_3$, ..., $T_N$ auxquels on associe des poids (ou coefficients) respectifs $P_1$, $P_2$, $P_3$, ..., $P_N$. Alors la moyenne (M) pondérée des N termes est égale à :

$$M = \frac{T_1 \times P_1 + T_2 \times P_2 + T_3 \times P_3 + ... + T_N \times P_N}{P_1 + P_2 + P_3 + ... + P_N}$$

En appliquant la formule des moyennes pondérées on trouve que le salaire moyen de l'entreprise vaut :

$$\frac{1\,500 \times 99 + 25\,000}{100} = \frac{148\,500 + 2\,500}{100} = \frac{151\,000}{100} = 1\,510\text{ €}$$

### Question 7. Réponse C

Le verre étant cylindrique, son volume est $\pi \times r^2 \times h = 3{,}14 \times 9 \times 10 = 282{,}6\text{ cm}^3$, soit 28,26 cl puisque que 1 L = 1 $dm^3$ = 1 000 $cm^3$ et **1 cl est donc égal à 10 $cm^3$.**

Par conséquent, ce verre ne peut pas contenir toute la boisson d'une canette de 33 cl, mais celle d'une canette de 25 cl.

### Question 8. Réponse D

**RAPPEL :**

Deux droites sont perpendiculaires si, et seulement si, le produit de leurs coefficients directeurs est égal à –1.

Dans l'énoncé, la droite D2 est exprimée sous sa forme réduite mais pas la droite D1. Transformez donc d'abord D1 sous sa forme réduite.

$-3X + 6Y - 18 = 0$

Soit : $6Y = 3X + 18$

Soit encore : $\frac{6Y}{6} = \frac{3X}{6} + \frac{18}{6}$

Soit encore : $Y = \frac{1}{2}X + 3$

Les coefficients directeurs de D1 et D2 sont donc respectivement $\frac{1}{2}$ et -2.

Calculons à présent le produit de ces deux coefficients directeurs :

$-2 \times \frac{1}{2} = -1$

On remarque que ce produit est égal à -1 et de conclure que les droits D1 et D2 sont perpendiculaires.

**Question 9. Réponse C**

La manière la plus évidente consiste assurément à partir des réponses. Vous trouverez alors que c'est la réponse C : 42 857.

Pour ceux qui veulent aller plus loin, c'est parti !

Ajouter un 1 devant un nombre à 5 chiffres revient à lui ajouter 100 000. Cela doit vous sembler évident. Moins évident de prime abord est le fait qu'ajouter un 1 à la fin du nombre revient à le multiplier par 10 puis ajouter 1.

Si X le nombre à 5 chiffres, alors : $10X + 1 = 3 \times (100\,000 + X)$

Soit : $10X + 1 = 300\,000 + 3X$

Soit encore : $10X - 3X = 300\,000 - 1$

Soit encore : $7X = 299\,999$

Donc : $X = 42\,857$

Réponse C !

**Question 10. Réponse D**

Notons $x$ le prix des skis seuls et $y$ le prix de ses fixations.

Sachant que les skis avec fixations coûtent 189 euros, nous pouvons écrire que :

$x + y = 189 \quad (1)$

Par ailleurs, nous savons que les skis seuls coûtent six fois plus chers que les fixations, d'où l'équation :

$x = 6y \quad (2)$

En remplaçant $x$ par son expression en fonction de $y$ dans l'équation (1), on trouve :

$6y + y = 189 \Leftrightarrow 7y = 189 \Leftrightarrow y = 27 \Leftrightarrow x = 6 \times 27 \Leftrightarrow x = 162$

Nous venons donc de démontrer que les skis seuls coûtent 162 euros.

**Question 11. Réponse C**

Comment orthographier correctement les verbes conjugués à l'impératif ? Contre toute attente, la deuxième personne du singulier ne prend pas de « s » en terminaison à l'impératif pour les verbes du premier groupe.

**Question 12. Réponse A**

Voici une entrée en matière difficile. Vous savez que le cycliste effectue 80 tours de pédalier par minute. Il en fait donc 80 × 60 = 4 800 par heure. Un tour de pignon entraîne un tour de roue, aussi il vous faut savoir combien de fois il tourne pour savoir combien de fois les roues tournent en une heure. Il a tourné $4\ 800 \times \frac{52}{13} = 19\ 200$ fois en une heure. Les roues ont un périmètre de deux mètres, il parcourt donc 19 200 × 2 = 38 400 mètres par heure. Soit 38,4 km/h.

**Question 13. Réponse A**

Les questions piégeuses sont légion ! Attention à bien les esquiver. Pour information, un discours pompeux se dit d'un discours solennel plus ou moins ridicule, alors que le terme « pompes », du latin « *pompa* », signifie cortège. Les pompes funèbres sont donc un cortège funèbre.

**Question 14. Réponse A**

Vu qu'Eulalie a déjà versé 20 % du prix soit $\frac{20}{100} \times 625 = 125$ euros. Il lui reste donc 625 - 125 = 500 euros à régler. Or vous savez que le taux annuel du crédit est de 15 % mais qu'elle paie au bout de 5 mois.

$$500 \times \frac{15}{100} \times \frac{5}{12} = \frac{5 \times 3 \times 5 \times 5}{3 \times 4} = \frac{125}{4} = 31{,}25$$

Elle devra donc verser 31,25 € de plus que le montant du prix initial, soit 625 + 31,25 = 656,25 euros.

**Question 15. Réponse D**

Soit B le nombre de buts marqués après la mi-temps par l'équipe adverse.
L'énoncé nous permet d'écrire l'équation : 14 + B + 1 = 9 + 2B. D'où B = 6.
L'équipe adverse a marqué 14 + 6 = 20 buts et le résultat final est donc 21 à 20.
Réponse D !

**Question 16. Réponse B**

La suite est composée ainsi : 23 + **3** = 26, 26 + **6** = 32. Autrement dit, on ajoute à chaque fois le dernier chiffre du nombre précédent. Le prochain élément sera donc : 32 + **2** = 34, ce qui confirme parfaitement le dernier nombre (38) puisque : 34 + **4** est bien égal à 38.

**Question 17. Réponse B**

Le nombre du milieu s'obtient en additionnant :
- le nombre formé par la juxtaposition du cercle de gauche et celui du haut ;
- et le nombre formé par la juxtaposition du cercle de droite et celui du bas.

Exemple :

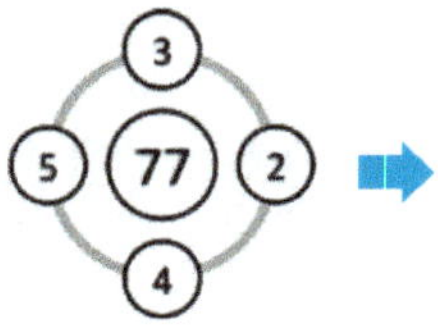


53 + 24 = **77**

Par conséquent le nombre qui doit remplacer le point d'interrogation vaut : 76 + 57 = **133**

**Question 18. Réponse A**

Lorsque vous faites face à ce type de questions, vous devez absolument dresser un arbre généalogique pour identifier plus facilement les liens familiaux entre les différents personnages.
On observe alors que c'est Arya qui est la tante de Cersei.

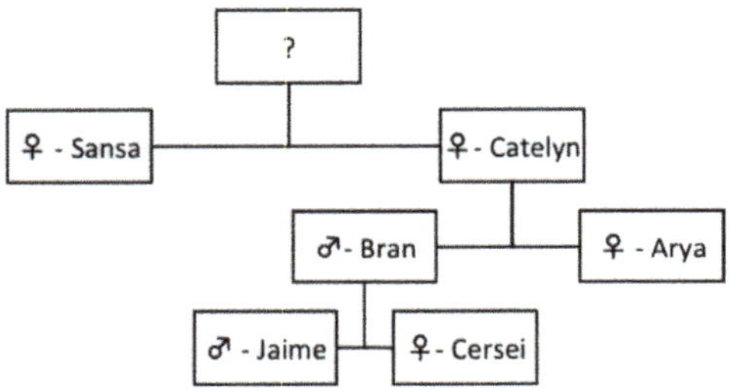


**Question 19. Réponse A**

**RAPPEL :**
Lorsque vous recherchez le nombre de salutations échangées dans une soirée comptant N personnes, vous devez avoir recours à la formule qui suit :

$$\frac{N \times (N - 1)}{2}$$

En revanche, si vous souhaitez compter le nombre de bises qui sont, elles, faites par deux (contrairement aux poignées de mains, deux personnes ne se serrent pas deux fois la main pour se saluer), il ne vous faut pas les diviser par 2, soit :

$$N \times (N - 1)$$

Les formules ici ne trouvent pas à s'appliquer puisque le nombre de poignées de mains entre hommes n'est pas utile et que les femmes ne se font pas deux mais trois bises. Toutefois, vous pouvez partir de ces formules pour bâtir votre raisonnement. Vous savez que les femmes entre elles se font trois bises. La première femme fait trois bises à quatre femmes soit 3 × 4 = 12 bises. La seconde en fait trois à seulement trois femmes puisque la première lui a déjà fait la bise, soit 3 × 3 = 9 bises. De la même manière la troisième en fera six et la quatrième trois. Les femmes entre elles se sont donc faites 12 + 9 + 6 + 3 = 30 bises. De plus, chaque femme fait deux bises à chaque homme soit 5 × 2 × 15 = 150 bises. Ainsi, 30 + 150 = 180 bises échangées.

**Question 20. Réponse C**

Vous observez rapidement qu'il n'existe ni de somme, ni de produit ou encore de soustraction qui permette de passer d'un terme à l'autre. Aussi, vous devez chercher un lien non pas uniquement entre un terme et le précédent, mais entre un terme et les deux précédents. Chaque terme est obtenu en faisant la somme des deux précédents et en retirant quatre. Ainsi 25 = 11 + 18 - 4, 39 = 25 + 18 - 4, 60 = 39 + 25 - 4.
Et si X est le terme recherché, alors :
X = 60 + 39 - 4 ⇔ X = 95

**Question 21. Réponse C**

Nous sommes en présence ici d'une question de raisonnement logique type série double de chiffres. Il s'agit de deux séries de quatre éléments qui se croisent en un point d'interrogation. Vous devez alors trouver l'élément manquant commun aux deux séries.
Dans cet exercice, il suffit d'observer que les nombres de la série verticale sont tous des multiples de 7 tandis que les nombres de la série horizontale sont tous des multiples de 9.
La réponse C est la seule proposition vérifiant ces deux conditions.

**Question 22. Réponse A**

**RAPPEL :**
Soient deux droites (*d*) et (*d'*) d'équations cartésiennes respectives :
$(d) : y = ax + b$
$(d') : y = a'x + b'$
où *a* et *a'* désignent le coefficient directeur (*synonyme de pente*) des droites (*d*) et (*d'*) et *b* et *b'* désignent l'ordonnée à l'origine des droites (*d*) et (*d'*).

**Propriétés :**
- **Deux droites sont parallèles** si et seulement si elles ont le **même coefficient directeur** ;
- **Deux droites sont perpendiculaires** si et seulement **si le produit de leur coefficient directeur vaut -1** (c'est-à-dire $a \times a' = -1$).

Nous cherchons l'équation de la droite $(d_2)$ :
- perpendiculaire à la droite $(d_1)$ d'équation $4x - 5y = -10$ ;
- et qui passe par le point A(2 ; -2).

Par définition, la droite $(d_2)$ a pour équation cartésienne réduite :
$y = ax + b$
où *a* désigne le coefficient directeur (*pente*) de la droite et *b* son ordonnée à l'origine.
Nous chercherons donc par la suite à déterminer les valeurs de *a* et *b* en utilisant les deux informations dont nous disposons sur la droite $(d_2)$.

Interprétons la première information :
Nous savons que la droite $(d_2)$ est perpendiculaire à la droite $(d_1)$ d'équation $4x - 5y = -10$.
D'après le rappel, on peut en déduire que le produit des coefficients directeurs de ces deux droites vaut -1. Pour identifier plus rapidement celui de la droite $(d_1)$

nous allons transformer l'équation de cette droite sous la forme d'une équation cartésienne réduite :

$4x - 5y = -10 \Leftrightarrow 5y = 4x + 10 \Leftrightarrow y = \frac{4}{5}x + 2$

Avec cette équation, on remarque de suite que $(d_1)$ a pour coefficient directeur $\frac{4}{5}$.

Par conséquent, le coefficient directeur $a$ de $(d_2)$ vérifie :

$a \times \frac{4}{5} = -1 \Leftrightarrow a = -\frac{5}{4}$

<u>Interprétons la seconde information</u> :

Le point A(2 ; -2) appartient à la droite $(d_2)$ d'équation $y = -\frac{5}{4}x + b$

On peut donc écrire que :

$y_A = -\frac{5}{4}x_A + b \Leftrightarrow -2 = -\frac{5}{4} \times 2 + b \Leftrightarrow -2 = -\frac{5}{2} + b \Leftrightarrow b = -2 + \frac{5}{2} \Leftrightarrow b = -\frac{4}{2} + \frac{5}{2} \Leftrightarrow b = \frac{1}{2}$

La droite $(d_2)$ a donc pour équation :

$y = -\frac{5}{4}x + \frac{1}{2}$

On remarque que cette équation n'est pas présentée telle quelle dans les propositions de réponse.
En revanche, si on multiplie cette équation par 4 alors on trouve l'expression de la réponse A. En effet :

$y = -\frac{5}{4}x + \frac{1}{2} \Leftrightarrow 4y = -4 \times \frac{5}{4}x + 4 \times \frac{1}{2} \Leftrightarrow 4y = -5x + 2$

### Question 23. Réponse D

**MÉTHODE :**
Déterminer l'extremum (*maximum ou minimum*) d'une fonction :
**1re étape** - Calculer la dérivée de la fonction
**2e étape** - Étudier le signe de la dérivée
**3e étape** - En déduire le tableau de signe de la dérivée et le tableau de variations
**4e étape** - Identifier l'extremum de la fonction
Pour gagner du temps on retiendra que :
Pour un polynôme du second degré de la forme $ax^2 + bx + c$ :

- Si $a > 0$, alors le polynôme atteint son minimum quand $x = -\frac{b}{2a}$ ;
- Si $a < 0$, alors le polynôme atteint son maximum quand $x = -\frac{b}{2a}$.

Nous cherchons le minimum du polynôme $3x^2 - 5x + 4$.

D'après le rappel, on sait que le polynôme atteint cette valeur pour $x = \frac{-(-5)}{2 \times 3} = \frac{5}{6}$.

La valeur minimale prise par ce polynôme vaut donc :

$$3 \times \left(\frac{5}{6}\right)^2 - 5 \times \frac{5}{6} + 4 = 3 \times \frac{25}{36} - \frac{25}{6} + 4 = \cancel{3} \times \frac{25}{12 \times \cancel{3}} - \frac{25 \times 2}{2 \times 6} + 4 \times \frac{12}{12} = \frac{25}{12} - \frac{50}{12} + \frac{48}{12} = \frac{23}{12}$$

**Question 24. Réponse A**

La méthode la plus rapide est de lister l'ensemble des heures sympathiques comprises entre 16 h 00 et 18 h 00. On en dénombre 12 :
16 h 07, 16 h 16, 16 h 25, 16 h 34, 16 h 43, 16 h 52, 17 h 08, 17 h 17, 17 h 26, 17 h 35, 17 h 44 et 17 h 53.

**Question 25. Réponse B**

L'énoncé nous indique que la piscine se vide à un débit de 20 m$^3$ par seconde.
La formule permettant de calculer le volume qui s'écoule de l'écluse chaque seconde est :
V = longueur × largeur × hauteur
Nous connaissons déjà la valeur de la longueur et de la largeur de l'écluse. Nous allons donc chercher la valeur de la hauteur qui permet d'arriver à un volume de 20 m$^3$ par seconde comme indiqué par l'énoncé.
Pour cela, nous allons résoudre l'équation :
V = 20 m$^3$
⇔ longueur × largeur × hauteur = 20
⇔ 100 × 12 × hauteur = 20

$$\Leftrightarrow \text{hauteur} = \frac{20}{100 \times 12}$$

$$\Leftrightarrow \text{hauteur} = \frac{20}{20 \times 5 \times 12}$$

$$\Leftrightarrow \text{hauteur} = \frac{1}{60}\text{ m}$$

$$\Leftrightarrow \text{hauteur} = \frac{10}{6}\text{ cm}$$

⇔ hauteur = 1,666 cm

**Question 26. Réponse B**

Qu'est-ce qu'un « succédané » ?
Du latin « *succedaneus* » voulant dire « remplacer », ce terme désigne un produit qu'on peut substituer à d'autres, comme par exemple les médicaments.

**Question 27. Réponse D**

Quand mettre l'accent sur « ou/où », et comment ne pas l'oublier ?
« Ou » est une conjonction de coordination permettant d'offrir un choix, alors que « où » est un adverbe interrogatif. Petite astuce pour débusquer les éventuels doutes, « ou » peut être associé à « bien » :
- Où vas-tu partir en vacances cet été ?
- Je partirai à la campagne, ou (bien) au bord de la mer.

**Question 28. Réponse B**

Le sociologue Max Weber l'avait théorisé : « l'État a le monopole de la violence légitime », il est le seul à pouvoir légalement user de la force, à emprisonner et à … contraindre. Du latin « *coercere* » voulant dire « contenir », « réprimer », la coercition est le pouvoir officiel de contraindre, pour forcer quelqu'un à agir d'une certaine façon. Les forces de l'ordre sont par exemple chargées de contraindre les manifestants à respecter l'ordre public, parfois par des moyens controversés…

**Question 29. Réponse A**

La seule proposition incorrecte est la première. C'est cool, vous gagnez un temps précieux. En effet, « le procureur veut séparer le motif de l'acte. C'est comme essayer de retirer le trognon d'une pomme sans toucher la pot ». Il faut évidemment écrire « sans toucher la peau ».

**Question 30. Réponse A**

La seule proposition correcte est la $1^{re}$. Nous avons corrigé les autres.

A. Une mouette arrive sur ses petites jambes pour fouiller les poubelles.

B. On apercevait la maison avec ~~ces~~ fenêtres gothiques et ça tour - **ses** fenêtres gothique et **sa** tour.

C. La neige fondue mettait cruellement ~~à nue~~ ses volets écaillés - mettait cruellement **à nu**.

D. Il s'essuyait la figure avec ~~se~~ mouchoir sale - avec **ce** mouchoir sale.

**Question 31. Réponse A**

Les dix lettres que sont UN, DE, TR, QU et CI sont les initiales de 1, 2, 3, 4, 5. Aussi, les deux prochaines lettres seront SI, les initiales de six. Le nombre, lui, est obtenu en soustrayant le rang de la seconde lettre au rang de la première. Ainsi, U étant la $21^{e}$ lettre et N la $14^{e}$, la soustraction du rang de N au rang de U donne 7 (21 - 14 = 7). De même, pour SI : la différence entre le rang de I, $9^{e}$ lettre de l'alphabet, et S, $19^{e}$ lettre de l'alphabet, est 10 (19 - 9 = 10).

**Question 32. Réponse A**

La résolution de cette question exige que vous classiez d'abord les enfants en fonction de leur sexe.

| Garçons | Filles |
|---|---|
| Anton | Brandy |
| Kevin | Deborah |
| Eddy | |

Une fois ce recensement effectué, vous repérez dans l'énoncé que Brandy, la sœur d'Anton, est plus jeune que Kevin, qui est plus vieux que Deborah.
Soit : K > B et K > D

Vous savez également que Deborah ayant un seul frère plus vieux c'est forcément Kevin (puisque K > B). Donc les autres frères de Deborah sont plus jeunes qu'elle.
Soit : D > A et D > E

Vous savez également que Deborah a une sœur plus jeune qui est donc nécessairement Brandy.
Soit : D > B

Mais Eddy, tout en étant le plus jeune frère de la famille, n'est pas le plus jeune des enfants.
Soit : A > E et D > E, en revanche E > B
Soit enfin : K > D > A > E > B
Soit, du plus jeune au plus âgé, Brandy, Eddy, Anton, Deborah et Kevin.

**Question 33. Réponse C**

H : Intra de –1 entre la deuxième et la troisième lettre.
V : Inter Vertical de –2 sur la première lettre.

**Question 34. Réponse D**

Le nombre de côtés au carré doit donner le nombre inscrit au milieu de la figure :
$4^2 = 16$, $6^2 = 36$, $3^2 = 9$

**Question 35. Réponse A**

H : La somme des rangs est toujours égale à 20 (PD : P + D = 16 + 4 = 20 ; GM : G + M = 7 + 13 = 20, etc.).
V : Inter droite gauche avec saut d'une lettre : M, O, Q, S, U.

**Question 36. Réponse B**

L'énoncé vous donne l'aire du rectangle central, 84 mètres carrés. Considérez $l$ et $L$ respectivement la longueur et la largeur de ce rectangle.
$l \times L = 84$
Vous savez que l'aire du troisième couloir est de 50 m².
Soit : $(l + 4)(L + 4) - (l + 2)(L + 2) = 50$
Soit encore :
$l \times L + 4l + 4L + 16 - (l \times L + 2l + 2L + 4) = 50 \Leftrightarrow l \times L + 4l + 4L + 16 - l \times L - 2l - 2L - 4 = 50$
Soit encore : $2l + 2L = 50 - 16 + 4 \Leftrightarrow 2(l + L) = 38$
Donc : $l + L = \frac{38}{2} \Leftrightarrow l + L = 19$
Placez-vous désormais dans le grand rectangle.
Si X l'aire de la surface totale alors :
$X = (l + 8)(L + 8) \Leftrightarrow X = l \times L + 8l + 8L + 64$
Soit encore : $X = l \times L + 8(l + L) + 64$
Or vous avez démontré plus haut que : $l \times L = 84$ et $l + L = 19$
Donc : $X = 84 + 8 \times 19 + 64 \Leftrightarrow X = 300$
Ainsi, la surface totale de la pelouse fait 300 m².

**Question 37. Réponse A**

D'après l'énoncé, si F est le prix d'une fixation et S celui d'une paire de skis :

$S + F = 150$ et $S = 100 + F$

En remplaçant S par 100 + F dans la première équation :

$100 + F + F = 150 \Leftrightarrow 2F = 150 - 100$

Soit : $2F = 50 \Leftrightarrow F = \frac{50}{2}$

Soit enfin : $F = 25$

Donc : $S = 100 + F \Leftrightarrow S = 100 + 25$

Soit enfin : $S = 125$

**Question 38. Réponse B**

**RAPPEL :**

**Le partage du temps de travail**

Pour connaître le temps T que vont mettre N personnes ensemble pour réaliser une tâche, un travail, il vous faut appliquer la formule suivante :

$$\frac{1}{T} = \sum_{k=1}^{N} \frac{1}{T} = \frac{1}{T_1} + \frac{1}{T_2} + \ldots + \frac{1}{T_N}$$

Avec $T_1, T_2, \ldots, T_N$ les temps respectifs mis par les N personnes pour réaliser ce même travail seules.

En l'occurrence, les employés des sociétés Wash-it et Clean-up mettent respectivement 1 heure et 90 minutes (soit 1,5 heure) pour nettoyer un amphithéâtre complet.

$$\frac{1}{T} = \frac{1}{\text{Temps mis par Wash-it}} + \frac{1}{\text{Temps mis par Clean-up}} \Leftrightarrow \frac{1}{T} = \frac{1}{1} + \frac{1}{1,5}$$

Soit : $\frac{1}{T} = \frac{1 \times 1,5}{1 \times 1,5} + \frac{1}{1,5} \Leftrightarrow \frac{1}{T} = \frac{2,5}{1,5}$

Soit : $2,5T = 1,5 \Leftrightarrow \frac{15}{25} = \frac{5 \times 3}{5 \times 5} = \frac{3}{5}$

Vous savez évidemment que $\frac{1}{5}$ d'heure représente 12 minutes et que par conséquent $\frac{3}{5}$ d'heure représentent 36 minutes.

**Question 39. Réponse D**

Pour cette question de géométrie, nous vous conseillons de dessiner la figure, tout sera beaucoup plus clair :

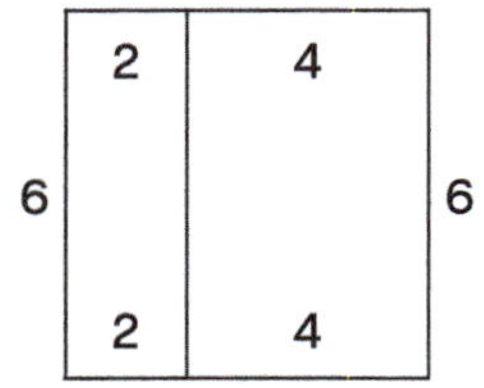

On sait tout d'abord que le périmètre du carré est de 24 cm, soit que chaque côté fait 6 cm. On découpe ce carré en 2 rectangles, dont la longueur est forcément de 6 cm également. On sait que l'un des deux rectangles a pour périmètre 20 cm. Ayant une longueur égale à 6 cm, on en déduit que sa largeur vaut 4 cm. Le côté du carré faisant toujours 6 cm, la largeur de l'autre rectangle est donc de 6 - 4 = 2 cm, et son périmètre de 2 × 6 + 2 × 2 = 16 cm.

**Question 40. Réponse A**

Attention à ne pas répondre 1 € sans réfléchir ! En effet, en testant les réponses, ce qui est la première méthode de résolution, vous trouvez que si le pot coûte 1 € et la plante 19 € de plus, alors elle coûtera 19 + 1 = 20 et le total sera de 20 + 1 = 21 €.

L'équation donnée par l'énoncé, en notant $x$ le prix du pot en céramique, est :
$x + (19 + x) = 20$
En effet, la plante coûte $19 + x$. Après calcul vous trouvez :
$19 + 2x = 20$, soit $2x = 1$ et $x = 0{,}5$ €.

**Question 41. Réponse C**

En français, l'accord des couleurs est loin d'être simple. Lorsque la couleur est un adjectif, il s'accorde en genre et en nombre avec le nom. Ex. : « Des souris vertes ». Là où ça commence sérieusement à se compliquer, c'est lorsque l'adjectif en question est un nom commun qui est pris adjectivement. En gros, l'adjectif est aussi un nom. À ce moment-là, la couleur est invariable. Ex. : Des yeux marron (de la couleur du marron). Dans cette question, la seule proposition incorrecte est la 3e. « Ces chaussettes rouge**s** sont celles des cardinaux ».

**Question 42. Réponse D**

En rhétorique, un oxymore (ou oxymoron), est une figure de style qui vise à rapprocher deux termes que leurs sens devraient éloigner, dans une formule en apparence contradictoire. Exemple : « une obscure clarté », « l'orgueilleuse faiblesse » ou encore « un silence éloquent ». Dans cette question, l'oxymore se trouve dans la 4e proposition « Elle se hâtait avec lenteur », une citation extraite du « Lièvre et de la Tortue » de Jean de la Fontaine.

**Question 43. Réponse D**

« Trivial » signifie qui par sa fréquence est devenu banal, ordinaire, n'a plus aucune originalité. Il fallait donc cocher la 4e proposition « Commun, ordinaire ».

**Question 44. Réponse A**

Petit rappel : qu'est-ce qu'un pléonasme ? Il s'agit d'une figure de style où l'expression d'une idée est soit renforcée soit précisée par l'ajout d'un ou plusieurs mots qui ne sont pas nécessaires au sens grammatical de la phrase, et qui sont synonymes, exemple : « monter en haut ». Les trois dernières réponses sont des pléonasmes, dans le sens où l'ajout d'une indication comme « recule en arrière », « (...) faire construire une maison neuve... » ou « se réunissent [...] ensemble » est inutile et ne change pas le sens de la phrase.

**Question 45. Réponse D**

Beaucoup de fautes d'accord, mais pas que, dans ces réponses. L'œil acéré de l'étudiant préparé saura les repérer sans difficulté. Corrigeons ensemble les différentes réponses possibles :

A. « Il avait gagné... » : le participe passé du passé composé de l'indicatif ne s'accorde pas avec l'auxiliaire avoir ;

B. « (...) une association fondée... » : penser à bien accorder en genre le participe passé « fondé » ;

C. « Les brevets (...) portaient... » : penser à bien accorder en nombre le verbe « porter ».

# ANGLAIS

# PRÉSENTATION DE L'ÉPREUVE

L'épreuve de langues comprend 2 langues vivantes obligatoires dont l'anglais et dure 2 heures. La structure et la durée sont les mêmes pour chacune des deux langues : 40 QCM à résoudre en 1 heure.

Quant au barème, il est le même que pour les épreuves de Raisonnement et Compétences et d'Enjeux contemporains : +1 si bonne réponse, 0 si mauvaise réponse ou pas de réponse donnée par le candidat.

**Méthodologie**

Le QCM de Langue, teste « tous azimuts » (mais de façon assez sélective en quarante questions) vos connaissances grammaticales et lexicales. Largement diversifiées, les questions tiennent parfois de l'idiomatique pur. Reste qu'il y a, d'année en année, ce que l'on peut appeler des « constantes », souvent des structures de base, ou pas loin, quasi « incontournables », de même que des points récurrents. Ce sont ces structures que nous avons mis en avant dans les entraînements à venir, et ce sont ces structures que vous devez absolument travailler en priorité.

**À savoir !**

Près d'un quart des questions portent sur des problèmes de lexique : il s'agit de tester le candidat sur des erreurs très récurrentes - qui jouent le plus souvent sur des problèmes d'homophonie, des sons similaires -, bien connues de tout concepteur. Un effort de mémorisation, et le tour est joué !

Une part non négligeable (presque 15 %) concerne les « prépositions » (verbes à particule, expressions ou verbes prépositionnels), où là encore une mémorisation assidue se révèle nécessaire.

Le plus grand poids cumulé (près de 2 sur 5 !) concerne le groupe verbal : les temps (et les « concordances »), tout ce qui concerne les modaux et expressions modalisantes, ainsi que la construction de certains verbes. Un travail de fond, point par point, va se révéler essentiel.

Au fil des 6 sujets d'entraînement à venir, vous allez devoir faire des fiches et apprendre du vocabulaire par cœur. Un travail consciencieux et minutieux vous attend. Bon courage !

1

# TEST 1
# ÉNONCÉS

**40 QUESTIONS - 1 HEURE**

### Question 1

It's high time we ... a break. I can't ... the heat any longer.

- ☐ (A) have / stand
- ☐ (B) had / hold
- ☐ (C) had / stand
- ☐ (D) have / bore

### Question 2

How long is it since you ... to your cousin who lives in the south of Spain?

- ☐ (A) speak
- ☐ (B) spoke
- ☐ (C) have spoken
- ☐ (D) had spoken

### Question 3

In many ... the ... has an impact on people's political opinions.

- ☐ (A) consumer societies / cost of living
- ☐ (B) consumption societies / cost of life
- ☐ (C) consumer societies / cost of life
- ☐ (D) consumption societies / cost of living

### Question 4

It was really noisy in the car so my brother told his children to stop ...

- ☐ (A) to shout
- ☐ (B) shouting
- ☐ (C) injuring
- ☐ (D) to injure

### Question 5

The policeman attempted to ... the embassy wall.

- ☐ (A) prevent the protester from climbing
- ☐ (B) prevent the protester to climb
- ☐ (C) prevent the protester from clims
- ☐ (D) prevent the protester to climbing

### Question 6

He ... the soccer club which was set up ... .

- ☐ (A) belongs to / since 10 years
- ☐ (B) is belonging to / for 10 years
- ☐ (C) belongs to / 10 years ago
- ☐ (D) is belonging to / 10 years ago

### Question 7

By this time next year, I ... in this country for more than fifteen years.

- ☐ (A) have lived
- ☐ (B) will live
- ☐ (C) will have lived
- ☐ (D) would live

### Question 8

Although the job centre gave me some ... I found a lot more ... on the Internet.

- ☐ (A) advice / informations
- ☐ (B) advises / informations
- ☐ (C) advice / information
- ☐ (D) advices / information

### Question 9

Because I had left my mobile phone at home I ... ask my brother to bring it to school.

- ☐ (A) had to
- ☐ (B) must
- ☐ (C) should
- ☐ (D) should have

1

### Question 10

As the mobile phone industry is booming, many companies have decided to ...

- ☐ (A) take the bandwagon
- ☐ (B) take the moving train
- ☐ (C) jump on the train
- ☐ (D) jump on the bandwagon

### Question 11

Most people ... upset when they received her email. However, when he read it he ... reacted.

- ☐ (A) fell / hardly
- ☐ (B) felt / hard
- ☐ (C) fell / hard
- ☐ (D) felt / hardly

### Question 12

My sister works in a zoo so she ... dangerous animals.

- ☐ (A) was used feeding
- ☐ (B) is used to feeding
- ☐ (C) is used to feed
- ☐ (D) has the habit to feed

### Question 13

My boss said, "Can you ... why we have ... paper for the printer"?

- ☐ (A) explain me / run out of
- ☐ (B) explain to me / run out
- ☐ (C) explain to me / run out of
- ☐ (D) explain me / not

### Question 14

The cost of raw materials has increased dramatically. Therefore many manufacturers have decided to ... their prices.

- ☐ (A) higher
- ☐ (B) rise
- ☐ (C) grow up
- ☐ (D) raise

### Question 15

When he ... enough money, he ... to buy a new car.

- ☐ (A) earns / will be able
- ☐ (B) will earn / will be able
- ☐ (C) earns / be able
- ☐ (D) will earn / be able

### Question 16

Whether you are accepted in this university depends ... the ... you obtain.

- ☐ (A) on / graduation
- ☐ (B) of / notes
- ☐ (C) of / average
- ☐ (D) on / marks

### Question 17

Many ... like to ... the films they have recently seen at the cinema.

- ☐ (A) young people / discuss about
- ☐ (B) youngs / discuss
- ☐ (C) young people / discuss
- ☐ (D) youngs / talk about

### Question 18

He really wanted to go to Ibiza so he ... his uncle and aunt.

- ☐ (A) borrowed some money to
- ☐ (B) borrowed some money from
- ☐ (C) borrowed some money of
- ☐ (D) borrowed some money at

### Question 19

... for being late, he ... .

- ☐ (A) Had he apologized / would not have been punished
- ☐ (B) Was he apologize / would not have been punished
- ☐ (C) He apologizes / didn't punish
- ☐ (D) Had he apologized / had been punished

1

### Question 20

Susan: "Do you think it's going to rain tomorrow?"
Jack: ...

- ☐ (A) "I have the slightest idea!"
- ☐ (B) "I don't know nothing!"
- ☐ (C) "I haven't got a clue!"
- ☐ (D) "I don't have an idea!"

### Question 21

Hardly had he seen the dog ... away.

- ☐ (A) when he ran
- ☐ (B) when he runs
- ☐ (C) than he ran
- ☐ (D) he runs

### Question 22

"Charles, what are you doing with that bucket of water?"
" ... wash my car."

- ☐ (A) I will
- ☐ (B) I'm going to
- ☐ (C) I'm going
- ☐ (D) I

### Question 23

John: "How many people were you able to count at that enormous beach party?"
Peter: "There were ... participants."

- ☐ (A) severals hundreds
- ☐ (B) two hundreds
- ☐ (C) hundreds of
- ☐ (D) some hundreds of

### Question 24

It was really kind of Kate to have helped us out. ...

- ☐ (A) She didn't have.
- ☐ (B) She needn't have to.
- ☐ (C) She needn't have.
- ☐ (D) She needn't to.

## Question 25

When the envelope arrived with my school results and I opened it, … .

- ☐ (A) I wished I had worked harder
- ☐ (B) I wish I worked harder
- ☐ (C) I wish I work harder
- ☐ (D) I wish I only had work harder

## Question 26

After a 10-mile walk, he was extremely tired and had difficulty keeping up …

- ☐ (A) with the others hikers
- ☐ (B) with the resting hikers
- ☐ (C) with the other hikers
- ☐ (D) with them others

## Question 27

… so much that he wasn't able to sleep well at night.

- ☐ (A) He was her missing
- ☐ (B) She missed to him
- ☐ (C) She him missed
- ☐ (D) He missed her

## Question 28

When the group arrived at the concert hall, the orchestra … .

- ☐ (A) has begun to play
- ☐ (B) began play
- ☐ (C) begun playing
- ☐ (D) had begun to play

## Question 29

The author … book had been translated into ten languages was … to criticism and often cried.

- ☐ (A) whose / sensible
- ☐ (B) which / sensitive
- ☐ (C) whose / sensitive
- ☐ (D) which / sensible

### Question 30

He ... for 6 hours without having a single break. He deserves a medal.

- ☐ (A) works
- ☐ (B) has been working
- ☐ (C) is working
- ☐ (D) has been produced

Each of the following questions is a sentence with a word or phrase underlined. Below each sentence are four choices and you should select the one that has the closest meaning to the underlined word or phrase.

### Question 31

The company's latest advertisement is designed to grab the attention of the customer with its bright colours and originality.

- ☐ (A) pick up
- ☐ (B) seize
- ☐ (C) swap
- ☐ (D) restore

### Question 32

The government has asked the media to play down reports of the latest outb-eak of bird flu in order to avoid a national health scare.

- ☐ (A) refute
- ☐ (B) underline
- ☐ (C) minimize
- ☐ (D) criticize

### Question 33

The new president of the company's European division is renowned for being a hard-nosed business-man.

- ☐ (A) visionary
- ☐ (B) hard to please
- ☐ (C) curious
- ☐ (D) determined

### Question 34

How can you claim to be an environmentally-friendly factory when you don't even recycle any of your waste or by-products?

☐ (A) attempt
☐ (B) profess
☐ (C) intend
☐ (D) aim

### Question 35

The sense of injustice amongst the employees was deeply felt after it was announced there would be no pay-rise this year.

☐ (A) acute
☐ (B) superficial
☐ (C) coherent
☐ (D) expected

### Question 36

After getting herself into a bit of a tight spot financially, she had to borrow money from her parents to meet this month's mortgage repayment.

☐ (A) windfall
☐ (B) lucky break
☐ (C) turning point
☐ (D) predicament

### Question 37

A university student has to learn how to cope with many things, such as his workload, exams, finances, part-time job and a busy social life.

☐ (A) focus on
☐ (B) handle
☐ (C) overlook
☐ (D) delegate

### Question 38

I'm just in a meeting with somebody but will be free in a few minutes, so if you could just bear with me as I won't be very long.

- ☐ (A) go away
- ☐ (B) be patient
- ☐ (C) support me
- ☐ (D) stay with me

### Question 39

I'm very partial to a glass of red wine with my meals because I always find it complements the food very well.

- ☐ (A) fond of
- ☐ (B) improved by
- ☐ (C) fulfilled by
- ☐ (D) boosted by

### Question 40

It is advisable to get estimates from as many suppliers as you can before contracting someone to do the job.

- ☐ (A) viewpoints
- ☐ (B) consultations
- ☐ (C) opinions
- ☐ (D) prices

# TEST 1
# CORRIGÉS

**Question 1. Réponse C**

*It's high time we **had** a break. I can't **stand** the heat any longer.*
Il est grand temps que nous fassions une pause. Je ne peux plus supporter la chaleur.
→ L'expression it's high time... appelle le **preterit**. A et D ne conviennent donc pas.
→ I can't bore est un barbarisme.

**Question 2. Réponse B**

*How long is it since you **spoke** to your cousin who lives in Spain?*
Depuis combien de temps n'as tu pas parlé à ton cousin qui vit en Espagne ?
→ L'adverbe since appelle le **preterit** puisqu'il définit un point fixe dans le passé.

**Question 3. Réponse A**

*In many **consumer societies** the **cost of living** has an impact on people's political opinions.*
Dans de nombreuses sociétés de consommation, le coût de la vie a un impact sur les opinions politiques des personnes.
→ L'expression « la société de consommation » se traduit en anglais de façon idiomatique par the consumer society. B et D ne conviennent donc pas.
→ De même, « le coût de la vie » se traduit par the cost of living.
Toutes ces constructions idiomatiques ne peuvent pas s'inventer et c'est pour cela que vous devrez les apprendre pour ne pas être surpris le jour de l'épreuve.

**Question 4. Réponse B**

*It was really noisy in the car so my brother told his children to stop **shouting**.*
Il y avait beaucoup de bruit dans la voiture, mon frère a donc dit à ses enfants d'arrêter de hurler.
→ Stop se construit avec une **forme progressive** en **ING** quand il signifie cesser de faire quelque chose. B et D ne conviennent donc pas.
→ To injure est un **faux-ami** et signifie « blesser ».

**Question 5. Réponse A**

*The policeman attempted to **prevent the protester from climbing** the embassy wall.*
Le policier tenta d'empêcher le manifestant d'escalader le mur de l'ambassade.
→ to prevent someone FROM + ING

**Question 6. Réponse C**

*He **belongs to** the soccer club which was set up **10 years ago**.*
Il appartient au club de football qui a été créé il y a 10 ans.

→ To belong TO est **incompatible** avec la forme en **ING**. B et D ne conviennent donc pas.

→ Since intervient dans une construction mettant en jeu **un point fixe dans le passé**, or, *10 years* est un **intervalle de temps**, non pas un point.

**Question 7. Réponse C**

*By this time next year, I **will have lived** in this country for more than fifteen years.*
À cette date l'année prochaine, j'aurai vécu dans ce pays depuis plus de quinze ans.

→ *By this time next year* appelle un **futur antérieur**.

**Question 8. Réponse C**

*Although the job center gave me some **advice** I found a lot more **information** on the Internet.*
Bien que le Pôle Emploi m'ait donné quelques conseils, j'ai trouvé bien plus d'informations sur internet.

→ Advice et information sont tous les deux des **indénombrables**, au même titre que *money, water, luggage, furniture...*

Attention, indénombrable signifie également toujours singulier, ce qui n'est pas toujours évident.
Ex. : *My luggage **IS** in the car;* qui signifie bien « Mes bagages sont dans la voiture ».

Pour dire une information ou un conseil on utilisera a piece of :
*He gave me **a piece of advice**.* Il m'a donné un conseil.
De même, « Il ne reste plus qu'un meuble dans la pièce » se traduit :
*There is only one piece of furniture left in the room.*

NB : le nom "advise" n'existe pas, cependant, le verbe to advise existe, et signifie « conseiller ».

**Question 9. Réponse A**

*Because I had left my mobile phone at home I **had to** ask my brother to bring it to school.*
Puisque j'avais oublié mon téléphone portable à la maison, j'ai dû demander à mon frère de l'amener à l'école.

→ "Must" n'ayant **pas de forme passée**, on utilise have to à la place.

**Question 10. Réponse D**

*As the mobile phone industry is booming, many companies have decided to **jump on the bandwagon**.*
Comme l'industrie du téléphone portable explose, de nombreuses entreprises ont décidé de prendre le train en marche.
On essaye ici de vous tester sur le vocabulaire, sachez que l'expression française **« prendre le train en marche »** se traduit en anglais par l'expression idiomatique jump on the bandwagon.

**Question 11. Réponse D**

*Most people **felt** upset when they received her email. However, when he read it he **hardly** reacted.*

La plupart se sont sentis contrariés quand ils ont reçu son mail. Cependant, quand il le lut, il réagit à peine.

→ Le préterit de "to feel" est felt, non pas "fell". A et C ne conviennent pas.

→ "He hardly reacted" est correct et signifie, « il réagit à peine ». "He hard reacted" ne veut rien dire.

NB : Hardly ne signifie en aucun cas *durement* mais toujours ***à peine***.

**Question 12. Réponse B**

*My sister works in a zoo so she **is used to feeding** dangerous animals.*

Ma sœur travaille dans un zoo, elle a donc l'habitude de nourrir de dangereux animaux.

L'expression française « avoir l'habitude de » se traduit en anglais par l'expression idiomatique to be used to **+ ING**.

**Question 13. Réponse B**

*My boss said, "Can you **explain to me** why we have **run out of** paper for the printer?"*

Mon patron dit « Peux-tu m'expliquer pourquoi nous sommes arrivés à court de papier pour l'imprimante ? »

→ « Expliquer à qqun » se traduit to explain TO someone. Les réponses A et D ne conviennent pas.

→ « Être à cours de qqch » se traduit to run out OF smth.

**Question 14. Réponse D**

*The cost of raw materials has increased dramatically. Therefore many manufacturers have decided to **raise** their prices.*

Le coût des matières premières a augmenté de façon spectaculaire. De nombreux constructeurs ont ainsi décidé d'augmenter leurs prix.

→ Higher n'est pas un verbe mais un adjectif comparatif.

→ To rise signifie « ***s'élever*** », non pas « élever, augmenter ».

→ To grow up signifie « ***grandir*** ».

→ To raise signifie effectivement « ***élever, augmenter qque chose*** ».

**Question 15. Réponse A**

*When he **earns** enough money, he **will be able** to buy a new car.*

Quand il aura gagné assez d'argent, il pourra s'acheter une voiture.

Dans une subordonnée introduite par "when", le verbe doit être au présent.

**Question 16. Réponse D**

*Whether you are accepted in this university depends **on** the **marks** you obtain.*

Ton admission dans cette université dépend des notes que tu obtiens.

→ L'expression française « dépendre de » se traduit en anglais par to depend ON. B et C ne conviennent donc pas.

→ Pour désigner les notes obtenues à un examen, on utilise le nom marks (singulier : mark)

NB : graduation désigne l'obtention d'un diplôme.
Note ne désigne pas une note dans son acception scolaire, mais un billet.
Average signifie bien « moyenne ».

**Question 17. Réponse C**

*Many **young people** like to **discuss** the films they have recently seen at the cinema.*
De nombreux jeunes gens aiment discuter des films qu'ils ont vu récemment au cinéma.

→ Le mot "youngs" est un barbarisme et n'existe pas. Pour désigner de jeunes gens, on utilise young people ou youngsters, ce qui élimine les réponses B et D.
→ Le verbe to discuss s'utilise en outre **sans préposition**.

**Question 18. Réponse B**

*He really wanted to go to Ibiza so he **borrowed some money from** his uncle and aunt.*
Il voulait vraiment aller à Ibiza, il emprunta donc de l'argent à ses oncle et tante.

→ « Emprunter qqch à qqun » se traduit par to borrow smth FROM someone

**Question 19. Réponse A**

***Had he apologized** for being late, he **would not have been punished**.*
S'il s'était excusé pour son retard, il n'aurait pas été puni.

→ Had he apologized est équivalent à "If he had apologized", qui appelle "would".

**Question 20. Réponse C**

*Susan: "Do you think it's going to rain tomorrow?"*
*Jack: **"I haven't got a clue!"***
Susan : « Penses-tu qu'il va pleuvoir demain ? »
Jack : « Je n'en ai aucune idée ! »

→ "I have the slightest idea!" signifie « J'ai la moindre idée », et ne colle pas au contexte ici, en plus d'être une tournure maladroite.
→ "I don't know nothing!" est un **double négatif**, donc grammaticalement incorrect.
→ "I don't have an idea!" est une traduction **mot-à-mot** de l'expression française « je n'en ai aucune idée », l'expression idiomatique correcte est I have no idea!, on retrouve également très souvent I haven't got a clue!.

**Question 21. Réponse A**

*Hardly had he seen the dog **when he ran** away.*
Il avait à peine vu le chien lorsqu'il (celui-ci) s'enfuit.

→ Ici, on doit appliquer la concordance des temps. Le preterit est utilisé dans la proposition principale (**had**), c'est donc le preterit que l'on doit choisir dans la proposition subordonnée. B et D ne conviennent pas, puisqu'elles font intervenir le présent.
→ La réponse C constitue un non-sens syntaxique, la réponse A est donc la bonne réponse.

**Question 22. Réponse B**

*"Charles, what are you doing with that bucket of water?"*
*"**I'm going to** wash my car."*
« Charles, que faites-vous avec ce seau d'eau ?
- Je vais laver ma voiture. »

Le concepteur essaie ici de tester votre connaissance de la construction du futur comprenant une idée d'intention. Celui-ci se construit comme suit : to be going TO + INF.

**Question 23. Réponse C**

*John: "How many people were you able to count at that enormous beach party?"*
*Peter: "There were **hundreds of** participants."*
John : « Combien de gens as-tu pu compter à cette énorme fête sur la plage ? »
Peter : « Il y avait plusieurs centaines/deux cents/des centaines/quelques centaines de participants. »

Pour répondre à cette question, il suffit de bien connaître les règles portant sur la numération en anglais.
On peut éliminer d'office la réponse A, puisque several, qui est un adverbe, est **invariable**, et ne prend donc **jamais de s**.
La réponse B est alléchante, mais on sait que lorsque que hundred est utilisé dans l'écriture d'un nombre, il est lui aussi **invariable**.
Ex. : « trois cent mille huit cent trente-quatre » s'écrit *three hundred thousand eight hundred thirty-four*.
La formation avec some, bien que rare et peu habile existe, mais au même titre que pour A et B, hundred, est **invariable** dans ce cas également.
Il nous reste donc la réponse C, correcte, signifiant « des centaines de ».

**Question 24. Réponse B**

*It was really kind of Kate to have helped us out. **She needn't have to**.*
C'était très aimable de la part de Kate de nous avoir aidé. Elle n'était pas obligée.

Il s'agit de signifier ici que, bien que Kate ait prêté main forte au locuteur, cela n'était pas nécessaire.
Il manque à la réponse A une petite préposition qui l'aurait rendue correcte. En effet, on aurait pu écrire She didn't have TO, qui était correct et très naturel.
La réponse C est grammaticalement bonne, cependant, need not dénote plutôt un devoir moral. On le traduirait ici par « Elle ne le devait pas ».
La proposition D n'est pas grammaticalement correcte, on écrirait plutôt : She didn't need to.
Il nous reste donc la réponse B, qui est la bonne, et signifie « Elle n'y était pas obligée ».

**Question 25. Réponse A**

*When the envelope arrived with my school results and I opened it, **I wished I had worked harder.***
Quand l'enveloppe contenant mes résultats scolaires arriva, et que je l'ouvris, je regrettai de ne pas avoir travaillé plus dur.

Sous l'angle de la concordance des temps, on peut déjà affirmer que la réponse A est la seule correcte, en effet, la proposition subordonnée étant au preterit, la principale doit l'être aussi.
Cette question est cependant propice à un petit point de grammaire sur l'emploi de wish.
On utilise wish avec le **subjonctif passé.**
Ex. : I wish I were with you, qui signifie « Je regrette de ne pas être avec toi/Si seulement j'étais avec toi ».
On note l'emploi du subjonctif passé **were**, et non du preterit **was**.
Et on peut bien évidemment faire concorder les temps. En conjuguant wish au preterit plutôt qu'au présent, on obtient I wished I had been with you : « Je regrettai de ne pas avoir été avec toi », had been with you étant un subjonctif plus-que-parfait.

**Question 26. Réponse C**

*After a 10-mile walk he was extremely tired and had difficulty keeping up* ***with the other hikers.***
Après une marche de plus de 15 kilomètres, il était extrêmement fatigué et avait du mal à suivre les autres randonneurs.

La réponse A comporte une énormité qu'on retrouve malheureusement trop souvent chez les candidats. On ne le redira jamais assez, en anglais, other est **invariable**, tout comme les autres adverbes, ET TOUS LES ADJECTIFS ! Donc, pas de s. Exit la proposition A.
La réponse B est une tentative de déstabilisation de la part du correcteur. "**Resting**" ne veut pas du tout dire « restant », comme on aimerait vous le faire croire, en effet to rest signifie « se reposer », the resting hikers signifie donc « les randonneurs qui se reposent ».
La proposition C est alors la seule bonne réponse, puisque la D est grammaticalement incorrecte (on écrirait : with the others).

**Question 27. Réponse D**

***He missed her*** *so much that he wasn't able to sleep well at night.*
Elle lui manquait tellement qu'il n'arrivait pas à bien dormir la nuit.

On vous teste ici sur la construction de miss, qui se construit différemment du français. En effet, « X manque à Y » se traduit "**Y misses X**".
Ainsi, « Elle lui manquait » se traduira "**He missed her**".

**Question 28. Réponse D**

*When the group arrived at the concert hall, the orchestra* ***had begun to play.***
Quand le groupe arriva à la salle de concert, l'orchestre commença/avait commencé à jouer.

On commence, comme à l'accoutumée, par éliminer les aberrations grammaticales, en l'occurrence, les réponses A et B. A ne respecte pas la concordance des temps, puisque le present perfect y est utilisé, là où on devrait trouver un preterit ou un past perfect. Dans le cas de B, c'est encore plus

évident, puisque nous savons que begin se construit soit avec **TO + INF**, soit avec une forme en **ING**.
Ce qui nous laisse les propositions C et D.
La réponse C est fausse puisqu'elle tente de conjuguer le verbe begin au prétérit, et échoue, puisque le verbe donne began à ce temps.

**Question 29. Réponse C**

*The author* ***whose*** *book had been translated into ten languages was* ***sensitive*** *to criticism and often cried.*
L'auteur dont le livre avait été traduit dans dix langues était sensible à la critique et pleurait souvent.

Pour indiquer un rapport de possession entre le sujet de la principale et celui de la subordonnée, on utilise le pronom whose, ce qui élimine déjà les réponses B et D.
La différenciation entre A et C se fera sur les connaissances en vocabulaire.
Sensible signifie « sensé », et non « sensible ».
Pour dire « sensible », on utilise en anglais le mot sensitive.

**Question 30. Réponse B**

*He* ***has been working*** *for 6 hours without having a single break. He deserves a medal.*
Il a travaillé pendant 6 heures sans prendre une seule pause. Il mérite une médaille.

Avec une indication temporelle comme FOR 6 hours, il faut utiliser le **present perfect** dans sa forme progressive, en effet, le sujet est toujours en train de travailler, et il l'a fait sans interruption.

**Question 31. Réponse B**

grab = seize
(A) pick up = gather
(C) swap = switch/change
(D) restore = renew/rebuild

**Question 32. Réponse C**

play down = minimize
(A) refute = deny/refuse
(B) underline = stress/highlight/emphasize/focus on
(D) criticize = condemn/disapprove of/blame for

**Question 33. Réponse B**

hard-nosed = hard to please
(A) visionary = innovative/creative
(C) curious = interested
(D) determined = decided

1

**Question 34. Réponse B**

claim = profess
(A) attempt = try
(C) intend = mean
(D) aim = goal/aim/purpose

**Question 35. Réponse A**

felt = acute
(B) superficial = shallow
(C) coherent = consistent
(D) expected = hoped

**Question 36. Réponse D**

bit of a tight spot financially = predicament
(A) windfall = boon/bonanza/stroke of luck
(B) lucky break = luck
(C) turning point = landmark/milestone

**Question 37. Réponse B**

cope with = handle
(A) focus on = emphasize/highlight/stress
(C) overlook = underestimate/neglect
(D) delegate = commission/empower

**Question 38. Réponse B**

bear = be patient
(A) go away = leave
(C) support me = help me/defend me/back me up
(D) stay with me = hang about

**Question 39. Réponse A**

partial to = fond of
(B) improved by = enhanced by
(C) fulfilled by = satisfied with
(D) boosted by = raised by/amplified by

**Question 40. Réponse D**

estimates = prices
(A) viewpoints = opinions
(B) consultations = debates
(C) opinions = viewpoints

# TEST 2
# ÉNONCÉS

## 40 QUESTIONS - 1 HEURE

### Question 1

It ... to reason for people not to spend more money than they earn, but many still end up in debt.

- ☐ (A) holds
- ☐ (B) seems
- ☐ (C) makes
- ☐ (D) stands

### Question 2

The arbitrator tried to set ... an early meeting with both parties in order to establish the potential grounds for an agreement.

- ☐ (A) out
- ☐ (B) up
- ☐ (C) off
- ☐ (D) against

### Question 3

The Energy Company plans to make money ... taking ... pipelines.

- ☐ (A) to ... apart
- ☐ (B) from ... to
- ☐ (C) by ... apart
- ☐ (D) to ... off

### Question 4

There were many chaotic events which led to his ... .

- ☐ (A) downturn
- ☐ (B) downsize
- ☐ (C) downfall
- ☐ (D) downmost

2

### Question 5

... the right location for an outlet is often the key to success for new retail businesses.

- ☐ (A) Choosing
- ☐ (B) Choice
- ☐ (C) Chose
- ☐ (D) Choose

### Question 6

We undertake a relatively long interview procedure, with a short first interview followed by three more ... sessions each lasting half a day.

- ☐ (A) deep
- ☐ (B) deepen
- ☐ (C) deeply
- ☐ (D) in-depth

### Question 7

Feedback from the stress management workshop shows that the participants found it ... interesting and informative.

- ☐ (A) nor
- ☐ (B) but
- ☐ (C) either
- ☐ (D) both

### Question 8

The trees, which have been in the company's grounds for sixty years, had been damaged in the recent storm and had to be ... .

- ☐ (A) fallen
- ☐ (B) felled
- ☐ (C) failed
- ☐ (D) fueled

### Question 9

It's understood the item used to inflict pain ... at the scene.

- ☐ (A) finds
- ☐ (B) will find
- ☐ (C) was found
- ☐ (D) was finding

### Question 10

The recent study has revealed that many ... of our new range of computers are bought by the under thirties than used to be the case.

- ☐ (A) lesser
- ☐ (B) fewer
- ☐ (C) few
- ☐ (D) most

### Question 11

The debate was fiercely contested and by the end of the speeches neither side could be said to have gained an upper ... .

- ☐ (A) class
- ☐ (B) hand
- ☐ (C) ground
- ☐ (D) most

### Question 12

This actress is releasing a book of her own selfies because her existence is ... .

- ☐ (A) meatless
- ☐ (B) meaning
- ☐ (C) mind
- ☐ (D) meaningless

### Question 13

The story generated ... attention for a period of time.

- ☐ (A) mastiff
- ☐ (B) master
- ☐ (C) massive
- ☐ (D) mast

### Question 14

Conference delegates had come both from neighbouring European states such as Spain and Italy as well as countries much further ... such as South Africa and Mexico.

- ☐ (A) afield
- ☐ (B) adrift
- ☐ (C) awry
- ☐ (D) afar

### Question 15

This town has emerged as the unofficial capital ... refugees.

- ☐ (A) from
- ☐ (B) for
- ☐ (C) back
- ☐ (D) by

### Question 16

After six months of searching for a new director of marketing, Sading Electronics has successfully ... Jake Westernce from Dalbey Inc.

- ☐ (A) fetched
- ☐ (B) preached
- ☐ (C) submitted
- ☐ (D) poached

### Question 17

After a series of delays, the Majestic Hotel's new spa and fitness center has now ... been opened.

- ☐ (A) variably
- ☐ (B) officially
- ☐ (C) successively
- ☐ (D) steadily

### Question 18

When the company got into difficulty, it handed out ... notices to most of the staff with less than three years seniority in order to reduce numbers.

- ☐ (A) redaction
- ☐ (B) retraction
- ☐ (C) redecoration
- ☐ (D) redundancy

### Question 19

In his current campaign, the senator for Nebraska ... on an environmental platform.

- ☐ (A) is running
- ☐ (B) running
- ☐ (C) should be run
- ☐ (D) has running

### Question 20

Michael Milhouse is one of this country's most talented entrepreneurs and, having taken over the failing Isix Industries, has turned it into a ... concern in just six months.

- ☐ (A) succeeding
- ☐ (B) running
- ☐ (C) standing
- ☐ (D) going

### Question 21

The long working hours are taking their ... on the staff and we are seeing increasing numbers of people phoning in sick.

- ☐ (A) toll
- ☐ (B) sprain
- ☐ (C) break
- ☐ (D) force

### Question 22

Stock market regulators have called ... greater transparency in order to restore investor confidence.

- ☐ (A) by
- ☐ (B) at
- ☐ (C) out
- ☐ (D) for

### Question 23

Britain is becoming one of the ... militant anti-smoking countries in the world.

- ☐ (A) more
- ☐ (B) lesser
- ☐ (C) by
- ☐ (D) most

### Question 24

... to an eyewitness there were three cars involved in the accident.

- ☐ (A) Recording
- ☐ (B) Accordance
- ☐ (C) According
- ☐ (D) Records

2

### Question 25

To resolve the dispute between staff and their employers, the official mediator has recommended that a meeting ... as soon as possible.

- ☐ (A) be held
- ☐ (B) holds
- ☐ (C) holding
- ☐ (D) is being held

### Question 26

Charlie Deng was very successful in his role as Financial Director before ... by the incoming Executive Vice President.

- ☐ (A) ousting
- ☐ (B) oust
- ☐ (C) being oust
- ☐ (D) being ousted

### Question 27

After the sudden death of the young director we were desperate to find somebody who could step ... his shoes at short notice.

- ☐ (A) in
- ☐ (B) into
- ☐ (C) on
- ☐ (D) out

### Question 28

Just to be on the ... side, she arrived at the airport three hours before the scheduled departure.

- ☐ (A) sure
- ☐ (B) safe
- ☐ (C) best
- ☐ (D) secure

### Question 29

The family ... their home in fear.

- ☐ (A) flew
- ☐ (B) fly
- ☐ (C) fled
- ☐ (D) flee

### Question 30

It ... yesterday that the new director-general is a three-time University Challenge contestant.

- ☐ (A) emerging
- ☐ (B) emerged
- ☐ (C) emerges
- ☐ (D) to emerge

### Question 31

It had been a ... experience for the parents until finally they watched their child being airlifted to safety.

- ☐ (A) tearing
- ☐ (B) hallowing
- ☐ (C) harrowing
- ☐ (D) hilarious

### Question 32

Semaphore's new gaming application has proved ... popular in all the countries where it has been released.

- ☐ (A) timely
- ☐ (B) hugely
- ☐ (C) lately
- ☐ (D) closely

### Question 33

The film star attended the ... of his latest movie.

- ☐ (A) lunch
- ☐ (B) brunch
- ☐ (C) launch
- ☐ (D) lunge

### Question 34

The fire ... at phenomenal speed.

- ☐ (A) speed
- ☐ (B) spared
- ☐ (C) spanned
- ☐ (D) spread

### Question 35

It was the start of a decade ..., one that I didn't realise I was fighting at the time.

- ☐ (A) long
- ☐ (B) long struggles
- ☐ (C) long struggling
- ☐ (D) long struggle

### Question 36

The ... of the new under-city tunnel was measured and found not to be as ... as expected.

- ☐ (A) length/long
- ☐ (B) length/longer
- ☐ (C) long/long
- ☐ (D) lengthen/longer

### Question 37

The boiler was not working correctly, so that when the water came out of the hot tap it was barely ... .

- ☐ (A) piping
- ☐ (B) scalding
- ☐ (C) lukewarm
- ☐ (D) cold

### Question 38

Vocational training allows child workers to upgrade their skills and thereafter find less hazardous and ... jobs.

- ☐ (A) menial
- ☐ (B) mediocre
- ☐ (C) medium
- ☐ (D) miserable

### Question 39

The new CEO's aggressive cost-cutting initiatives have ... in substantial savings in a number of areas.

- ☐ (A) caused
- ☐ (B) resulted
- ☐ (C) obtained
- ☐ (D) created

## Question 40

Ça fait deux heures que tu regardes ces mangas, ça suffit !

- ☐ (A) You watch those mangas since two hours, that's enough!
- ☐ (B) You have been watching those mangas for two hours, that's enough!
- ☐ (C) You are watching those mangas for two hours, that's enough!
- ☐ (D) You have watched those mangas two hours, that's enough!

2

# TEST 2
# CORRIGÉS

**Question 1. Réponse D**

→ To stand to reason : to make sense; to seem logical, reasonable, or rational
→ To hold / held / held : tenir
"I held my son's hand to cross the road" / *J'ai tenu la main de mon fils pour traverser la route.*
→ To end up in debt : s'endetter, s'enfoncer dans l'endettement. To seem / seemed / seemed : sembler. To stand / stood / stood : se lever, tenir debout. To hold : tenir, contenir, serrer dans ses bras, résister

**Question 2. Réponse B**

→ An agreement : un accord
"The parties came to a satisfactory agreement" / *Les parties sont parvenues à un accord satisfaisant.*
→ An arbitrator : un arbitre. Potential grounds : des motifs de plaintes potentiels

**Question 3. Réponse C**

→ To take apart : démanteler. By taking apart : en démantelant
→ A company : une entreprise, une société. A plan : un programme, un plan. A pipeline : une canalisation

**Question 4. Réponse C**

→ A downfall : une chute, une ruine
"A few years after its downfall, the country recovered" / *Quelques années après sa chute, le pays s'est redressé.*
→ To downsize : réduire la taille de quelque chose / réduire des effectifs
"The company has been forced to downsize a lot of positions that were once considered vital"/ *L'entreprise a été contrainte de réduire les effectifs sur de nombreux postes autrefois considérés vitaux.*
→ A downside : un inconvénient, un mauvais côté. An event : un événement, une manifestation. A downturn : un ralentissement.

**Question 5. Réponse A**

→ The location : la place, l'emplacement
"My friend told me the exact location of his house" / *Mon ami m'a indiqué l'emplacement exact de sa maison.*
→ An outlet : un magasin, un point de vente. A retail business : un commerce de détail. To choose / chose / chosen : choisir

**Question 6. Réponse D**

→ To undertake / undertook / undertaken : entreprendre, s'engager
"The builder agreed to undertake the renovation" / *L'ouvrier a accepté d'entreprendre la rénovation.*
→ Deep : profond
"The lake is very deep near the centre" / *Le lac devient très profond vers le milieu.*
→ Relatively : relativement. In-depth : en profondeur, en détail

**Question 7. Réponse D**

→ Both interesting and informative : à la fois intéressant et instructif
A feedback : un retour, une réaction
"I received positive feedback on my work". *J'ai reçu un retour positif sur mon travail.*
→ A workshop : un atelier
"The furniture maker was busy in his workshop". *Le fabricant de meubles était occupé dans son atelier.*
→ Management : gestion, encadrement

**Question 8. Réponse B**

→ The trees had to be felled : les arbres ont du être abattus
→ Which : quel, lequel
"Which colour do you like best? Blue or red?" / *Quelle couleur préfères-tu ? Le bleu ou le rouge ?*
→ The grounds for : les raisons de. To damage / damaged / damaged : endommager. A storm : un orage. To fuel / fueled / fueled : alimenter

**Question 9. Réponse C**

→ An item : un objet, un article
"There are three items in the basket. Can you guess what they are?" / *Il y a trois objets dans le panier. Pouvez-vous deviner lesquels ?*
→ Pain : la douleur
"Animals must not suffer any avoidable distress or pain at the time of their killing" / *Les animaux ne doivent subir aucune souffrance ni douleur évitables au moment de leur mise à mort.*

**Question 10. Réponse B**

→ To study / studied / studied : étudier
"I want to study law" / *Je veux étudier le droit.*
→ To reveal / revealed / revealed : révéler
"The facts reveal the truth" / *Les faits révèlent la vérité.*
→ The range : la gamme
"The range of acceptable values is from four to eleven" / *La gamme des valeurs admissibles va de quatre à onze.*
→ A case : un cas

**Question 11. Réponse B**

→ **Fiercely** : avec férocité, violemment
"The dogs fought fiercely till their owners managed to separate them" / *Les chiens se sont battus avec férocité jusqu'à ce que leurs maîtres les séparent.*

→ **The speech** : la parole, l'expression
"Free speech is a necessity in a democracy" / *Dans une démocratie, la liberté de parole est une nécessité.*

→ **A debate** : un débat. **To contest / contested / contested** : contester

**Question 12. Réponse D**

→ **To release / released / released** : libérer, relâcher
"The jail released the prisoner after four years" / *Le prisonnier a été libéré au bout de quatre ans.*

→ **Meaningless** : dénué de sens, vide de sens
"All of Tom's work was ultimately meaningless" / *Tout le travail de Tom était finalement dénué de sens.*

→ **Meatless** : sans viande

**Question 13. Réponse C**

→ **To generate / generated / generated** : produire, générer
"Tim cranked the generator to generate electricity" / *Tim a tourné la manivelle du générateur pour produire de l'électricité.*

→ **The mast** : le mât. **Mostly** : surtout, principalement

**Question 14. Réponse A**

→ **Countries much further afield** : des pays beaucoup plus éloignés

→ **Adrift** : à la dérive
"The lifeboat was adrift in the sea for eight days" / *Le canot de sauvetage est parti à la dérive dans la mer pendant huit jours.*

→ **Neighbouring** : voisin, limitrophe
"The neighboring town is just two miles away" / *Le village voisin n'est qu'à trois kilomètres.*

→ **To delegate / delegated / delegated** : déléguer. **Awry** : de travers

**Question 15. Réponse B**

→ **Unofficial** : officieux, non officiel
"I've just finished James Dean's unofficial biography" / *Je viens de terminer la biographie non officielle de James Dean.*

→ **A refugee** : un réfugié
"A small community of refugees has now settled in New York" / *Une petite communauté de réfugiés est à présent installée à New York.*

→ **To emerge / emerged / emerged** : émerger, apparaître, sortir

**Question 16. Réponse D**

→ **To poach / poached / poached** : chasser illégalement (ici il faut entendre "to poach" dans le sens de débaucher).

- **To fetch** : rapporter, aller chercher
  "The dog fetched the ball and brought it back" / *Le chien est allé chercher la balle et l'a ramenée.*
- **To preach** : prêcher, faire la morale
  "A man was preaching on the street corner" / *Un homme prêchait au coin de la rue.*
- **To submit / submitted / submitted** : soumettre

**Question 17. Réponse B**

- **Delay** : retard
  "Unfortunately, there has been a delay in delivery" / *Malheureusement, il y a eu un retard de livraison.*
- **Officially** : officiellement. **Variably** : variablement. **Successively** : successivement. **Readily** : rapidement, immédiatement

**Question 18. Réponse D**

- **Redundancy notices** : des préavis de licenciement
- **To hand** : remettre, donner
  "Please hand this form to your parents" / *Veuillez donner ce formulaire à vos parents.*

**Question 19. Réponse A**

- **The running of** : la gestion de
  "The running of a family business can be difficult work" / *La gestion d'une entreprise familiale peut être un travail difficile.*
- **Current** : actuel, en cours. **A platform** : une plateforme

**Question 20. Réponse D**

- **A going concern** : une entreprise en activité
- **Failing** : en faillite, défaillance
  "The failing business laid off half its workforce in an attempt to cut costs" / *L'entreprise en faillite s'est débarrassée de la moitié de ses effectifs afin de réduire ses dépenses.*

**Question 21. Réponse A**

- **The long working hours are taking their toll on the staff** : les horaires de travail chargés ont des conséquences néfastes sur le personnel.
- **To phone in sick** : prendre un congé maladie.
- **Staff** : le personnel. **A sprain** : une entorse. **Strength** : la force. **Increasing** : croissant.

**Question 22. Réponse D**

- **To call for greater transparency** : appeler à (exiger) une plus grande transparence
- **A regulator** : un régulateur
  "The regulator at the bank called for an investigation" / *Le régulateur de la banque a demandé une enquête.*

→ To restore / restored / restored : restaurer
"John restored the old sports car to its former glory" / *John a restauré la vieille voiture sport jusqu'à lui rendre sa gloire d'antan.*
→ An investor : un investisseur

**Question 23. Réponse A**

**Point de grammaire : comparatifs et superlatifs**

**1) Le cas des adjectifs d'une syllabe**
Ajouter *-er* pour le comparatif et *-est* pour le superlatif. Si l'adjectif est écrit consonne + voyelle + consonne, la dernière consonne doit être répétée avant d'ajouter la terminaison.

| Adjectif | Comparatif | Superlatif |
|---|---|---|
| tall | taller | the tallest |
| fat | fatter | the fattest |
| big | bigger | the biggest |
| sad | sadder | the saddest |

**2) Le cas des adjectifs de deux syllabes**
Les adjectifs de deux syllabes sont les plus compliqués, car ils peuvent former le comparatif soit en ajoutant *-er*, comme les adjectifs d'une syllabe, soit en mettant "more" devant l'adjectif, comme ceux de trois syllabes. De même, ces adjectifs peuvent former le superlatif soit en ajoutant la terminaison *-est*, soit en mettant "most" devant l'adjectif. Dans certains cas, ces deux formes sont employées. Quand on ne sait pas lequel employer, il vaut mieux utiliser "more" et "most".

**ATTENTION !** quand un adjectif de deux syllabes se termine par *y*, changer le *y* en *i* avant d'ajouter la terminaison.

| Adjectif | Comparatif | Superlatif |
|---|---|---|
| happy | happier | the happiest |
| simple | simpler | the simplest |
| busy | busier | the busiest |
| titled | more titled | the most titled |
| tangled | more tangled | the most tangled |

**3) Le cas des adjectifs de trois syllabes**
Les adjectifs avec trois syllabes ou plus forment le comparatif en étant précédé par "more" et le superlatif en étant précédé par "most".

| Adjectif | Comparatif | Superlatif |
|---|---|---|
| important | more important | the most important |
| expensive | more expensive | the most expensive |

**4) Les comparatifs et superlatifs irréguliers**

Comme en français, certains adjectifs sont irréguliers.

| Adjectif | Comparatif | Superlatif |
|---|---|---|
| good | better | the best |
| bad | worse | the worst |
| little | less | the least |
| far | further / farther | the furthest / farthest |

**Question 24. Réponse C**

→ According to : selon, d'après, conformément à
→ An eyewitness : un témoin oculaire
"Two eyewitnesses were called to testify during the trial" / *Deux témoins oculaires ont été appelés à témoigner lors du procès.*
→ Accordingly : par conséquent
"The police could find no evidence that he committed the murder; accordingly, he was not arrested" / *La police n'a trouvé aucune preuve de son implication dans le meurtre ; par conséquent, il n'a pas été arrêté.*
→ To involve / involved / involved : impliquer. A recording : un enregistrement. In accordance with : conformément à. Records : des archives, des traces, des enregistrements

**Question 25. Réponse A**

→ ... that a meeting be held as soon possible : ... qu'une réunion soit tenue aussi vite que possible.
→ To resolve : résoudre
"Natalie resolved the problem of her debts by taking a second job" / *Natalie a résolu le problème de ses dettes en prenant un second emploi.*

**Question 26. Réponse D**

→ Incoming : entrant
"Karen answered the incoming call from the hospital" / *Karen a répondu à l'appel entrant de l'hôpital.*
→ An executive : un cadre, un cadre supérieur
→ To oust : éjecter, éliminer
"The opposition ousted the ruling party" / *L'opposition a éliminé le parti au pouvoir.*
→ Successful : accompli, prospère

**Question 27. Réponse B**

→ ... to find somebody who could step into his shoes at short notice : ... trouver quelqu'un qui pourrait (très) rapidement prendre la relève.
→ Desperate : désespéré. At short notice : rapidement, très rapidement, à court terme.

**Question 28. Réponse B**

→ To schedule : planifier, programmer
"Would you like to schedule an appointment?" / *Aimeriez-vous planifier un rendez-vous ?*

**Question 29. Réponse C**

→ To flee, fled, fled : fuir, quitter
→ To float : flotter
"The science teacher showed the students that pumice can float" / *Le professeur de science prouva à ses élèves que la pierre ponce pouvait flotter.*

**Question 30. Réponse B**

→ To emerge : apparaître
"The trial had to be adjourned when new evidence emerged" / *Le procès a dû être ajourné lorsqu'une nouvelle preuve est apparue.*
→ A contestant : un participant, un adversaire

**Question 31. Réponse C**

→ Harrowing : atroce
→ To hallow : sanctifier
"The ceremony is intended to hallow the ground near the church" / *La cérémonie a pour but de sanctifier le terrain proche de l'église.*
→ Humdrum : monotone, banal
"Stuart is quickly irritated by humdrum tasks and craves excitement" / *Stuart est vite énervé par les tâches banales et a besoin de stimulation.*

**Question 32. Réponse B**

→ Hugely : énormément
→ Newly : nouvellement, récemment
"The newly-drained swamp is still muddy" / *Le marais récemment asséché est encore boueux.*
→ To release : libérer. Timely : opportun, dans les délais.

**Question 33. Réponse C**

→ A launch : un lancement (de produit, de campagne).
"He attended the launch of his latest movie" / *Il a assisté au lancement de son dernier film.*
→ A lunge : un mouvement brusque en avant
"With a sudden lunge he tackled the intruder" / *D'un mouvement brusque en avant, il a saisi l'intrus.*

**Question 34. Réponse D**

→ To spread / spread / spread : se répandre, se propager
→ To spare / spared / spared : épargner, économiser
"Try to spare your money, or you will be totally broke by Friday" / *Essaie d'économiser ton argent, ou tu seras complètement fauché d'ici vendredi.*

→ **To span / spanned / spanned** : couvrir, traverser
"His career in film has spanned four decades" / *Sa carrière cinématographique s'est étendue sur quatre décennies.*
→ **To spear / speared / speared** : harponner, transpercer

**Question 35. Réponse D**

→ **A decade** : une décennie

**Question 36. Réponse A**

→ **To lengthen** : allonger, prolonger
"The aim of the operation is to lengthen her bones" / *Le but de l'opération est d'allonger ses os.*

**Question 37. Réponse C**

→ **Lukewarm** : tiède
"Kate got out of the bath when the water was lukewarm" / *Kate est sortie du bain lorsque l'eau était tiède.*
→ **A boiler** : une chaudière, un chauffe-eau. **A tap** : un robinet. **Piping** : canalisations, conduites. **Scalding** : brûlant.

**Question 38. Réponse A**

→ **Menial jobs** : des emplois subalternes, des petits travaux
→ **Vocational** : professionnel
"Some students choose vocational schools for their secondary education" / *Certains étudiants choisissent des écoles professionnelles au niveau secondaire.*
→ **Marginal** : insignifiant. **Hazardous** : dangereux, risqué.

**Question 39. Réponse B**

→ **A cost-cutting** : une réduction des coûts
"In this model, safety has given way to cost-cutting as a primary concern" / *Dans ce modèle, il ne s'agit pas avant tout de sécurité mais de réduction des coûts.*
→ **Substantial** : considérable, important

**Question 40. Réponse B**

3

# TEST 3
# ÉNONCÉS

**40 QUESTIONS - 1 HEURE**

### Question 1

If the fire-alarm sounds, please leave your desk and ... directly to the nearest exit.

- ☐ (A) proceed
- ☐ (B) produce
- ☐ (C) protect
- ☐ (D) process

### Question 2

The deceased was a Russian journalist who moved to Ukraine and ... changed his views from pro-Russian to pro-Ukrainian.

- ☐ (A) radical
- ☐ (B) radicalise
- ☐ (C) radically
- ☐ (D) radicalised

### Question 3

There was a ... to complete and publish the report on time but this inevitably led to uncorrected errors remaining within the text.

- ☐ (A) rash
- ☐ (B) rush
- ☐ (C) ram
- ☐ (D) rage

### Question 4

There was a major dispute amongst family ... .

- ☐ (A) memories
- ☐ (B) members
- ☐ (C) remembers
- ☐ (D) numbers

### Question 5

Residents of Riverside Hamlets have ... to local council plans to build a major housing development on community land.

- ☐ (A) objected
- ☐ (B) rejected
- ☐ (C) refused
- ☐ (D) dismissed

### Question 6

We must learn from the past in order to ... the future.

- ☐ (A) secrutiny
- ☐ (B) secure
- ☐ (C) secret
- ☐ (D) secures

### Question 7

Once your payment has been processed, you will receive an e-mail notifying you that your order is ready for ... .

- ☐ (A) shipment
- ☐ (B) ship
- ☐ (C) shipped
- ☐ (D) shipper

### Question 8

Passengers on this train are asked to ensure that their bags don't block the ... or the doorways of the carriage.

- ☐ (A) ways
- ☐ (B) aisle
- ☐ (C) stream
- ☐ (D) engine

### Question 9

We need to change young ... perception that manufacturing is a man's world.

- ☐ (A) women's
- ☐ (B) woman
- ☐ (C) the man
- ☐ (D) men

3

### Question 10

The proportion of women who are unhappy with their lives has stayed constant at one ... nine.

☐ (A) in
☐ (B) with
☐ (C) to
☐ (D) as

### Question 11

Questions were raised ... the future of the event.

☐ (A) by
☐ (B) over
☐ (C) to
☐ (D) on

### Question 12

The improvement in technology of the D223 fighter jet is most evident in taking off and ... .

☐ (A) showing off
☐ (B) setting up
☐ (C) touching down
☐ (D) moving down

### Question 13

The Blue Lagoon Café has been badly managed and it's not surprising that it doesn't have as many customers as it ... to.

☐ (A) used
☐ (B) use
☐ (C) using
☐ (D) would use

### Question 14

If the replacement parts arrive on time, production ... before the end of the week.

☐ (A) resume
☐ (B) would resume
☐ (C) will resume
☐ (D) has resumed

## Question 15

At Disponic Systems, we have always believed in cost saving and ... we have never lost sight of the importance of maintaining quality.

- ☐ (A) although
- ☐ (B) yet
- ☐ (C) because
- ☐ (D) then

## Question 16

The team ... with joy as they clinched the victory.

- ☐ (A) swept
- ☐ (B) wrapped
- ☐ (C) wept
- ☐ (D) wiped

## Question 17

He supports ... solution the sides agree to.

- ☐ (A) whichever
- ☐ (B) which
- ☐ (C) what
- ☐ (D) whom

## Question 18

Patients suffering from muscle sprain injuries should wear special braces for ... long it takes them to recover.

- ☐ (A) whatever
- ☐ (B) whenever
- ☐ (C) however
- ☐ (D) wherever

## Question 19

The news provoked a ... of outrage online.

- ☐ (A) wind
- ☐ (B) weave
- ☐ (C) wave
- ☐ (D) waft

### Question 20

Weather forecasters have issued storm warnings for Carlson City and resicents have been advised to avoid driving ... absolutely necessary.

- ☐ (A) if
- ☐ (B) unless
- ☐ (C) despite
- ☐ (D) yet

### Question 21

The general ... of his argument was to oppose change on the basis that most people were indifferent about the issue.

- ☐ (A) thrust
- ☐ (B) trust
- ☐ (C) tread
- ☐ (D) push

### Question 22

Ms. Rinchana worked in sales ... the 1990s but then moved into finance before becoming director of a start-up three years ago.

- ☐ (A) for
- ☐ (B) throughout
- ☐ (C) forever
- ☐ (D) on

### Question 23

... is trying to introduce a policy of overtime but there is resistance from the unions.

- ☐ (A) The directors
- ☐ (B) The managers
- ☐ (C) The management
- ☐ (D) The managing

### Question 24

When starting your own retail business, the faster you move your inventory, ... sooner your company will be profitable.

- ☐ (A) a
- ☐ (B) the
- ☐ (C) more
- ☐ (D) as

### Question 25

I don't know when I've ... and watched something like this before.

- ☐ (A) listen
- ☐ (B) listening
- ☐ (C) to listen
- ☐ (D) listened

### Question 26

Mitch was ... lying to his parents.

- ☐ (A) caught
- ☐ (B) get catch
- ☐ (C) got catch
- ☐ (D) catch

### Question 27

In ... years the town has expanded into a large resort.

- ☐ (A) later
- ☐ (B) recent
- ☐ (C) resent
- ☐ (D) future

### Question 28

All our programmers work very hard and they require a great deal of ... to stay productive during the long hours.

- ☐ (A) reliance
- ☐ (B) stamina
- ☐ (C) experiment
- ☐ (D) brevity

### Question 29

The actor is best known for his comedy ... .

- ☐ (A) rails
- ☐ (B) roles
- ☐ (C) reels
- ☐ (D) royals

### Question 30

During her presentation, the CEO did discuss the difficult market conditions but she made no ... of any plans to make staff redundant.

☐ (A) mention
☐ (B) reference
☐ (C) allusion
☐ (D) information

### Question 31

Weather ..., this year's Flower Show will be held at Jardine Park on Saturday the 14th of August.

☐ (A) permitting
☐ (B) permission
☐ (C) permitted
☐ (D) permit

### Question 32

I will be here to help until Friday and there will be someone to cover for you ... the weekend in case the system goes down suddenly.

☐ (A) in
☐ (B) over
☐ (C) to
☐ (D) away

### Question 33

Our message to the students who haven't started working is that time is working ... them.

☐ (A) against
☐ (B) on
☐ (C) at
☐ (D) to

### Question 34

When airbnb was founded in 2008, very few people realized the impact that the company was ... to have on the accommodation and hotel market.

☐ (A) about
☐ (B) nearly
☐ (C) just
☐ (D) around

### Question 35

Little Jamie ... into tears when he realised his sister had eaten the last chocolate in the box.

☐ (A) banged
☐ (B) melted
☐ (C) exploded
☐ (D) burst

### Question 36

You haven't yet responded to our offer and I will need to know soon whether ... you are going to accept.

☐ (A) or not
☐ (B) if
☐ (C) though
☐ (D) how

### Question 37

The Technical Director realised that ... the computer backup system available gave confidence to the maintenance team.

☐ (A) had
☐ (B) has
☐ (C) having
☐ (D) have

### Question 38

All products and services ... are based solely on editorial selection.

☐ (A) featured
☐ (B) feat
☐ (C) to feature
☐ (D) features

### Question 39

Dave Masters was so tired, that for the first time ever, he ... asleep in a meeting.

- ☐ (A) falls
- ☐ (B) falling
- ☐ (C) felt
- ☐ (D) fell

### Question 40

S'il avait plu, j'aurais dû finalement renoncer à mon voyage.

- ☐ (A) If it had been raining, I would eventually have had to give up the trip.
- ☐ (B) If it rained, I finally have had given up the trip.
- ☐ (C) If it has rained, I would eventually need to give up the trip.
- ☐ (D) If it had rained, I would finally have given up the trip.

# TEST 3
# CORRIGÉS

**Question 1. Réponse A**

→ **Nearest** : le plus proche
"Where's the nearest pharmacy?" / *Où est la pharmacie la plus proche ?*

**Question 2. Réponse C**

→ **To move / moved / moved** : déménager, se déplacer
"When I was five years old, we moved" / *Quand j'ai eu 5 ans, nous avons déménagé.*

→ **The deceased** : le défunt, la défunte. **Radically** : radicalement.

**Question 3. Réponse B**

→ **A rush** : un empressement, une hâte

→ **A rampage** : une fureur, un carnage
"The boss's rampage left everyone in the office feeling shaken" / *La fureur du patron a secoué tout le monde au bureau.*

→ **A rash** : une éruption, une irritation. **To ram** : pousser, enfoncer. **Remaining** : restant.

**Question 4. Réponse B**

→ **Amongst** : au milieu de, parmi, entre
"Josiah's farm is situated among the cornfields of eastern Kansas. He lives amongst mountains of hoarded rubbish" / *La ferme de Josiah est située au milieu des champs de maïs dans l'est du Kansas. Il vit au milieu de montagnes de bazar qu'il a accumulé.*

→ **A memory** : un souvenir
"I have a terrible memory for people's names" / *Je n'ai aucune mémoire pour les prénoms.*

→ **A dispute** : un litige, un conflit, un différend. **Memories** : des souvenirs. **Members** : des membres.

**Question 5. Réponse A**

→ **To object to someone** : s'opposer à quelqu'un

→ **Housing** : un logement
"It's important that the government helps refugees find housing" / *Il est important que le gouvernement aide les réfugiés à se trouver un logement.*

**Question 6. Réponse B**

→ To secure the future : assurer, garantir l'avenir

→ A sequel : une suite de quelque chose
""Terminator 2" is the sequel to "The Terminator"" / *« Terminator 2 » est la suite de « The Terminator »*

**Question 7. Réponse A**

→ Ready to shipment : prêt à être expédié, prêt pour l'expédition

→ A shipper : un expéditeur
"The shipper sent the package via FedEx" / *L'expéditeur a envoyé le paquet via FedEx.*

→ To process : traiter. A shipment : une expédition. A ship : un bateau, un navire. To ship : expédier, envoyer.

**Question 8. Réponse B**

→ An aisle : une allée, un couloir
"Juan tripped over a book that another passenger had dropped in the aisle" / *Juan a trébuché à cause d'un livre qu'un autre passager avait fait tomber dans le couloir.*

→ To ensure : s'assurer. A carriage : une voiture, un wagon. A stream : un flot, un ruisseau. An engine : un moteur. A runway : une piste, un podium.

**Question 9. Réponse A**

→ Manufacturing : industrie, fabrication, production
"How can we create more jobs in manufacturing?" / *Comment pouvons-nous créer davantage d'emplois dans l'industrie ?*

**Question 10. Réponse A**

→ At one in nine : pour une personne sur neuf

**Question 11. Réponse B**

→ To raise / raised / raised : soulever, aborder
"Mark raised a difficult question during the meeting and nobody wanted to answer it" / *Marc a soulevé une question épineuse durant la réunion et personne n'a voulu y répondre.*

**Question 12. Réponse C**

→ To show off : montrer, exhiber, mettre en avant
"When his famous mother came to school, he showed her off to all his friends" / *Quand sa mère célèbre vint à l'école, il la montra à tous ses amis.*

→ To touch down : atterrir
"The plane had to touch down in Dallas due to severe weather" / *L'avion a dû atterrir à Dallas à cause de mauvaises conditions météorologiques.*

→ A fighter : un avion de chasse, un combattant. To move down : descendre. To trade down : descendre en gamme.

**Question 13. Réponse A**

→ **It has been badly managed** : cela a été mal géré

**Question 14. Réponse C**

→ **To resume** : reprendre
"Negotiations resumed after a two-month break" / *Les négociations reprirent après une interruption de deux mois.*

→ **Parts** : pièces, parties

**Question 15. Réponse B**

→ **... and yet** : ... et pourtant

→ **Cost saving** : réduction des coûts, économie
"Cost saving was required to increase economic efficiency" / *Une réduction des coûts était nécessaire pour améliorer l'efficacité économique.*

→ **To lose sight** : perdre de vue
"I do not want to lose sight of the fact that the chairmanship of the committee was such that it allowed us to work properly" / *Je ne veux pas que l'on perde de vue que la présidence du comité nous a permis de travailler convenablement.*

→ **Since** : depuis, puisque. **Although** : bien que

**Question 16. Réponse C**

→ **To weep / wept / wept** : pleurer. **To weep with joy** : pleurer de joie
"He had been a father to me and I had loved him with heart and soul and wept when I had to leave" / *Il avait été un père pour moi et je l'aimais de tout mon coeur, et je pleurai lorsque je dus partir.*

→ **To wipe / wiped / wiped** : essuyer, effacer
"Right of factions to exist shows only that he has completely wiped out the line of demarcation between centrism and Marxism" / *L'existence, cela démontre seulement qu'il a complètement effacé la ligne de démarcation entre le centrisme et le marxisme.*

→ **To clinch** : remporter (une victoire). **To sweep / swept / swept** : balayer. **To wrap / wrapped / wrapped** : emballer, empaqueter.

**Question 17. Réponse A**

→ **A side** : un côté, une partie
"The mediator managed to conciliate the two opposing sides" / *Le médiateur a réussi à concilier les deux parties adverses.*

→ **Which** : qui (pour une chose)
"The letter which came today brings good news" / *La lettre qui est arrivée aujourd'hui apporte de bonnes nouvelles.*

→ **Whom** : qui (pour une personne)
"The man with whom I was working is my colleague" / *L'homme avec qui je travaillais est mon collègue.*

→ **Whose** : dont, à qui
"She is an artist whose work I admire" / *C'est une artiste dont j'admire l'œuvre.*

→ **Whichever** : n'importe lequel / laquelle

**Question 18. Réponse C**

→ A sprain : une foulure, entorse
"A sprain is a stretch or a tear of ligaments which are bands of tissue that hold bones together" / *Une entorse est un étirement ou une déchirure des ligaments, qui sont des bandes de tissus reliant les os entre eux.*

→ Braces : attelles, bretelles, appareil dentaire. To recover : récupérer. Whatever : peu importe. Whenever : chaque fois que. However : cependant. Wherever : partout, où que ce soit. Whoever : quiconque, qui que ce soit.

**Question 19. Réponse C**

→ A wave : une vague
"Therefore, one cannot count on a vaccine in dealing with the first wave of a pandemic" / *Voilà pourquoi on ne peut pas compter sur un vaccin pour faire face à la première vague d'une pandémie.*

→ To weave / wove / woven : tisser
"The quality of the velvet owes to that of the fibre used to weave the carpet" / *Le velours se rapporte à la matière (fibre) employée pour tisser les tapis.*

→ To waft : flotter. Wind : le vent

**Question 20. Réponse B**

→ Unless absolutely necessary : sauf nécessité absolue

→ Forecasters : des prévisionnistes
"Private sector forecasters expect continued solid growth for Canada" / *Les prévisionnistes du secteur privé anticipent une forte croissance à long terme pour le Canada.*

→ Yet : encore, cependant
"I am working quickly but I have not finished yet" / *Je travaille vite mais je n'ai pas encore fini.*

→ Storm warnings : des avertissements de tempête. To avoid / avoided / avoided : éviter, échapper. Unless : à moins que. Despite, despite of : malgré, en dépit de.

**Question 21. Réponse A**

→ The general thrust of his argument : le sens général de son argumentation

→ To trust : faire confiance
"My husband knows that he can trust me" / *Mon mari sait qu'il peut me faire confiance.*

→ To tread / trod / trodden : marcher, fouler
"My dancing partner always treads on my foot" / *Mon partenaire de danse me marche toujours sur les pieds.*

→ To push / pushed / pushed : pousser. To pull / pulled / pulled : tirer.

**Question 22. Réponse B**

→ Sales : les ventes
"Our aim is to increase sales" / *Notre objectif est d'augmenter les ventes.*

→ **Throughout** : tout au long, durant
"The jury must not speak to the media throughout the trial" / *Les jurés ne doivent pas parler aux médias durant le procès.*
→ **To move** : bouger, se déplacer. **Forever** : pour toujours.

**Question 23. Réponse C**

→ **The management** : la Direction
→ **A policy** : une politique, une stratégie
"The government adopted new social policies" / *Le gouvernement a adopté de nouvelles politiques sociales.*
→ **To work overtime** : faire des heures supplémentaires
"All employees were willing to work overtime" / *Tous les employés étaient disposés à faire des heures supplémentaires.*

**Question 24. Réponse B**

→ **Own** : propre
"The entrepreneur runs his own company" / *L'entrepreneur dirige sa propre entreprise.*
→ **To own / owned / owned** : posséder
"The couple wanted to own their own house" / *Le couple voulait posséder sa propre maison.*
→ **Retail** : vente, vente de détail, commerce.

**Question 25. Réponse D**

→ **To listen / listened / listened** : écouter
"I always listen to the radio in my car" / *J'écoute toujours la radio dans ma voiture.*

**Question 26. Réponse A**

→ **To lie / lay / lain** : être couché, être allongé, être étendu
"Lying on the floor, chin down, knees bent, feet in the air, put your hands on your knees" / *Allongée sur le sol, menton rentré, genoux fléchis, pieds en l'air, posez les mains sur les genoux.*
→ **To lie / lied / lied** : mentir
"He abused this privilege by wrongly accusing us of lying" / *Il a abusé de ce droit en nous accusant à tort de mentir.*
→ **To lay / laid / laid** : étendre
"I laid my towel on the beach" / *J'ai étendu ma serviette sur la plage.*
→ **To catch / caught / caught** : attraper

**Question 27. Réponse B**

→ **To resent someone** : en vouloir à quelqu'un
"Mary resents her ex-husband" / *Mary en veut à son ex-mari.*
→ **A resort** : un hôtel, un complexe touristique

**Question 28. Réponse B**

- A great deal of stamina : beaucoup d'endurance
- To require / required / required : avoir besoin de, demander, nécessiter, requérir
  "Driving at night requires vigilance" / *Conduire de nuit demande de la vigilance.*
- Reliance : dépendance
  "The country has reduced its reliance on oil" / *Le pays a réduit sa dépendance au pétrole.*
- Supply : approvisionnement
  "The city needs a steady water supply" / *La ville a besoin d'un approvisionnement permanent en eau.*

**Question 29. Réponse B - une question cadeau !**

- A reel : un moulinet
  "She used a reel of black thread to sew her dress" / *Elle a utilisé une bobine de fil noir pour coudre sa robe.*
- Rolls : des rouleaux

**Question 30. Réponse A**

- To make staff redundant : licencier du personnel
  "10% of staff members had been made redundant" / *10 % du personnel a été licencié.*

**Question 31. Réponse A**

- To permit / permitted / permitted : permettre
  "The mother permitted her daughter to stay up late" / *La mère a permis à sa fille de veiller tard.*

**Question 32. Réponse B**

- To cover/ covered/ covered : couvrir, recouvrir, traiter, englober
  "The cook covers the saucepan with a lid" / *Le cuisinier couvre la casserole avec un couvercle.*
- Suddenly : soudainement
  "He suddenly unleashed his anger" / *Il a soudainement déchaîné sa colère.*

**Question 33. Réponse A**

- Time is working against them : le temps joue contre eux
- Against : contre
  "My child is vaccinated against measles" / *Mon enfant est vacciné contre la rougeole.*

**Question 34. Réponse A**

- The impact he was about to have : l'impact qu'il était sur le point d'avoir
- Few : quelques
  "Few words" / *Quelques mots.*

→ **About** : sur, concernant, à propos de, au sujet de
"The teacher enlightened his students about the topic" / *Le professeur a éclairé ses élèves sur le sujet.*

**Question 35. Réponse D**

→ **Tears** : des larmes
"The widow held back her tears" / *La veuve retenait ses larmes.*
→ **To bang / banged / banged** : claquer, frapper violemment
"I can hear the door banging in the wind" / *Je peux entendre la porte claquer à cause du vent.*
→ **To melt / melted / melted** : fondre. **To bust / busted / busted** : bousiller.

**Question 36. Réponse A**

→ **Whether or not** : si oui ou non
→ **Whether** : si
"I do not know whether I won or not" / *Je ne sais pas si j'ai gagné ou pas.*
→ **Though** : cependant, pourtant
"I ate a lot; I was not very hungry, though" / *J'ai beaucoup mangé ; je n'avais pourtant pas très faim.*

**Question 37. Réponse C**

→ **Available** : disponible
"I do not know whether I won or not" / *Je ne sais pas si j'ai gagné ou pas.*

**Question 38. Réponse A**

→ **Solely** : uniquement, seulement
"The company sells products solely via the Internet" / *L'entreprise vend des produits uniquement par Internet.*

**Question 39. Réponse D**

→ **To fall / fell / fallen** : tomber, chuter
"When prices are high, demand falls" / *Lorsque les prix sont élevés, la demande chute.*
→ **Asleep** : endormi. **To fall asleep** : s'endormir.

**Question 40. Réponse A**

4

# TEST 4
# ÉNONCÉS
## 40 QUESTIONS - 1 HEURE

### Question 1

According to government officials, revenues from corporate taxation are significantly lower ... they were for the same period last year.

- ☐ (A) so
- ☐ (B) but
- ☐ (C) than
- ☐ (D) that

### Question 2

Instalments could be reduced by increasing the ... of time taken to repay the loan.

- ☐ (A) length
- ☐ (B) breadth
- ☐ (C) width
- ☐ (D) fullness

### Question 3

Apparently, the publication date for Sandya Dayal's latest novel has been ... until early next year.

- ☐ (A) designed
- ☐ (B) backdated
- ☐ (C) postponed
- ☐ (D) withstood

### Question 4

The incident had a huge ... on the area.

- ☐ (A) compact
- ☐ (B) attract
- ☐ (C) distract
- ☐ (D) impact

### Question 5

A number of options for ways to improve the company's image are currently ... consideration.

- ☐ (A) on
- ☐ (B) at
- ☐ (C) under
- ☐ (D) over

### Question 6

The ... on the bridge will be finished before the end of autumn and certainly before the first snowfall.

- ☐ (A) work
- ☐ (B) works
- ☐ (C) working
- ☐ (D) work for

### Question 7

Senator Bradley announced his decision to ... from the presidential campaign after a local newspaper published a story about irregularities on his tax declaration.

- ☐ (A) eliminate
- ☐ (B) recall
- ☐ (C) detract
- ☐ (D) withdraw

### Question 8

The new theory encompassed a ... variety of practices.

- ☐ (A) wide
- ☐ (B) width
- ☐ (C) wild
- ☐ (D) while

### Question 9

... people spend more time on social media, advertisers are following them.

- ☐ (A) As
- ☐ (B) By
- ☐ (C) With
- ☐ (D) To

### Question 10

The first few years in business had ... a heavy toll.

☐ (A) taken
☐ (B) took
☐ (C) taking
☐ (D) takes

### Question 11

During his speech the finance director pointed ... that revenue from Internet advertising had more than doubled compared to last year.

☐ (A) on
☐ (B) off
☐ (C) out
☐ (D) to

### Question 12

After the accident, the police took a large amount of witness ... a lot of which differed in the important details.

☐ (A) testament
☐ (B) dialogue
☐ (C) record
☐ (D) testimony

### Question 13

Ms. Walter's application for the position of network manager was rejected because she lacked the ... experience.

☐ (A) requisite
☐ (B) requirement
☐ (C) requiring
☐ (D) require

### Question 14

He pleaded not guilty to the ... .

☐ (A) discharges
☐ (B) changes
☐ (C) charges
☐ (D) recharges

### Question 15

It's 2014, and it's time ... a female superhero movie.

- ☐ (A) to
- ☐ (B) for
- ☐ (C) from
- ☐ (D) on

### Question 16

By the time the storm had blown ... most of the buildings in the vicinity had suffered some structural damage.

- ☐ (A) out
- ☐ (B) away
- ☐ (C) over
- ☐ (D) off

### Question 17

He was set to ... legal action against his employers.

- ☐ (A) bring
- ☐ (B) provide
- ☐ (C) take
- ☐ (D) obtain

### Question 18

Our consultants will be ... us about the best ways to reduce our tax exposure.

- ☐ (A) advising
- ☐ (B) suggesting
- ☐ (C) proposing
- ☐ (D) indicating

### Question 19

The director had a reputation for not ... his words when results were less than expected.

- ☐ (A) eating
- ☐ (B) wasting
- ☐ (C) forgetting
- ☐ (D) mincing

### Question 20

Businesses that operate in foreign countries have to ... allowances for local market conditions and intercultural differences.

☐ (A) take
☐ (B) put
☐ (C) place
☐ (D) make

### Question 21

Passengers are asked to care when opening the overhead lockers ... something falls out.

☐ (A) in case
☐ (B) although
☐ (C) despite
☐ (D) instead

### Question 22

The Minister says there are two or three very small details ... after all-night negotiations.

☐ (A) remaining
☐ (B) with remain
☐ (C) to remain
☐ (D) in remained

### Question 23

No official data has been released to explain the growth ... the tourism industry.

☐ (A) within
☐ (B) with
☐ (C) to
☐ (D) in

### Question 24

Investment in social housing was described as completely ... .

☐ (A) inert
☐ (B) inadequate
☐ (C) imaginative
☐ (D) immoderate

### Question 25

All electronic components should be ... with care while being packed for delivery.

- ☐ (A) handle
- ☐ (B) handling
- ☐ (C) handled
- ☐ (D) handler

### Question 26

After their heavy defeat, the players were forced to run the ... through a crowd of angry supporters.

- ☐ (A) glove
- ☐ (B) gap
- ☐ (C) goblet
- ☐ (D) gauntlet

### Question 27

After stealing a large consignment of copper piping, the thieves ... the scene in a stolen van.

- ☐ (A) fled
- ☐ (B) flood
- ☐ (C) felled
- ☐ (D) fuelled

### Question 28

The expansion program of Tekon Processing Ltd is going ahead full ... with the acquisition of Haft Aerospace next month.

- ☐ (A) way
- ☐ (B) steam
- ☐ (C) time
- ☐ (D) front

### Question 29

After negotiating for more than two weeks, the two parties ... agreed to a compromise.

- ☐ (A) hopefully
- ☐ (B) ever
- ☐ (C) formerly
- ☐ (D) eventually

## Question 30

Unfortunately the doctor has been called away on an emergency and it has been necessary to ... all of his appointments for today.

- ☐ (A) postpone
- ☐ (B) report
- ☐ (C) return
- ☐ (D) dawdle

## Question 31

MicroMax has announced it will be bringing ... a new version of its Swordmaster video game in the fall.

- ☐ (A) up
- ☐ (B) out
- ☐ (C) off
- ☐ (D) away

## Question 32

Christmas Day was not the same without roast turkey and all the ... .

- ☐ (A) ingredients
- ☐ (B) rest
- ☐ (C) vegetables
- ☐ (D) trimmings

## Question 33

If you need to borrow a computer for your presentation, just let us know and we'll lend you one of ... .

- ☐ (A) ours
- ☐ (B) we
- ☐ (C) us
- ☐ (D) our

## Question 34

The candidate said that he intended to stick ... his unorthodox style.

- ☐ (A) at
- ☐ (B) by
- ☐ (C) to
- ☐ (D) with

### Question 35

I've lived in this part of the country for three years and the season which is most beautiful is ... when the trees turn beautiful orange and red colours finished.

- ☐ (A) fall
- ☐ (B) dawn
- ☐ (C) sunset
- ☐ (D) evening

### Question 36

She looked ... on the red carpet.

- ☐ (A) stunned
- ☐ (B) stunner
- ☐ (C) stuns
- ☐ (D) stunning

### Question 37

There was not a ... of evidence against him.

- ☐ (A) shrine
- ☐ (B) sharp
- ☐ (C) strap
- ☐ (D) shred

### Question 38

Some of the employees received as much as a 14 per cent salary increase, while ... in the public sector pay rises were capped at 2 per cent.

- ☐ (A) elsewhere
- ☐ (B) anyone
- ☐ (C) somewhere
- ☐ (D) in

### Question 39

In general ... colours do not go down well in the workplace, except perhaps on a Friday.

- ☐ (A) united
- ☐ (B) gaudy
- ☐ (C) sober
- ☐ (D) dark

## Question 40

Si je vendais ma voiture, nous pourrions nous payer un voyage pendant les vacances.

- ☐ (A) If I have sold my motorbike, we would afford a trip during the holidays.
- ☐ (B) If I had sold my motorbike, we would have offered ourselves a trip during holidays.
- ☐ (C) If I sold my motorbike, we could have afforded a trip for the holidays.
- ☐ (D) If I sold my motorbike, we could afford a trip during the holidays.

# TEST 4 CORRIGÉS

**Question 1. Réponse C**

→ Significantly : considérablement

**Question 2. Réponse A**

→ Length : longueur, durée, distance
"The length of the belt is adjustable" / *La longueur de la ceinture est réglable.*
→ Breadth : ampleur, étendue
"The breadth of the scientist's knowledge is amazing" / *L'étendue des connaissances du scientifique est remarquable.*
→ Width : largeur. A loan : un crédit, un prêt.

**Question 3. Réponse C**

→ To postpone / postponed / postponed : retarder, repousser
"The picnic was postponed due to the rain" / *Le pique-nique a été repoussé à cause de la pluie.*
→ Backdated : rétroactif, antidaté. To withstand something : résister à quelque chose.

**Question 4. Réponse D**

→ A huge impact : un impact considérable, énorme
→ To attract : attirer, intéresser
"The prestigious university attracts many students each year" / *L'université prestigieuse intéresse de nombreux étudiants chaque année.*

**Question 5. Réponse C**

→ To be under consideration : être à l'étude
→ Ways : moyens, façons, manières
"This task can be completed in several ways" / *Différents moyens existent pour accomplir cette tâche.*

**Question 6. Réponse A**

→ The work : les travaux. Attention, "the work" ici est indénombrable et signifie bien « les travaux » ou « l'ensemble des travaux ».
→ A bridge : un pont
"The bridge crossed over the river" / *Le pont enjambait la rivière.*

4

**Question 7. Réponse D**

→ To withdraw from / withdrew / withdrawn : se retirer de
"The player's injury forced him <u>to withdraw from the competition</u>" / *Le joueur a dû <u>se retirer de la compétition</u> suite à sa blessure.*

→ To recall : rappeler (dans le sens de rappeler un produit défectueux par exemple).
"The company <u>recalled</u> the faulty kettles" / *Les bouilloires défectueuses ont été <u>rappelées</u> par l'entreprise.*

→ To refer to : faire référence à

**Question 8. Réponse A**

→ A wide variety of : une grande/large variété de

→ To encompass / encompassed / encompassed : inclure
"The reorganization plan <u>encompasses</u> all employees" / *Le plan de restructuration <u>inclut</u> tous les employés.*

→ Width : largeur
"Paul walked across the <u>width</u> of the room" / *Paul parcourait la salle dans le sens de la <u>largeur</u>.*

→ Wild : sauvage. While : pendant que, alors que. Widely : largement.

**Question 9. Réponse A**

As people spend more time on social media : *à mesure que / alors que les gens passent plus de temps sur les réseaux sociaux...*

**Question 10. Réponse A**

... had taken a heavy toll : avaient coûté très cher / avaient causé de lourdes pertes.

**Question 11. Réponse C**

To point out : tenir à préciser, mettre l'accent sur

**Question 12. Réponse D**

→ A testimony : un témoignage
"The first witness' <u>testimony</u> lasted nearly 20 minutes" / *Le <u>témoignage</u> du premier témoin a quasiment duré 20 minutes.*

**Question 13. Réponse A**

→ A requirement : un besoin, une exigence
"Food is a basic <u>requirement</u>" / *Se nourrir est un <u>besoin</u> de base.*

→ To require / required / required : avoir besoin
"What do you <u>require</u>?" / *De quoi avez-vous <u>besoin</u> ?*

**Question 14. Réponse C**

To plead not guilty to the charges est une expression qui signifie tout simplement : plaider non coupable.

**Question 15. Réponse B**

It's time for... : le temps est venu de...

**Question 16. Réponse C**

→ Vicinity : voisinage, proximité
"The vicinity of the sea makes this town a popular summer holiday destination" / *La proximité de la mer fait de cette ville une destination populaire en été.*
→ To suffer something : souffrir de quelque chose.

**Question 17. Réponse C**

→ To take legal action against... : intenter une action contre, engager une poursuite judiciaire contre
→ To provide / provided / provided : fournir
"I'll provide the tent if you provide the food" / *Je fournis la tente si tu fournis la nourriture.*

**Question 18. Réponse A**

→ To advise / advised / advised : conseiller
"Our team of experienced attorneys is ready to advise you" / *Notre équipe d'avocats expérimentés est prête à vous conseiller.*

**Question 19. Réponse D**

→ The director had a reputation for not mincing his words : le directeur avait la réputation de ne pas mâcher ses mots
→ To waste / wasted / wasted : gaspiller

**Question 20. Réponse D**

→ To make allowances for : prendre en compte
→ An allowance : une allocation, une indemnité

**Question 21. Réponse A**

→ In case something falls out : au cas où quelque chose tombe (tomberait)
→ Instead : plutôt
"You offered me wine and soda, but I'll have water instead" / *Tu m'as proposé du vin et du soda, mais je prendrai plutôt de l'eau.*

**Question 22. Réponse A**

→ Remaining : restant
"He ate the remaining cake" / *Il a mangé le gâteau restant.*
→ To remain / remained / remained : rester
"The account remains in existence" / *Le compte reste ouvert.*

**Question 23. Réponse A**

→ Data : des données
"Those data show that the prices are falling. All the data are in" / *Ces données montrent que les prix baissent. Toutes les données ont été rentrées.*

**Question 24. Réponse B**

→ **Inadequate** : inadapté
"The accommodation was completely inadequate" / *Le logement était complètement inadapté.*
→ **A housing** : un logement
"It's important that the government helps refugees find housing" / *Il est important que le gouvernement aide les réfugiés à se trouver un logement.*
→ **Immoderate** : excessif, démesuré.

**Question 25. Réponse C**

→ **To handle / handled / handled** : s'occuper de
"Can you handle all the plates, or should I help you?" / *Tu peux t'occuper de toutes les assiettes ou tu as besoin d'aide ?*
→ **Electronic components** : des composants électroniques

**Question 26. Réponse D**

→ **To run the gauntlet through** : affronter
→ **A corridor** : un couloir
"The children ran down the school corridor, banging on doors" / *Les élèves couraient dans le couloir en tapant sur les portes.*
→ **A gap** : un trou. **A goblet** : une coupe.

**Question 27. Réponse A**

→ **To flee / fled / fled** : fuir
"The noise caused all the animals to flee" / *Le bruit a fait fuir tous les animaux.*
→ **To fuel / fuelled / fuelled** : alimenter
"The teacher gave us ideas to fuel the discussion" / *Le professeur nous a donné des idées pour alimenter la discussion.*
→ **A flood** : une inondation

**Question 28. Réponse B**

→ **To go full steam ahead** : aller en avant toute, foncer, être à plein régime
→ **Steam** : vapeur
"Steam rose from the boiling kettle" / *De la vapeur s'échappait de la bouilloire.*

**Question 29. Réponse D**

→ **Eventually** : finalement (attention, eventually est un faux-ami !)
→ **Hopefully** : avec un peu de chance
"Hopefully, he will pass all his exams" / *Avec un peu de chance, il réussira ses examens.*
→ **Formerly** : autrefois
"The building was formerly used as a fire station" / *Le bâtiment était autrefois utilisé comme caserne de pompiers.*

**Question 30. Réponse A**

→ To postpone : reporter, remettre à plus tard
→ Unfortunately : malheureusement
"Unfortunately, we didn't win the game" / *Malheureusement, nous n'avons pas gagné le match.*
→ An appointment : un rendez-vous

**Question 31. Réponse B**

To bring out a new version : sortir une nouvelle version

**Question 32. Réponse D**

→ Trimmings : garniture, accompagnements
"We have turkey with all the trimmings at Christmas" / *À Noël, nous mangeons de la dinde avec toute la garniture habituelle.*
→ Roast : rôti
"Michelle took the roast out of the oven" / *Michelle a sorti le rôti du four.*

**Question 33. Réponse A**

→ One of ours : l'un des nôtres
→ To borrow : emprunter
"I will borrow money to pay for the vacation" / *Je vais emprunter de l'argent pour me payer des vacances.*
→ To lend / lent / lent : prêter
"Nate asked Ben to lend him his truck so that he could move some of his couch" / *Nate a demandé à Ben s'il pouvait lui prêter sa camionnette pour qu'il puisse déménager son canapé.*

**Question 34. Réponse D**

→ Unorthodox : peu orthodoxe
"Some fear that their ways will be judged unorthodox by "the authorities"" / *Certains craindraient que leurs agissements soient jugés non orthodoxes par « les autorités ».*

**Question 35. Réponse A**

→ Fall : l'automne
→ A dawn : une aube, une aurore
"Helen watched the dawn as she drank her morning coffee" / *Helen regardait l'aube se lever en buvant son premier café.*

**Question 36. Réponse D**

→ Stunned : stupéfait, abasourdi
"Tom couldn't believe it when he heard the news; he was stunned" / *Tom n'y croyait pas quand il a entendu la nouvelle ; il était stupéfait.*
→ Stunner : une bombe, un canon (familier)
"Have you seen Ray's missus? She's a stunner" / *Tu as vu la femme de Ray ? C'est une bombe.*

**Question 37. Réponse D**

→ There was not a shred of evidence : il n'y avait pas l'ombre d'un doute
→ A shrine : un lieu saint, un sanctuaire
"Edgar visited the shrine on the mountain and left an offering "/ *Edgar a visité le lieu saint sur la montagne et y a laissé une offrande.*

**Question 38. Réponse A**

→ To cap / capped / capped : plafonner, limiter
"The manager capped spending at $50,000" / *Le directeur a plafonné les dépenses à 50 000 dollars.*
→ Whereas : tandis que, alors que
"He likes broccoli, whereas she hates it" / *Il aime les brocolis tandis qu'elle les déteste.*
→ An increase : une augmentation. Elsewhere : ailleurs

**Question 39. Réponse B**

→ Gaudy : voyant, tape-à-l'œil
→ A workplace : un lieu de travail
"It's important to have a workplace where you feel comfortable; after all, you spend a lot of time there!" / *Il est important d'avoir un lieu de travail où on se sente bien ; après tout, on y passe beaucoup de temps !*
→ Perhaps : peut-être

**Question 40. Réponse D**

# TEST 5
# ÉNONCÉS

## 40 QUESTIONS - 1 HEURE

### Question 1

The changes to the company's internal rules were ... after the legal department said they contravened employment law.

- ☐ (A) shoved
- ☐ (B) scraped
- ☐ (C) scrapped
- ☐ (D) strapped

### Question 2

During the holiday season in many seaside resorts the casinos do a ... trade day and night.

- ☐ (A) ramping
- ☐ (B) soaring
- ☐ (C) roaring
- ☐ (D) romping

### Question 3

There was to be a major clampdown on spending in the ... months.

- ☐ (A) arriving
- ☐ (B) coming
- ☐ (C) later
- ☐ (D) arrival

### Question 4

The three ... properties were owned by a local businessman.

- ☐ (A) enjoying
- ☐ (B) adjoining
- ☐ (C) rejoining
- ☐ (D) denying

## Question 5

... of the new computer infrastructure has been put in place to avoid the risk of hacking by our competitors.

☐ (A) Many
☐ (B) Lot
☐ (C) Much
☐ (D) Further

## Question 6

Investment analysts have said that the latest results for the Xion Corporation are much ... than expected.

☐ (A) low
☐ (B) lowest
☐ (C) lower
☐ (D) lowered

## Question 7

... the port on the final leg of their voyage, the passengers were able to see the sun setting over the great citadel.

☐ (A) Left
☐ (B) Leaving
☐ (C) Leave
☐ (D) Leaves

## Question 8

The director of studies said that during this period leading up to the exams, his students should be prepared to work extremely ... if they want to achieve good grades.

☐ (A) harder
☐ (B) hardly
☐ (C) hardest
☐ (D) hard

### Question 9

She flew into the port today to join events to mark the anniversary, which ... by eight persons.

- ☐ (A) be attend
- ☐ (B) are being attended
- ☐ (C) is attending
- ☐ (D) has attended

### Question 10

Insurance industry experts are ... that drivers who work for Internet taxi operators may not be fully covered in the event of an accident.

- ☐ (A) concerned
- ☐ (B) required
- ☐ (C) involved
- ☐ (D) expected

### Question 11

Mr. Chow was very impressed by the CV of the first of the candidates and ... he couldn't bring himself to overlook her lack of relevant experience.

- ☐ (A) however
- ☐ (B) when
- ☐ (C) if
- ☐ (D) yet

### Question 12

In difficult periods our company tries to ... the principles of its founder, Johan Keist.

- ☐ (A) hold out
- ☐ (B) hold in
- ☐ (C) hold out for
- ☐ (D) hold on to

### Question 13

The memory would ... in time.

- ☐ (A) shade
- ☐ (B) fade
- ☐ (C) fold
- ☐ (D) shine

### Question 14

Trading on the International Stock Exchange ... be temporarily halted yesterday on account of a computer software problem.

☐ (A) must
☐ (B) may
☐ (C) had to
☐ (D) should

### Question 15

After a prolonged aperitif the guests were in a ... mood when they sat down for dinner.

☐ (A) genial
☐ (B) general
☐ (C) grumpy
☐ (D) generous

### Question 16

Mr. Simm's personal assistant will be making all the necessary ... for his trip to the Far East next month.

☐ (A) requirements
☐ (B) arrangements
☐ (C) facilities
☐ (D) necessities

### Question 17

The change in her appearance was ... .

☐ (A) dramatic
☐ (B) draining
☐ (C) drama
☐ (D) drudgery

### Question 18

He ... his time and energy to the community.

☐ (A) devoid
☐ (B) devoted
☐ (C) deviated
☐ (D) delved

### Question 19

She ... the baby in her arms.

- ☐ (A) crammed
- ☐ (B) crushed
- ☐ (C) cradled
- ☐ (D) created

### Question 20

They lodged a ... at the local council.

- ☐ (A) complain
- ☐ (B) complaining
- ☐ (C) compliant
- ☐ (D) complaint

### Question 21

She pleaded guilty to the ... and was sentenced to six months in prison.

- ☐ (A) charges
- ☐ (B) chances
- ☐ (C) changes
- ☐ (D) choices

### Question 22

Last year documents from the bank suggested that staff helped clients to evade tax by setting up undeclared ... and handing out untraceable cash.

- ☐ (A) low accounts
- ☐ (B) dirty accounts
- ☐ (C) black accounts
- ☐ (D) poor accounts

### Question 23

Visitors wishing to ... the opening ceremony can reserve their seats directly on our website.

- ☐ (A) appear
- ☐ (B) take part
- ☐ (C) apply
- ☐ (D) attend

### Question 24

The kind of candidate we are looking for is ... with the passion and vigour to take the company to a brighter future.

- ☐ (A) this
- ☐ (B) that
- ☐ (C) an
- ☐ (D) one

### Question 25

Children under the age of 12 are only allowed to enter the park ... they are accompanied by an adult.

- ☐ (A) if
- ☐ (B) without
- ☐ (C) although
- ☐ (D) therefore

### Question 26

Marcia Graham's commitment to the corporation is exceptional and goes over and ... what is expected of even the most dedicated employee.

- ☐ (A) on
- ☐ (B) away
- ☐ (C) above
- ☐ (D) off

### Question 27

Paul was taken ... when he realised how much work remained to be done.

- ☐ (A) affront
- ☐ (B) aback
- ☐ (C) about
- ☐ (D) away

### Question 28

Disappointed staff privately gripe that the new team has ... to support radical positions for the future and ignore their concerns.

- ☐ (A) began
- ☐ (B) begin
- ☐ (C) to begin
- ☐ (D) begun

### Question 29

The information he had ... was incorrect.

- ☐ (A) conceived
- ☐ (B) received
- ☐ (C) resigned
- ☐ (D) receeded

### Question 30

After giving careful ... to your proposal, the directors have decided that it does not align with our immediate priorities.

- ☐ (A) consider
- ☐ (B) considerable
- ☐ (C) consideration
- ☐ (D) considerate

### Question 31

The party was often accused of being out of ... with young people, and as a result obtained little or no support from them.

- ☐ (A) contact
- ☐ (B) relation
- ☐ (C) feel
- ☐ (D) touch

### Question 32

On the day of her retirement Anne sent an e-mail to ... her thanks and appreciation to her colleagues and business partners.

- ☐ (A) convene
- ☐ (B) converse
- ☐ (C) convoy
- ☐ (D) convey

### Question 33

Extra staff were ... during the summer months.

- ☐ (A) created
- ☐ (B) recruited
- ☐ (C) uprooted
- ☐ (D) saluted

### Question 34

It was a life changing experience for ... of them.

- ☐ (A) either
- ☐ (B) bout
- ☐ (C) both
- ☐ (D) neither

### Question 35

Even if the sales director isn't actually dishonest, he is certainly highly ... .

- ☐ (A) enabled
- ☐ (B) antiseptic
- ☐ (C) unscrupulous
- ☐ (D) inspected

### Question 36

When writing your CV, you should always put your ... before your education.

- ☐ (A) experiencing
- ☐ (B) enrolment
- ☐ (C) candidature
- ☐ (D) experience

### Question 37

The college receives a huge cash injection to ... apprenticeship programmes.

- ☐ (A) find
- ☐ (B) fund
- ☐ (C) funds
- ☐ (D) found

### Question 38

Temperatures reached a ... 30 Celcius in inland areas.

- ☐ (A) fizzing
- ☐ (B) drizzling
- ☐ (C) sizzling
- ☐ (D) oozing

### Question 39

Dr. Franz Wassermann will be presenting his latest research at the conference in June and we are all looking forward ... hearing what he has to say.

☐ (A) for
☐ (B) with
☐ (C) from
☐ (D) to

### Question 40

J'aime mieux votre idée que celle du patron.

☐ (A) I like your idea more than the boss's.
☐ (B) I like better your idea rather than the boss's one.
☐ (C) I like your idea better than the boss's.
☐ (D) I'd better like your idea than that of the boss.

5

# TEST 5
# CORRIGÉS

**Question 1. Réponse C**

→ To scrap / scrapped / scrapped : abandonner, laisser tomber, éliminer
"This idea is never going to work; let's scrap it and start again" / *Cette idée ne marchera jamais ; laissons tomber et recommençons.*

**Question 2. Réponse C**

→ The casinos do a roaring trade day and night : les casinos font fureur jour et nuit

→ Soaring : qui s'envole, en très forte hausse
"People are being advised to stay well hydrated in these soaring temperatures" / *On demande aux gens de rester bien hydratés lors de ces températures en très forte hausse.*

→ To romp / romped / romped : s'ébattre, gambader, s'amuser
"The kids romped in the big backyard" / *Les enfants s'amusaient dans le grand jardin.*

**Question 3. Réponse B**

→ A clampdown : une répression, des mesures de répression
"The police swore a clampdown on violent crime after the rash of assaults in the city" / *La police a promis des mesures de répression contre les crimes violents après la vague d'agressions dans la ville.*

→ Spending : des dépenses
"Robert buys more than he can afford every month; his spending is out of control"/ *Robert achète plus que ce qu'il peut se permettre chaque mois ; ses dépenses sont hors de contrôle.*

→ Major : considérable, majeur

**Question 4. Réponse B**

→ Adjoining : voisin, attenant, adjacent
"They put us in adjoining rooms at the hotel" / *Ils nous ont mis dans des chambres attenantes à l'hôtel.*

→ To deny / denied / denied : nier, refuser
"Despite the proof, he denied her innocence" / *Malgré les preuves, il refusa d'admettre son innocence.*

**Question 5. Réponse C**

To put in place : mettre en place. To avoid : éviter, échapper à. Competitors : des concurrents

**Question 6. Réponse C**

→ Lowest : le plus bas
"Clerical staff have the lowest salaries in the firm. This is our lowest price" / *Le personnel administratif perçoit les salaires les plus bas de l'entreprise. C'est notre prix le plus bas.*

→ Lower : plus bas, inférieur
"That fish is lower than the other in the food chain" / *Ce poisson est plus bas que l'autre dans la chaîne alimentaire.*

**Question 7. Réponse B**

The final leg : la dernière partie, la dernière étape. A leaver : une personne qui abandonne.

**Question 8. Réponse D**

→ Hardly : difficilement, à peine
"Holly is hardly the kind of person who can raise a child" / *J'imagine difficilement Holly élever un enfant.*

→ Hardness : la dureté
"The hardness of her response frightened us all" / *La dureté de sa réponse nous glaça le sang.*

**Question 9. Réponse B**

To attend / attended / attended : assister à, participer à

**Question 10. Réponse A**

→ To be concerned with : être inquiet de, s'inquiéter de

→ Fully : complètement, totalement
"The patient was fully conscious, but also totally paralyzed" / *Le patient était parfaitement conscient, mais aussi totalement paralysé.*

→ To involve / involved / involved : impliquer
"She is very much involved in the running of the school "/ *Elle est très impliquée dans la gestion de l'école.*

→ To allow / allowed / allowed : autoriser, permettre.

**Question 11. Réponse D**

→ Relevant : pertinent
"This information should be relevant and adequate" / *Ces informations doivent être pertinentes et appropriées.*

→ A lack : un manque

**Question 12. Réponse D**

→ To hold on to principles : s'accrocher à des principes

→ To hold out : tenir, résister
"Keep asking her for a date, she can't hold out much longer" / *Continue de l'inviter à sortir : elle ne résistera pas longtemps.*

5

→ To hold in : contenir, retenir
"I can't <u>hold in</u> my feelings any longer!" / *Je ne peux <u>contenir</u> mes sentiments plus longtemps !*

**Question 13. Réponse B**

→ To fade / faded / faded : passer, s'estomper, disparaître
"Peter took the pills and waited for the pain to <u>fade</u>" / *Peter a pris ses cachets et a attendu que la douleur <u>s'estompe</u>.*

**Question 14. Réponse C**

→ On account of : en raison de, à cause de
"The picnic is canceled <u>on account of</u> the rain" / *Le pique-nique a été annulé <u>à cause de</u> la pluie.*
→ The stock exchange : la bourse

**Question 15. Réponse A**

→ Glum : morose, triste, sombre
"Despite the sunny weather, the children looked <u>glum</u>" / *Malgré le temps ensoleillé, les enfants avaient l'air <u>moroses</u>.*
→ Grumpy : Grincheux, grognon

**Question 16. Réponse B**

→ An arrangement : un agencement, un aménagement
"The <u>arrangement</u> of the desks was such that the students could all see one another" / *<u>L'agencement</u> des bureaux était tel que les étudiants pouvaient tous se regarder.*
→ A feature : une caractéristique
"My favorite <u>feature</u> of this leather is its smooth texture" / *La <u>caractéristique</u> que je préfère avec ce cuir, c'est sa douceur.*

**Question 17. Réponse A**

→ Dramatic : dramatique mais aussi énorme, spectaculaire, considérable
"The <u>dramatic</u> events of the afternoon started when two armed men ran into the bank" / *Les événements <u>dramatiques</u> de cet après-midi ont démarré lorsque les deux individus armés sont entrés dans la banque.*

**Question 18. Réponse B**

→ To devote / devoted / devoted : dévouer, consacrer à
"Alison is <u>devoted</u> to her friendship with Emma" / *Alison est <u>dévouée</u> à l'amitié qui la lie à Emma.*

**Question 19. Réponse C**

→ To cradle : bercer
"The little girl <u>cradled</u> the kitten in her arms" / *La petite fille <u>berçait</u> tendrement le chat.*
→ Crammed : bourré, entassé

**Question 20. Réponse D**

**Local council** : le conseil local, le conseil municipal

**Question 21. Réponse A**

→ **To sentence / sentenced / sentenced** : condamner, juger
"The judge sentenced the convicted to thirty years in prison" / *Le juge a condamné l'accusé à trente ans de prison.*

**Question 22. Réponse C**

→ **Black accounts** : des caisses noires
→ **To evade / evaded / evaded** : échapper à, frauder
"The suspect evaded police for three days"/ *Le suspect a échappé à la police pendant trois jours.*
→ **Undeclared** : secret, non déclaré

**Question 23. Réponse D**

→ **To attend an event** : assister, participer à un événement
→ **To take part TO** : participer à, prendre part à

**Question 24. Réponse D**

**A kind of** : un type de, une sorte, un genre de

**Question 25. Réponse A**

**Allowed** : autorisé. **Although** : bien que, quoique. **Whereas** : tandis que, alors que

**Question 26. Réponse C**

→ **To go over and above** : surpasser
→ **A commitment** : un engagement
"He made a commitment to stay at that job for another year" / *Il a pris l'engagement d'occuper son poste pendant un an de plus.*
→ **Above** : au dessus-de
"She hung a picture above the fireplace" / *Elle a accroché une photo au-dessus de la cheminée.*
→ **A corporation** : une société. **To go over** : passer, voir, examiner. **Dedicated** : dédié, réservé.

**Question 27. Réponse B**

→ **To be taken aback** : être pris par surprise
→ **To remain / remained / remained** : rester, demeurer, subsister
"I remained at home to take care of the cat" / *Je suis resté à la maison pour m'occuper du chat.*

**Question 28. Réponse D**

→ **To begin / began / begun** : commencer, débuter, entamer, lancer
"Bang! The gun went off and the race began" / *Pan ! Le coup est parti et la course a commencé.*

→ A concern : une préoccupation, une inquiétude, un souci
"My main concern is not money" / *Ma principale préoccupation, ce n'est pas l'argent.*

**Question 29. Réponse B**

→ To receive : recevoir
→ To recede / receded / receded : reculer, baisser
"The flood water quickly receded when the rain stopped" / *La crue a vite reculé quand la pluie a cessé.*
→ To deceive / deceived / deceived : tromper, duper, abuser, mentir.

**Question 30. Réponse C**

→ To consider / considered / considered : considérer, examiner, envisager
"He considers his friends as a surrogate family" / *Il considère ses amis comme une famille de substitution.*
→ To deceive / deceived / deceived : tromper, duper, abuser, mentir

**Question 31. Réponse D**

→ To be out of touch with : être déconnecté de, ne pas être en prise avec
→ Often : souvent
"Our cat often chases mice" / *Notre chat chasse souvent des souris.*

**Question 32. Réponse D**

→ To convey : transmettre, faire part de, communiquer
→ To convene / convened / convened : convoquer, organiser
"They convened a meeting to address the issue" / *Ils ont organisé une réunion pour s'occuper du problème.*
→ The retirement : la retraite

**Question 33. Réponse B**

→ To create : créer, générer, produire
"The government plans to create more jobs for young people" / *Le gouvernement prévoit de créer plus de postes pour les jeunes.*
→ To resort to : recourir à, s'en remettre à

**Question 34. Réponse C**

→ For both of them : pour eux deux
→ A bout : un combat, un accès, une prise
"He died in 1975 after a bout with pneumonia" / *Il mourut en 1975 après un accès de pneumonie.*

**Question 35. Réponse C**

→ To enable / enabled / enabled : autoriser, favoriser
"Visitors must enable cookies to use the website" / *Les utilisateurs doivent autoriser les cookies pour consulter le site.*

**Question 36. Réponse D**

→ **Enrolment** : l'inscription, l'adhésion
"The secretariat confirmed the student's enrolment in the university" / *Le secrétariat a confirmé l'inscription de l'étudiant à l'université.*

**Question 37. Réponse B**

→ **To fund** : financer
→ **To find / found / found** : trouver, retrouver, constater
"I found my keys after looking everywhere" / *J'ai trouvé mes clés après avoir cherché partout.*
→ **A fund** : un fonds
"The city set up a fund to help the homeless" / *La ville a mis en place un fonds pour aider les sans-abri.*
→ **Huge** : géant, grand. **A fine** : une amende, une contravention

**Question 38. Réponse C**

→ **Sizzling** : torride
→ **To ooze / oozed / oozed** : suinter
→ **Freezing**: glacial, verglaçant

**Question 39. Réponse D**

**To look forward to doing something** : avoir hâte de faire quelque chose

**Question 40. Réponse C**

6

# TEST 6
# ÉNONCÉS

**40 QUESTIONS - 1 HEURE**

### Question 1

The actress ... to fame following the hit TV series.

- ☐ (A) roses
- ☐ (B) rises
- ☐ (C) rising
- ☐ (D) rose

### Question 2

The program of reform of overtime practices which Ferguson Engineering started six months ago has not been a success and the company has decided to ... it immediately.

- ☐ (A) scrap
- ☐ (B) scrape
- ☐ (C) scope
- ☐ (D) scalp

### Question 3

After winning the first few hands at blackjack it was tempting to keep on playing, but in the ... run the casino never loses.

- ☐ (A) short
- ☐ (B) long
- ☐ (C) far
- ☐ (D) overall

### Question 4

The results of the latest road safety campaign show that the number of accident related injuries is ... lower than it was last year.

☐ (A) signify
☐ (B) significant
☐ (C) significantly
☐ (D) signification

### Question 5

The election for president is going to be close but exit ... indicate a victory for the more conservative candidate.

☐ (A) sounds
☐ (B) polls
☐ (C) soundings
☐ (D) castings

### Question 6

Seven athletes competing at the world championships have served bans for ... .

☐ (A) to dope
☐ (B) doping
☐ (C) doped
☐ (D) to doping

### Question 7

I'm sorry, you can't speak to Mr. Fraser. He's ... on holiday this week and won't be ... until next Monday.

☐ (A) went / there
☐ (B) gone / return
☐ (C) went / back
☐ (D) gone / back

### Question 8

Andy Macintosh couldn't believe that in two days he ... in the Bahamas sunning himself on a beach.

☐ (A) will be
☐ (B) is
☐ (C) was
☐ (D) would be

6

### Question 9

It was discovered that only a limited amount of information had been communicated to the legislator and several vital facts had been … .

- ☐ (A) withheld
- ☐ (B) parted
- ☐ (C) tutored
- ☐ (D) conferred

### Question 10

Despite the falling share prices, there is … growing optimism that a breakthrough in the new technologies will arrive soon.

- ☐ (A) the same
- ☐ (B) although
- ☐ (C) withstanding
- ☐ (D) nonetheless

### Question 11

The visiting speaker's talk was much too long and very … .

- ☐ (A) bored
- ☐ (B) bared
- ☐ (C) barred
- ☐ (D) boring

### Question 12

… to the summit meeting, both Presidents had confirmed their commitment to improving trade relations between the two countries.

- ☐ (A) Preceding
- ☐ (B) Except
- ☐ (C) Along
- ☐ (D) Prior

### Question 13

The meeting to discuss the recruitment of a replacement for Mr Cho is now urgent and has been … to tomorrow at three o'clock.

- ☐ (A) brought away
- ☐ (B) brought forward
- ☐ (C) brought back
- ☐ (D) brought down

### Question 14

In a competitive market nothing is left to … .

- ☐ (A) change
- ☐ (B) chance
- ☐ (C) choice
- ☐ (D) choose

### Question 15

John decided to take some time off college and … his studies until the following year.

- ☐ (A) differed
- ☐ (B) deterred
- ☐ (C) deleted
- ☐ (D) deferred

### Question 16

The publicity campaign had begun in … .

- ☐ (A) force
- ☐ (B) serious
- ☐ (C) strong
- ☐ (D) earnest

### Question 17

… concerns have been expressed for the child's welfare.

- ☐ (A) Great
- ☐ (B) Grove
- ☐ (C) Grave
- ☐ (D) Grim

### Question 18

I was surprised to see Julie at work today because I thought she was … to be on holiday.

- ☐ (A) composed
- ☐ (B) deposed
- ☐ (C) supposed
- ☐ (D) exposed

## Question 19

The ... majority of museums and gallery's in the city have free entry.

- ☐ (A) vest
- ☐ (B) mast
- ☐ (C) fast
- ☐ (D) vast

## Question 20

At the annual ... many important issues were highlighted.

- ☐ (A) meet
- ☐ (B) meets
- ☐ (C) mating
- ☐ (D) meeting

## Question 21

Critics of the proposed legislation have pointed ... that it could result in lower incomes for many workers in the service sector.

- ☐ (A) for
- ☐ (B) with
- ☐ (C) out
- ☐ (D) off

## Question 22

Many cyclists have no ... about passing traffic lights at red or taking to the pavement if they can save two or three minutes on their journey time.

- ☐ (A) questions
- ☐ (B) quavers
- ☐ (C) quibbles
- ☐ (D) qualms

## Question 23

A man was seriously injured in an apparent hit and ... incident.

- ☐ (A) fun
- ☐ (B) fan
- ☐ (C) run
- ☐ (D) nun

## Question 24

Bill and Mary had spent time with the whole family over the summer so they decided to adopt a low ... approach to celebrating their ruby wedding anniversary in October.

- ☐ (A) lying
- ☐ (B) paid
- ☐ (C) key
- ☐ (D) cut

## Question 25

Our facilities manager has warned us that the roof of the main building is leaking and in urgent ... of repair.

- ☐ (A) need
- ☐ (B) state
- ☐ (C) wish
- ☐ (D) condition

## Question 26

Production of the new WS30 mobile phone has been temporarily delayed ... of a manufacturing problem.

- ☐ (A) through
- ☐ (B) although
- ☐ (C) yet
- ☐ (D) because

## Question 27

Ms. Kanagata's work is always very professional and she is ... fair in dealing with her staff.

- ☐ (A) scruple
- ☐ (B) scrupulous
- ☐ (C) scrupulously
- ☐ (D) scrupulousness

## Question 28

Old stone walls and cottages ... the landscape.

- ☐ (A) spotted
- ☐ (B) dappled
- ☐ (C) dotted
- ☐ (D) doted

## Question 29

He became not only the first winner of the race in 1920, but he may have also been the ... having won two following years.

- ☐ (A) two of
- ☐ (B) more
- ☐ (C) first one
- ☐ (D) much

## Question 30

The sudden death of the CEO was tragic but everyone in the company responded very well, ... the circumstances.

- ☐ (A) for
- ☐ (B) given
- ☐ (C) over
- ☐ (D) through

## Question 31

They were devastated ... the news.

- ☐ (A) from
- ☐ (B) on
- ☐ (C) since
- ☐ (D) by

## Question 32

The new Chinese mobile phones are cutting ..., and far in advance of their American counterparts.

- ☐ (A) line
- ☐ (B) edge
- ☐ (C) break
- ☐ (D) prime

### Question 33

Although George was not well paid, he managed to save ... enough money to buy a small apartment.

- ☐ (A) up
- ☐ (B) away
- ☐ (C) in
- ☐ (D) through

### Question 34

I need to make a telephone call to my boss in Seattle so I need ... privacy so as not to be disturbed.

- ☐ (A) a
- ☐ (B) yet
- ☐ (C) even
- ☐ (D) some

### Question 35

The popular TV programme attracted enormous ... figures.

- ☐ (A) viewer
- ☐ (B) views
- ☐ (C) seeing
- ☐ (D) seen

### Question 36

Up ... recently the young actor was relatively unknown.

- ☐ (A) at
- ☐ (B) until
- ☐ (C) just
- ☐ (D) for

### Question 37

Eurotech's intention to buy into the communications market has been secret for a long time but is sure to be leaked ... .

- ☐ (A) soon or later
- ☐ (B) soonest or latest
- ☐ (C) sooner or later
- ☐ (D) later or sooner

### Question 38

Les éleveurs de moutons du Venezuela craignent la concurrence des nouvelles races brésiliennes.

- ☐ (A) Venezuela's sheep-breeders fear of having a threat, which might come from the new Brazilian breeds.
- ☐ (B) The Venezuela's sheep-breeders fear a threat of the new Brazilian breeds.
- ☐ (C) Venezuela's sheep-breeders fear threat from the Brazilian new breeds.
- ☐ (D) Venezuela's sheep-breeders fear the threat of the new Brazilian breeds.

### Question 39

Nous préférerions qu'elle nous donne une réponse d'ici la fin de la semaine.

- ☐ (A) We'd rather she gave us an answer by the end of the week.
- ☐ (B) We'd rather she gave us an answer in the end of the week.
- ☐ (C) We'd rather she gives us an answer by the end of the week.
- ☐ (D) We'd rather she gives us an answer for the end of the week.

### Question 40

Karina Stone, a trader at Hutchinson Finance, had the good ... to realise that the market was on the point of falling massively and sold her personal shares before it happened.

- ☐ (A) time
- ☐ (B) foresight
- ☐ (C) fortune
- ☐ (D) presence

# TEST 6
# CORRIGÉS

**Question 1. Réponse D**

→ The actress rose to fame : l'actrice a connu la gloire (expression)
→ To rise / rose / risen : monter, s'élever
→ To arise / arose / arisen : survenir
"Problems could arise if we do not resolve the situation" / *Des problèmes pourraient survenir si nous ne réglons pas la situation.*

**Question 2. Réponse A**

→ To scrap / scrapped / scrapped : abandonner
"The company scrapped the idea; it was too expensive to implement" / *L'entreprise a abandonné l'idée ; elle était trop chère à mettre en place.*
→ A scope : une dimension
"The geographic scope of the project is growing every day" / *La dimension géographique du projet augmente chaque jour.*

**Question 3. Réponse B**

→ In the long run : sur le long terme
→ To keep on playing : continuer à jouer
→ Overall : global
"The overall situation of the economy is encouraging" / *La situation globale de l'économie est encourageante.*

**Question 4. Réponse C**

→ Significantly : considérablement, sensiblement
→ Significant : important
"Cutting costs may lead to significant savings" / *Réduire les coûts pourrait mener à des économies importantes.*

**Question 5. Réponse B**

→ A poll : un sondage
"The predictive power of opinion polls is debatable" / *Le pouvoir prédictif des sondages d'opinion est discutable.*

**Question 6. Réponse B**

→ To dope / doped / doped : doper, se doper
"The team's doctor is accused of doping the athletes" / *Le médecin de l'équipe est accusé d'avoir dopé les athlètes.*

6

**Question 7. Réponse D**

→ To return / returned / returned : revenir
"He returned home after years abroad" / *Il est revenu à la maison après des années à l'étranger.*

→ Until : jusqu'à

**Question 8. Réponse D**

→ Sunning : ensoleillement
"A good sunning supports flowering, but the plant also appreciates a little shade in afternoon" / *Un bon ensoleillement favorise la floraison, mais la plante apprécie également un peu d'ombre en après-midi.*

**Question 9. Réponse A**

→ To withhold / withheld / withheld : retenir, différer
"Luckily, my landlord has not withheld my deposit" / *Heureusement, mon propriétaire n'a pas retenu mon acompte.*

→ To tutor : donner des cours particuliers
"I tutor students after school" / *Je donne des cours particuliers à des élèves après l'école.*

→ Aggrieved : lésé, blessé, chagriné

**Question 10. Réponse D**

→ Nonetheless : néanmoins, toutefois, cependant
"It is difficult, but we must try nonetheless" / *C'est difficile, mais nous devons néanmoins essayer.*

→ Although : bien que, mais, quoique

**Question 11. Réponse D**

→ Boring : ennuyeux, barbant

→ To bare / barred / barred : exclure, barrer
"A dead tree barred the road" / *Un arbre mort barrait la route.*

**Question 12. Réponse D**

→ Prior to : en amont de, avant

→ To improve / improved / improved : améliorer, s'améliorer, augmenter
"The student worked hard in order to improve his grades" / *L'étudiant a travaillé dur pour améliorer ses notes.*

→ A summit : un sommet, une apogée

**Question 13. Réponse B**

→ To bring forward : avancer, présenter
"The minister will bring forward her new reform tomorrow" / *La ministre présentera sa nouvelle réforme demain.*

**Question 14. Réponse B**

→ Left to chance : laissé au hasard
→ To cheer : applaudir
"The crowd cheered the winners" / *La foule a applaudi les gagnants.*

**Question 15. Réponse D**

→ To defer / deferred / deferred : reporter, différer, remettre à plus tard
"We decided to defer the meeting until next week" / *Nous avons décidé de différer la réunion à la semaine prochaine.*

**Question 16. Réponse D**

→ Early : tôt
"The earlier version of the document is not up to date" / *La version antérieure du document n'est pas à jour.*
→ Earnest : sérieux, sincère

**Question 17. Réponse C**

→ Grave concerns : de vives inquiétudes
→ To express / expressed / expressed : exprimer, manifester, témoigner
"Some people can express their feelings easily" / *Certaines personnes peuvent exprimer facilement leurs sentiments.*
→ To grieve / grieved / grieved : faire son deuil, pleurer
"The management's decision had serious consequences" / *La décision de la direction a eu des conséquences graves.*

**Question 18. Réponse C**

→ To think / thought / thought : penser, estimer, réfléchir
"I think I am ready to make a decision" / *Je pense que je suis prêt à prendre une décision.*
→ To compose / composed / composed : composer, constituer

**Question 19. Réponse D**

→ Vast : vaste, grand, immense
"London is a vast and sprawling city" / *Londres est une ville vaste et tentaculaire.*
→ A vest : un gilet, un débardeur

**Question 20. Réponse D**

→ A meeting : une réunion, une rencontre
→ To highlight / highlighted / highlighted : souligner, accentuer
"The presentation highlights a positive sales trend" / *La présentation souligne une tendance positive des ventes.*
→ A mating : un accouplement

**Question 21. Réponse C**

→ To point something out : indiquer, montrer du doigt
→ Incomes : un revenu, recettes
"Thanks to my promotion, my monthly income has increased" / *Grâce à ma promotion, mon revenu mensuel a augmenté.*

**Question 22. Réponse D**

→ Qualms : des scrupules, des réticences, des hésitations
"She has no qualms about declining the invitation" / *Elle ne ressent aucun scrupule à décliner l'invitation.*
→ Quirks : des excentricités, des bizarreries
"My uncle's quirks make me laugh" / *Les bizarreries de mon oncle me font rire.*

**Question 23. Réponse C**

→ To run / ran / run : courir, fonctionner
"A cheetah can run very fast" / *Un guépard peut courir très rapidement.*

**Question 24. Réponse C**

→ To lie / lied / lied : mentir
"I promised my friends that I would never lie to them" / *J'ai promis à mes amis que je ne leur mentirais jamais.*
→ To lay / laid / laid : être couché, allongé, étendu
"I laid my towel on the beach" / *J'ai étendu ma serviette sur la plage.*
→ To reach / reached / reached : atteindre, parvenir
"The plane should reach its final destination on time" / *L'avion devrait atteindre sa destination finale à l'heure.*

**Question 25. Réponse A**

→ A state : un état
"Ice is water in its solid state" / *La glace est de l'eau à l'état solide.*
→ Requisite : nécessaire, requis

**Question 26. Réponse D**

→ Through : par, à travers
"We went through London on our way to Paris" / *Nous sommes passés par Londres en allant à Paris.*

**Question 27. Réponse C**

→ Scrupulously : scrupuleusement
"In addition, the Court applies this legislation scrupulously and restrictively" / *En outre, le Tribunal suprême applique cette législation de manière stricte et limitée.*

**Question 28. Réponse C**

→ To dot / dotted / dotted : parsemer
→ To spot / spotted / spotted : détecter, repérer, apercevoir
"A giraffe in a herd of sheep would be easy to spot" / *Une girafe dans un troupeau de moutons serait facile à repérer.*
→ A cottage : un gîte, un chalet
"I spend my summers in a little cottage by the sea" / *Je passe mes étés dans un petit gîte en bord de mer.*
→ To dapple / dappled / dappled : tacheter

**Question 29. Réponse C**

→ Much : beaucoup
"My small car does not consume much petrol" / *Ma petite voiture ne consomme pas beaucoup d'essence.*

**Question 30. Réponse B**

→ Through : par, à travers
"The sun is shining through the grey clouds" / *Le soleil brille à travers les nuages gris.*
→ Throughout : durant, à travers, lors de

**Question 31. Réponse D**

→ From : de, à partir de
"We will be at the pool from noon onwards" / *Nous serons à la piscine à partir de midi.*

**Question 32. Réponse B**

→ Cutting-edge : de pointe
→ Prime (adjectif) : le premier, le principal
"Our prime concern is customer satisfaction" / *La satisfaction du client est notre premier souci.*

**Question 33. Réponse : A**

→ To save up : mettre de côté
→ Away : loin, séparé, au loin
"I lived away from my family for one month" / *J'ai vécu séparé de ma famille pendant un mois.*
→ Through : par, à travers

**Question 34. Réponse D**

→ Some privacy **:** de l'intimité
→ Privacy : intimité, vie privée
"Everybody has a right to privacy." / *Chacun a droit à sa vie privée.*

**Question 35. Réponse A**

→ A viewer : un téléspectateur, un spectateur

**Question 36. Réponse B**

→ Until : jusqu'à
"He has until ten to deliver his work" / *Il a jusqu'à dix heures pour envoyer son travail.*
→ Since : depuis, dès

**Question 37. Réponse C**

→ Sooner or later : tôt ou tard
→ To leak / leaked / leaked : fuir, divulguer, répandre
"The roof was leaking because of the broken tiles" / *Le toit fuyait à cause des tuiles cassées.*

**Question 38. Réponse D**

Attention ici à l'ordre des adjectifs "new" et "Brazilian".

**Question 39. Réponse A**

**Question 40. Réponse C**

→ To have the good fortune to : avoir la chance de
→ Foresight : prévoyance
"Foresight can help prevent many accidents" / *La prévoyance permet d'éviter de nombreux accidents.*

34/38, rue Camille-P elletan - 92309 Levallois-Perret Cedex
Imprimerie CPI Bussière - 18203 St Amand Montrond Cedex
Imprimé en France - 3e trimestre 2021 (2059289)

**Service éditorial :** Benjamin Dias Pereira, Deborah Lopez
**Conception graphique :** Suzanne Grossmann

Dépôt légal à parution
**ISBN** 978-2-7590-4761-1